计算机基础与实训教材系列

中文版 PowerPoint 2003幻灯片制作实用教程

张胜涛 编著

清华大学出版社
北 京

内 容 简 介

本书系统地介绍了微软公司推出的办公自动化套装软件中的 PowerPoint 2003 中文版。全书共分 12 章，详细介绍了 PowerPoint 2003 的基本功能和操作方法，演示文稿的创建方法，幻灯片中的文字、段落设置以及占位符的使用，图片、剪辑、多媒体对象和幻灯片其他常用对象的插入与设置，幻灯片备注、讲义、页眉、页脚以及动画效果的添加与设置，预设格式修饰幻灯片的使用，以及幻灯片的放映、保存、打印及发布等内容。最后，本书通过多个综合实例讲述了 PowerPoint 在商务应用中的实用性。

本书内容丰富，结构清晰，语言简练，图文并茂，具有很强的实用性和可操作性，是一本适合于大中专院校、职业学校及各类社会培训学校的优秀教材，也是广大初、中级电脑用户的自学参考书。

本书对应的电子教案、实例源文件和习题答案可以到 http://www.tupwk.com.cn/edu 网站下载。

图书在版编目(CIP)数据

中文版 PowerPoint 2003 幻灯片制作实用教程/张胜涛 编著. —北京：清华大学出版社，2009.5（2016.1 重印）
(计算机基础与实训教材系列)

ISBN 978-7-302-19947-2

Ⅰ. 中…　Ⅱ. 张…　Ⅲ. 图形软件，PowerPoint 2003—教材　Ⅳ. TP391.41

中国版本图书馆 CIP 数据核字(2009)第 051336 号

责任编辑：胡辰浩　袁建华
装帧设计：孔祥峰
责任校对：成凤进
责任印制：何　芊

出版发行：清华大学出版社
网　　址：http://www.tup.com.cn，http://www.wqbook.com
地　　址：北京清华大学学研大厦 A 座　　**邮　　编**：100084
社 总 机：010-62770175　　**邮　　购**：010-62786544
投稿与读者服务：010-62776969，c-service@tup.tsinghua.edu.cn
质 量 反 馈：010-62772015，zhiliang@tup.tsinghua.edu.cn
印 刷 者：北京嘉实印刷有限公司
装 订 者：北京市密云县京文制本装订厂
经　　销：全国新华书店
开　　本：190mm×260mm　　**印　　张**：19.25　　**字　　数**：518 千字
版　　次：2009 年 5 月第 1 版　　**印　　次**：2016 年 1 月第14 次印刷
印　　数：34501～36000
定　　价：30.00 元

产品编号：029711-01

编审委员会

计算机基础与实训教材系列

丛书序

计算机已经广泛应用于现代社会的各个领域，熟练使用计算机已经成为人们必备的技能之一。因此，如何快速地掌握计算机知识和使用技术，并应用于现实生活和实际工作中，已成为新世纪人才迫切需要解决的问题。

为适应这种需求，各类高等院校、高职高专、中职中专、培训学校都开设了计算机专业的课程，同时也将非计算机专业学生的计算机知识和技能教育纳入教学计划，并陆续出台了相应的教学大纲。基于以上因素，清华大学出版社组织一线教学精英编写了这套“计算机基础与实训教材系列”丛书，以满足大中专院校、职业院校及各类社会培训学校的教学需要。

一、丛书书目

本套教材涵盖了计算机各个应用领域，包括计算机硬件知识、操作系统、数据库、编程语言、文字录入和排版、办公软件、计算机网络、图形图像、三维动画、网页制作以及多媒体制作等。众多的图书品种可以满足各类院校相关课程设置的需要。

◎ 已出版的图书书目

《计算机基础实用教程》	《中文版 Excel 2003 电子表格实用教程》
《计算机组装与维护实用教程》	《中文版 Access 2003 数据库应用实用教程》
《五笔打字与文档处理实用教程》	《中文版 Project 2003 实用教程》
《电脑办公自动化实用教程》	《中文版 Office 2003 实用教程》
《中文版 Photoshop CS3 图像处理实用教程》	《JSP 动态网站开发实用教程》
《Authorware 7 多媒体制作实用教程》	《Mastercam X3 实用教程》
《中文版 AutoCAD 2009 实用教程》	《Director 11 多媒体开发实用教程》
《AutoCAD 机械制图实用教程(2009 版)》	《中文版 Indesign CS3 实用教程》
《中文版 Flash CS3 动画制作实用教程》	《中文版 CorelDRAW X3 平面设计实用教程》
《中文版 Dreamweaver CS3 网页制作实用教程》	《中文版 Windows Vista 实用教程》
《中文版 3ds Max 9 三维动画创作实用教程》	《电脑入门实用教程》
《中文版 SQL Server 2005 数据库应用实用教程》	《中文版 3ds Max 2009 三维动画创作实用教程》
《中文版 Word 2003 文档处理实用教程》	《Excel 财务会计实战应用》
《中文版 PowerPoint 2003 幻灯片制作实用教程》	

◉ 即将出版的图书书目

《Oracle Database 11g 实用教程》	《中文版 Pro/ENGINEER Wildfire 5.0 实用教程》
《中文版 Premiere Pro CS3 多媒体制作实用教程》	《ASP.NET 3.5 动态网站开发实用教程》
《Java 程序设计实用教程》	《中文版 Office 2007 实用教程》
《Visual C#程序设计实用教程》	《中文版 Word 2007 文档处理实用教程》
《网络组建与管理实用教程》	《中文版 Excel 2007 电子表格实用教程》
《AutoCAD 建筑制图实用教程（2009 版）》	《中文版 PowerPoint 2007 幻灯片制作实用教程》
《中文版 Photoshop CS4 图像处理实用教程》	《中文版 Access 2007 数据库应用实例教程》
《中文版 Illustrator CS4 平面设计实用教程》	《中文版 Project 2007 实用教程》
《中文版 Flash CS4 动画制作实用教程》	《中文版 CorelDRAW X4 平面设计实用教程》
《中文版 Dreamweaver CS4 网页制作实用教程》	《中文版 After Effects CS4 视频特效实用教程》
《中文版 Indesign CS4 实用教程》	《中文版 Premiere Pro CS4 多媒体制作实用教程》

二、丛书特色

1、选题新颖，策划周全——为计算机教学量身打造

本套丛书注重理论知识与实践操作的紧密结合，同时突出上机操作环节。丛书作者均为各大院校的教学专家和业界精英，他们熟悉教学内容的编排，深谙学生的需求和接受能力，并将这种教学理念充分融入本套教材的编写中。

本套丛书全面贯彻“理论→实例→上机→习题”4 阶段教学模式，在内容选择、结构安排上更加符合读者的认知习惯，从而达到老师易教、学生易学的目的。

2、教学结构科学合理，循序渐进——完全掌握“教学”与“自学”两种模式

本套丛书完全以大中专院校、职业院校及各类社会培训学校的教学需要为出发点，紧密结合学科的教学特点，由浅入深地安排章节内容，循序渐进地完成各种复杂知识的讲解，使学生能够一学就会、即学即用。

对教师而言，本套丛书根据实际教学情况安排好课时，提前组织好课前备课内容，使课堂教学过程更加条理化，同时方便学生学习，让学生在学习完后有例可学、有题可练；对自学者而言，可以按照本书的章节安排逐步学习。

3、内容丰富、学习目标明确——全面提升“知识”与“能力”

本套丛书内容丰富，信息量大，章节结构完全按照教学大纲的要求来安排，并细化了每一章内容，符合教学需要和计算机用户的学习习惯。在每章的开始，列出了学习目标和本章重点，

便于教师和学生提纲挈领地掌握本章知识点，每章的最后还附带有上机练习和习题两部分内容，教师可以参照上机练习，实时指导学生进行上机操作，使学生及时巩固所学的知识。自学者也可以按照上机练习内容进行自我训练，快速掌握相关知识。

4、实例精彩实用，讲解细致透彻——全方位解决实际遇到的问题

本套丛书精心安排了大量实例讲解，每个实例解决一个问题或是介绍一项技巧，以便读者在最短的时间内掌握计算机应用的操作方法，从而能够顺利解决实践工作中的问题。

范例讲解语言通俗易懂，通过添加大量的“提示”和“知识点”的方式突出重要知识点，以便加深读者对关键技术和理论知识的印象，使读者轻松领悟每一个范例的精髓所在，提高读者的思考能力和分析能力，同时也加强了读者的综合应用能力。

5、版式简洁大方，排版紧凑，标注清晰明确——打造一个轻松阅读的环境

本套丛书的版式简洁、大方，合理安排图与文字的占用空间，对于标题、正文、提示和知识点等都设计了醒目的字体符号，读者阅读起来会感到轻松愉快。

三、读者定位

本丛书为所有从事计算机教学的老师和自学人员而编写，是一套适合于大中专院校、职业院校及各类社会培训学校的优秀教材，也可作为计算机初、中级用户和计算机爱好者学习计算机知识的自学参考书。

四、周到体贴的售后服务

为了方便教学，本套丛书提供精心制作的 PowerPoint 教学课件(即电子教案)、素材、源文件、习题答案等相关内容，可在网站上免费下载，也可发送电子邮件至 wkservice@vip.163.com 索取。

此外，如果读者在使用本系列图书的过程中遇到疑惑或困难，可以在丛书支持网站(http://www.tupwk.com.cn/edu)的互动论坛上留言，本丛书的作者或技术编辑会及时提供相应的技术支持。咨询电话：010-62796045。

前　言

PowerPoint 是 Microsoft 公司推出的 Office 办公套装软件中的一个重要组成部分，也是常用的多媒体演示软件之一，它被广泛应用于学习和工作的各个领域。利用 PowerPoint 2003 不仅可以制作出图文并茂，表现力和感染力极强的演示文稿，还可以在计算机屏幕、幻灯片、投影仪或 Internet 上发布。无论是企业展示新产品、开会做报告，还是教师讲课或朋友间赠送贺卡，都可以通过 PowerPoint 实现。

本书从教学实际需求出发，合理安排知识结构，从零开始、由浅入深、循序渐进地讲解 PowerPoint 2003 的基本知识和使用方法，本书共分为 12 章，主要内容如下：

第 1 章介绍了 PowerPoint 2003 的基本功能和操作。

第 2 章介绍了使用 PowerPoint 2003 创建演示文稿的方法。

第 3 章介绍了编辑和设置演示文本的方法。

第 4 章介绍了在 PowerPoint 2003 中编辑和设置段落的方法。

第 5 章介绍了在 PowerPoint 2003 中插入与编辑图片的方法。

第 6 章介绍了美化幻灯片的基本设置和操作。

第 7 章介绍了在 PowerPoint 2003 中插入多媒体对象的方法。

第 8 章介绍了插入其他常用对象的方法，包括插入图示、艺术字、表格、图表等内容。

第 9 章介绍了插入与设置动画的方法，包括设置幻灯片的切换效果、自定义动画、动画的基本设置等内容。

第 10 章介绍了在 PowerPoint 2003 中放映幻灯片的方法。

第 11 章介绍了打印及输出演示文稿的方法。

第 12 章介绍了使用 PowerPoint 2003 制作综合性商务应用实例。

本书图文并茂、条理清晰、通俗易懂、内容丰富，在讲解每个知识点时都配有相应的实例，方便读者上机实践。同时在难于理解和掌握的部分内容上给出相关提示，让读者能够迅速提高操作技能。此外，本书配有大量综合实例和练习，让读者在不断的实际操作中更加牢固地掌握书中讲解的内容。

除封面署名的作者外，参加本书编写的人员还有陈笑、曹小震、高娟妮、李亮辉、洪妍、孔祥亮、陈跃华、杜思明、熊晓磊、曹汉鸣、陶晓云、王通、方峻、李小凤、曹晓松、蒋晓冬、邱培强等人。由于作者水平有限，本书难免有不足之处，欢迎广大读者批评指正。我们的邮箱是 huchenhao@263.net，电话 010-62796045。

作　者

2009 年 3 月

推荐课时安排

章 名	重点掌握内容	教学课时
第 1 章 初识 PowerPoint 2003	1. 认识 PowerPoint 2003 的特点和功能 2. PowerPoint 2003 的启动和退出 3. PowerPoint 2003 的界面组成 4. 自定义工具栏及工作环境	2 学时
第 2 章 创建演示文稿	1. 创建演示文稿 2. 编辑幻灯片 3. 放映和保存演示文稿	2 学时
第 3 章 编辑和设置演示文本	1. 占位符的编辑和设置 2. 在幻灯片中添加文本 3. 在幻灯片中编辑文本 4. 设置文本的属性	3 学时
第 4 章 编辑和设置段落	1. 设置段落的对齐方式 2. 设置段落的缩进量 3. 设置行、段间距 4. 使用项目符号和编号	2 学时
第 5 章 插入和编辑图片	1. 在幻灯片中插入图片 2. 编辑图片 3. 在幻灯片中绘制图形 4. 编辑图形 5. 设置图形格式 6. 插入相册	4 学时
第 6 章 美化幻灯片	1. 初识母版 2. 设置幻灯片母版 3. 设置 PowerPoint 配色方案 4. 使用幻灯片的版面元素	3 学时
第 7 章 插入多媒体对象	1. 插入影片 2. 设置影片属性 3. 插入声音 4. 编辑声音属性 5. 插入 CD 与录制声音	3 学时

(续表)

章 名	重点掌握内容	教学课时
第 8 章 插入其他对象	1. 插入与编辑图示 2. 插入与编辑艺术字 3. 插入与绘制表格 4. 插入与编辑图表	3 学时
第 9 章 插入与设置动画	1. 设置幻灯片切换效果 2. 添加自定义动画 3. 设置动画的播放方式 4. 设置动画播放序列	3 学时
第 10 章 幻灯片放映	1. 创建交互式演示文稿 2. 设置幻灯片的放映效果 3. 幻灯片放映的其他功能	3 学时
第 11 章 打印及输出演示文稿	1. 演示文稿的页面设置 2. 打印演示文稿 3. 输出演示文稿 4. 打包演示文稿成 CD	2 学时
第 12 章 综合应用实例	1. 文本与段落处理 2. 图形处理功能 3. 插入多媒体对象 4. 插入表格、图表和图示 5. 幻灯片对象动画和切换动画 6. 美化、放映、打印与输入演示文稿	4 学时

注：1. 教学课时安排仅供参考，授课教师可根据情况作调整。

2. 建议每章安排与教学课时相同时间的上机练习。

目　录

CONTENTS

计算机基础与实训教材系列

第 1 章 初识 PowerPoint 2003

学习目标

PowerPoint 是一款专门用于制作演示文稿的软件。使用它可以制作出集文字、图形、图像、声音及视频等多媒体对象为一体的演示文稿，以更轻松、更高效的方式将学术交流、辅助教学、广告宣传、产品演示等信息表达出来。随着办公自动化的普及，PowerPoint 的应用也越来越广。本章将介绍 PowerPoint 2003 的特点和功能、启动和退出、工作界面以及视图模式等内容。

本章重点

- PowerPoint 2003 的特点和功能
- PowerPoint 2003 的启动和退出
- PowerPoint 2003 的界面组成
- 自定义工具栏及工作环境

1.1 PowerPoint 2003 的概述

在使用 PowerPoint 2003 制作演示文稿之前，首先需要了解 PowerPoint 的一般知识和特点。

PowerPoint 和 Word、Excel 等应用软件一样，是 Microsoft 公司推出的 Office 系列软件之一。使用 PowerPoint 可以轻松地制作出丰富多彩并带有各种特殊效果的幻灯片。用户可以通过计算机屏幕、投影仪以及 Web 浏览器等多种途径放映这些幻灯片，也可以使用打印机将幻灯片打印出来，或直接将幻灯片存储为网页格式发布到网上。

PowerPoint 具有如下特点。

- 简单易用：PowerPoint 各种工具使用相当简单，也可以说 PowerPoint 的操作相当简单，一般情况下，用户只需经过短时间的学习就可以制作出具有专业水准的多媒体演示文稿。

- 帮助系统：制作演示文稿时，用户可以使用 PowerPoint 帮助系统得知各种提示信息，从而帮助用户进行幻灯片的制作，并提高工作效率。
- 与他人协作：PowerPoint 使用通过因特网协作和共享演示文稿更简单，地理位置分散的用户在各自的办公室就可以很好地与他人进行合作。
- 多媒体演示：使用 PowerPoint 所制作的演示文稿可以应用于各种不同的场合。其演示内容可以是文字、图形、图像、声音及视频等多媒体信息。此外，PowerPoint 还提供了多种控制自如的放映方式和变化多端的画面切换效果。演示文稿放映的同时还可以使用鼠标或笔迹对演示重点内容进行标示和强调。
- 支持多种格式的图形文件：Office 剪辑库收集有多种类型的剪贴画。通过自定义的方法，可以向剪辑库中增加新的图形。另外，PowerPoint 还允许在幻灯片中添加 JPEG、BMP、WMF 和 GIF 等类型的文件。对不同类型的图形，可以设置其动态效果。
- 发布应用：用户可以轻松地将演示文稿保存为 HTML 格式的网页文件，然后将其发布到因特网上，从而实现网络资源的共享。
- 输出方式的多样化：用户可以根据制作的演示文稿输出供观众使用的讲义或供演讲者使用的备注文档。此外，用户还可以根据需要打印出幻灯片的大纲。

1.2 PowerPoint 2003 启动与退出

当用户安装完 Office 2003(典型安装)之后，PowerPoint 2003 也将自动安装到系统中，这时用户就可以正常启动与退出 PowerPoint 2003。同其他基于 Windows 的程序一样，PowerPoint 2003 启动与退出可以通过多种方法实现。

1.2.1 启动 PowerPoint 2003

启动 PowerPoint 2003 的方法有多种，最常用的有常规启动、通过创建新文档启动和通过现有演示文稿启动 3 种方法。下面将具体介绍这 3 种常用方法。

1. 常规启动

常规启动是 Microsoft Windows 操作系统中最常用的启动方式。选择【开始】|【程序】|Microsoft Office | Microsoft Office PowerPoint 2003 命令，即可启动 PowerPoint 2003，如图 1-1 所示。

知识点

如果用户在安装 Office 2003 时选择自定义安装，由于选择的组件不同，在图 1-6 中看到的子菜单项也会不同。此外，在 Windows 2000 以上的版本中，由于系统菜单会把不常用的菜单项自动隐藏，所以看到的菜单项也会有所不同。

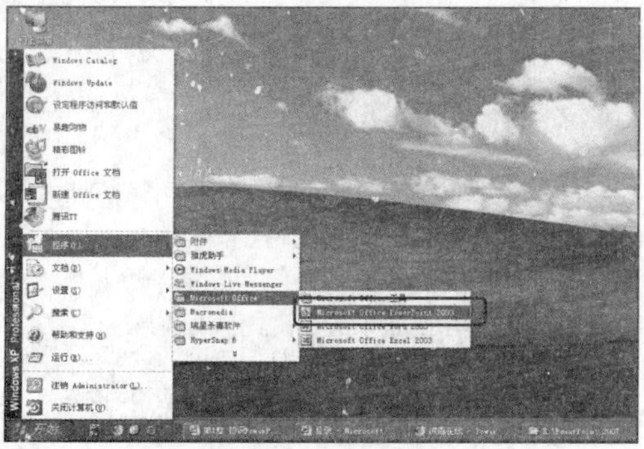

图 1-1　常规启动

> **提示**
>
> 当用户计算机中的【开始】菜单类型设置为 Windows XP 模式时，则其显示方式与图 1-1 不同。用户可以在【任务栏和“开始”菜单】对话框中进行设置。

2. 通过创建新文档启动

成功安装 Microsoft Office 2003 之后，当在桌面或者文件夹内的空白区域右击，将弹出如图 1-2 所示的快捷菜单，此时选择【新建】|【Microsoft PowerPoint 演示文稿】命令，即可在桌面或者当前文件夹中创建一个名为“新建 Microsoft PowerPoint 演示文稿”的文件。此时该文件的文件名处于可修改状态，用户可以重命名该文件，如图 1-3 所示。双击文件图标，即可打开新建的 PowerPoint 2003 文件。

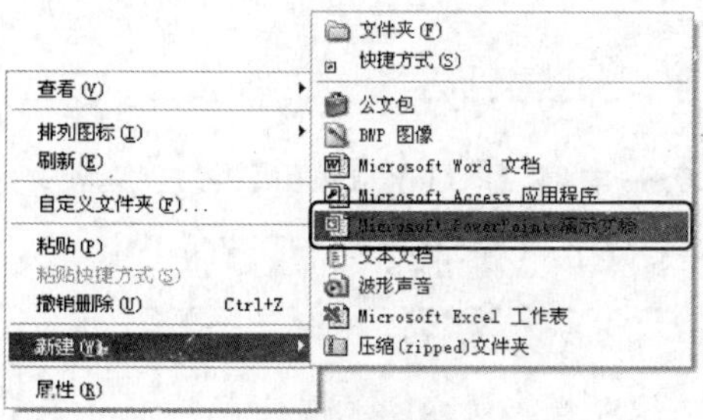

图 1-2　在快捷菜单中选择相应命令

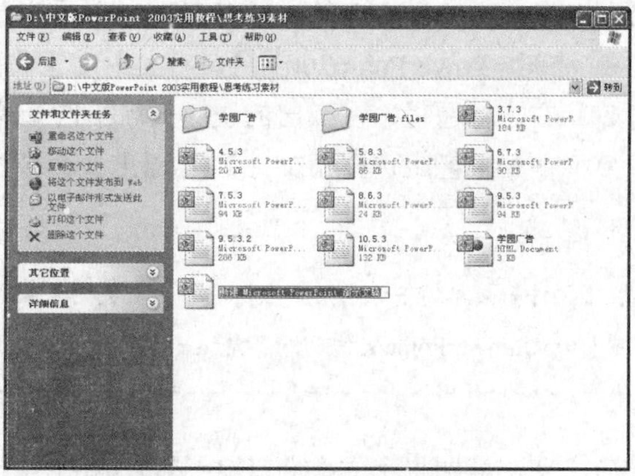

图 1-3　可修改名称的文件图标

3. 通过现有演示文稿启动

用户在创建并保存了 PowerPoint 演示文稿后，可以通过已有的演示文稿启动。通过已有文稿启动可以分为两种方式：直接双击演示文稿图标和在文档中启动。

- 双击图标启动：在【我的电脑】文件夹或资源管理器中找到已经创建的演示文稿，然后双击图标，自动启动 PowerPoint。
- 在文档中启动：如果用户在当前计算机中已经使用 PowerPoint 创建、保存或打开过演示文稿，那么 Windows 会记录下用户最近在计算机中打开过的文件名称。在【开始】菜单中选择【文档】命令，此时将列出所有可以打开的文件名称，如图 1-4 所示，双击需要打开的 PowerPoint 文件名即可打开该文件。

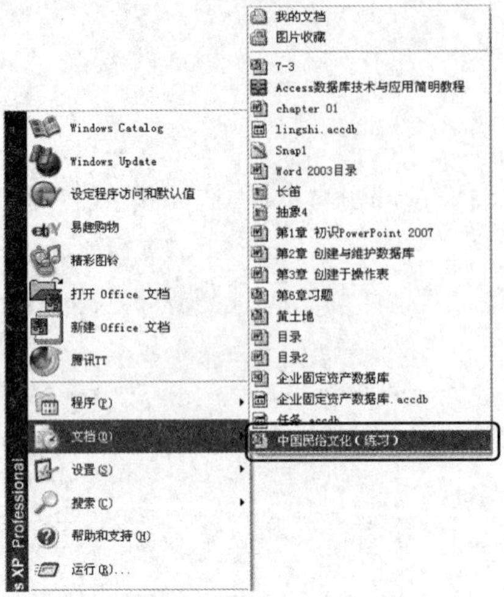

图 1-4 【文档】列表中列出的 PowerPoint 文件名

> **提示**
>
> 当演示文稿的存储路径发生改变，或演示文稿已经被删除时，使用【开始】|【文档】命令将不能打开该文件。

1.2.2 退出 PowerPoint 2003

退出 PowerPoint 2003 的方法有多种，常用的主要有以下几种：

- 单击 PowerPoint 2003 窗口右上角的【关闭】按钮。
- 右击标题栏，在弹出的快捷菜单中选择【关闭】命令。
- 在菜单栏上选择【文件】|【退出】命令。

> **知识点**
>
> 在【文件】菜单的下级子菜单中还有一个【关闭】命令。若用户选择【文件】|【关闭】命令，只是关闭当前打开的 PowerPoint 文件，而不是退出 PowerPoint 2003 应用程序。

- 双击标题栏上的【窗口控制】图标，或单击该图标，从弹出的快捷菜单中选择【关闭】命令。
- 按 Alt+F4 组合键。

1.3 PowerPoint 2003 的界面组成

与以前版本相比，PowerPoint 2003 不仅增加了许多功能，其界面也发生了很大的变化，本节主要介绍 PowerPoint 2003 的工作界面及视图模式。

1.3.1　界面简介

启动 PowerPoint 2003 应用程序后，将显示如图 1-5 所示的工作界面，该界面由标题栏、菜单栏、任务窗格、常用工具栏、工作区、视图切换区和状态栏等元素组成。

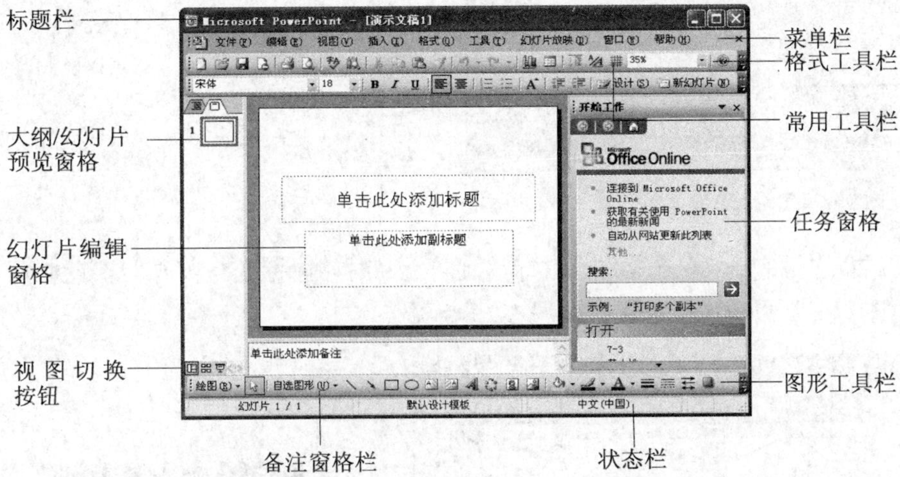

图 1-5　PowerPoint 2003 工作界面

下面将详细介绍 PowerPoint 2003 界面构成元素的功能。

1. 标题栏

标题栏位于窗口的顶端，是 PowerPoint 应用程序窗口的组成部分，用来显示当前应用程序名称和编辑的演示文稿名称。标题栏最右端有 3 个按钮，分别用来控制窗口的最大化/还原、最小化和关闭应用程序。

2. 菜单栏

菜单栏位于标题栏的下方，包含了 PowerPoint 2003 的所有控制功能。PowerPoint 2003 的菜单栏共由 9 个主菜单组成，如图 1-6 所示。

知识点

在菜单栏的最右端有一个【关闭】☒按钮，单击该按钮可以关闭当前演示文稿，而不是关闭整个 PowerPoint 程序。位于【关闭】☒按钮左边的帮助查询文本框允许用户在不必单击其他菜单的情况下方便地输入需要查询的问题。

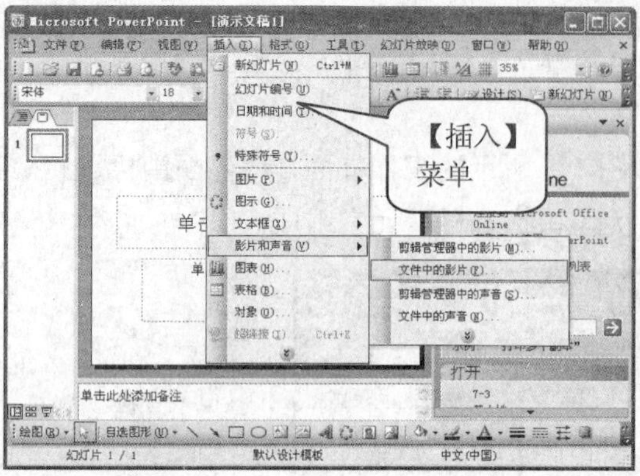

图 1-6 【插入】菜单及其命令

> **提示**
>
> 从图 1-5 所示的窗口中可以看出，PowerPoint 菜单栏由【文件】、【编辑】、【视图】、【插入】、【格式】、【工具】、【幻灯片放映】、【窗口】和【帮助】9 个菜单组成。

在菜单的最左端有一个⁝符号，当鼠标移到它上面时，鼠标变为✥形状，此时用户可以按下鼠标左键拖动菜单栏到其他位置，如图 1-7 所示。

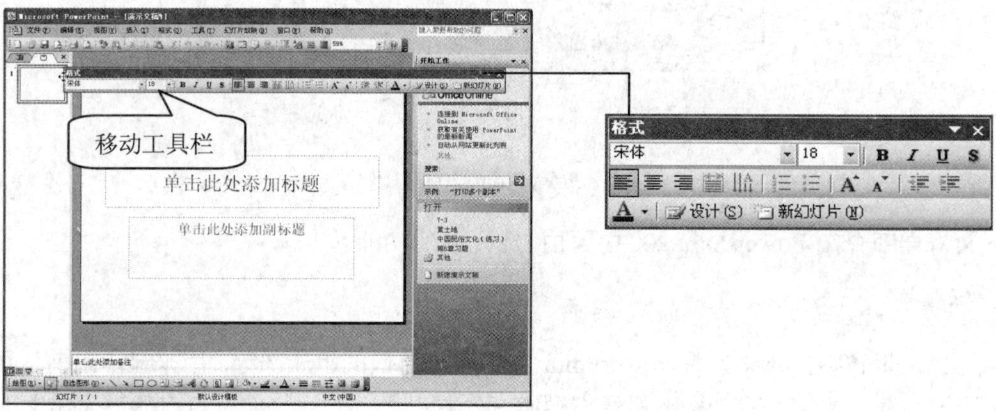

图 1-7 移动工具栏

3. 工具栏

PowerPoint 将一些常用的命令用图标代替，按操作类别分别组织到不同的工具栏上。利用工具栏可以提高工作效率。

在 PowerPoint 2003 中共有 13 种工具栏，默认情况下，常用工具栏和格式工具栏是自动显示的，其他工具栏只有在处理相应任务时才会显示。用户也可以设置某个工具栏显示或隐藏。另外，用户可以根据需要来改变工具栏中的按钮，定制个性化工具栏。

4. 幻灯片编辑窗格

幻灯片编辑窗格是 PowerPoint 工作界面中最大的部分，它是使用 PowerPoint 进行幻灯片制作的主要工作区。当幻灯片应用了主题和版式后，编辑区将出现相应的提示，提示用户输入相关内容。

5. 任务窗格

任务窗格最主要的优点是将常用对话框中的命令及参数设置，以窗格的形式长时间显示在屏幕的右侧，可以让用户节省大量查找命令的时间，从而提高工作效率。

6. 状态栏

状态栏位于窗口的最底端，显示当前演示文稿的常用参数及工作状态，如整个文稿的总页数、当前正在编辑的幻灯片的编号以及该演示文稿所用的设计模板名称等。

1.3.2 视图简介

PowerPoint 2003 提供了【普通视图】、【幻灯片浏览视图】、【备注页视图】和【幻灯片放映】4 种视图模式，使用户在不同的工作条件下都有一个舒适的工作环境。每种视图包含特定的工作区、功能区和其他工具。在不同的视图中，用户可以对演示文稿进行编辑和加工，同时这些改动也会反映到其他视图中。

1. 普通视图

【普通视图】实际上又可以分为两种形式，主要区别在于 PowerPoint 工作窗口最左边的预览部分，它由【幻灯片】和【大纲】两种形式来显示，用户可以通过单击该预览窗口上方的切换按钮进行切换。如图 1-8 和图 1-9 分别为【幻灯片】和【大纲】形式的普通视图。

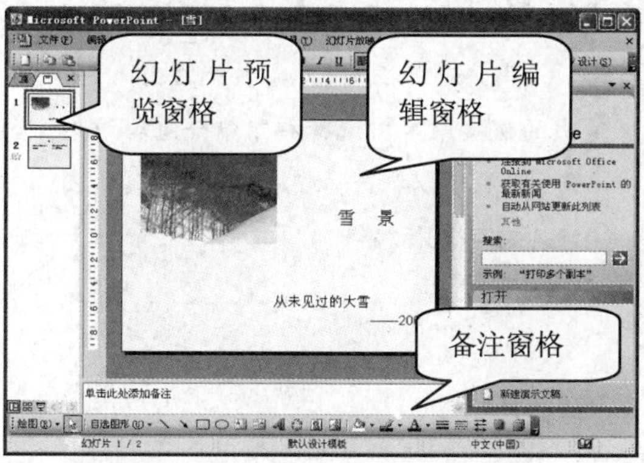

图 1-8　幻灯片形式的普通视图

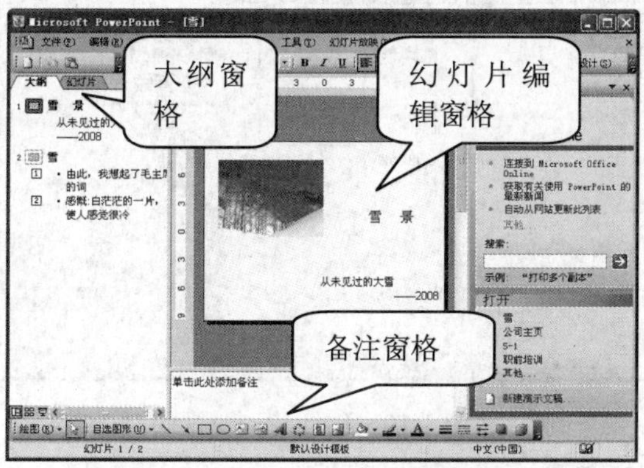

图 1-9　大纲形式的普通视图

提示

普通视图中主要包含 3 种窗格：幻灯片预览窗格(或大纲窗格)、幻灯片编辑窗格和备注窗格。用户拖动各个窗格的边框即可调整窗格的显示大小。

◉　幻灯片视图

在幻灯片形式下的普通视图中，左侧的幻灯片预览区从上到下依次显示每一张幻灯片的缩小图，用户从中可以查看它们的整体外观。当在预览区单击幻灯片缩小图时，该张幻灯片将显示在幻灯片编辑窗格，这时就可以在当前幻灯片中添加或修改文字、图形、图片和声音等信息。在预览区也可以上下拖动幻灯片，以改变其在整个演示文稿中的位置。

◉ 大纲视图

在大纲视图中，主要显示 PowerPoint 演示文稿的文本部分，它为组织材料、编写大纲提供了一个良好的环境。使用大纲视图是组织和开发演示文稿内容的最好方法，因为用户在工作时可以看到屏幕上所有的标题和正文，从而可以在幻灯片中进行重新安排要点、将整张幻灯片从一处移动到另一处，或者编辑标题和正文等工作。

提示

通过单击大纲中每张幻灯片的▣标志来决定是否显示当前幻灯片中的下一级文本，也可以拖动该标志来改变当前幻灯片在文稿中的位置顺序。

2. 幻灯片浏览视图

在幻灯片浏览视图中，可以在屏幕上同时看到演示文稿中的所有幻灯片，它们以缩略图方式整齐地显示在同一窗口中，如图 1-10 所示。

在该视图下，可以看到改变幻灯片的背景设计、配色方案或更换模板后文稿发生的整体变化，也可以检查各个幻灯片是否前后协调、图标的位置是否合适等问题。同时在该视图中也易于在幻灯片之间添加、删除和移动幻灯片，以及选择幻灯片之间的动画切换。

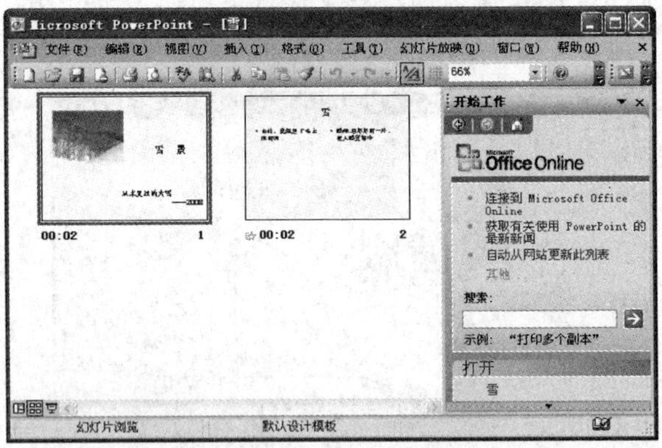

图 1-10 幻灯片浏览视图

提示

用户可以在某张幻灯片上右击，在弹出的快捷菜单中选择相应命令编辑该幻灯片，也可以双击幻灯片切换到普通视图中，对其进行编辑。

提示

如果幻灯片的左下角显示☆标志，单击该标志即可预览幻灯片的动画效果，当没有为幻灯片添加动画效果时，则该标志不出现。在幻灯片的右下角是当前幻灯片的编号，也是当前演示文稿中幻灯片的播放顺序。

3. 备注页视图

在备注页视图模式下，用户可以方便地添加和更改备注信息，如图 1-11 所示。

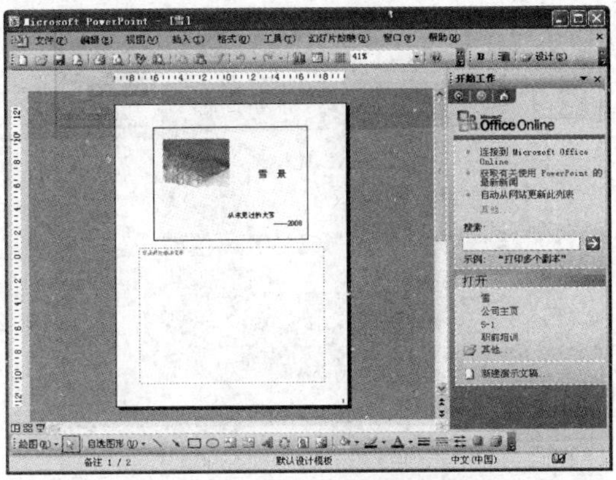

图 1-11　备注页视图

> **提示**
>
> 在该模式下，用户还可以对添加的备注信息进行修饰，也可以插入图形等信息。

4. 幻灯片放映视图

在幻灯片放映视图中并不是显示单个的静止的画面，而是以动态的形式显示演示文稿中各张幻灯片，如图 1-12 所示。如果用户对放映效果不满意，可按键盘上的 Esc 键退出放映进行修改。

图 1-12　幻灯片放映视图

> **知识点**
>
> 用户也可以通过单击屏幕左下角的图标切换当前的视图模式。单击进入普通视图；单击进入幻灯片浏览视图；单击进入幻灯片放映视图并从当前幻灯片向后放映。

> **知识点**
>
> 在 PowerPoint 中，按 F5 键可以进入幻灯片放映模式并从头开始放映；按 Shift+F5 键则可以从当前幻灯片开始向后放映。

1.3.3　设置视图的显示比例

在 PowerPoint 中可以设置幻灯片在视图中的显示比例，如图 1-13 所示。

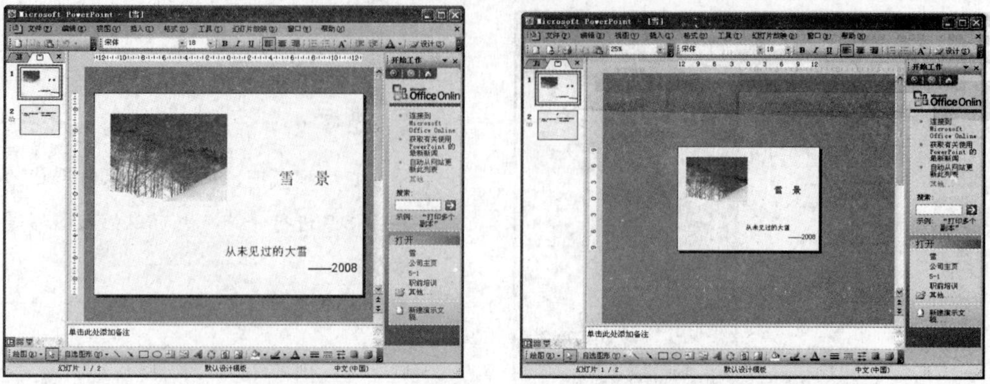

图 1-13　调整显示比例后的效果

- 选择【视图】|【显示比例】命令，在打开的【显示比例】对话框中选择需要的比例，如图 1-14 所示。
- 直接单击常用工具栏的【显示比例】下拉列表框，在列表框中选择需要的显示比例，如图 1-15 所示。

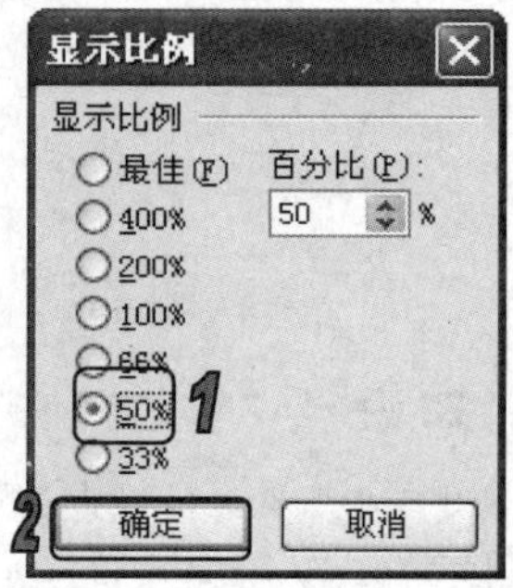

图 1-14　【显示比例】对话框

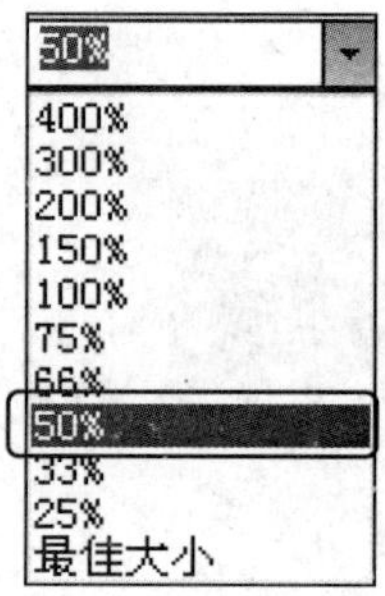

图 1-15　【显示比例】下拉列表框

1.4　自定义工具栏及 PowerPoint 工作环境设置

PowerPoint 2003 支持用户自定义工具栏及设置工作环境，以满足用户按自己习惯进行工作的需要，使用户在制作演示文稿时更加得心应手。

1.4.1　自定义工具栏

利用自定义工具栏功能，可以把常用的工具按钮汇集到一个工具栏中，也可以把工具栏中没有的按钮添加到其中。

【例 1-1】显示【表格和边框】工具栏，并在工具栏中添加【字体】下拉列表框、【字号】下拉列表框。

(1) *启动 PowerPoint 2003 应用程序，打开其工作界面。*

(2) 选择【视图】|【工具栏】|【表格和边框】命令，打开如图 1-16 所示的【表格和边框】工具栏。

(3) 选择【工具】|【自定义】命令，打开【自定义】对话框。

(4) 在对话框中切换到【命令】选项卡，在【类别】列表中选择【格式】选项，在【命令】列表中选中【字体】下拉列表框，如图 1-17 所示。

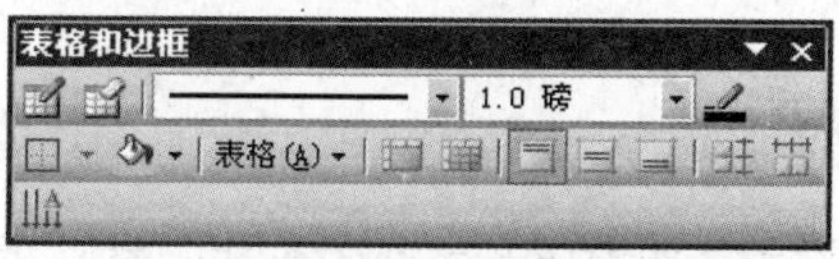

图 1-16　【表格和边框】工具栏

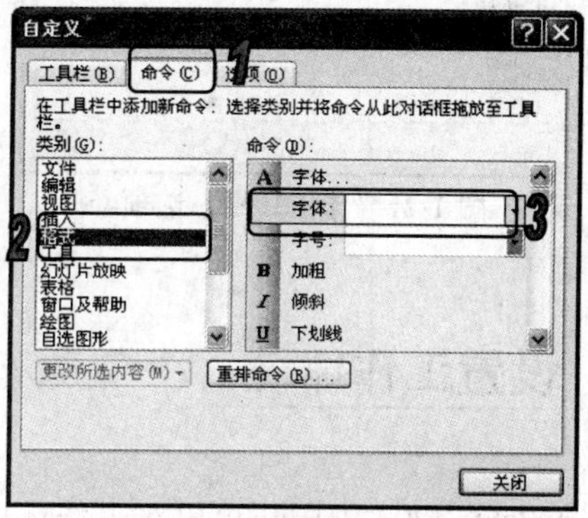

图 1-17　【自定义】对话框

(5) 按住鼠标左键拖动【字体】下拉列表框到【表格和边框】工具栏中，如图 1-18 所示。

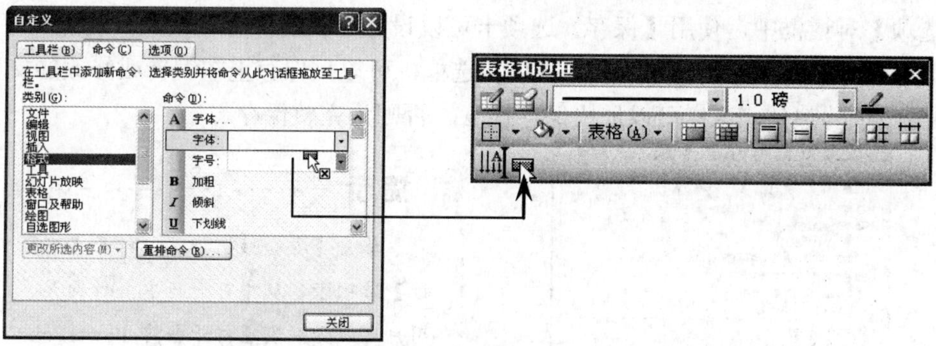

图 1-18　按住鼠标左键拖动【字体】下拉列表框

(6) 释放鼠标，【表格和边框】工具栏效果如图 1-19 所示。

(7) 参照步骤(5)~(6)，将【字号】下拉列表框添加到【表格和边框】工具栏中，此时该工具栏效果如图 1-20 所示。

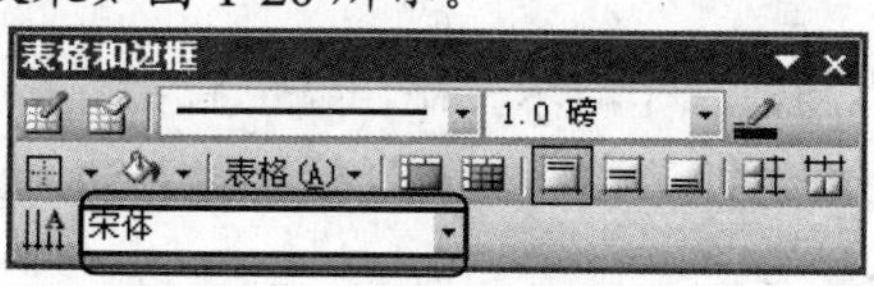

图 1-19　添加【字体】下拉列表框

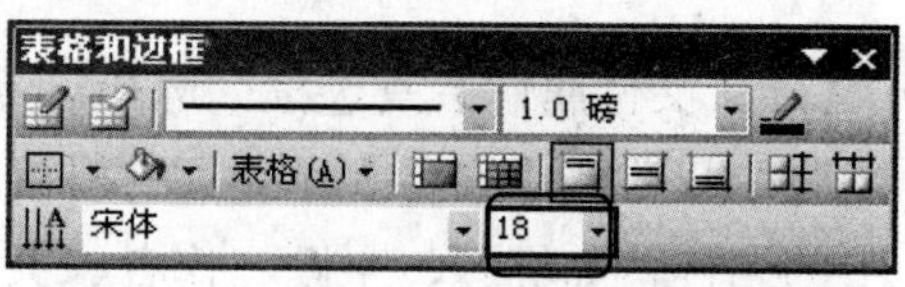

图 1-20　自定义工具栏后的效果

在【自定义】对话框中，单击【工具栏】标签，打开【工具栏】选项卡，如图 1-21 所示。在该选项卡中，用户可以单击【新建】按钮，打开【新建工具栏】对话框，如图 1-22 所示，为 PowerPoint 新建一个工具栏，该工具栏中可以放置最常用的命令按钮。

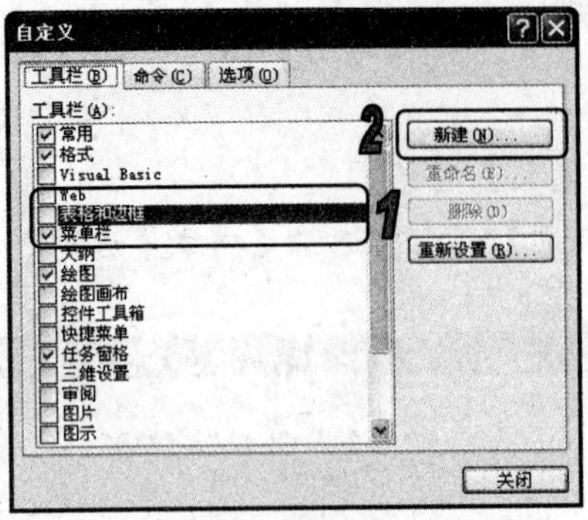

图 1-21　【工具栏】选项卡

图 1-22　【新建工具栏】对话框

1.4.2　设置工作环境

在 PowerPoint 2003 中用户可以对工作环境进行设置，如设置自动保存时间、默认的文件保存位置以及是否自动启用任务窗格等。选择【工具】|【选项】命令，打开如图 1-23 所示的【选项】对话框，在该对话框中可以设置多种不同的工作环境。

在【选项】对话框中，使用【保存】选项卡可以设置相关的保存选项，其功能如下。

- 【允许快速保存】复选框：若选择该复选框，可以只保存正在编辑或修改的文稿中被更改了的部分，这样可以加快保存速度。否则为完整保存。

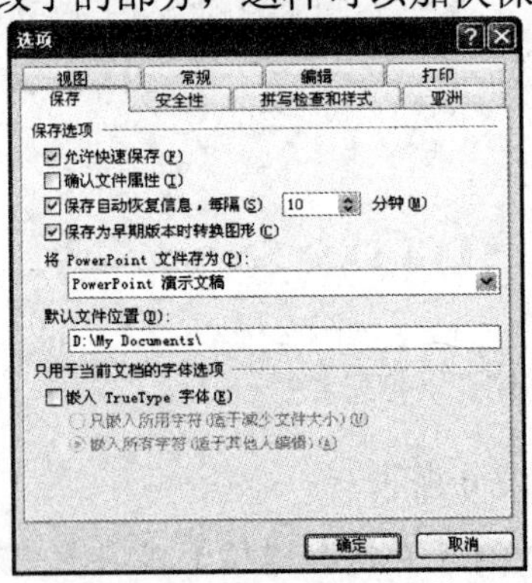

图 1-23　【选项】对话框

> **提示**
>
> 单击【安全性】标签，打开【安全性】选项卡，从中可进行安全性设置。用户可以分别设置打开当前 PowerPoint 文档的密码和修改文档的密码，还可以选择加密的类型。

- 【确认文件属性】复选框：选择该复选框，当新建一个演示文稿，编辑后要将其保存时，只要在【文件】菜单中打开【属性】命令，即可在属性对话框中输入演示文稿的属性，如标题、主题、作者、关键词和备注等。
- 【保存自动恢复信息】复选框：选择自动恢复信息功能可以避免工作中由于系统崩溃而死机或突然断电所造成的文件丢失。在该复选框后面的文本框中可以输入数字设定 PowerPoint 自动保存演示文稿的时间间隔，系统默认为 10 分钟。
- 【将 PowerPoint 文件存为】下拉列表框：在该下拉列表框中可以设置当前演示文稿保存的版本，可使当前的 PowerPoint 演示文稿与以前的版本兼容。

- 【默认文件位置】文本框：可以设置 PowerPoint 文稿的默认存储位置，如“D:\我的 PowerPoint”。
- 【只用于当前文档的字体选项】选项：在该选项区可以选择是否在当前演示文稿中嵌入 TrueType 字体。使用嵌入字体的好处是当把文稿拿到其他计算机上打开时，文稿中选择的字体都还可以保留。但这样会使演示文稿所占用的存储空间增大。

【例 1-2】在【选项】对话框中设置工作环境，使任务窗格中显示 5 个最近使用过的演示文稿列表，自动保存的时间间隔为 5 分钟，并在取消插入新幻灯片时，自动显示幻灯片版式任务窗格功能。

(1) 启动 PowerPoint 2003 应用程序，打开其工作界面。

(2) 选择【工具】|【选项】命令，打开【选项】对话框。在对话框中切换到【常规】选项卡，在【最近使用的文件列表】文本框中输入数字 5，如图 1-24 所示。

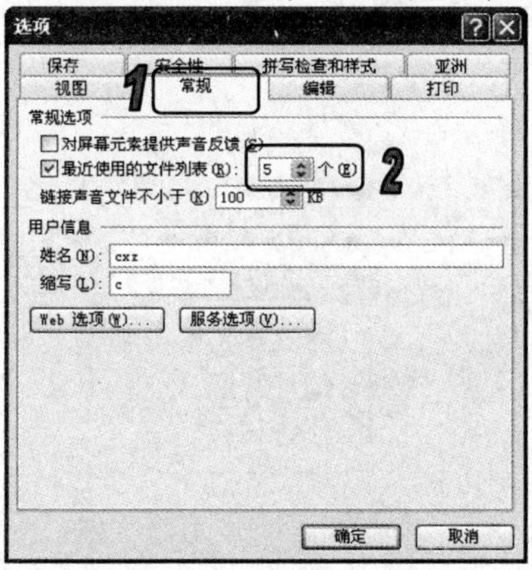

图 1-24　【选项】对话框

提示

在【用户信息】选项区域的【姓名】和【缩写】文本框中，可以修改用户的个人信息。

(3) 切换到【保存】选项卡，在【保存自动恢复信息，每隔】文本框中输入数字 5，如图 1-25 所示。

(4) 切换到【视图】选项卡，在【显示】选项区域中取消选中【插入新幻灯片时，显示幻灯片版式任务窗格】复选框，如图 1-26 所示。

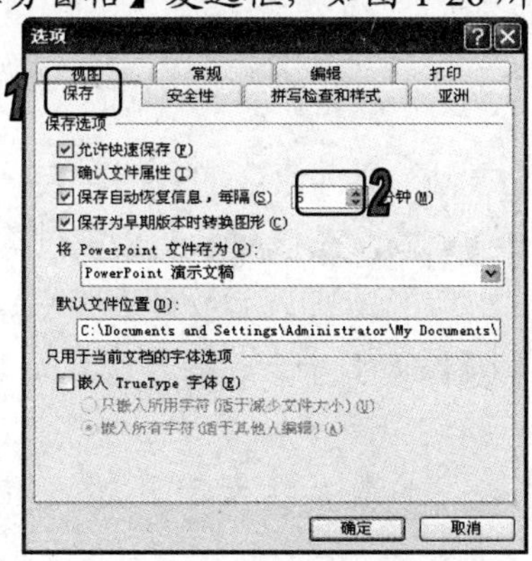

图 1-25　【保存】选项卡

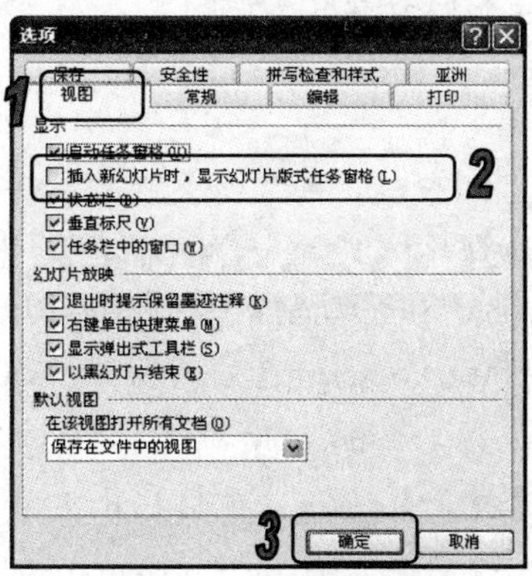

图 1-26　【视图】选项卡

(5) 单击【确定】按钮，关闭该对话框，完成设置。

(6) 此时打开一个演示文稿，在【开始工作】任务窗格中将显示 5 个最近打开过的文档列表，如图 1-27 所示。

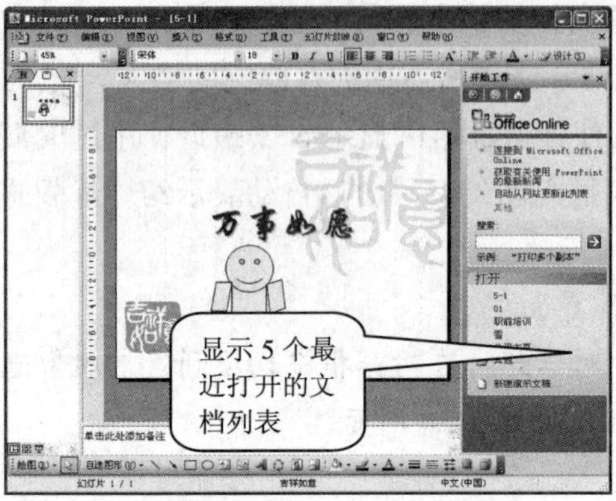

图 1-27　显示最近打开过的文档列表

知识点

在演示文稿中选择【插入】|【新幻灯片】命令，插入一张新幻灯片，此时任务窗格没有自动切换到幻灯片版式，如图 1-28 所示。而当选中【插入新幻灯片时，显示幻灯片版式任务窗格】复选框时，任务窗格效果如图 1-29 所示。

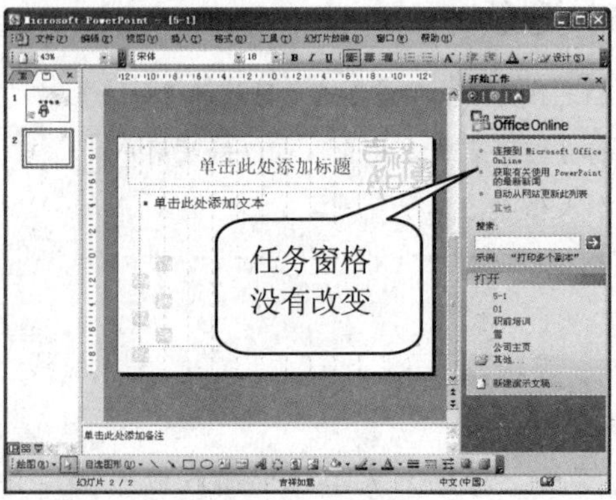

图 1-28　取消选中复选框后添加幻灯片时的任务窗格效果

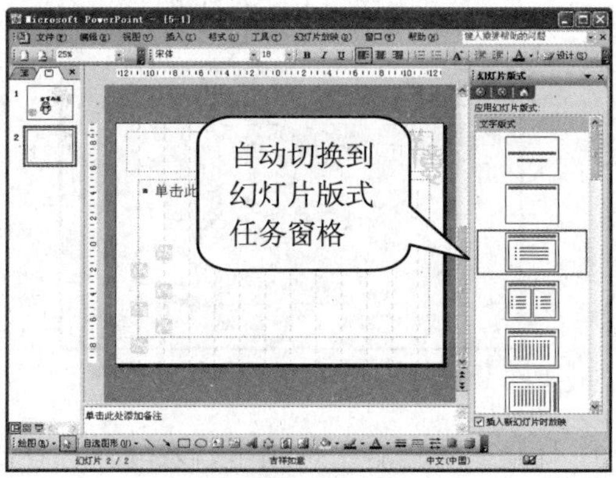

图 1-29　默认打开的任务窗格效果

1.5　上机练习

通过本章的学习，读者应该了解 PowerPoint 的启动方法，界面组成和视图转换以及自定义工具栏和设置工作环境的基本方法。本节将启动现有演示文稿，在该演示文稿中设置自定义工具栏，并切换到幻灯片放映视图观看幻灯片的效果。

(1) 启动 PowerPoint 2003 应用程序，选择【文件】|【打开】命令，打开【打开】对话框，并选择文件的来源，如图 1-30 所示。

(2) 单击【打开】按钮，此时打开“课件”演示文稿，如图 1-31 所示。

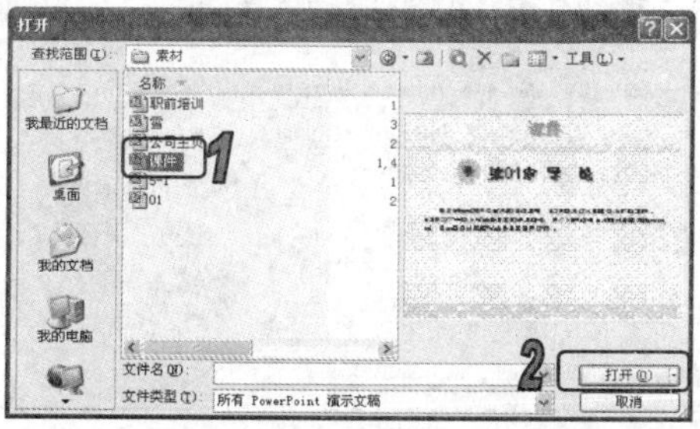

图 1-30　【打开】对话框

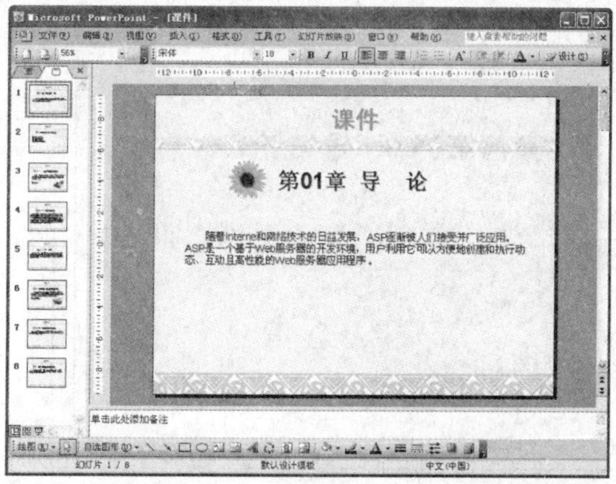

图 1-31　打开现有的演示文稿

(3) 选择【工具】|【自定义】命令，打开【自定义】对话框。

(4) 单击【命令】标签，切换至【命令】选项卡，在【类型】列表中选择【幻灯片放映】选项，如图 1-32 所示。

(5) 在【命令】列表中选择【观看放映】选项，按住鼠标左键拖动【观看放映】选项至界面的工具栏中，如图 1-33 所示。

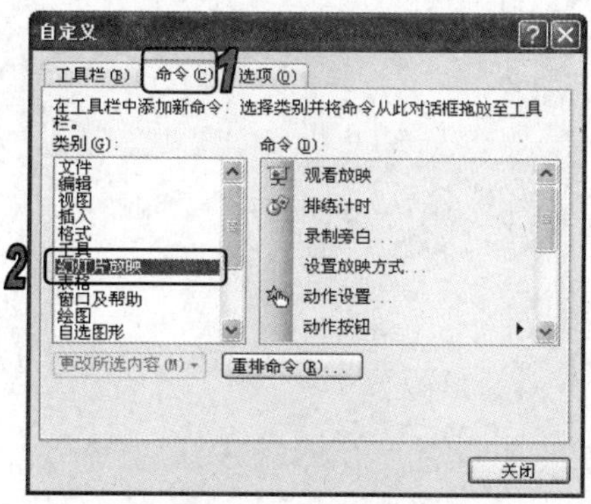

图 1-32　选择【幻灯片放映】选项

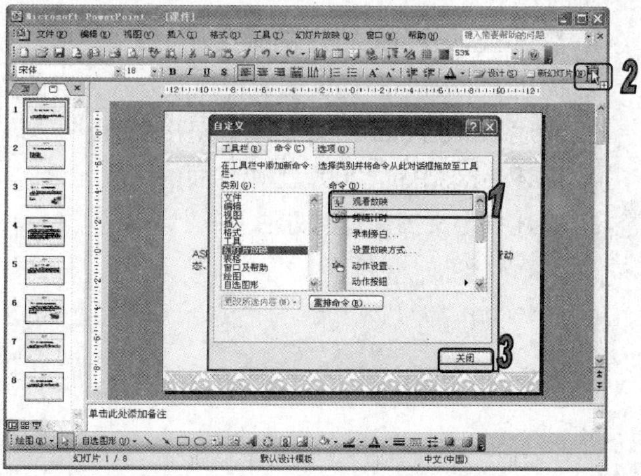

图 1-33　添加【观看放映】命令按钮

(6) 单击【关闭】按钮，关闭【自定义】对话框，此时工具栏的效果如图 1-34 所示。

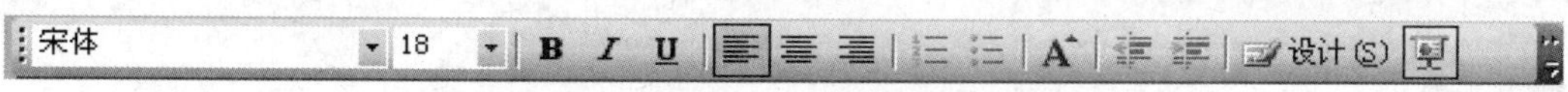

图 1-34　【观看放映】命令按钮添加到工具栏

(7) 在幻灯片预览窗口中单击第 1 张幻灯片缩略图，同时单击工具栏上的【观看放映】按钮，此时 PowerPoint 自动放映演示文稿，如图 1-35 所示。

(8) 在幻灯片放映视图中依次单击，PowerPoint 将自动切换至下一张幻灯片，如图 1-36 所示。

图 1-35　放映幻灯片

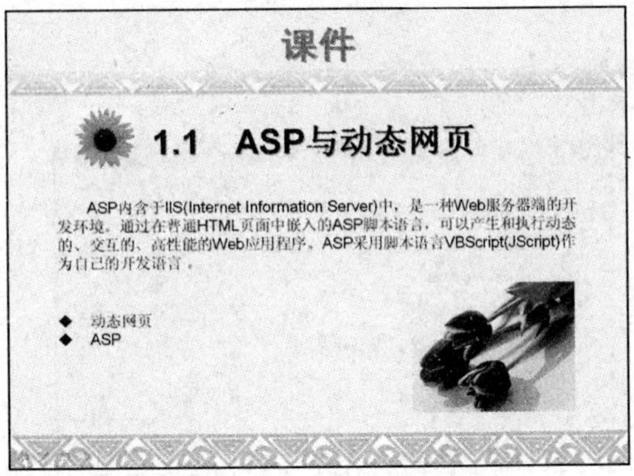

图 1-36　放映下张幻灯片

(9) 按 Esc 键退出幻灯片放映。

(10) 返回幻灯片预览窗口，单击【关闭】按钮，关闭“课件”演示文稿。

1.6　习题

1. 简述 PowerPoint 2003 的特点。
2. 简述 PowerPoint 提供的 4 种视图方式各自的特点。
3. 简述 PowerPoint 2003 启动和退出的方法。
4. 简述 PowerPoint 2003 工作界面的组成元素。
3. 简述自定义工具栏的方法。

第2章 使用演示文稿

学习目标

PowerPoint 是一种制作和播放演示文稿的应用程序。演示文稿是一组用于介绍和说明某个主题或事件的媒体，也是 PowerPoint 生成的文件形式。演示文稿中可以包含幻灯片、演讲备注和大纲等内容，而 PowerPoint 则是创建和演示播放这些内容的工具。本章主要介绍创建、放映与保存演示文稿的基本方法和编辑幻灯片的基本操作。

本章重点

- 创建演示文稿
- 编辑幻灯片
- 放映和保存演示文稿

2.1 创建演示文稿

在 PowerPoint 中，存在演示文稿和幻灯片两个概念，利用 PowerPoint 制作出来的整个可以放映的文件叫做演示文稿。演示文稿中的每一页叫做幻灯片，每张幻灯片都是演示文稿中既相互独立又相互联系的内容。

2.1.1 创建空演示文稿

空演示文稿由不带任何模板设计、但带有布局格式的空白幻灯片组成，是使用最多的建立演示文稿的方式。也可以说空演示文稿是一种形式最简单的演示文稿，没有应用设计模板、配色方案、以及动画方案，但空演示文稿留给用户的设计余地最大。用户可以在空白的幻灯片上设计出具有鲜明个性的背景色彩、配色方案、文本格式和图片等对象，创建具有个人特色的演示文稿。

在用户打开 PowerPoint 程序的时候，程序已经自动新建了一个空的演示文稿，如图 2-1 所示。

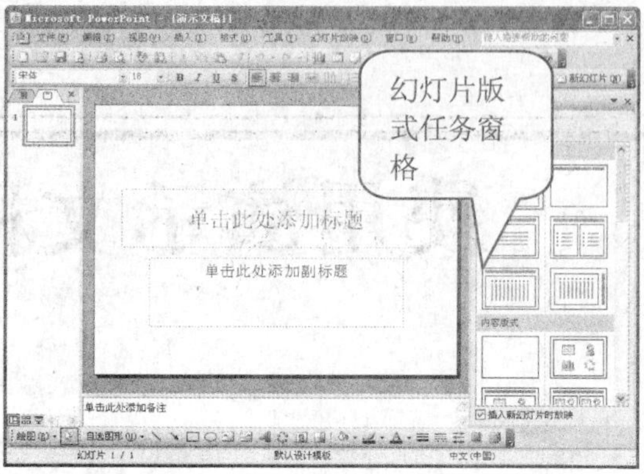

图 2-1　空演示文稿

> **提示**
>
> 用户自动创建一个空演示文档后，在窗口的右边会自动弹出幻灯片版式任务窗格，供用户选择当前幻灯片的版式。

在设计空演示文稿时，用户首先需要注意演示文稿的内容，然后再去对它们进行修饰，从而设计出完美的演示文稿。

1. 使用【常用】工具栏按钮

单击【常用】工具栏中的【新建】按钮，PowerPoint 将会新建一个空的演示文稿。此时，用户可以在幻灯片版式任务窗格中，选择当前幻灯片的版式(如图 2-1 所示)。版式是指预先定义好的幻灯片内容在幻灯片中的排列方式，如文字的排列及方向、文字与图表的位置等。图 2-2 所示为空白幻灯片添加版式后的效果。

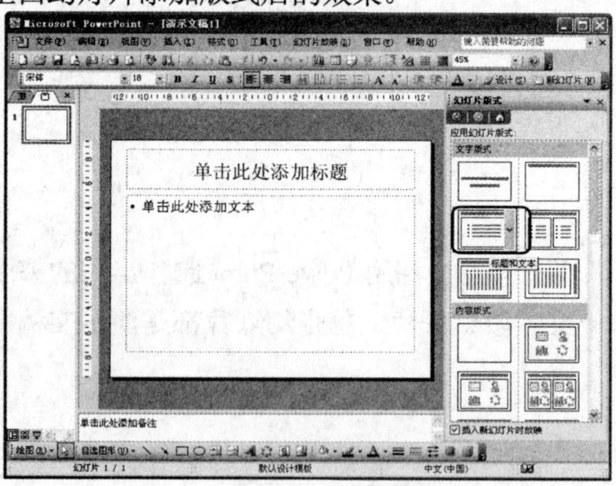

图 2-2　为空白幻灯片添加版式

> **提示**
>
> PowerPoint 中的版式包括文字版式、内容版式、文字和内容组合版式等，基本上包括了用户在日常工作中处理文字或插入图形、图表时可能用到的版式。

2. 利用【文件】菜单命令

用户还可以选择【文件】|【新建】命令，系统将显示【新建演示文稿】任务窗格，在任务窗格中单击【空演示文稿】链接，即可创建一个空演示文稿。

2.1.2　创建演示文稿的其他方法

PowerPoint 除了创建最简单的空演示文稿外，还可以根据自定义模板、内容提示向导和现有模板创建演示文稿。模板是一种以特殊格式保存的演示文稿，一旦应用了某一种模板，幻灯片的背景图形、配色方案等也就确定了，所以套用模板可以提高创建演示文稿的效率。

1. 根据设计模板创建演示文稿

设计模板是预先定义好的演示文稿的样式、风格，包括幻灯片的背景、装饰图案、文字布局及颜色等，PowerPoint 2003 为用户提供了许多美观的设计模板，用户在设计演示文稿时可以先选择演示文稿的整体风格，然后再进行编辑修改。

利用模板创建的演示文稿会有一个漂亮的界面和统一的风格，该方式新建的演示文稿一般都有背景或装饰图案，有助于用户在设计时随时调整内容的位置等以获得较好的画面效果。利用模板创建演示文稿可以起到事半功倍的效果。

例如，使用模板【谈古论今】创建一个简单的演示文稿。首先启动 PowerPoint 2003，新建一个空演示文稿，然后选择【格式】|【幻灯片设计】命令，打开【幻灯片设计】任务窗格，如图 2-3 所示。在【应用设计模板】列表框中拖动右侧的滚动条，并单击模板【谈古论今】，所选模板的样式就会应用到当前的演示文稿上，效果如图 2-4 所示。

图 2-3　【幻灯片设计】任务窗格

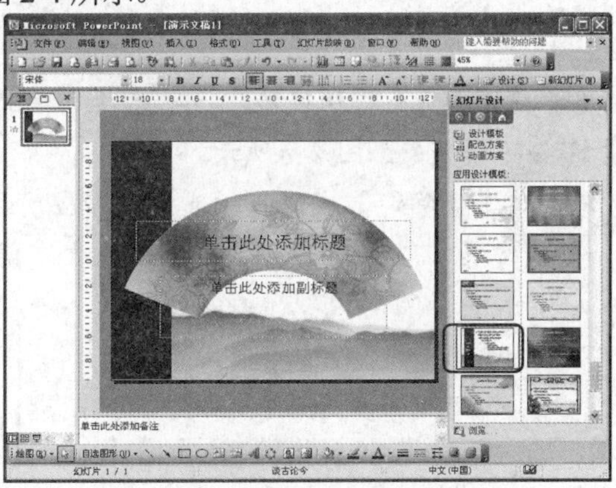

图 2-4　应用模板后的幻灯片效果

提示

用户也可以单击模板样式右侧的下拉按钮，在打开的菜单中选择【应用于选定幻灯片】和【应用于所有幻灯片】命令来制定模板的应用方式。此外，大部分模板会在安装 Office 2003 时自动安装到用户的计算机上，当用户选择了一个没有被安装的模板时，PowerPoint 会提示用户插入 Office 安装光盘，自动完成用户所选模板的安装，且安装完成后会自动将该模板应用于用户当前的演示文稿。

2. 根据自定义模板创建演示文稿

用户可以将自定义演示文稿保存为【PowerPoint 模板】类型，使其成为一个自定义模板并保存在【本机上的模板】中。当以后需要使用该模板时，只需在【新建演示文稿】任务窗格中单击【本机上的模板】链接，打开【新建演示文稿】对话框，然后在【本机上的模板】列表中选择自定义模板即可。

【例 2-1】调用【本机上的模板】，并使用模板创建演示文稿。

(1) 启动 PowerPoint 2003 应用程序，打开一个空演示文稿。

(2) 在【开始工作】任务窗格中，单击【开始工作】下拉按钮，在弹出的下拉列表中选择【新建演示文稿】选项，如图 2-5 所示。

(3) 此时打开如图 2-6 所示的【新建演示文稿】任务窗格。

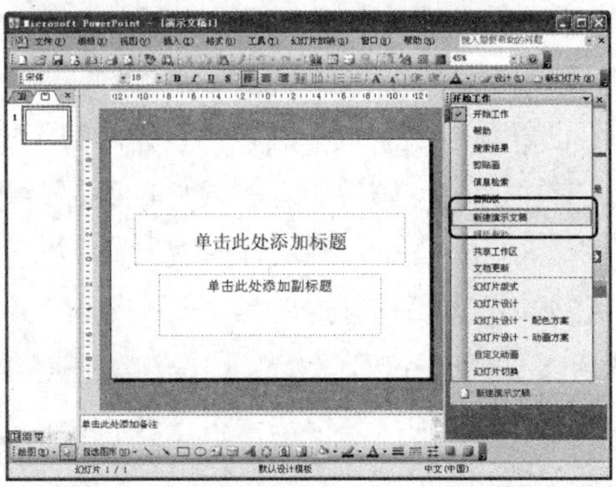

图 2-5　选择【新建演示文稿】选项

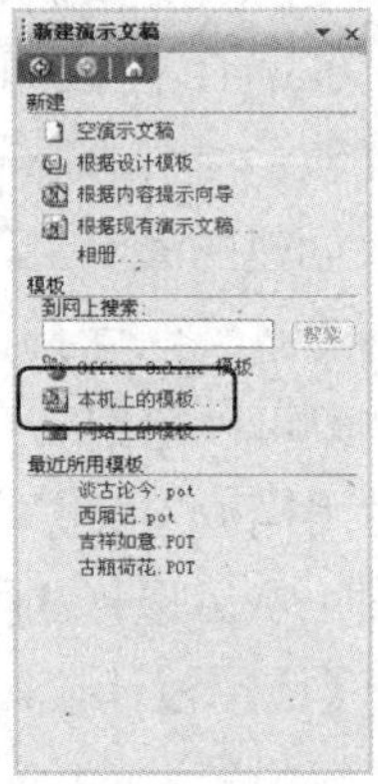

图 2-6　【新建演示文稿】任务窗格

(4) 在【模板】选项区域中，单击【本机上的模板】链接，打开【新建演示文稿】对话框，选择需要的模板，如图 2-7 所示。

(5) 单击【确定】按钮，所选模板即应用到当前空演示文稿中，如图 2-8 所示。

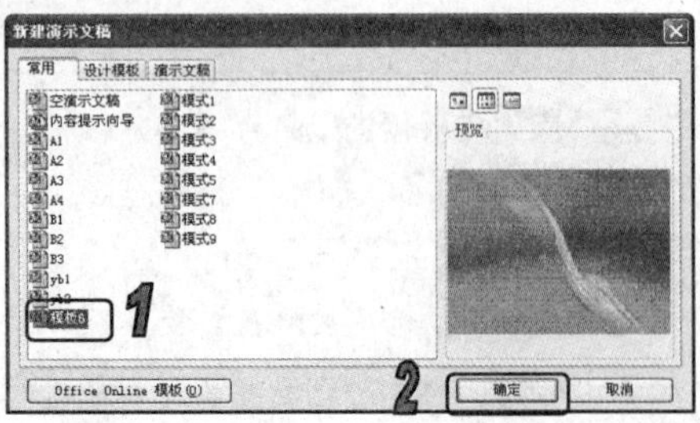

图 2-7　选择模板

图 2-8　模板应用到当前空演示文稿

提示

在【新建演示文稿】对话框中，默认只有空演示文稿和内容提示向导两个选项。用户可以通过下载或者自定义模板的方法，将模板存储在【常用】选项卡中的内容列表中。

3. 根据内容提示向导创建演示文稿

内容提示向导提供了多种不同主题及结构的演示文稿示范，例如，培训、论文、学期报告以及商品介绍等。可以直接使用这些演示文稿类型进行修改编辑，创建所需的演示文稿。

用户在【新建演示文稿】任务窗格中单击【根据内容提示向导】链接，即可按照向导中的提示逐步创建演示文稿。利用该方法创建演示文稿比较方便、直观。下面以实例来介绍根据内退提示向导创建演示文稿的方法。

【例 2-2】使用内容提示向导【论文】创建演示文稿。

(1) 启动 PowerPoint 2003 应用程序，新建一个演示文稿。

(2) 在【开始工作】任务窗格中单击【开始工作】下拉列表框，在打开的快捷菜单中选择【新建演示文稿】命令，打开【新建演示文稿】任务窗格。

(3) 在如图 2-6 所示的【新建】选项区域中单击【根据内容提示向导】链接，打开【内容提示向导】对话框，如图 2-9 所示。

(4) 单击【下一步】按钮，在打开对话框的【选择将使用的演示文稿类型】选项区中单击【全部】按钮，并在对应的列表框中选择【论文】选项，如图 2-10 所示。

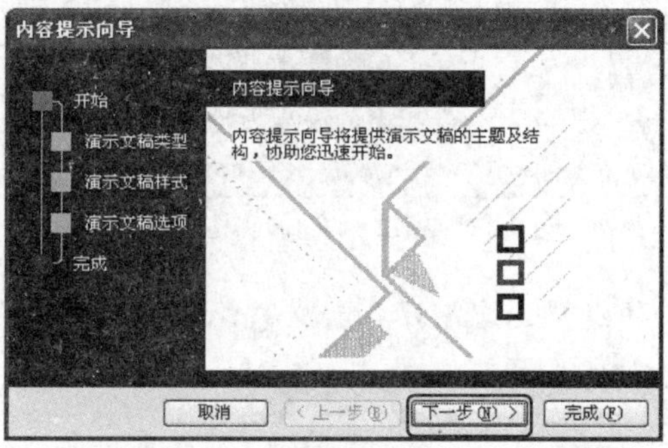

图 2-9　【内容提示向导】对话框

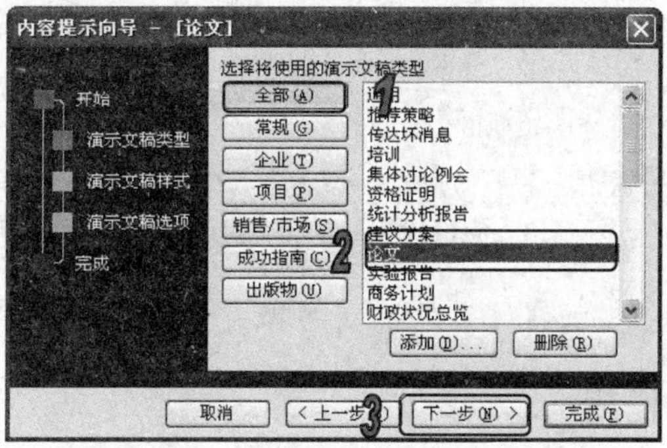

图 2-10　设置演示文稿类型

(5) 单击【下一步】按钮，在打开的对话框中保持选中【屏幕演示文稿】单选按钮作为演示文稿的输出类型，如图 2-11 所示。

(6) 单击【下一步】按钮，在打开的对话框的【演示文稿标题】文本框和【页脚】文本框中输入如图 2-12 所示的文字。

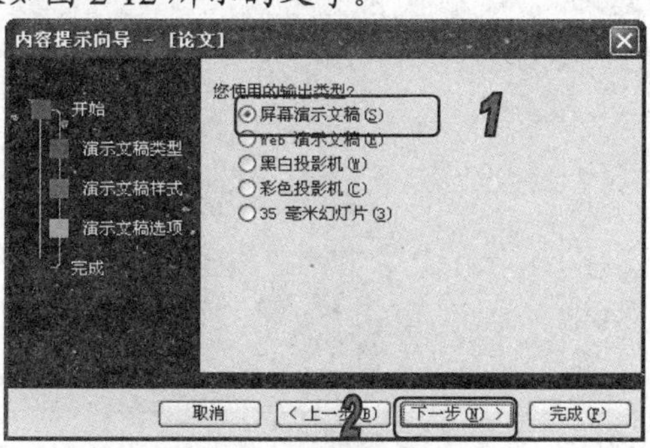

图 2-11　设置输入类型

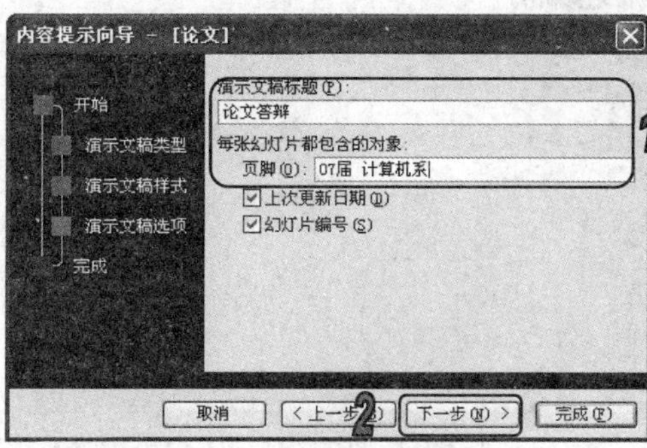

图 2-12　设置演示文稿选项

提示

在如图 2-12 所示的对话框中，选中【上次更新日期】复选框，表示在演示文稿中显示更新日期，并且每次打开后会自动更新最后一次修改该演示文稿的日期；选中【幻灯片编号】复选框，表示演示文稿中的每张幻灯片的编号都将显示在当前的幻灯片上。

(7) 单击【下一步】按钮，然后在打开对话框中单击【完成】按钮，即可完成演示文稿的创建，幻灯片效果如图 2-13 所示。

(8) 选择【格式】|【幻灯片设计】命令，在【幻灯片设计】任务窗格中选择【麦田夕照】模板，此时一个完整的以“论文答辩”为主题的演示文稿创建完成，效果如图 2-14 所示。

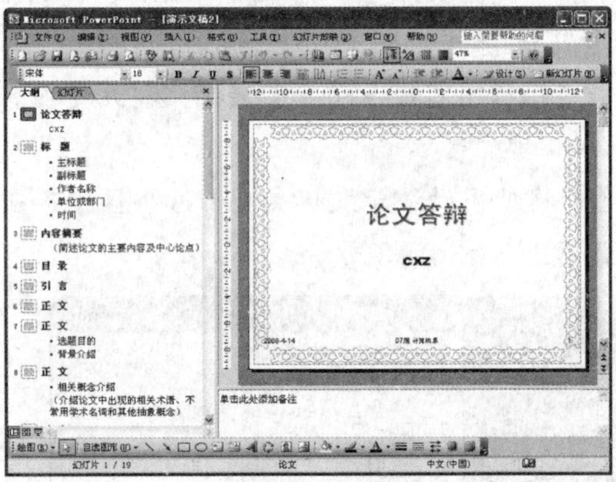

图 2-13　完成设置后的幻灯片效果

图 2-14　将演示文稿应用模板

(9) 选择【文件】|【另保存】命令，将演示文稿以“论文演示”为文件名进行保存。

提示

根据内容提示创建的演示文稿中已包含的预先设置的幻灯片内容和统一的设计风格，用户不必再为设计演示文稿的排版及结构费心，如图 2-15 所示。这也是可以供初学者轻松创建内容完整、结构严谨及风格和谐统一的演示文稿最简捷的方法。

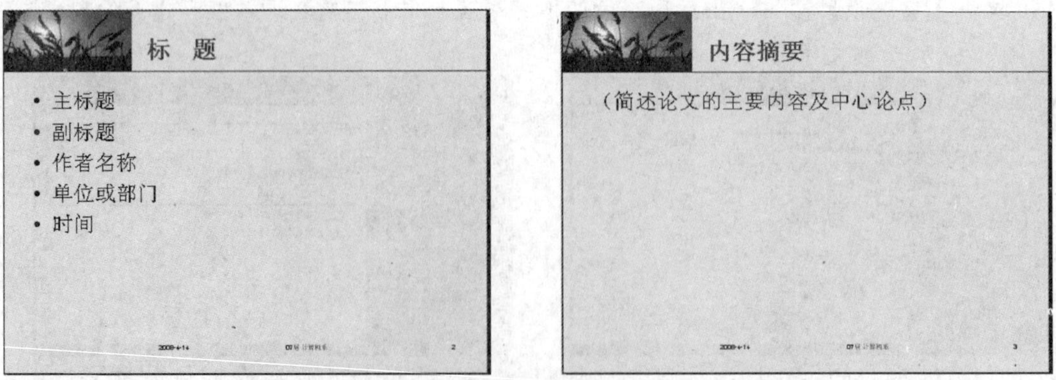

图 2-15　演示文稿中其他幻灯片内现有的版式和内容

2.2 编辑幻灯片

在 PowerPoint 中，幻灯片作为一种对象，可以对其进行编辑操作。主要的编辑操作包括添加新幻灯片、选择幻灯片、复制幻灯片、调整幻灯片顺序和删除幻灯片等。在对幻灯片的编辑过程中，最方便的视图模式是幻灯片浏览视图，小范围或少量的幻灯片操作也可以在普通视图模式下进行。

2.2.1 添加新幻灯片

在启动 PowerPoint 2003 应用程序后，PowerPoint 会自动建立一张空白幻灯片，而大多数演示文稿需要两张或更多张幻灯片来表达主题，这时就需要添加幻灯片。

添加幻灯片的方法：打开需要添加幻灯片的演示文稿，在幻灯片预览窗格中选定需要添加幻灯片的位置后右击，从弹出的快捷菜单中选择【新幻灯片】命令，如图 2-16 所示。此时就在选中幻灯片下方添加一张新幻灯片，如图 2-17 所示。

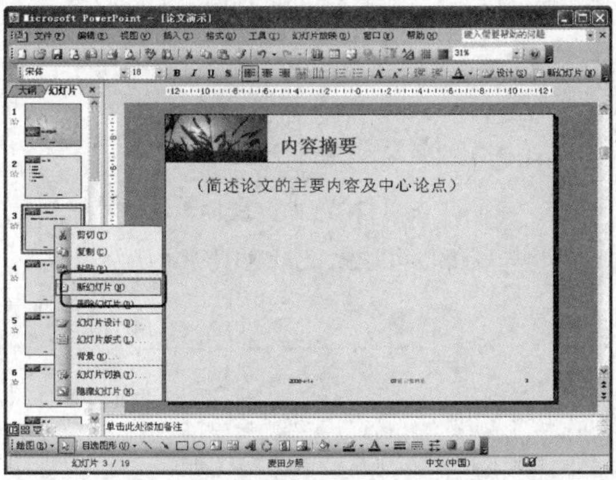

图 2-16 在快捷菜单中选择命令

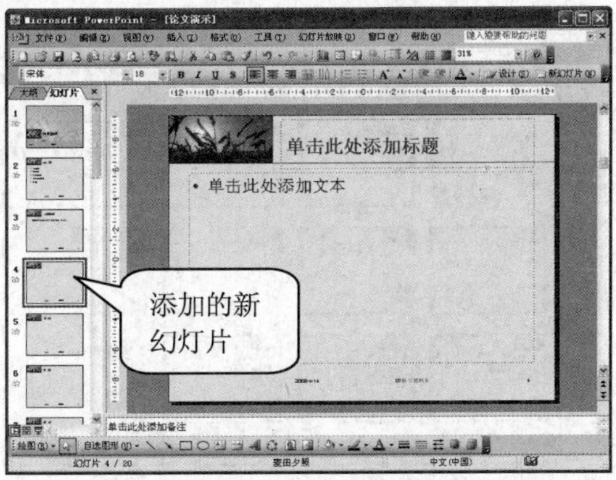

图 2-17 在幻灯片中添加幻灯片

知识点

新添加的幻灯片一般在当前幻灯片的后面。在添加新幻灯片时，PowerPoint 会自动显示幻灯片版式窗格，供用户选择新添加的幻灯片的版式。

此外，还有如下 3 种插入幻灯片的方法：

- 在菜单栏上选择【插入】|【新幻灯片】命令；
- 在【格式】工具栏中单击【新幻灯片】按钮 新幻灯片(N) 即可；
- 切换至【幻灯片浏览】视图模式下，在编辑区域右击，在弹出的快捷菜单中选择【新幻灯片】命令。

2.2.2 选择幻灯片

在 PowerPoint 中，用户可以一次选中一张或多张幻灯片，然后对选中的幻灯片进行操作。在普通视图中选择幻灯片的方法如下。

- 选择一张幻灯片：无论是在普通视图还是在幻灯片浏览模式下，单击需要的幻灯片，即可选中该张幻灯片。
- 选择编号相连的多张幻灯片：首先单击起始编号的幻灯片，然后按住 Shift 键，单击结束编号的幻灯片，此时起始编号至结束编号之间的多张幻灯片被同时选中。
- 选择编号不相连的多张幻灯片：在按住 Ctrl 键的同时，依次单击需要选择的每张幻灯片，此时被单击的多张幻灯片同时选中。在按住 Ctrl 键的同时再次单击已被选中的幻灯片，则该幻灯片被取消选择。

当需要经常对幻灯片进行复制、调整顺序或删除等操作时，可以切换至【幻灯片浏览】视图。在该视图模式下，可以方便地对幻灯片进行操作。在选择多张幻灯片时，除了可以用按住键盘上的 Shift 或 Ctrl 键外，还可以直接在幻灯片之间的空隙中按下鼠标左键拖动，此时，鼠标划过的幻灯片都会被选中，如图 2-18 所示。

图 2-18　在【幻灯片浏览】视图模式下同时选择多张幻灯片

提示

在图 2-18 中，鼠标划过的幻灯片为第 2~11 张，此时这 10 张幻灯片被同时选中。

2.2.3 复制幻灯片

PowerPoint 支持以幻灯片为对象的复制操作。在制作演示文稿时，有时会需要两张内容基本相同的幻灯片。此时，可以利用幻灯片的复制功能，复制一张相同的幻灯片，然后再对其进行适当的修改。复制幻灯片的基本方法如下：

- 选中需要复制的幻灯片，在常用工具栏中单击【复制】按钮，或选中后选择【编辑】|【复制】命令。
- 在需要插入幻灯片的位置单击，然后单击常用工具栏上的【粘贴】按钮，或选择【编辑】|【粘贴】命令，完成幻灯片的粘贴。

除此之外，还有一种特殊的复制幻灯片的方法，选中要复制的幻灯片，选择【插入】|【幻灯片副本】命令，即可在该幻灯片后面插入一张相同内容和版式的幻灯片。

知识点

用户可以同时选择多张幻灯片进行上述操作。Ctrl+C、Ctrl+V 快捷键同样适用于幻灯片的复制和粘贴操作。

2.2.4　移动幻灯片

在制作演示文稿时，如果需要对幻灯片的顺序重新排列，就需要移动幻灯片。移动幻灯片可以用【剪切】和【粘贴】按钮来改变顺序。

此外，还可以使用鼠标左键拖动的方法来移动幻灯片。例如，在打开的“论文演示”演示文稿幻灯片预览窗格中选中第 4 张幻灯片缩略图，按住鼠标左键拖动选中的幻灯片到目标位置，即在该位置将出现一条横线，如图 2-19 所示。此时释放鼠标，幻灯片预览窗格效果如图 2-20 所示。幻灯片被移动后，PowerPoint 会对所有幻灯片重新编号，所以在幻灯片的编号上不能看出哪张幻灯片被移动了，只能通过幻灯片中的内容来进行鉴别。

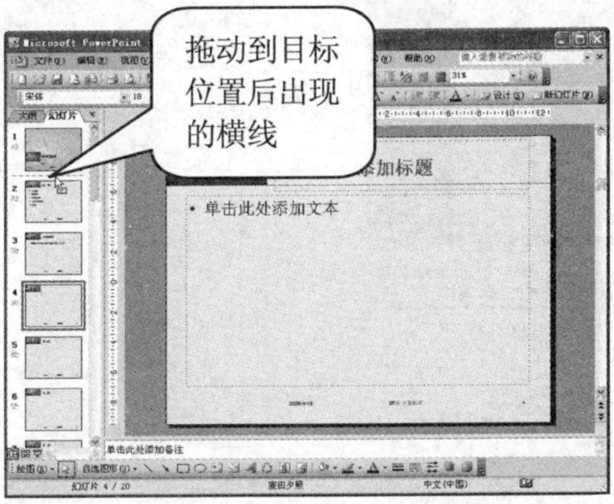

图 2-19　将第 4 张幻灯片移到第 1 张幻灯片下方

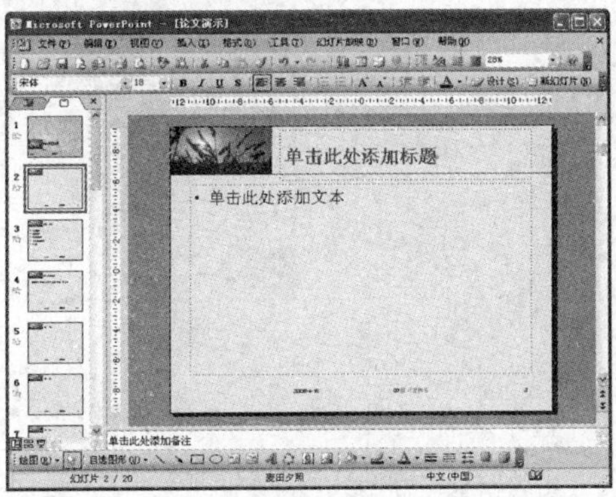

图 2-20　调整幻灯片位置后的预览窗格效果

提示

用户还可以一次性对同时选中的多张幻灯片进行移动操作。操作类似于对一张幻灯片进行移动。不同的是：用户在移动幻灯片前，需要同时选中多张幻灯片，然后再执行移动操作。

2.2.5　删除幻灯片

在演示文稿中删除多余幻灯片是清除大量冗余信息的有效方法。删除幻灯片的方法极其简单，在幻灯片预览窗格中选中幻灯片缩略图后，按 Delete 键即可。

【例 2-3】在“论文演示”演示文稿中选中连续编号的幻灯片。

(1) 启动 PowerPoint 2003 应用程序，打开“论文演示”演示文稿。

(2) 在幻灯片预览窗格中选中第 9 张幻灯片缩略图(如图 2-21 所示)，然后按住 Shift 键，单击第 20 张幻灯片缩略图，此时 9~20 张幻灯片被同时选中，如图 2-22 所示。

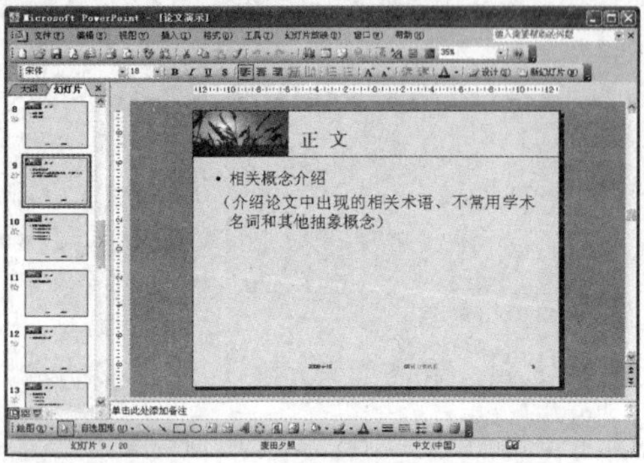

图 2-21　选中第 9 张幻灯片缩略图

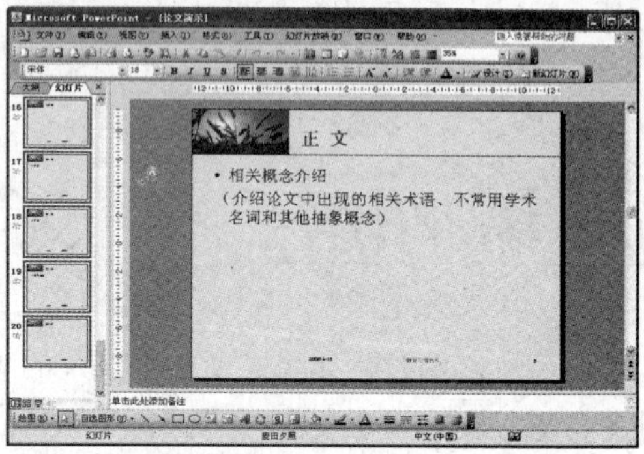

图 2-22　同时选中 9~20 张幻灯片缩略图

(3) 按下 Delete 键将 9~20 张幻灯片删除，此时幻灯片预览窗格效果如图 2-23 所示。

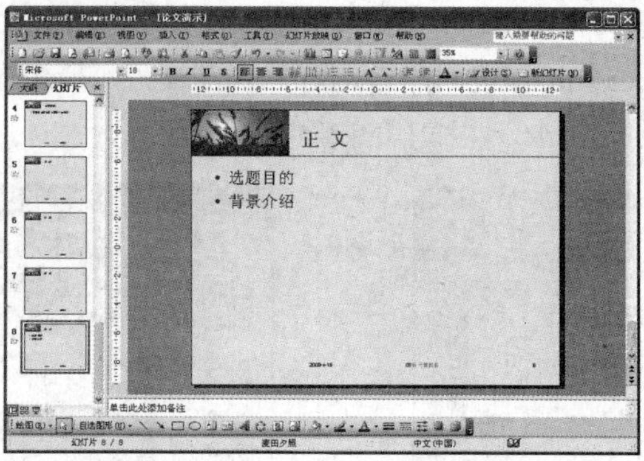

图 2-23　删除幻灯片后预览窗格效果

(4) 单击【保存】按钮，将修改过的“论文演示”演示文稿保存。

2.3　放映和保存演示文稿

在演示文稿的制作过程中可以随时进行幻灯片的放映，以观看幻灯片的效果。保存幻灯片可以将用户的制作成果保存下来供以后使用。

2.3.1　放映演示文稿

制作幻灯片的最终目的是向观众播放，以达到宣传或教育的目的。但是，不同的场合，不同的观众，以及制作幻灯片目的的不同，使得用户必须根据实际情况来选择具体的播放方式。

PowerPoint2003 提供了 3 种不同的幻灯片播放模式：从头开始放映、从当前幻灯片放映和自定义幻灯片放映。

- 从头开始放映：直接按键盘上的 F5 键或者选择【幻灯片放映】|【观看放映】命令，即可从当前演示文稿的第 1 张幻灯片开始放映。
- 从当前幻灯片开始放映：直接按下 Shift+F5 组合键或者在【视图切换按钮】区域单击【从当前幻灯片开始幻灯片放映】按钮，即可放映当前幻灯片，便于用户查看当前编辑效果。
- 自定义幻灯片放映：使用自定义幻灯片放映可以选择放映哪几张幻灯片，而不用按顺序依次放映每张幻灯片。选择【幻灯片放映】|【自定义放映】命令，打开【自定义放映】对话框进行设置即可。

知识点

PowerPoint 默认的幻灯片放映状态是全屏放映，单击或按键盘上的任意键，即可播放下一张幻灯片，而按 Esc 键则可以退出放映。

2.3.2 保存演示文稿

文件的保存是一种常规操作，在演示文稿的创建过程中及时保存工作成果，可以避免数据的意外丢失。因此，演示文稿的保存非常重要。

在 PowerPoint 中保存演示文稿的方法和步骤与其他 Windows 应用程序相似。

1. 常规保存

在进行文件的常规保存时，可以选择【文件】|【保存】命令，或单击【常用】工具栏上的【保存】按钮，打开【另存为】对话框。默认情况下，文件将保存在【我的文档】文件夹中。如果用户要保存在其他位置，在【保存位置】下拉列表框中选择保存路径，然后在【文件名】文本框中输入演示文稿的名字，如图 2-24 所示。设置完成后，单击【保存】按钮即可。

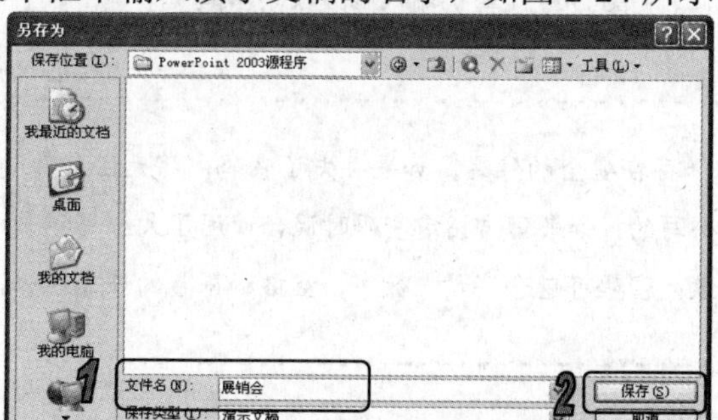

图 2-24　【另存为】对话框

知识点

如果用户要再次以其他的名字保存演示文稿，则需要选择【文件】|【另存为】命令，同样也可以打开【另存为】对话框进行设置。

2. 加密保存

加密保存可以防止其他用户在未授权的情况下打开或者修改演示文稿，以此加强幻灯片文档的安全性。

【例 2-4】为演示文稿设置权限密码。

(1) 打开空演示文稿，选择【工具】|【选项】命令，打开【选项】对话框。

(2) 切换到【安全性】选项卡，在【打开权限密码】文本框中输入密码；在【修改权限密码】文本框中输入密码，如图 2-25 所示。

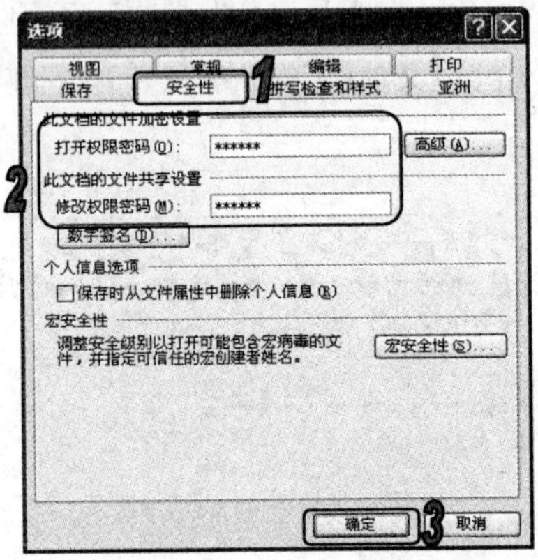

图 2-25 【安全性】选项卡

> **提示**
>
> 【打开权限密码】和【修改权限密码】可以设置为相同的密码，也可以设置为不同的密码，它们将分别作用于打开权限和修改权限。

(3) 单击【确定】按钮，此时，PowerPoint 将打开【确认密码】对话框，要求用户重新输入打开权限密码，如图 2-26 所示。

(4) 再次输入密码后，单击【确定】按钮，此时，PowerPoint 将要求用户重新输入修改权限密码，如图 2-27 所示。

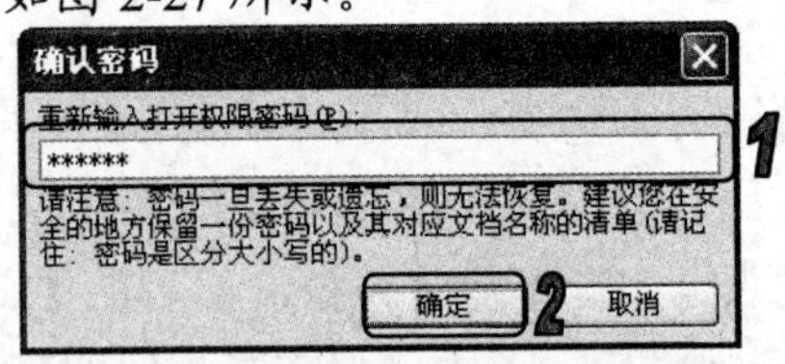

图 2-26 重新输入打开权限密码

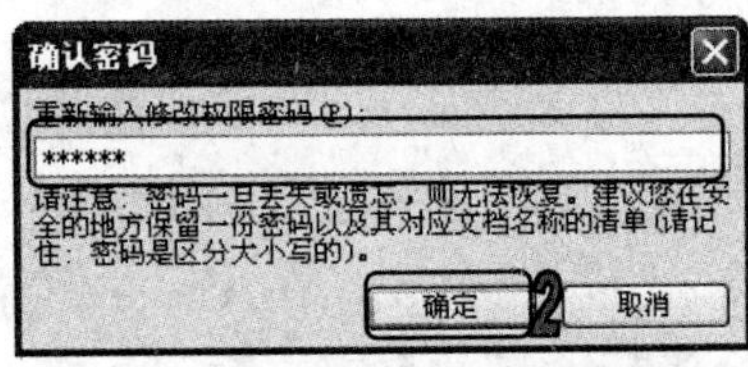

图 2-27 重新输入修改权限密码

> **知识点**
>
> 当设置演示文稿密码时，建议用户将密码写下并保存在安全的位置。如果丢失了密码，将无法打开受密码保护的文件或获得对其的访问权。密码是区分大小写的，如果用户指定密码时混合使用了大小写字母，用户输入密码时，键入的大小写形式必须与之完全一致。密码可包含字母、数字、空格和符号的任意组合，并且最长可以为 15 个字符。

(5) 单击【确定】按钮，完成对演示文稿的权限密码设置。

(6) 在保存路径中双击保存的演示文稿，此时，PowerPoint 将打开【密码】对话框，只有用户输入正确的密码时，才可以打开该演示文稿，如图 2-28 所示。

(7) 输入密码后，单击【确定】按钮，此时，将打开如图 2-29 所示的【密码】对话框，在该对话框中输入密码后单击【确定】按钮，即可打开演示文稿并对演示文稿进行修改。单击【只读】按钮，那么用户只可以浏览该演示文稿，但不能对其进行修改。

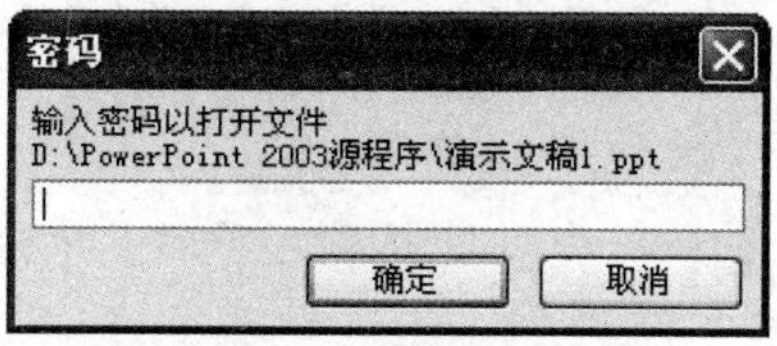

图 2-28 打开演示文稿时弹出的对话框

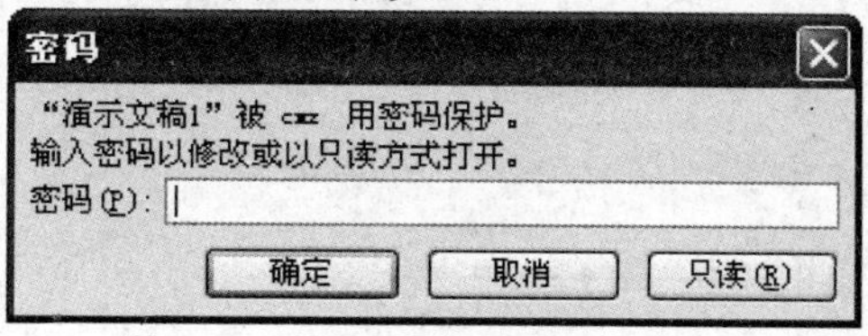

图 2-29 【密码】对话框

2.4 上机练习

通过本章的学习，用户应该掌握创建演示文稿的 3 种方法：建立空演示文稿、根据设计模板创建和根据内容提示创建。同时本章还介绍了编辑幻灯片的基本操作。下面以实例介绍使用 Office Online 上的模板创建一个演示文稿，并删除演示文稿中的第 1 张幻灯片。

(1) 启动 PowerPoint 2003 应用程序，打开一个空白演示文稿。

(2) 在【开始工作】任务窗格中打开【开始工作】下拉列表框，选择【新建演示文稿】命令，打开【新建演示文稿】任务窗格。

(3) 在【模板】选项区域中选择【Office Online 模板】命令，如图 2-30 所示。

(4) 在打开的 Office Online 模板主页【搜索】文本框中输入 PowerPoint(如图 2-31 所示)，单击【搜索】按钮。

提示

由于网站会常常更新，因此用户看到的 Office Online 模板主页可能与图 2-30 所示的不同，但网页内容都是与提供 Office 软件中可应用的模板相关的。

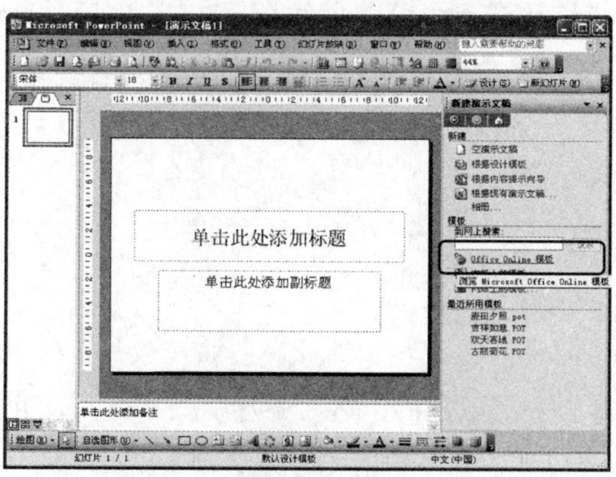

图 2-30　选择 PowerPoint 模板

图 2-31　Office Online 模板主页

(5) 打开 PowerPoint 模板列表，在列表中选择需要的 PowerPoint 模板，如图 2-32 所示。

(6) 在打开的页面中单击【下载】按钮，下载该模板，如图 2-33 所示。

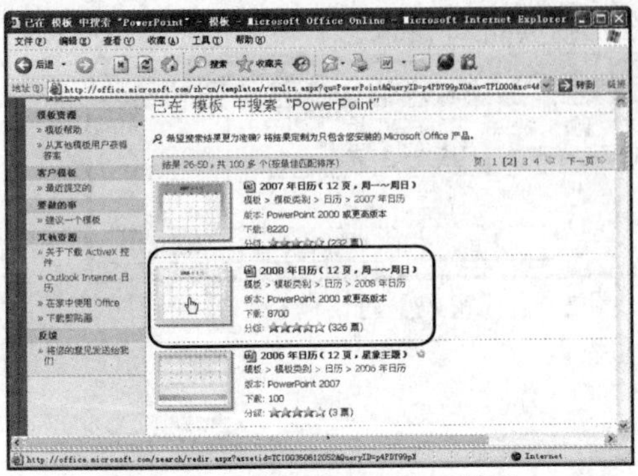

图 2-32　选择 PowerPoint 模板

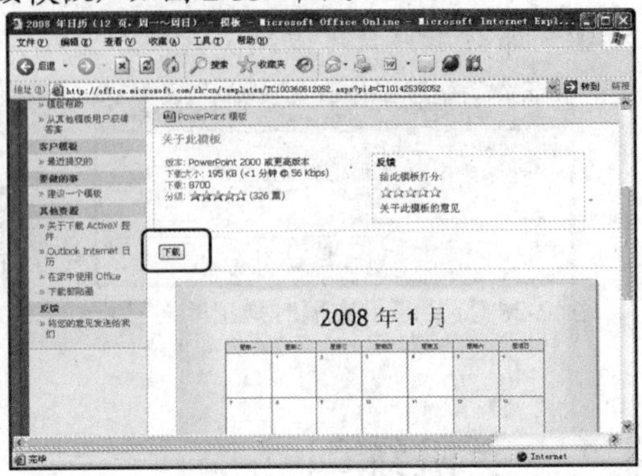

图 2-33　下载模板

(7) 演示文稿应用 Office Online 上的所选模板，如图 2-34 所示。

(8) 在幻灯片预览窗格中选择第 1 张幻灯片缩略图，右击，在弹出的快捷菜单中选择【删除幻灯片】命令，将该幻灯片删除，如图 2-35 所示。

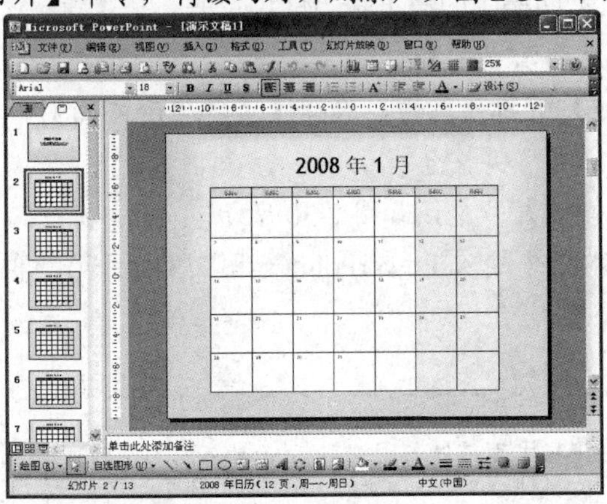

图 2-34　应用模板

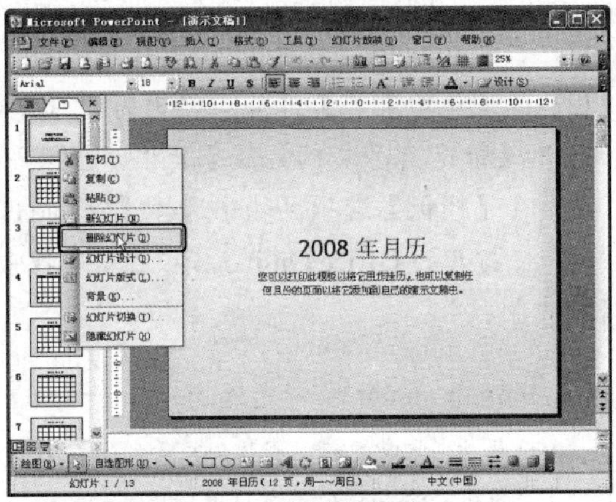

图 2-35　删除幻灯片

(9) 选择【文件】|【另存为】命令，将应用模板的演示文稿以文件名“2008 日历”进行保存。

2.5　习题

1. 简述建立演示文稿的 4 种不同的方式。

2. 简述放映演示文稿的 3 种基本方法。

3. 使用 PowerPoint 自带的模板 Proposal，创建一个演示文稿，然后添加两张幻灯片，并将其以文件名“工作日记”进行保存。

4. 从 Office Online 中下载【日历安排】类别模板，将其应用到当前演示文稿中。

第3章 编辑和设置演示文本

学习目标

直观明了的演示文稿少不了文字的说明，因此文本编辑是设计演示文稿的基础。本章将介绍在幻灯片中添加文本，以及修饰演示文稿中的文字、设置文字的对齐方式和添加特殊符号的方法。

本章重点

- 占位符的编辑和设置
- 在幻灯片中添加文本
- 在幻灯片中编辑文本
- 设置文本的属性
- 插入符号和公式

3.1 编辑和设置占位符

占位符是用来储存文字和图形的容器，其本身是构成幻灯片内容的基本对象，具有自身的属性。用户可以对其中的文字进行操作，也可以对占位符本身进行大小调整、移动、复制、粘贴及删除等操作。

3.1.1 选中占位符

在幻灯片中选中占位符的具体方法主要有以下几种：

- 在占位符的编辑状态下，单击其边框，即可选中该占位符。

- 在幻灯片中可以拖动鼠标选择占位符。当鼠标处在幻灯片的空白处时，按下鼠标左键拖动鼠标，此时，将出现一个虚线框，当释放鼠标时，处在虚线框内的占位符都会被选中。
- 在按住键盘上的 Shift 键或 Ctrl 键的同时依次单击多个占位符，可同时选中它们。按住 Shift 键和 Ctrl 键的不同之处在于，按住前者只能选择一个或多个占位符，而按住后者时，除了可以同时选中多个占位符外，还可拖动选中的占位符，实现对所选占位符的复制。

占位符的文本编辑状态与选中状态的主要区别在于边框的形状，如图 3-1 所示。

图 3-1　占位符的编辑与选中状态

提示

占位符与文本框有很多相似之处，如外形、属性的设置等。它们也有很多不同之处，文本框不具有初始格式，自动根据内部的文字调整大小等特性。占位符在演示文稿中应用普通，是由系统根据版式自动生成的。占位符中文本能显示在普通视图的大纲中。另外，占位符中的提示文本只是一种提示，指示用户如何操作，不输入内容时，占位符中的提示在放映时不会显示在屏幕上，也不能被打印出来。在 PowerPoint 中，不能直接在幻灯片中输入文字，只能把文字置于占位符或文本框中。

3.1.2　移动占位符

用户通过移动占位符的方法来改变幻灯片中占位符的位置。占位符可以被移动到幻灯片外，但此时该占位符在幻灯片放映、打印预览及打印文稿中均不可见。

移动占位符的方法有两种：占位符处于被选中状态，当用户把鼠标移动到占位符边框的其他位置时，鼠标会变为【✥】形状。此时，可以直接用鼠标将占位符拖动到新的位置；占位符处于被选中状态，用户可以通过键盘方向键移动，使用方向键移动占位符的同时按住 Ctrl 键，可以实现微移。如图 3-2 所示的是在“论文演示”演示文稿的第 1 张幻灯片中移动占位符的过程。

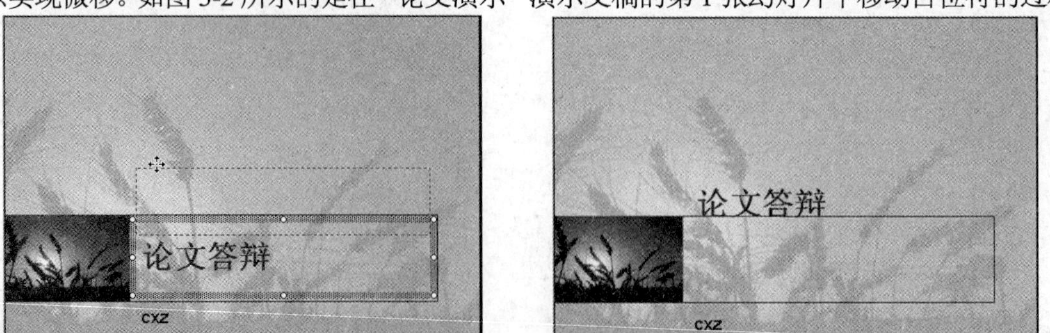

图 3-2　实现占位符的移动操作

在 PowerPoint 2003 中，占位符(或者文本框)具有自动调整的功能。当用户在占位符中输入的内容过多时，PowerPoint 会自动调整占位符中的文字大小，以适应当前占位符的大小。同时会在占位符的左边显示一个【自动调整选择】智能标记，如图 3-3 所示。单击该智能标记，可在下拉菜单中选择相应的命令，设置自动调整方式。

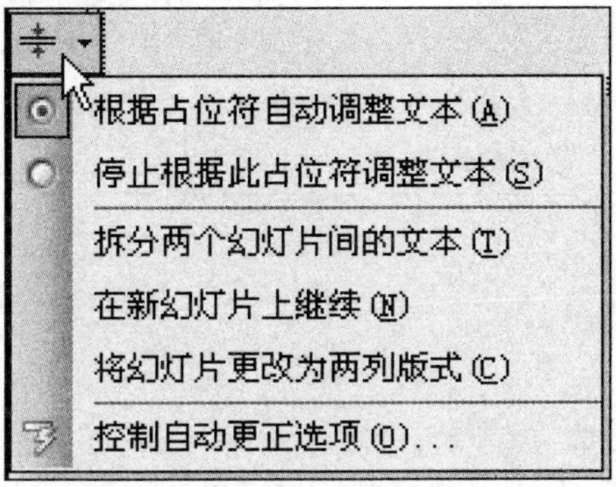

图 3-3　移动占位符后的幻灯片效果

> **提示**
>
> 如果用户不需要使用自动调整功能，在图 3-3 中的下拉菜单中选择【停止根据此占位符调整文本】命令，使得该命令前的单选按钮处于选中状态即可。

3.1.3　调整占位符的大小

如果用户输入的文字较多，超出了占位符区域，该行文字会自动跳行。此时，可以通过调整边框上的控制点来调整占位符区域的大小。

进入文字编辑状态，在“论文演示”演示文稿中输入如图 3-4 所示的文字，选中占位符，此时，占位符边框出现 8 个小圆圈(即控制点，也称控点)。当用户把鼠标移至到控点上时，鼠标形状将变为相邻的双向箭头，如图 3-5 所示。

图 3-4　在占位符中添加文字

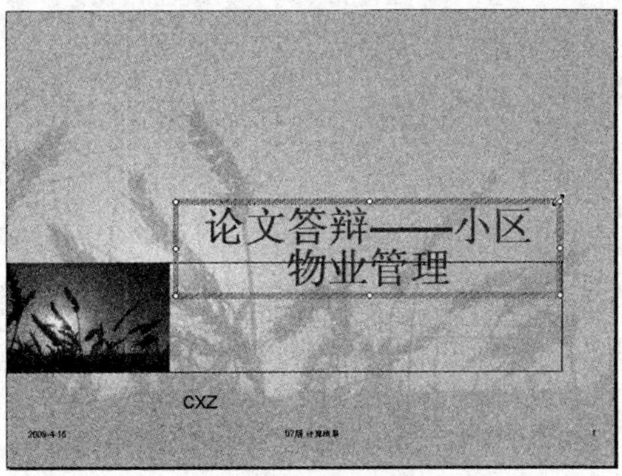

图 3-5　拖动占位符边框

在图 3-5 中，用户可以按鼠标箭头的指示方向拖到占位符的边框，改变占位符原来的大小。调整占位符大小后的幻灯片效果如图 3-6 所示。

图 3-6　移动标题占位符

提示

拖动文本占位符周围的 8 个白色控制点，均可调整占位符的大小。将鼠标放置在 4 个顶点上时，鼠标指针变为【↘】形状；将鼠标放置在边框中间的控制点上，鼠标指针变为【↔】形状。

3.1.4　复制、剪切、粘贴和删除占位符

用户可以对占位符进行复制、剪切、粘贴及删除等基本编辑操作。选中占位符之后，在功能区的【剪贴板】选项组中选择【复制】、【粘贴】及【剪切】等相应按钮即可。

- 在复制或剪切占位符时，会连同复制或剪切占位符中的所有内容和格式，以及占位符的大小和其他属性。
- 当把复制的占位符粘贴到当前幻灯片时，被粘贴的占位符将位于原占位符附近；当把复制的占位符粘贴到其他幻灯片时，则被粘贴的占位符的位置将与原占位符在幻灯片中的位置完全相同。
- 占位符的剪切操作常用于不同幻灯片间内容的移动。
- 选中占位符后，按下键盘上的 Delete 键，可以把占位符及其内部的所有内容删除。

3.1.5　设置占位符属性

在 PowerPoint 中，用户可以为占位符设置填充颜色、透明度、线条颜色、尺寸大小以及旋转角度等属性。选中占位符，双击占位符边框，或者选择【格式】|【占位符】命令，在打开的如图 3-7 所示的【设置占位符格式】对话框中进行设置即可。

提示

当占位符中已经输入文字时，打开的占位符属性对话框的标题会变为【设置自选图形格式】，而不是之前的【设置占位符格式】。在 PowerPoint 中，占位符、文本框及自选图形等对象具有相似的属性，如颜色、线条等。因此，在设置它们的属性时的操作也是相似的。

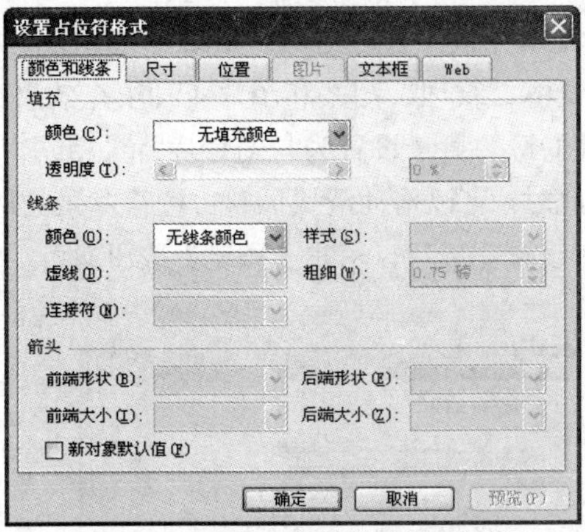

图 3-7　【设置占位符格式】对话框

> **提示**
>
> 另外，用户在占位符中任意位置右击，从弹出的快捷菜单中选择【设置占位符格式】命令，同样可以打开【设置占位符格式】对话框。

1. 设置填充颜色

默认情况下，大多数占位符为无填充色、无边框，用户可以在打开的【设置占位符格式】对话框中进行设置。该对话框中有 6 个选项卡，占位符的填充颜色及边框在【颜色和线条】选项卡中设置。

【颜色和线条】选项卡由【填充】、【线条】和【箭头】3 个选项区域组成。在【填充】选项区域中，可以设置占位符的填充颜色及样式(即设置占位符的背景)，打开【颜色】下拉列表框，如图 3-8 所示。

设置填充颜色下拉列表框分为以下几个区域。

- 【无填充颜色】选项：选择该选项，表示占位符没有任何填充色，是透明的。
- 【自动】选项：选择该选项，表示将占位符的背景色设置为当前配色方案中预定的背景色。
- 【自定义颜色】区域：在两条横线中的色块是系统提供的最为常用的 40 种颜色，用户可以在该区域中选择需要的颜色。
- 【其他颜色】选项：选择该选项，将打开系统调色板(如图 3-9 所示)，供用户选择更多的颜色。

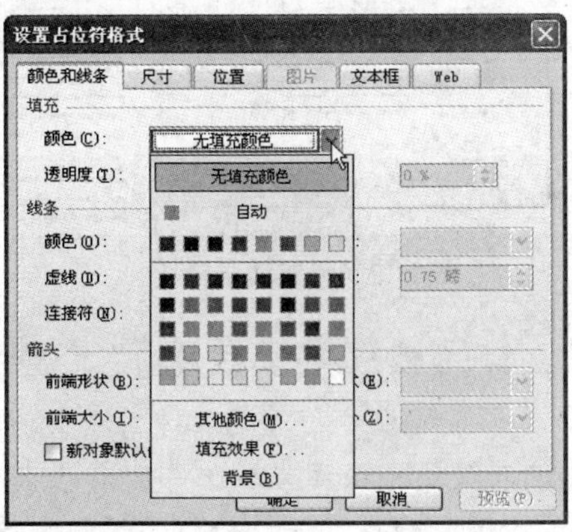

图 3-8　设置填充颜色

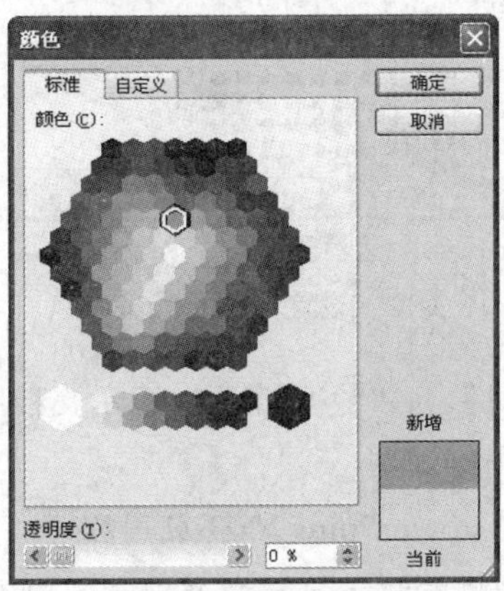

图 3-9　系统调色板

◉ 【填充效果】选项：选择该选项，打开【填充效果】对话框，如图 3-10 所示。在该对话框中可以将占位符的背景设置为渐变色、纹理、图案和图片 4 种填充效果。

◉ 【背景】选项：选择该选项，可以将占位符的背景设置为与幻灯片背景相同。

当设置了填充颜色后，透明度滑块被激活，此时，可以拖动滑块调整占位符背景的透明度，使占位符的背景呈半透明状态，如图 3-11 所示。设置完成后，单击【预览】按钮即可观察更改后的占位符背景效果。

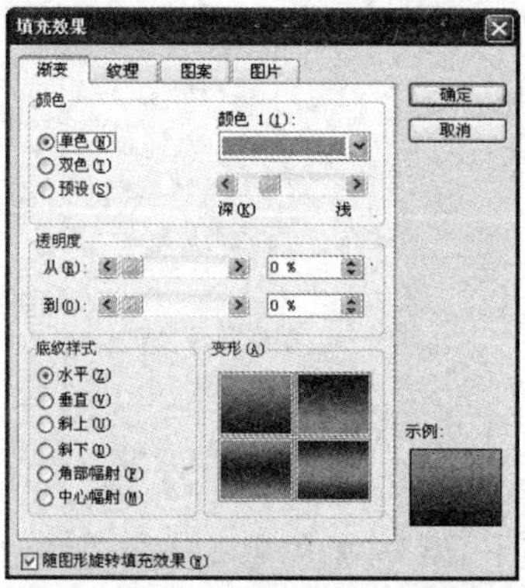

图 3-10 【填充效果】对话框

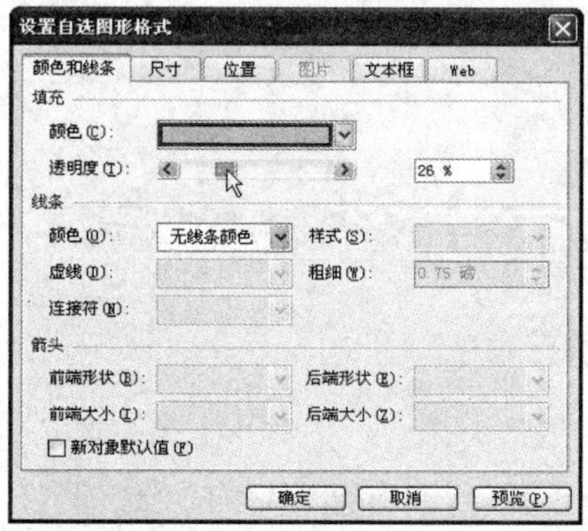

图 3-11 调整占位符背景的透明度

2. 设置线条颜色及样式

打开【设置占位符格式】对话框的【颜色和线条】选项卡，在【线条】选项区域中可以设置占位符的边框颜色及样式，打开【颜色】下拉列表框，如图 3-12 所示。在该列表框中可以设置图案的前景色和背景色。当用户设置了线条颜色后，还可以进一步设置线条的样式、虚线的形状及线条的粗细,，如图 3-13 所示。

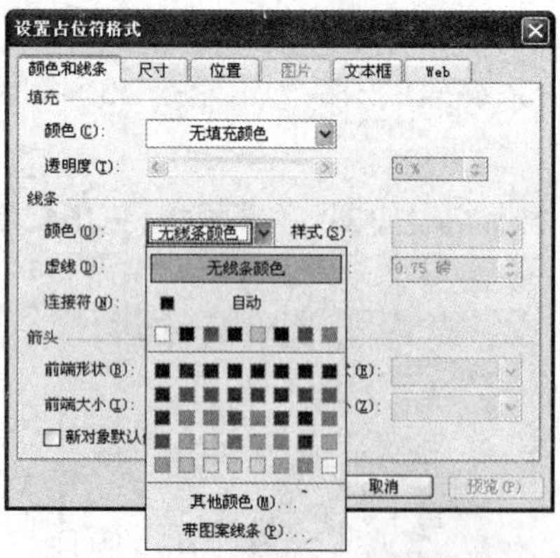

图 3-12 设置占位符线条颜色

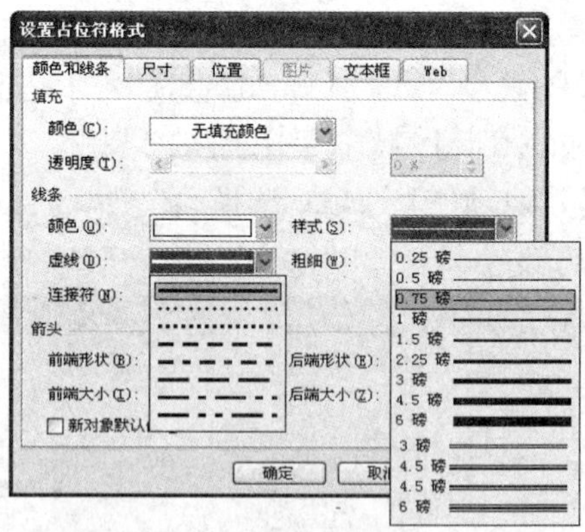

图 3-13 设置线条样式

【例 3-1】为"论文演示"演示文稿中的占位符设置填充颜色、线条颜色、透明度、线条样式和旋转角度。

(1) 启动 PowerPoint 2003 应用程序，打开"论文演示"演示文稿。

(2) 在幻灯片预览窗格中单击第 2 张幻灯片缩略图，使其显示在幻灯片编辑窗格中。

(3) 选中标题占位符，选择【格式】|【占位符】命令，打开【设置占位符格式】对话框。

(4) 在【填充】选项区域的【颜色】下拉列表框中选择【自动】选项，如图 3-14 所示；在【透明度】文本框中输入 70%，如图 3-15 所示。

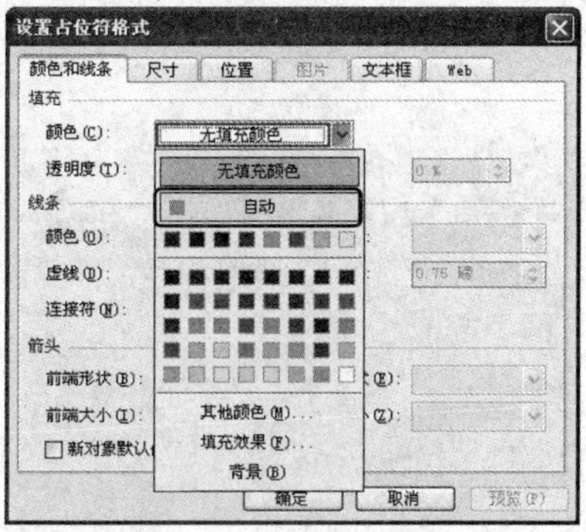

图 3-14　设置填充颜色

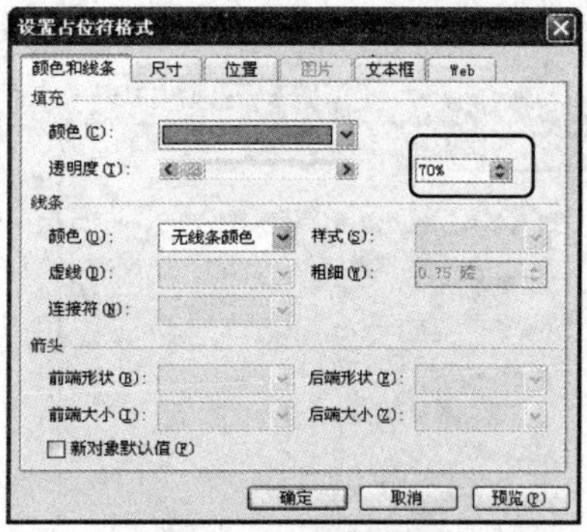

图 3-15　设置透明度

(5) 在【线条】选项区域的【颜色】下拉列表框中选择【按阴影配色方案】选项，如图 3-16 所示；在【样式】下拉列表框中选择【1.5 磅】选项，如图 3-17 所示。

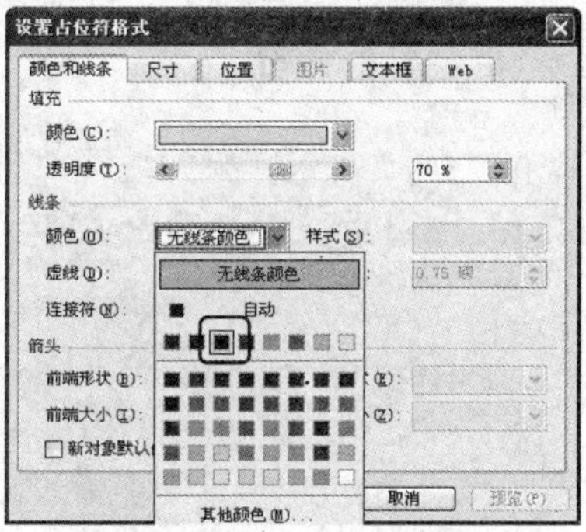

图 3-16　设置填充效果

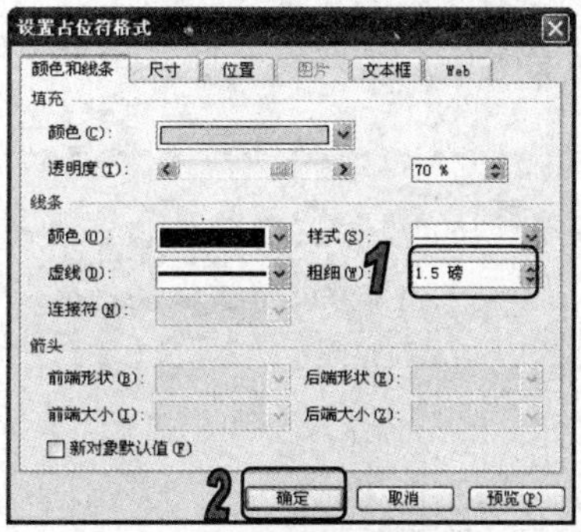

图 3-17　设置线条属性

提示

打开【设置自选图形格式】对话框的其他方法：双击占位符边框；在占位符中右击，在弹出的快捷菜单中选择【设置占位符格式】命令。

(6) 单击【确定】按钮，此时，占位符效果如图 3-18 所示。

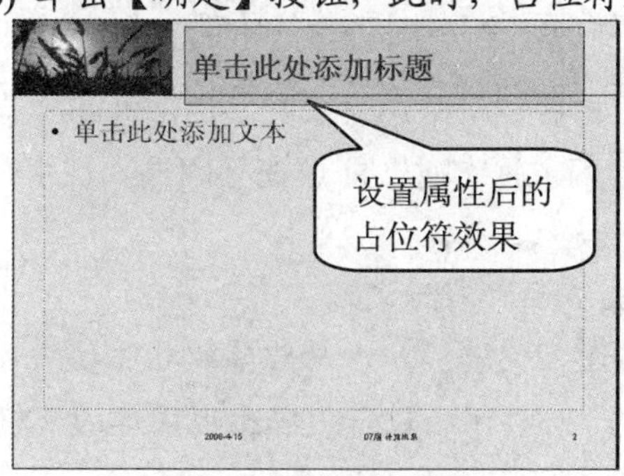

图 3-18　占位符效果

提示

用户不仅可以为占位符设置填充颜色，还可以为占位符添加图形背景和纹理图案。

计算机基础与实训教材系列

(7) 在幻灯片中选中正文占位符，选择【格式】|【占位符】命令，打开【设置自选图形格式】对话框，切换到【尺寸】选项卡。

(8) 在【尺寸和旋转】选项区域的【旋转】文本框中输入-3°，如图 3-19 所示。

(9) 单击【确定】按钮，此时，占位符效果如图 3-20 所示。

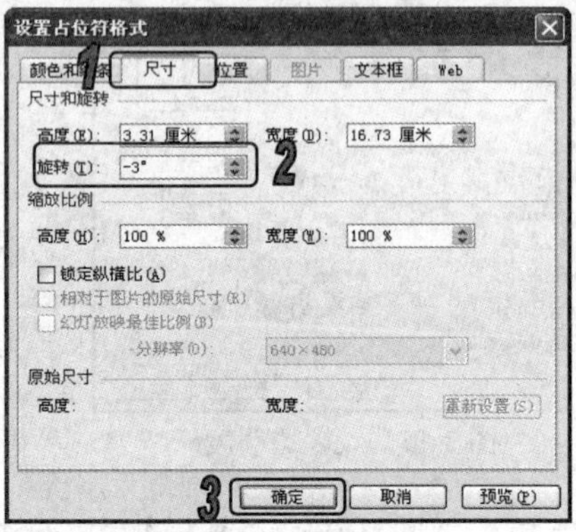

图 3-19　【尺寸】选项卡

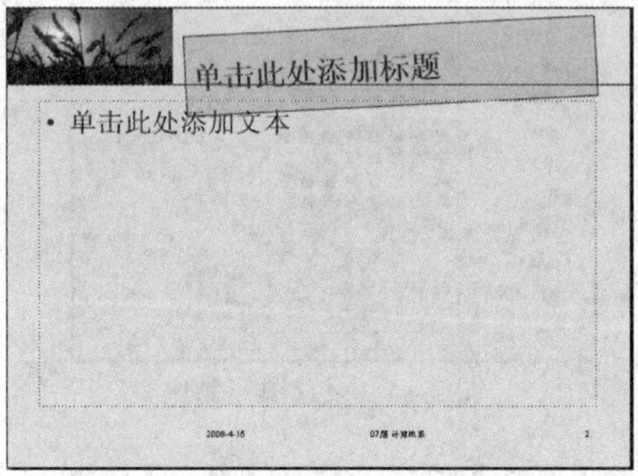

图 3-20　为占位符设置旋转角度

(10) 单击【保存】按钮，将修改过的“论文演示”演示文稿保存。

知识点

设置占位符旋转的角度，正常为 0°，正数表示顺时针旋转，负数表示逆时针旋转。设置负数后 PowerPoint 会自动转换为对应的 360°之内的数值。

3.2　添加文本

文本对演示文稿的主题、问题的说明及阐述作用是其他对象不可替代的。在幻灯片中添加文本的方法很多，常用的有使用占位符、使用文本框和从外部导入文本 3 种方法。

3.2.1　在占位符中添加文字

大多数幻灯片的版式中都提供了文本占位符，这种占位符中预设了文字的属性和样式，供用户添加标题文字、项目文字等。当占位符进入文字编辑状态时，即可在其间输入文字。

【例 3-2】在幻灯片的文本占位符中添加文本。

(1) 启动 PowerPoint 2003 应用程序，打开“论文演示”演示文稿。

(2) 在幻灯片预览窗格中单击第 2 张幻灯片缩略图，使其显示于幻灯片编辑窗格中。

(3) 单击【单击此处添加标题】文本占位符内部，此时，占位符中将出现闪烁的光标，如图 3-21 所示。

(4) 在占位符中输入文字“VB 小区物业管理系统论文”。使用相同方法，在【单击此处添加文本】文本占位符中输入文字，如图 3-22 所示。

图 3-21　占位符中闪烁的光标

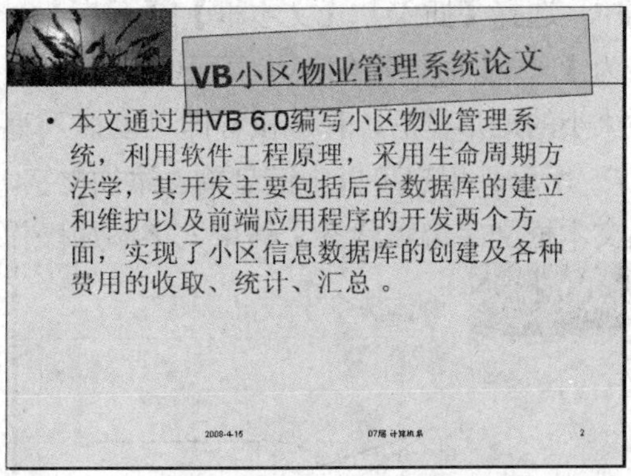

图 3-22　在占位符中输入文字

(5) 在幻灯片预览窗格中单击第 3 张幻灯片缩略图，使其显示于幻灯片编辑窗格中。

(6) 在文本占位符中选中文字“标题”，按下 Delete 键将其删除，此时，该占位符中出现闪烁的光标。在闪烁的光标处输入文字“小区物业管理 数据库 统计 汇总”，如图 3-23 所示。

(7) 参照步骤(6)，在幻灯片中更改文字“作者名称”、“单位和部门”和“时间”，如图 3-24 所示。

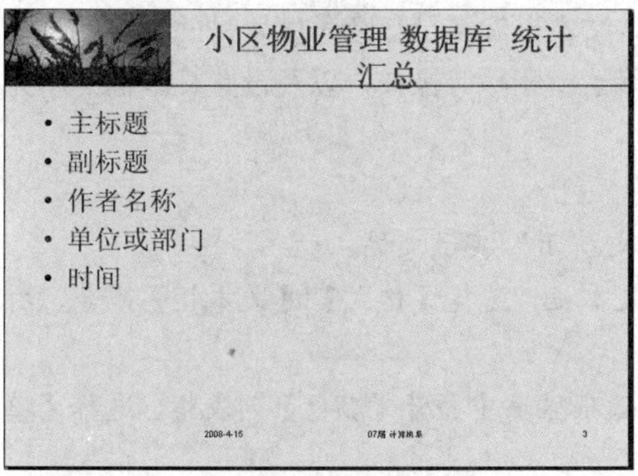

图 3-23　修改标题

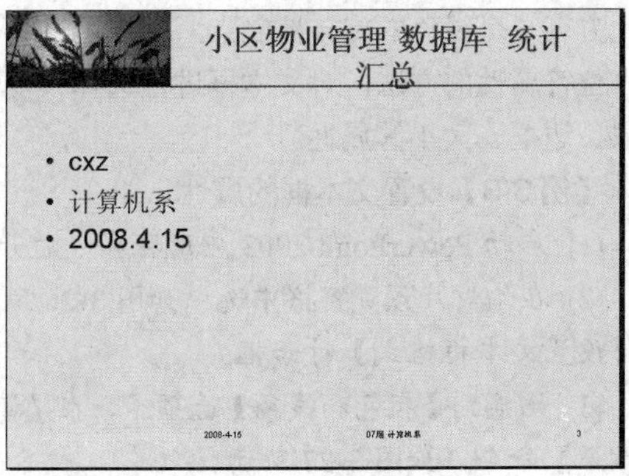

图 3-24　修改其他文本

(8) 单击【保存】按钮，将修改过的“论文演示”演示文稿保存。

3.2.2　在文本框中添加文字

文本框是一种可移动、可调整大小的文字或图形容器，它与文本占位符相似。使用文本框，可以在幻灯片中放置多个文字块，可以使文字按照不同的方向排列，也可以打破幻灯片版式的制约，实现在幻灯片中的任意位置添加文字信息的目的。

PowerPoint 2003 提供了两种形式的文本框：水平文本框和垂直文本框，它们分别用来放置横排文字和竖排文字。

插入横排文字和竖排文字两种形式的文本框，操作基本相同。在打开的“论文演示”演示文稿中，选择【插入】|【文本框】|【垂直】命令，移动鼠标至幻灯片编辑窗格，当鼠标指针形状变为【←】时，在幻灯片页面中按住鼠标左键拖动，鼠标指针变成十字形【＋】，当拖至合适大小的矩形框后，释放鼠标即可以插入垂直文本框，此时，光标自动定位于文本框中，如图 3-25 所示。用户可以由键盘输入添加文字，如图 3-26 所示。在幻灯片中任意空白处单击，退出文本框文字编辑状态，结束文字添加操作。

图 3-25　插入的垂直文本框

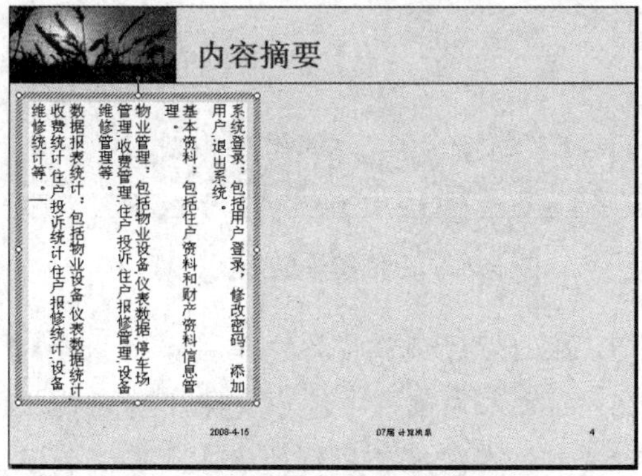

图 3-26　在垂直文本框中输入文字

文本框中新输入的文字没有任何格式，需要用户根据演示文稿的实际需要进行设置。文本框上方有一个绿色的旋转控制点，用户可以方便地将文本框旋转至任意角度。另外可以参照设置占位符属性的方法，对文本框进行选择、复制、移动、删除等操作，以及设置文本框的填充背景、边框、大小等属性。

【例 3-3】设置文本框的属性。

(1) 启动 PowerPoint 2003 应用程序，打开“论文演示”演示文稿。

(2) 在幻灯片预览窗格中选中如图 3-26 所示的文本框，选择【格式】|【文本框】命令，打开【设置文本框格式】对话框。

(3) 切换到【颜色和线条】选项卡，在【填充】选项区域中打开【颜色】列表框，选择【填充效果】命令，如图 3-27 所示。

(4) 此时，打开【填充效果】对话框，在【颜色】选项区域中选中【双色】单选按钮，然后打开【颜色 1】下拉列表框，选择【其他颜色】选项，如图 3-28 所示。

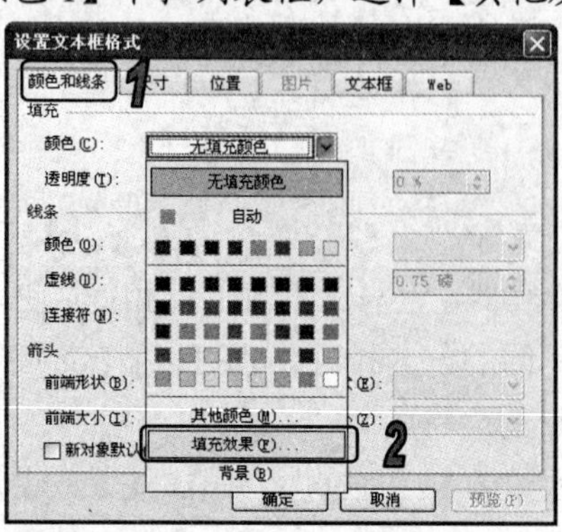

图 3-27　选择【填充效果】命令

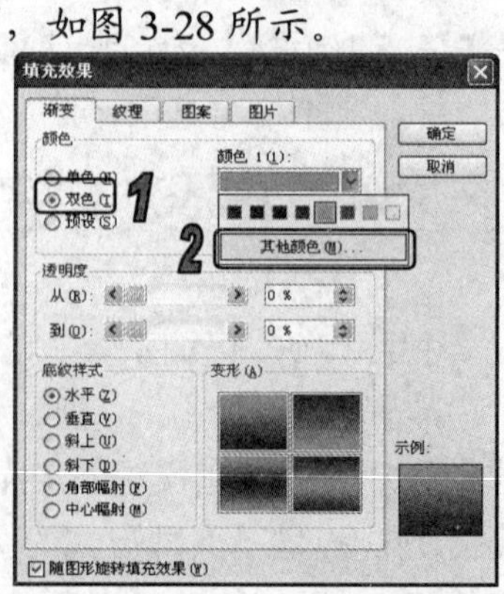

图 3-28　选择【其他颜色】选项

(5) 此时，打开【颜色】对话框，选择如图 3-29 所示的颜色，单击【确定】按钮，返回到如图 3-30 所示的【填充效果】对话框。

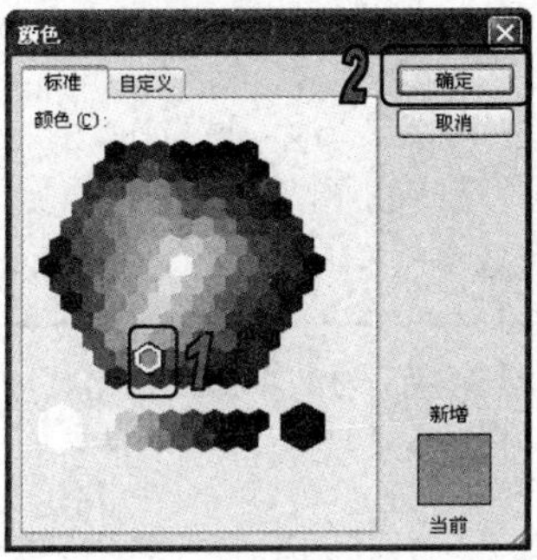

图 3-29　设置【颜色 1】属性

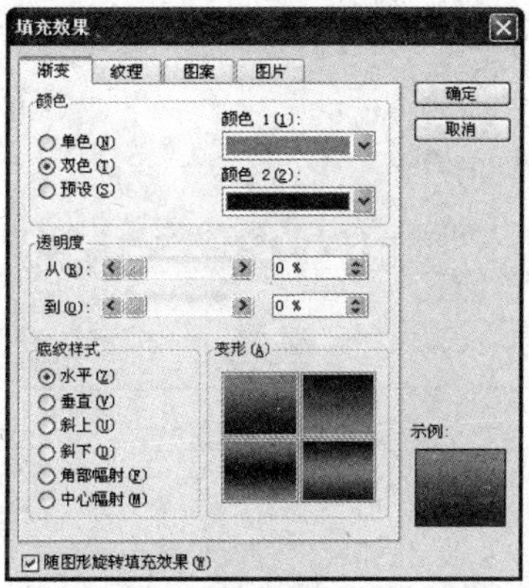

图 3-30　【填充效果】对话框

(6) 参照步骤(4)~(5)，设置【颜色 2】为如图 3-31 所示的颜色。

(7) 单击【确定】按钮，返回到【填充设置】对话框。在【底纹样式】选项区域中选中【斜下】单选按钮，此时，【填充效果】对话框如图 3-32 所示。

图 3-31　设置【颜色 2】属性

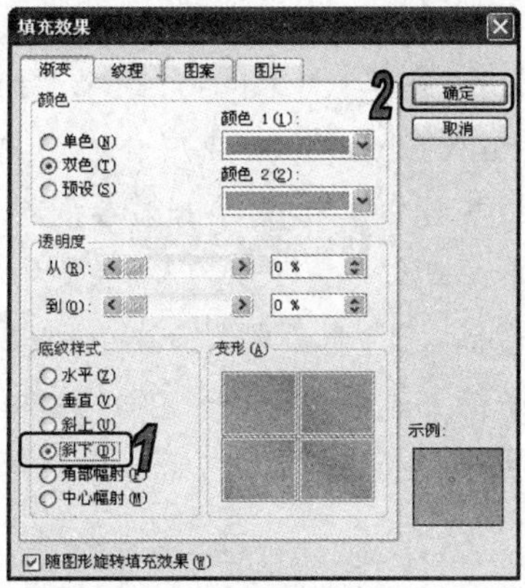

图 3-32　选中【斜下】单选按钮

(8) 单击【确定】按钮，返回到【设置文本框格式】对话框，再次单击【确定】按钮，完成设置。

(9) 选中插入的文本框，使用键盘方向键的向右箭头将文本框移动到幻灯片的中央，如图 3-33 所示。

(10) 选中水平文本框，将鼠标移动到文本框上方的绿色控制点上，此时，鼠标指针将变为【↻】形状，顺时针拖动该点，将文本框顺时针旋转 10 度左右，此时，文本框效果如图 3-34 所示。

(11) 单击【保存】按钮，将修改过的“论文演示”演示文稿保存。

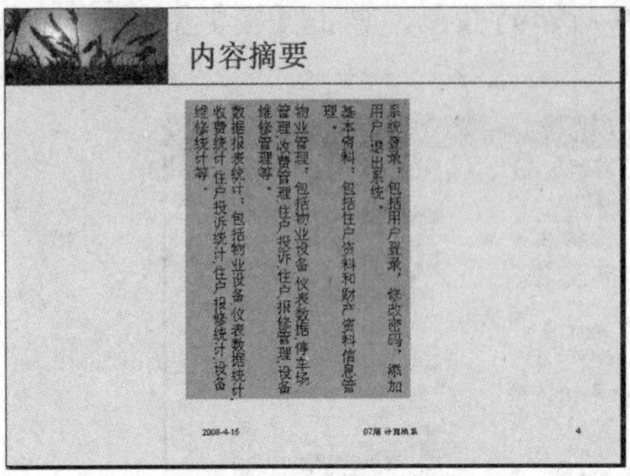

图 3-33　为文本框填充颜色

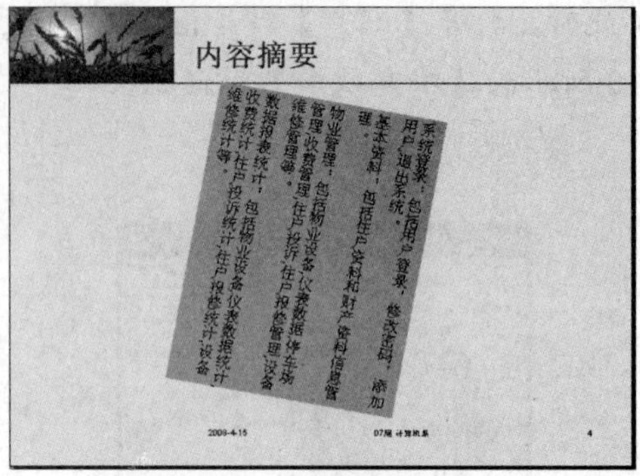

图 3-34　为文本框旋转角度

3.2.3　从外部导入文本

用户除了可以使用复制的方法从其他文档中将文本粘贴到幻灯片中，还可以选择【插入】|【对象】命令，打开【插入对象】对话框，如图 3-35 所示。使用该对话框，可以直接将文本文档导入到幻灯片中。

【例 3-4】使用插入对象的方法在幻灯片中导入外部文本。

(1) 启动 PowerPoint 2003 应用程序，打开“论文演示”演示文稿。

(2) 在幻灯片预览窗格中单击第 6 张幻灯片缩略图，使其显示于幻灯片编辑窗格中。

(3) 在【单击此处添加文本】占位符中单击。

(4) 选择【插入】|【对象】命令，打开【插入对象】对话框。

(5) 在对话框中选中【由文件创建】单选按钮，单击【浏览】按钮，打开如图 3-36 所示的【浏览】对话框，在对话框中选择要导入的文件，单击【确定】按钮。

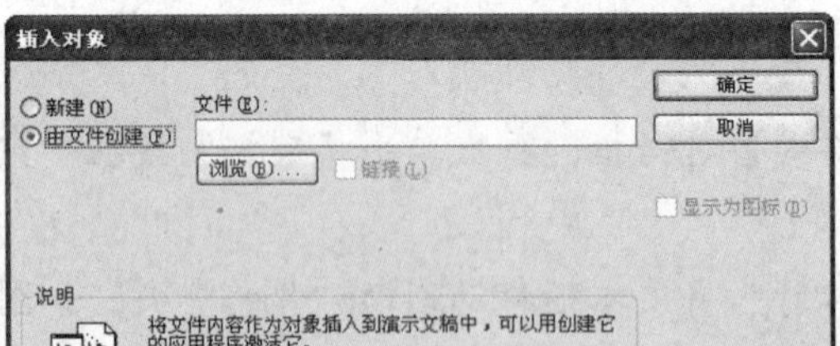

图 3-35　【插入对象】对话框

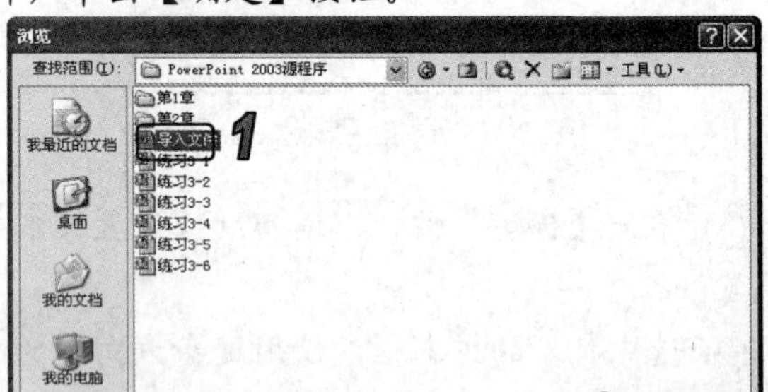

图 3-36　【浏览】对话框

(6) 此时，返回到【插入对象】对话框，单击【确定】按钮，导入文本，此时，幻灯片效果如图 3-37 所示。

(7) 在导入的文本中右击，在弹出的快捷菜单中选择【文档对象】|【编辑】命令，此时，该文本处于可编辑状态，如图 3-38 示。

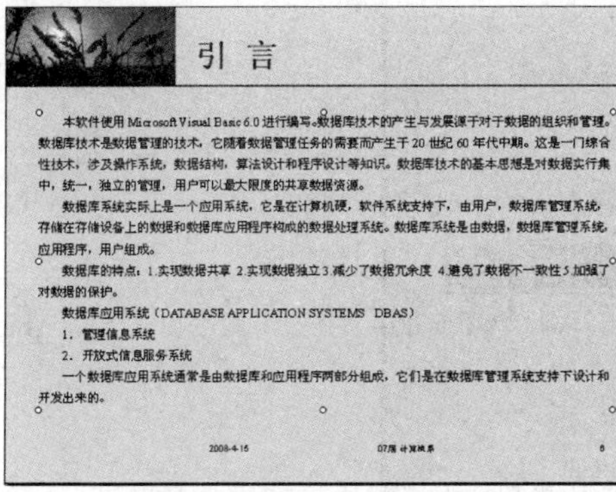

图 3-37　在幻灯片中导入文本

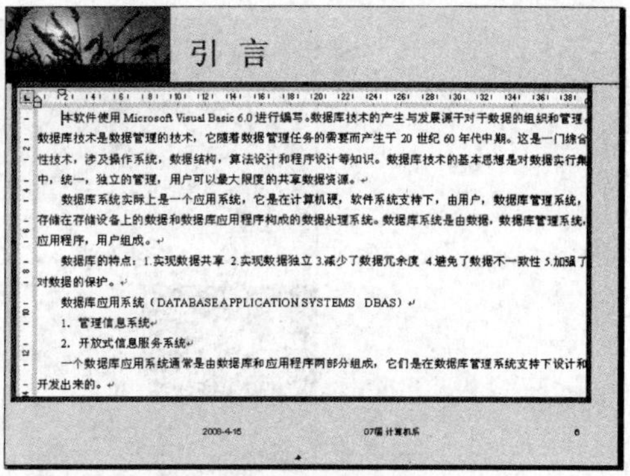

图 3-38　可编辑的文本

(8) 设置导入文本的段落格式和文本的字号，如图 3-39 所示。

(9) 在幻灯片的空白处单击，退出编辑状态，此时，幻灯片效果如图 3-40 示。

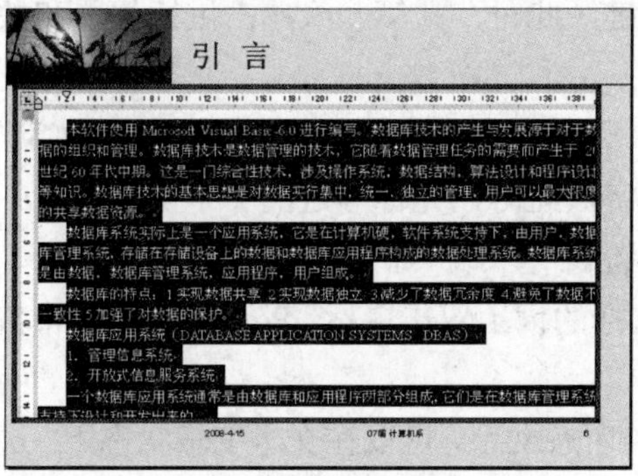

图 3-39　设置文本样式

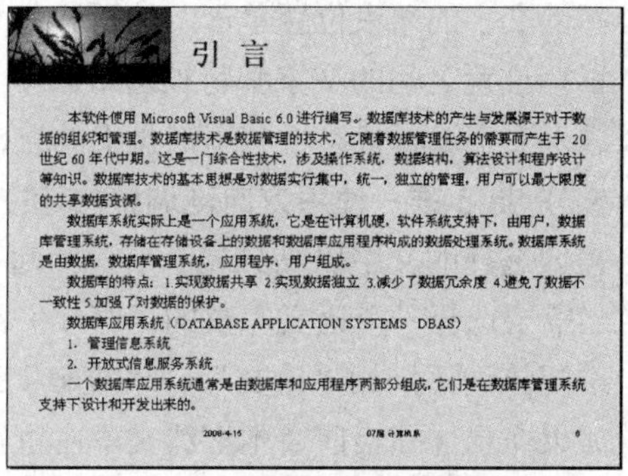

图 3-40　设置段落格式后的幻灯片效果

(10) 单击【保存】按钮，将修改过的“论文演示”演示文稿保存。

3.3　文本的常见操作

PowerPoint 2003 的文本常见操作包括选择、复制、粘贴、剪切、撤消与重复、查找与替换等。掌握文本的常见操作是进行文字属性设置的基础。

3.3.1　选择文本

编辑文本时的操作对象主要是文本。用户在编辑文本之前，首先需要选择它们。

在 PowerPoint 2003 中，常用的文本选择方式主要有以下几种：

- 当将鼠标移动至文字上方时，鼠标形状将变为【I】形，在要选择文字的起始位置单击，进入文字编辑状态。此时，按下鼠标左键，拖动鼠标到要选择文字的结束位置释放鼠标，被选择的文字将以高亮显示，如图 3-41 所示。

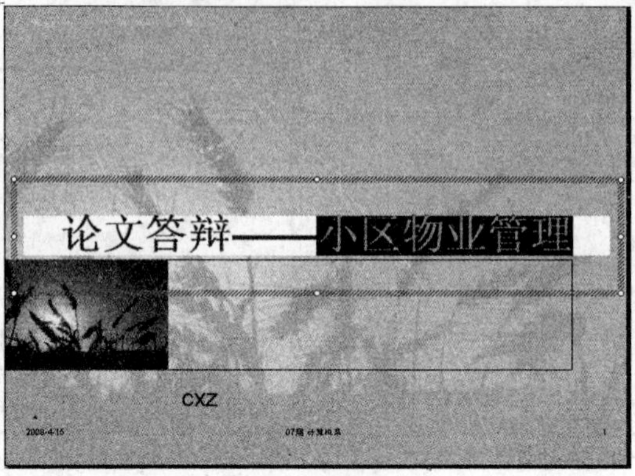

图 3-41　被选中的文本

- 进入文字编辑状态，将光标定位在要选择文字的起始位置，按住 Shift 键，在需要选择的文字的结束位置单击，然后弹起 Shift 键，此时，在第一次单击鼠标位置和按住鼠标位置之间的文字都将被选中。
- 进入文字编辑状态，利用键盘上的方向键，将闪烁的光标定位到需要选择的文字前，按住 Shift 键，使用方向键调整要选中的文字，此时，光标移过的文字都将被选中。需要选择的文字以高亮显示后，弹起 Shift 键。
- 当需要选择一个语义完整的词时，在需要选择的词上双击鼠标，PowerPoint 就将自动选择该词语，如“论文”、“答辩”等。
- 如果需要选择当前文本框或文本占位符中的所有文字，可以在文本编辑状态下，选择【编辑】|【全选】命令。
- 在一个段落中连续单击 3 次，可以选择整个段落。
- 当单击占位符或文本框的边框时，整个占位符或文本框将被选中，此时，占位符中的文本不将以高亮显示，但具有与被选中文本相同的特性，如可以为选中的文字设置字体、字号等属性。
- 在空白处单击，可以取消文本的被选中状态。

知识点

在文本编辑状态下，还可以选择使用 Ctrl+A 快捷键来选中占位符或文本框中的所有文字。需要注意的是，当不在文字编辑状态下，执行【全选】命令和 Ctrl+A 快捷键，将会选中当前幻灯片中的所有对象，包括占位符、文本框、图片以及图形等。

3.3.2　复制、粘贴和剪切文本

在 PowerPoint 中复制、粘贴和剪切的内容可以是当前编辑的文本，也可以是图片、声音等其他对象。使用这些操作，可以帮助用户方便地创建重复的内容，或者将一段内容移动到其他位置。

选中演示文稿的幻灯片中插入的文本框，选择【编辑】|【复制】命令，将该文本框复制到剪切板上。然后选择【编辑】|【粘贴】命令，将图 3-34 所示的幻灯片中的文本框粘贴到另一张幻灯片中，更改文本框中的竖排文字和文本框的位置后的幻灯片效果如图 3-42 所示。

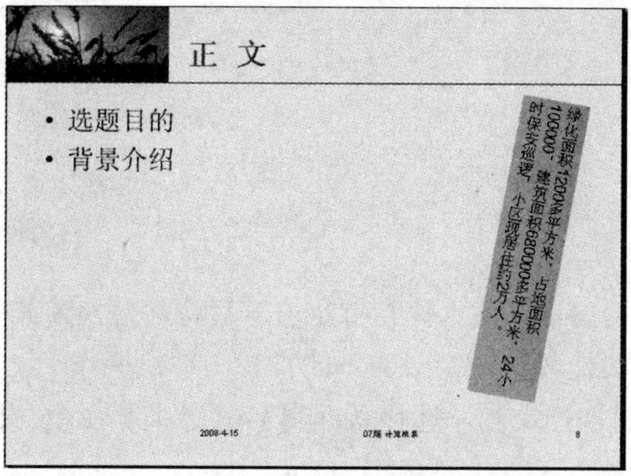

图 3-42　复制文本框及文本后的效果

> **提示**
>
> 在选中需要复制的文本后，用户还可以使用 Ctrl+C 快捷键完成复制操作，使用 Ctrl+V 快捷键完成粘贴操作。

> **提示**
>
> 剪切操作主要用来移动一段文字。当选中要移动的文字后，选择【编辑】|【剪切】命令(或按 Ctrl+X 组合键)，这时被选中的文字将被剪切到 Windows 剪贴板上，同时原位置的文本消失。当将光标定位到新位置后，选择【编辑】|【粘贴】命令(或按 Ctrl+V 组合键)，即可将剪切的内容粘贴到新的位置，从而实现文字的移动。

3.3.3　撤消与恢复文本

用户在进行编辑工作时难免会出现误操作，例如误删了文本或错误地进行了剪切、设置等，这时可以通过【撤消】功能返回到该步骤操作前的状态。

在常用工具栏中单击【撤消】按钮(快捷键为 Ctrl+Z)，就可以撤消前一步的操作。默认情况下，PowerPoint 2003 可以向前撤消 20 步操作，用户也可以自定义撤消的次数。

【例 3-5】自定义可撤消操作的次数。

(1) 启动 PowerPoint 2003 应用程序。

(2) 选择【工具】|【选项】命令，打开【选项】对话框，切换到【编辑】选项卡。在【撤消】选项区域的【最多可取消操作数】文本框中输入数字 10，如图 3-43 所示。

(3) 单击【确定】按钮，完成对可撤消次数的设置。

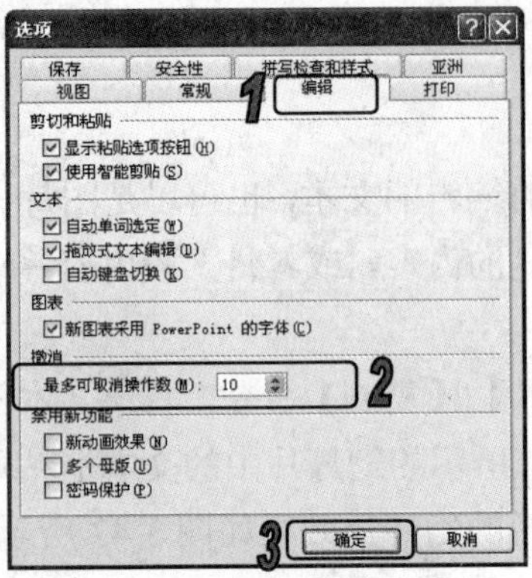

图 3-43　设置可撤消次数

提示

如果将可撤消操作的数值设置的过大，将会占用较大的系统内存，从而影响 PowerPoint 的运行速度。

与【撤消】按钮功能相反的是【恢复】按钮(Ctrl+Y)，它可以恢复用户被撤消的操作。该按钮也位于常用工具栏中。

3.3.4　查找与替换文本

当需要在较长的演示文稿中查找某一个特定内容，或在查找到特定内容后将其替换为其他内容时，可以使用“查找”和“替换”功能，来快捷轻松地完成文本的查找与替换操作。

在 PowerPoint 2003 中，选中幻灯片中需要替换的文本，选择【编辑】|【替换】命令，打开【替换】对话框，如图 3-44 所示。

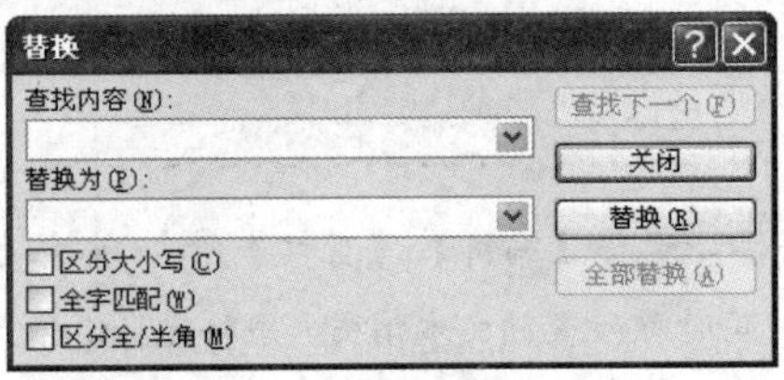

图 3-44　【替换】对话框

提示

选择【编辑】|【查找】命令，即可打开【查找】对话框。该对话框比【替换】对话框少了一个【替换为】文本框。

在【查找内容】文本框中输入要查找的文字，在【替换为】文本框中输入要替换的文字，并选中【全字匹配】复选框。单击【查找下一处】按钮，可以依次替换文本，单击【全部替换】按钮，可以一次性替换所有的文本。如图 3-45 所示的是将文字“答辩”替换成“制作”的效果。

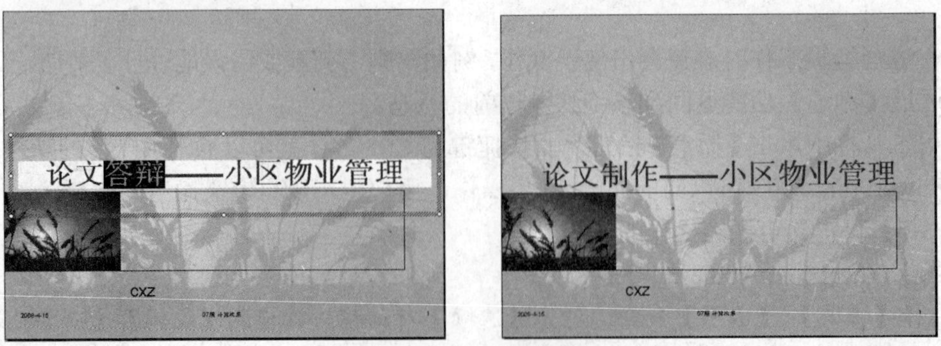

图 3-45　文字的替换

【替换】对话框中的 3 个复选框功能如下：

- 【区分大小写】复选框：选中该复选框，在查找替换时需要完全匹配由大小写字母组合成的单词。
- 【全字匹配】复选框：选中该复选框，PowerPoint 只查找替换用户输入的完整单词或字母，而 PowerPoint 默认的查找方式是非严格匹配查找，即该复选框未被选中时的查找方式。例如，在【查找内容】下拉列表框中输入“计算”时，如果选中该复选框，系统仅会查找该单词，而对“计算机”、“计算器”词忽略不计；如果未选中该复选框，系统则会将它们都进行查找统计。
- 【区分全/半角】复选框：选中该复选框，在查找替换时将区分全角字符与半角字符。

PowerPoint 除了提供文本间的替换功能外，还提供了替换字体功能，帮助用户将演示文稿中相同对象中的字体统一替换为其他字体。选择【格式】|【替换字体】命令，或按 Ctrl+H 组合键，打开【替换字体】对话框，输入要替换的字体和替换为的字体，如图 3-46 所示。如图 3-47 所示即为演示文稿中字体被替换的效果。

图 3-46　【替换字体】对话框

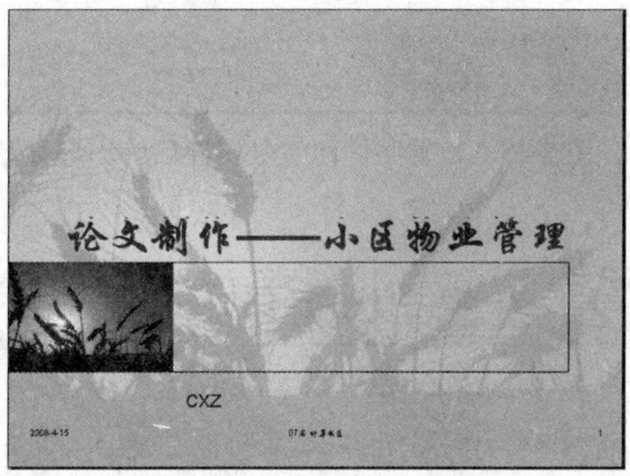

图 3-47　替换字体后的效果

3.4　文本属性的基本设置

为了使演示文稿更加美观、清晰，通常需要对文本属性进行设置。文本的基本属性设置包括对字体、字形、字号及字体颜色等进行设置。在 PowerPoint 中，虽然对幻灯片应用了版式后，其中的文字也具有了预先定义的属性，但在很多情况下，用户仍然需要按照自己的要求对它们重新设置。

3.4.1　设置字体和字号

为幻灯片中的文字设置合适的字体和字号，可以使幻灯片的内容清晰明了。在设置文本属性之前，首先要选择需要改变字体的文本，然后打开【格式】工具栏上的【字体】下拉列表框，在其中选择需要的字体即可。

在 PowerPoint 中，字号是以数字形式来表示，如 8 磅、12 磅、24 磅等，数值越大，表示字符的尺寸越大。字号的设置方法与设置字体相似，首先选中需要改变字号的文本，然后打开【格式】工具栏上的【字号】下拉列表框，在字号列表中选择需要的字号即可。

若未选中文字就设置了字体、字号等格式编排命令，只有从当前位置新输入的文本才会使用新设置的文字格式，而对原来的文字无效。

如图 3-48 所示即为在“论文演示”演示文稿中设置幻灯片文本字体和字号的效果。

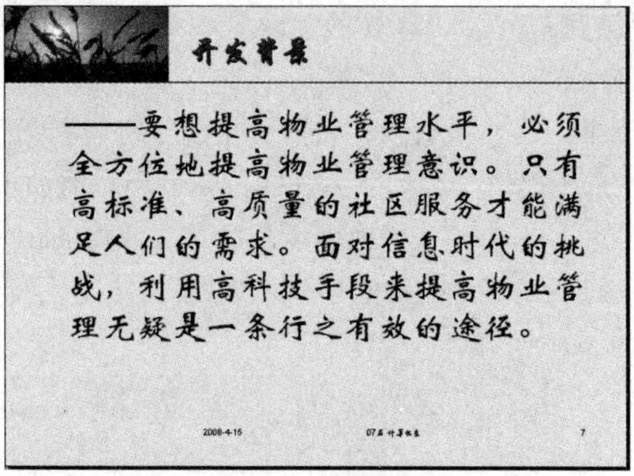

图 3-48　设置字体和字号属性后的幻灯片效果

提示

设置标题文本框效果为加粗、阴影，设置副标题文本框字体为【华文新魏】，字号为 40。

3.4.2　设置字体颜色

目前，用户的输出设备（如显示器、投影仪、打印机等）都允许使用彩色信息，因此在设计演示文稿时可以进一步设置文字的字体颜色。可以单击【格式】工具栏右侧的【字体颜色】按钮，所选中的文字将被设置为 A 字母下划线所显示的颜色。若希望更改为其他颜色，单击【字体颜色】按钮右侧的下三角按钮，从弹出的面板中选择需要的颜色即可(如图 3-49 所示)，此时，在幻灯片的占位符中文字后的效果如图 3-50 所示。

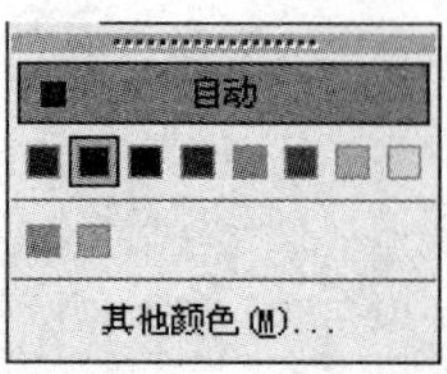

图 3-49　设置副标题颜色

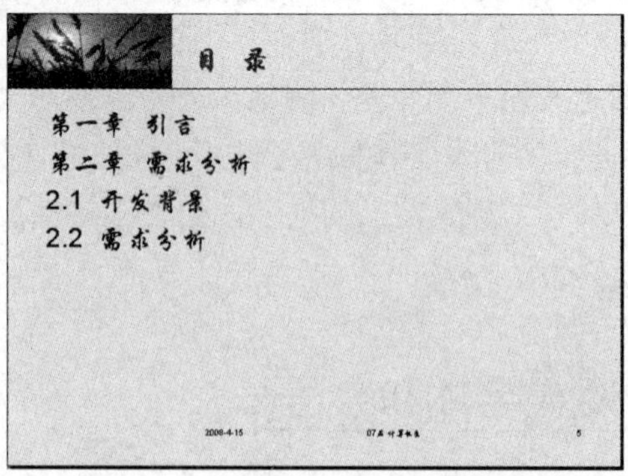

图 3-50　在幻灯片中输入文字

如果用户对面板中列取的颜色不满意，还可以选择【其他颜色】命令，打开【颜色】对话框。切换到【自定义】选项卡，选择如图 3-51 所示的颜色，然后单击【确定】按钮，此时，幻灯片效果如图 3-52 所示。

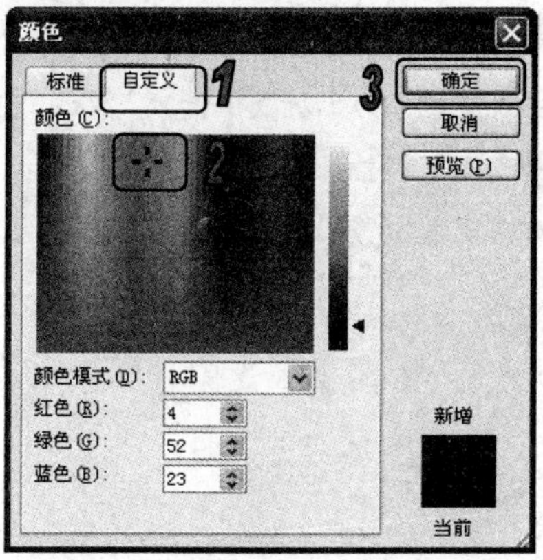

图 3-51　【颜色】对话框

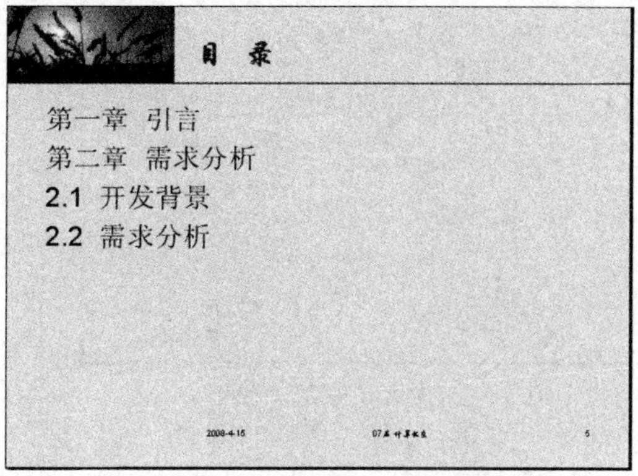

图 3-52　设置文字字体和颜色

3.4.3　设置特殊文本格式

在 PowerPoint 中，用户除了可以在如图 3-53 所示的【字体】对户框中设置最基本的文字格式外，还可以为文字添加上标、下划线等特殊格式。

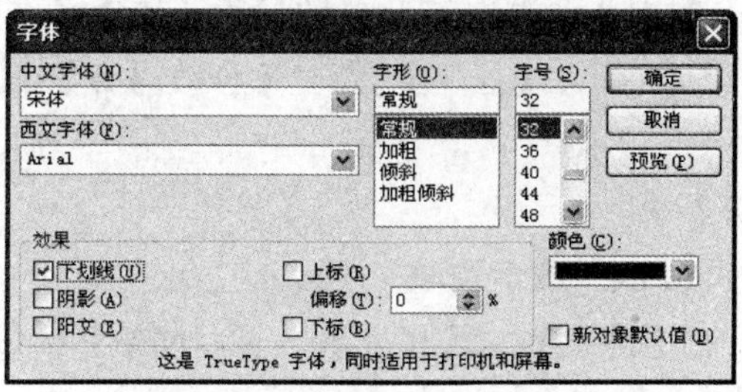

图 3-53　【字体】对话框

> **知识点**
>
> 除了通过选择【格式】|【字体】命令打开【字体】对话框外，还可通过键盘来操作。按下 Alt+O 组合键打开【格式】菜单，然后单击 F 键打开【字体】对话框。

在图 3-53 所示的【效果】选项组中可以为文本设置如下的特殊效果。

- 【阳文】复选框：选中该复选框，可使文字具有阳文效果。
- 【上标】复选框：选中该复选框，可使文字按上标的格式显示，如要输入数学公式 X2，可以首先输入 X2，然后选中数字 2，在【字体】对话框中选中【上标】复选框即可。在【偏移量】文本框中可以调节数值，当设置为上标时，偏移量为正数，数值越大，文字的偏移位置越高。
- 【下标】复选框：选中该复选框，可使文字按下标的格式显示，如常用的化学符号 H2O 等。当设置为下标时，偏移量为负数，数值越小，文字的偏移位置越低。
- 【新对象默认值】复选框：选中该复选框，当用户再输入文字时，将会自动应用此对话框中的设置。

为图 3-52 所示的幻灯片部分文字添加下划线后的效果如图 3-54 所示。

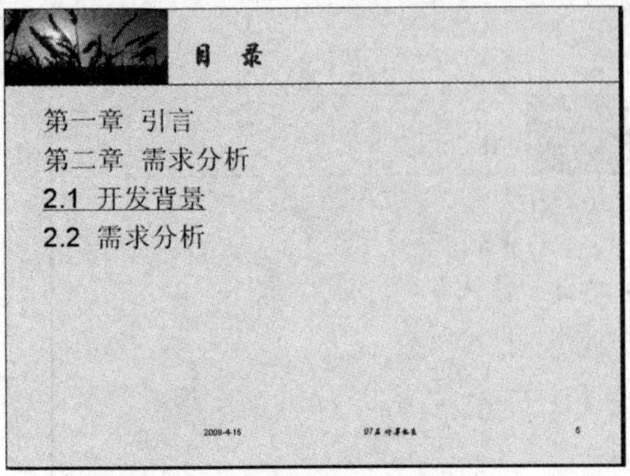

图 3-54　为文字添加下划线

> **提示**
>
> 在设置文字为上标或下标时，需注意偏移量不可调整过多，否则会使上标或下标文字显示不完整。

3.4.4　设置文本对齐方式

在 PowerPoint 2003 中对幻灯片中的文字进行编辑时，经常需要设置文字的对齐方式。常用的对齐方式有【段落对齐】和【字体对齐】两种。

1. 段落对齐

段落对齐功能可以实现文字的左对齐、右对齐、居中、两端对齐及分散对齐。在【格式】工具栏中包含了最为常用的【左对齐】、【右对齐】、【居中】、【分散对齐】4种对齐方式的按钮。

【例 3-6】将幻灯片中的文字设置为【分散对齐】。

(1) 启动 PowerPoint 2003 应用程序，打开“论文演示”演示文稿。

(2) 在默认打开的幻灯片中选中副标题占位符，在【格式】工具栏中单击【右对齐】按钮，此时，幻灯片效果如图 3-55 所示。

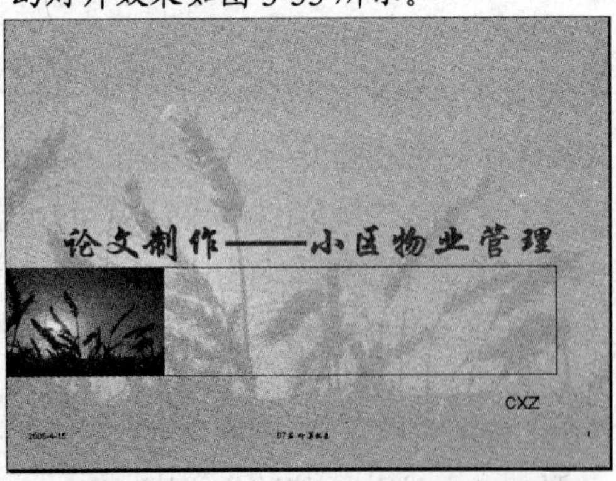

图 3-55　设置副标题对齐方式为右对齐

> **提示**
>
> 设置段落对齐方式，除了单击【格式】工具栏上的按钮外，还可以选择【格式】|【对齐方式】菜单下的各种对齐命令。

(3) 在幻灯片预览窗格中选择第 2 张幻灯片缩略图，将其显示在幻灯片编辑窗口中。

(4) 选中需要设置的文字，在【格式】工具栏中单击【分散对齐】按钮，此时，显示幻灯片效果如图 3-56 所示。

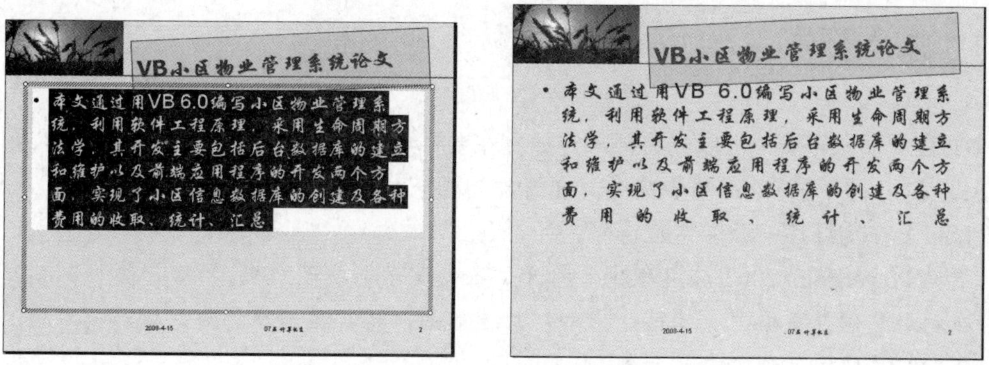

图 3-56　设置分散对齐

(5) 单击【保存】按钮，将修改过的“论文演示”演示文稿保存。

2. 字体对齐

当一行文字中包含多种字体、字号时，不同字体、大小文字之间的对齐方式也是用户需要考虑的问题。在 PowerPoint 中有【顶端对齐】、【居中对齐】、【罗马方式对齐】及【底端对齐】4 种字体对齐方式。

要设置字体居中对齐，可以选择【字体对齐方式】|【居中】命令，此时，“论文演示”演示文稿中幻灯片效果如图 3-57 所示。

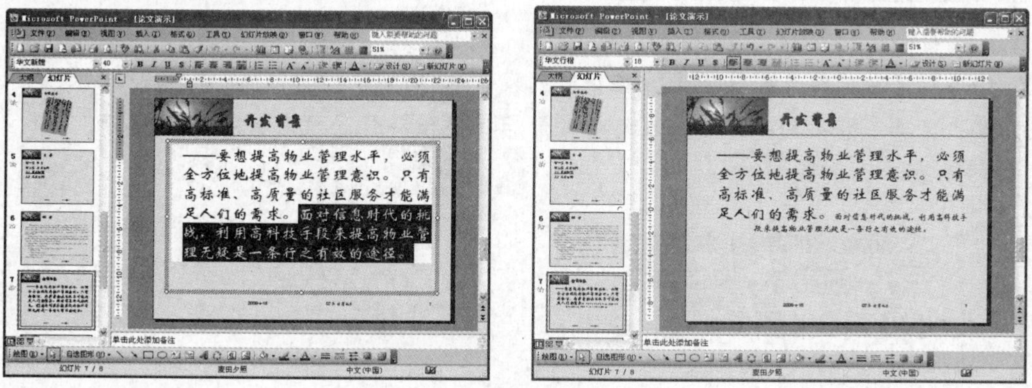

图 3-57　设置幻灯片居中对齐

3.5　插入符号和公式

在编辑演示文稿的过程中，不会只有文本或英文字符的输入，在很多情况下还要插入一些符号和公式，例如⑵、β、∈、Fx＝Fcosβ 等，这时仅通过键盘无法输入这些符号。在 PowerPoint 2003 中提供了插入符号和公式的功能，使用户可以在演示文稿中插入各种符号和公式。

3.5.1 插入符号

要在文档中插入符号，可以先将插入点放置在要插入符号的位置，然后选择【插入】|【符号】命令或【插入】|【特殊符号】命令，在打开的相应对话框中进行选择即可。

【例 3-7】在幻灯片中添加特殊符号。

(1) 启动 PowerPoint 2003 应用程序，打开“论文演示”演示文稿。

(2) 在幻灯片预览窗格中选择第 2 张幻灯片缩略图，将其显示在幻灯片编辑窗口中。

(3) 在幻灯片中定位到文本最后部分。

(4) 选择【插入】|【特殊符号】命令，打开【插入特殊符号】对话框，如图 3-58 所示。

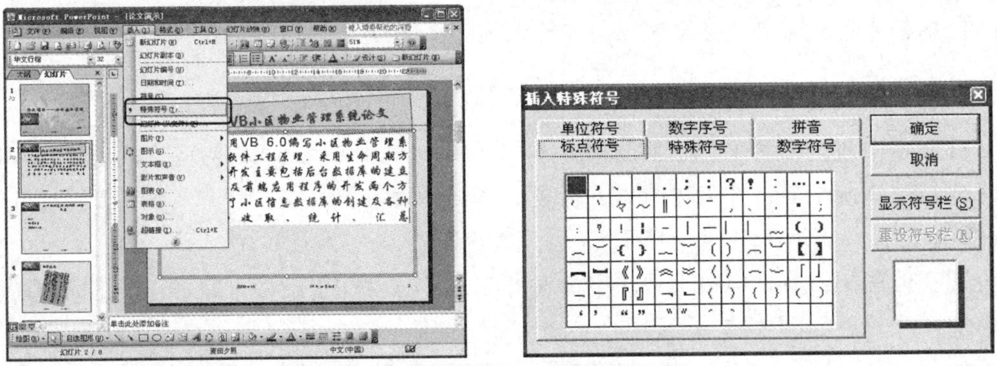

图 3-58　打开【插入符号】对话框

(5) 切换到【特殊符号】选项卡，在符号列表中选择第一个符号，如图 3-59 所示。

(6) 单击【确定】按钮，此时，在幻灯片最后将显示符号，效果如图 3-60 所示。

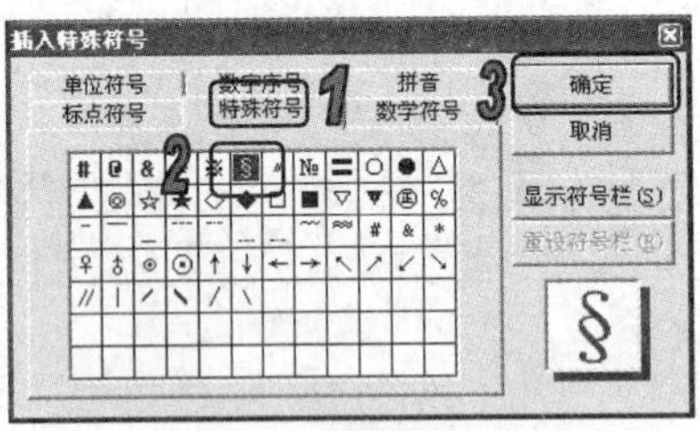

图 3-59　选择需要的符号

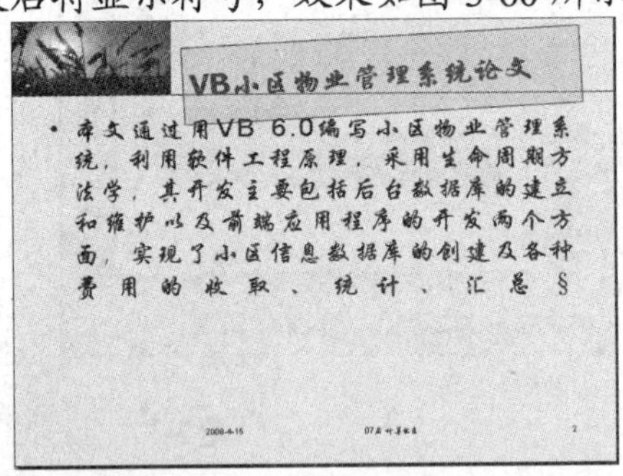

图 3-60　在末尾添加符号

(7) 单击【保存】按钮，将修改过的“论文演示”演示文稿进行保存。

3.5.2 插入公式

要在幻灯片中插入各种公式，可以使用公式编辑器，公式编辑器可以用来输入统计函数、数学函数以及微积分方程式等复杂公式。

【例 3-8】在幻灯片中使用公式编辑器插入公式。

(1) 启动 PowerPoint 2003 应用程序，打开“论文演示”演示文稿。

(2) 在幻灯片预览窗格中选择第 8 张幻灯片缩略图，将其显示在幻灯片编辑窗口中。

(3) 单击文本占位符，当出现闪烁的光标时，在幻灯片中输入如图 3-61 所示的文字。

(4) 选择【插入】|【对象】命令，打开【插入对象】对话框。在【对象类型】列表框中选择【Microsoft 公式 3.0】选项，如图 3-62 所示。

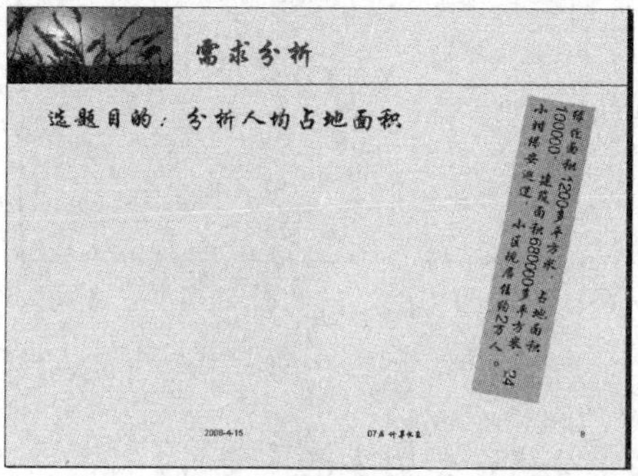

图 3-61 在占位符中输入文字

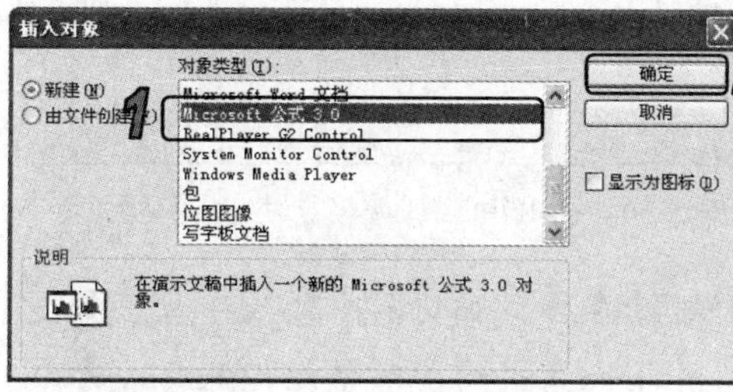

图 3-62 【插入对象】对话框

(5) 单击【确定】按钮，打开【公式编辑器】对话框，如图 3-63 所示。

(6) 在编辑器中输入公式，并单击如图 3-64 所示的【围栏模板】按钮，单击【[ ]】按钮，将其插入到公式编辑器中。

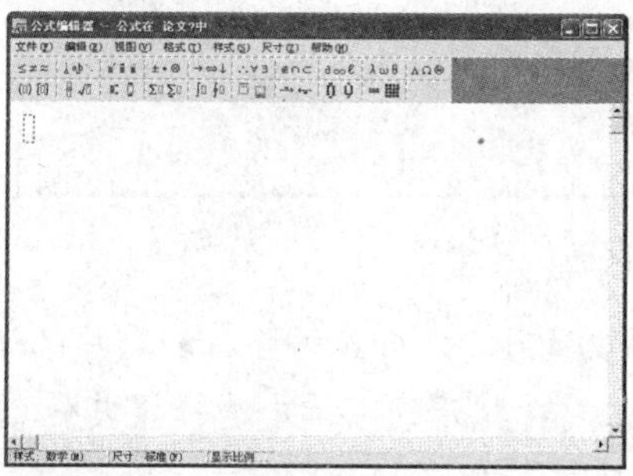

图 3-63 【公式编辑器】对话框

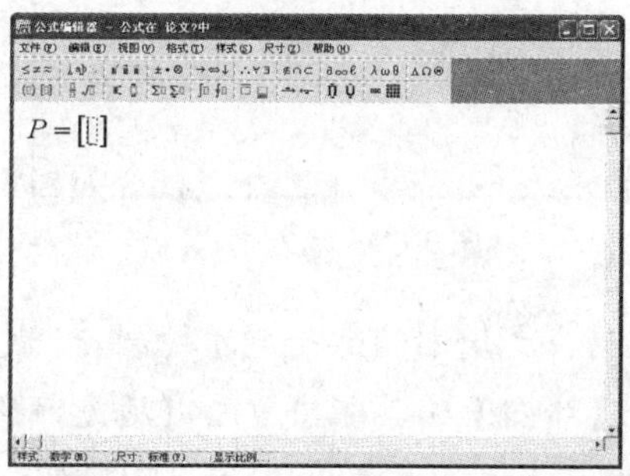

图 3-64 在编辑器中选择运算符号

(7) 参照步骤(6)，在括号【[ ]】中插入圆括号【( )】，如图 3-65 所示。

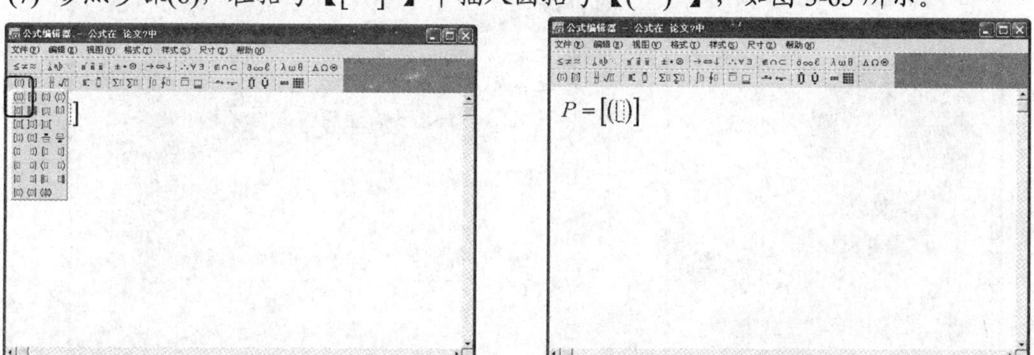

图 3-65 在编辑器中插入括号

(8) 在括号中输入字母及运算符，如图 3-66 所示。

(9) 单击如图 3-67 所示的【运算符号】按钮，选择除号，将该符号插入到编辑器中。

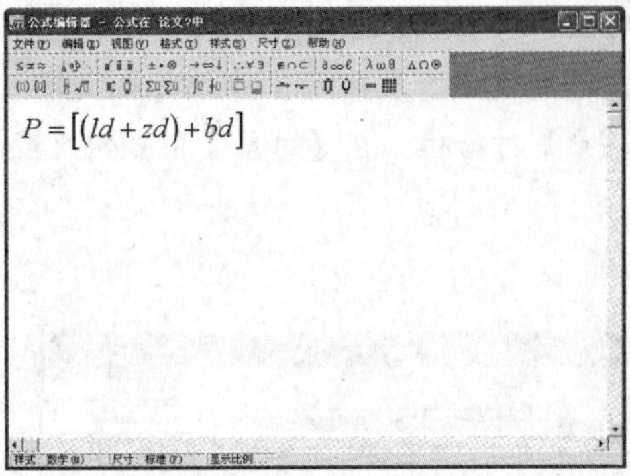

图 3-66　在编辑器中插入字母、运算符

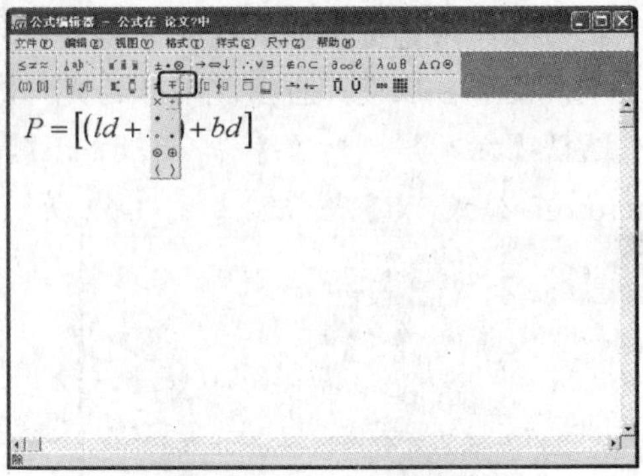

图 3-67　选择除号

(10) 继续在公式编辑器中输入字母，如图 3-68 所示。

(11) 关闭公式编辑器对话框，此时，幻灯片中显示公式，如图 3-69 所示。

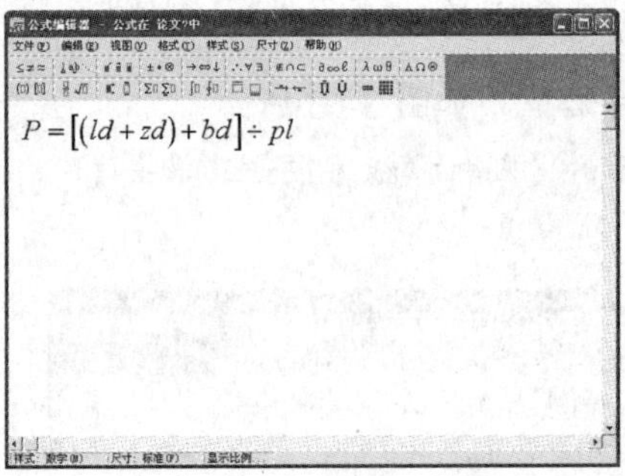

图 3-68　输入字母

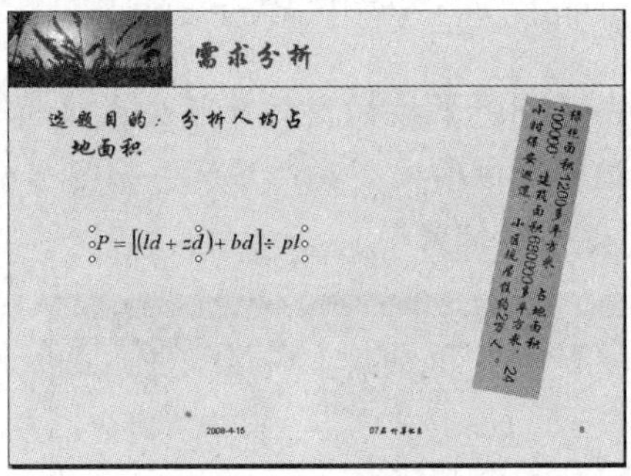

图 3-69　设置填充颜色

(12) 拖动公式周围的白色尺寸控制点，放大公式的大小，并将其放置在幻灯片的适当位置。

(13) 在【绘图】工具栏中单击【填充颜色】按钮，在打开的菜单中选择【其他填充颜色】命令，打开【颜色】对话框，设置如图 3-70 所示的填充颜色。

(14) 单击【确定】按钮，此时，公式效果如图 3-71 所示。

图 3-70　设置填充颜色

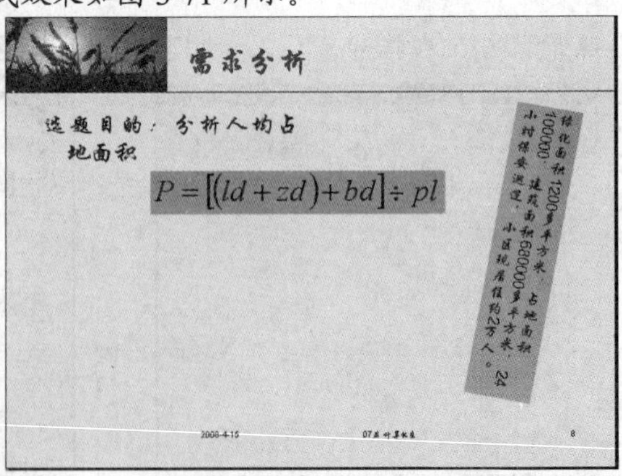

图 3-71　显示公式的填充颜色

(15) 选择【插入】|【文本框】|【水平】命令，在幻灯片中插入一个水平文本框，并输入如图 3-72 所示的备注文字。

(16) 参照步骤(13)，为备注信息文本框填充颜色，填充后的效果如图 3-73 所示。

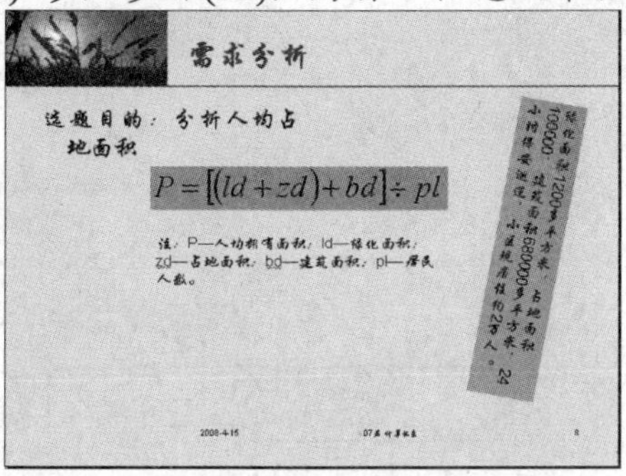

图 3-72　输入备注文字

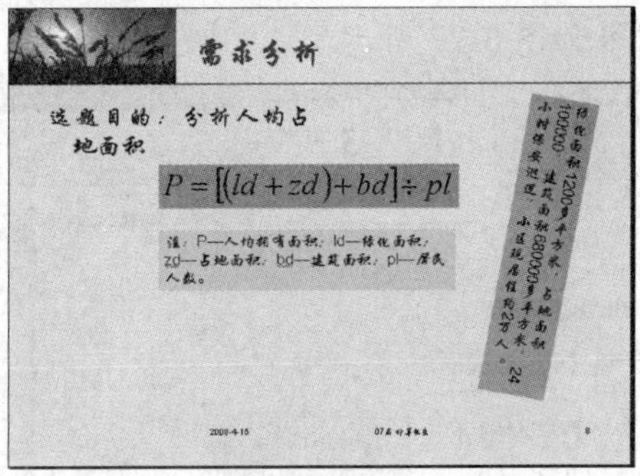

图 3-73　设置文本框填充效果

(17) 单击【保存】按钮，将修改过的“论文演示”演示文稿保存。

3.6　上机练习

学习完本章之后，用户应该对在幻灯片中添加、编辑文本以及设置文本属性有了基本的认识。同时，本章也介绍了插入符号和公式的方法。本上机练习将综合应用这些知识点，创建一个演示文稿，并在幻灯片中添加文字和符号。

(1) 启动 PowerPoint 2003 应用程序，新建一个演示文稿。

(2) 在任务窗格中打开【开始工作】下拉列表，选择【新建演示文稿】命令。

(3) 在打开【新建演示文稿】任务窗格的【模板】选项区域中单击【本机上的模板】链接，打开【新建演示文稿】对话框。在该对话框中选择自定义模板【模式 8】，单击【确定】按钮，此时，演示文稿效果如图 3-74 所示。

(4) 在默认打开的第 1 张幻灯片中单击【单击此处添加标题】占位符，此时，占位符中出现闪烁的光标，输入文字“工作报告”；单击【单击此处添加副标题】占位符，输入文字 PowerPoint 2003，如图 3-75 所示。

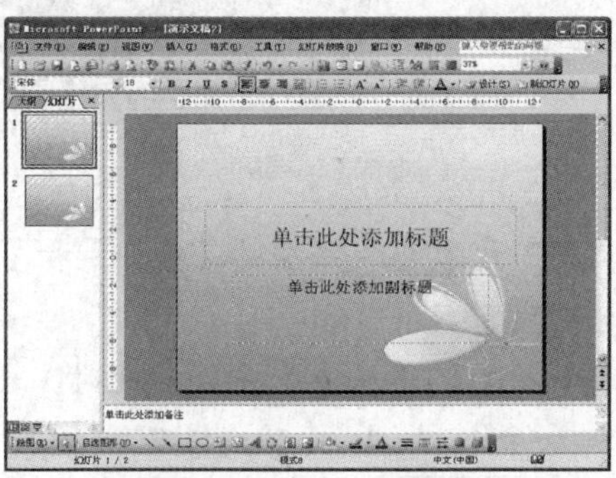

图 3-74　使用自定义模板

图 3-75　在占位符中输入文字

(5) 选中【工作报告】占位符，打开【字体】下拉列表框，选择【华文彩云】选项；打开【字号】下拉列表框，选择 66 选项，如图 3-76 所示。

(6) 设置副标题占位符中的文字字号为 36，字型为【加粗】，字体效果为【阴影】，此时，幻灯片效果如图 3-77 所示。

图 3-76 设置字体和字号

图 3-77 设置文字属性后的幻灯片效果

(7) 在幻灯片预览窗格中选择第 2 张幻灯片缩略图，将其显示在幻灯片编辑窗口中。

(8) 在幻灯片的两个文本占位符中输入如图 3-78 所示的文字。

(9) 选中【本周工作计划】文本占位符，设置文字字体为【华文彩云】，字型为【加粗】和【倾斜】，字体效果为【阴影】，如图 3-79 所示。

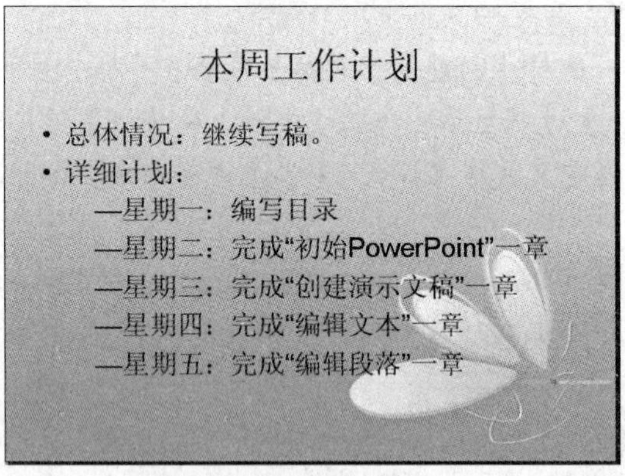

图 3-78 在幻灯片中输入文字

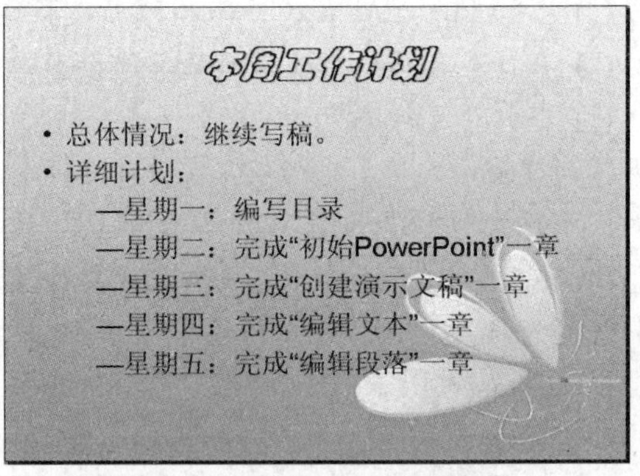

图 3-79 设置标题文字的属性

(10) 选中文本占位符，设置文字字号为 28，如图 3-80 所示。

(11) 依次选中段首文字“总”和“详”，设置文字字号为 40，字型为【加粗】和【倾斜】，如图 3-81 所示。

(12) 选中文本占位符，选择【格式】|【字体对齐方式】|【居中】命令，此时，幻灯片效果如图 3-82 所示。

(13) 在【格式】工具栏中单击【新幻灯片】按钮，添加一张新幻灯片。

图 3-80　设置文本占位符中的文字属性

图 3-81　设置文字“总”和“详”的属性

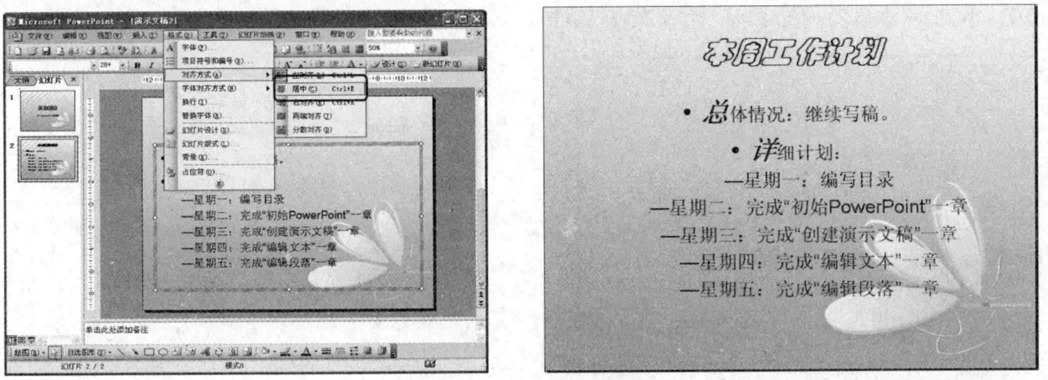

图 3-82　设置字体对齐方式

(14) 在【单击此处添加标题】占位符中输入文字“工作报告简介”，设置文字字体为【华文彩云】，字型为【加粗】和【倾斜】，字体效果为【阴影】，如图 3-83 所示。

(15) 选中【单击此处添加文本】文本占位符，按下 Delete 键将其删除。

(16) 选择【插入】|【文本框】|【水平】命令，在幻灯片中插入一个水平文本框，如图 3-84 所示。

图 3-83　添加标题文字

图 3-84　插入水平文本框

(17) 在文本框中输入文字，设置文字字号为 40，如图 3-85 所示。

(18) 选中文字“报告人：”，在工具栏中单击 U 按钮，为文字添加下划线，如图 3-86 所示。

图 3-85　在文本框中输入文字

图 3-86　为文字添加下划线

(19) 参照步骤(18)，为文字“所属项目组：”和“报告时间：”添加下划线，如图 3-87 所示。

图 3-87　添加下划线后的幻灯片效果

提示

用户可以设置下划线的类型，选择【格式】|【字体】命令，打开【字体】对话框。在【所有文字】选项区域的【下划线线型】下拉列表框中进行选择。

(20) 选择【文件】|【另存为】命令，将演示文稿以文件名“工作报告设计”进行保存。

3.7　习题

1. 使用 PowerPoint 2003 自带的模板【万里长城】，创建如图 3-88 所示的幻灯片，设置标题文字字体为【华文行楷】、字号为 60，字型为【加粗】、字体效果为【阴影】。

2. 在幻灯片中输入如图 3-89 所示的公式。

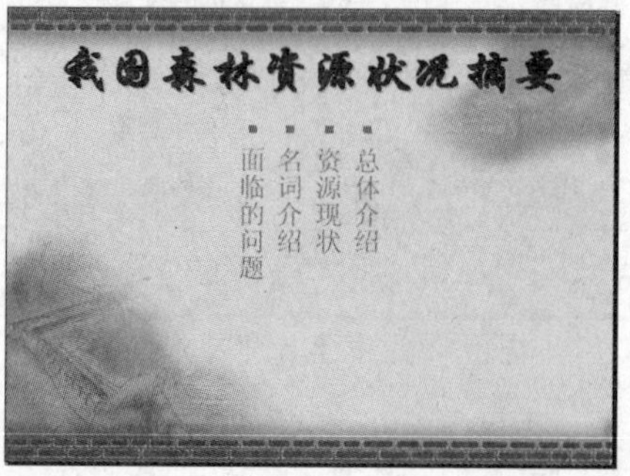

图 3-88　设置的幻灯片效果

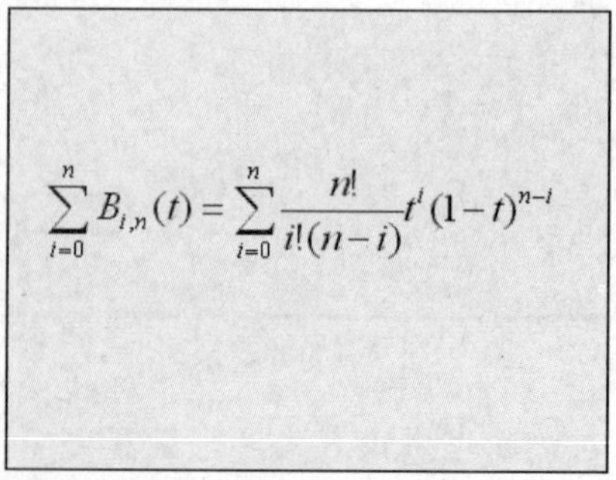

图 3-89　在幻灯片中输入公式

第4章 编辑和设置段落

学习目标

为了使幻灯片中的文本层次分明，条理清晰，可以为幻灯片中的段落设置段落格式和级别，例如使用不同的项目符号和编号来标识段落层次等。本章主要介绍使用项目符号和编号来设置段落级别的方法，以及为段落设置对齐方式、缩进方式等。

本章重点

- 设置段落的对齐方式
- 设置段落的缩进量
- 设置行、段间距
- 使用项目符号和编号

4.1 设置段落格式

段落格式包括段落对齐、段落缩进及段落间距等。掌握了在幻灯片中编排段落格式后，就可以轻松地设置与整个演示文稿风格相适应的段落格式。

4.1.1 设置段落的对齐方式

段落对齐是指段落边缘的对齐方式，包括左对齐、右对齐、居中对齐、两端对齐和分散对齐5种。对齐方式的说明如下。

- 左对齐：左对齐时，段落左边对齐，右边参差不齐。
- 右对齐：右对齐时，段落右边对齐，左边参差不齐。
- 居中对齐：居中对齐时，可以使段落居中排列。

◉ 两端对齐：两端对齐时，段落左右两端都对齐分布，但段落最后不满一行的文字右边不对齐。

◉ 分散对齐：分散对齐时，段落左右两边均对齐，而且当每个段落的最后一行不满一行时，将自动拉开字符间距使该行均匀分布。

设置段落对齐方式的方法很简单，在【格式】工具栏上单击对应的对齐按钮，或者选择【格式】|【对齐方式】命令，在打开的下级子菜单中选择对应的对齐方式命令即可。

【例 4-1】 在幻灯片的占位符中输入文字，并设置段落的对齐方式。

(1) 启动 PowerPoint 2003 应用程序，打开一个空白演示文稿。

(2) 在任务窗格中打开【开始工作】下拉列表框，选择【新建演示文稿】命令。

(3) 在打开【新建演示文稿】任务窗格的【模板】选项区域中选择【本机上的模板】命令，打开【新建演示文稿】对话框。

(4) 在对话框中选择自定义添加的 A3 选项，单击【确定】按钮，将其应用到当前幻灯片中，如图 4-1 所示。

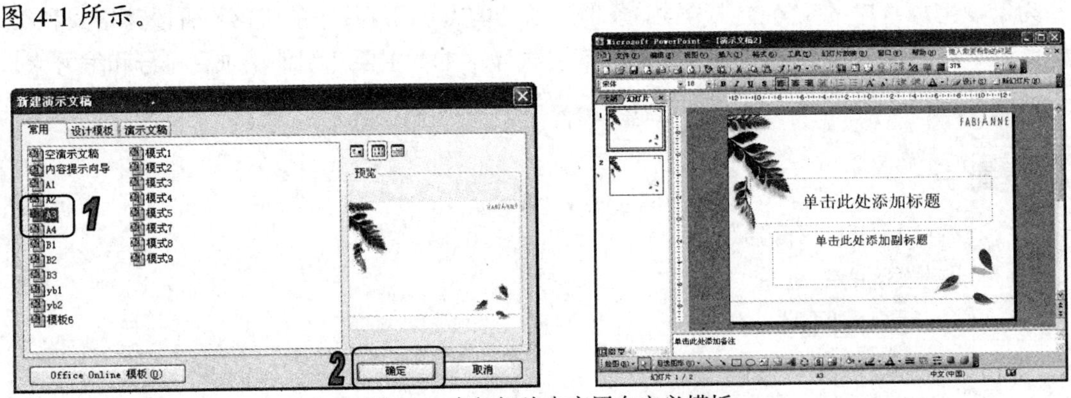

图 4-1　在幻灯片中应用自定义模板

(5) 演示文稿默认打开第 1 张幻灯片，在位于上方的文本占位符中输入文字“汽车销售公司营销管理”；在位于下方的文本占位符中输入 3 行文字“重点说明”、“业务管理”和“汽车销售技巧”，如图 4-2 所示。

(6) 设置标题文字字体为【华文彩云】、字型为【加粗】、字体效果为【阴影】；设置副标题文字字体为【华文楷体】，此时，幻灯片中文字效果如图 4-3 所示。

图 4-2　在占位符中输入文字

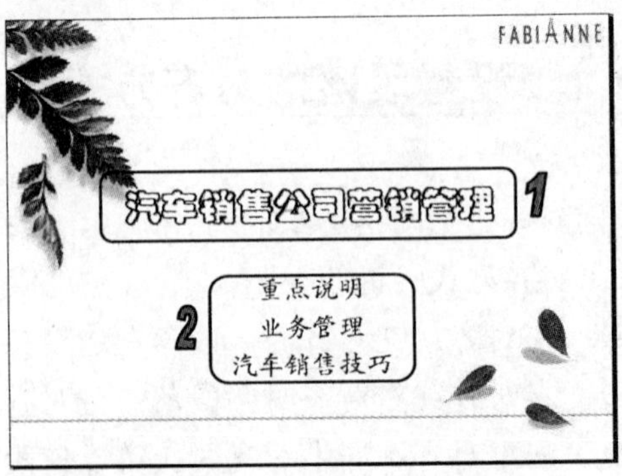

图 4-3　设置占位符中文字格式

(7) 选中标题占位符，在工具栏中单击【左对齐】按钮，将标题文字靠齐于占位符左边框，如图 4-4 所示。

图 4-4　设置标题文字为左对齐

提示

将文字设置为左对齐，还可以选择【格式】|【对齐方式】|【左对齐】命令。

(8) 选中副标题占位符，将鼠标指针放置在占位符左侧中间的白色控制点上，当鼠标指针变为双向箭头【↔】时，向右拖动占位符边框以缩小占位符大小，然后移动占位符，如图 4-5 所示。

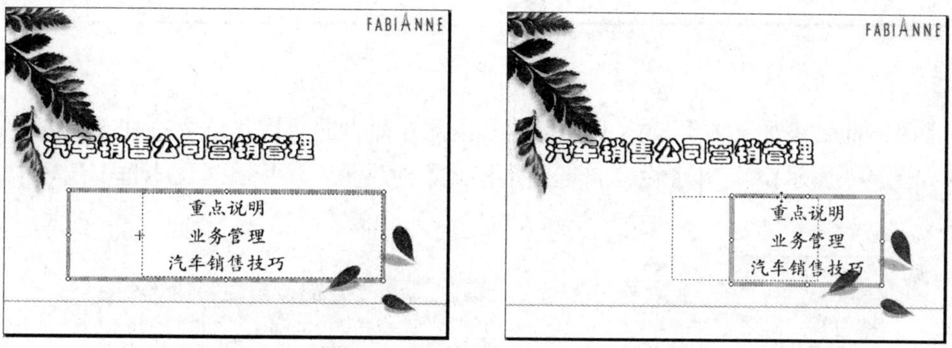

图 4-5　改变占位符大小和位置

(9) 此时，占位符大小和位置如图 4-6 所示。单击工具栏上的【分散对齐】按钮，将副标题占位符中的文字分散对齐，如图 4-7 所示。

图 4-6　设置占位符大小和位置

图 4-7　设置副标题文字为分散对齐

(10) 选择【文件】|【另存为】命令，将演示文稿以“营销管理”为文件名进行保存。

4.1.2 设置段落的缩进量

在 PowerPoint 2003 中，可以设置文本段落与占位符或文本框边框的距离，也可以设置段落缩进量。

打开演示文稿“营销管理”，在幻灯片预览窗格中选择第 2 张幻灯片缩略图，将其显示在幻灯片编辑窗口中，然后在幻灯片占位符中输入并设置文字，效果如图 4-8 所示。

图 4-8　输入并设置幻灯片文字

选中【单击此处添加文本】文本占位符并右击，在弹出的快捷菜单中选择【设置占位符格式】命令(如图 4-9 所示)，打开【设置自选图形格式】对话框，切换到【文本框】选项卡，如图 4-10 所示。

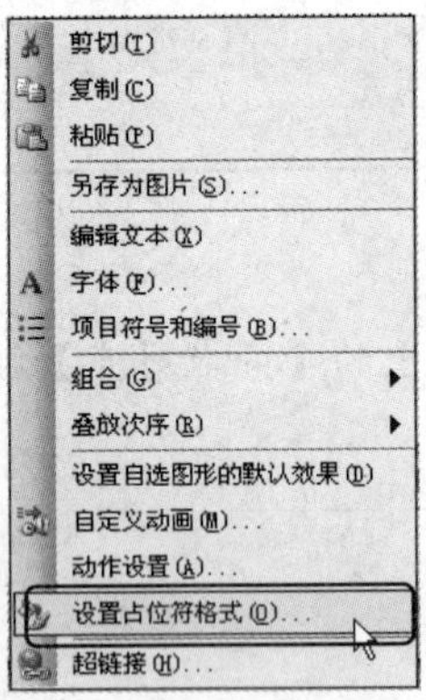

图 4-9　在快捷菜单中选择命令

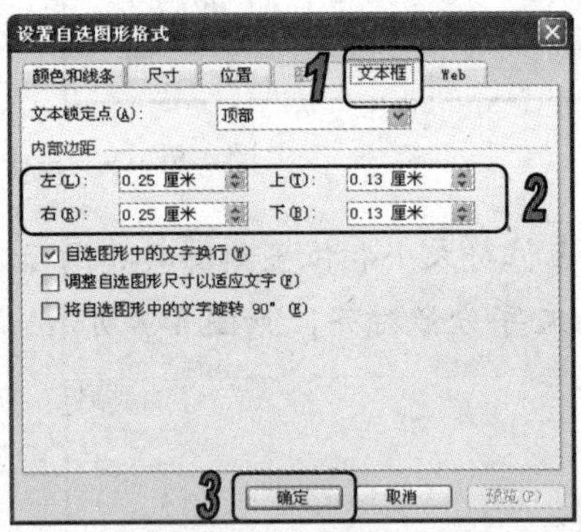

图 4-10　【文本框】选项卡

提示

要打开【设置自选图形格式】对话框，还可以在幻灯片中直接双击文本占位符的边框。

在【文本框】选项卡的【内部边距】选项区域中可以设置边框的大小，效果如图 4-11 所示。然后选中该文本占位符中第 3~6 行文字，在工具栏中单击【增加缩进量】按钮，此时，幻灯片效果如图 4-12 所示。

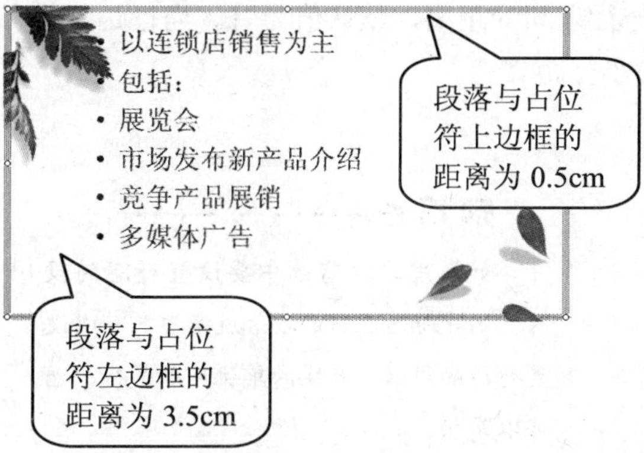

图 4-11 设置文字与占位符边框间距

知识点

设置段落缩进是为了突出某段或某几段文字，使用缩进方式可以使幻灯片中的某段文字相对其他段落偏移一定的距离。

图 4-12 增加段落缩进量

在【格式】工具栏上单击【减少段落缩进量】按钮，可以对选中的段落文本进行撤消缩进操作。

4.1.3 设置行间距和段间距

在 PowerPoint 中，用户还可以对行距及段落换行的方式进行设置。设置行距可以改变 PowerPoint 默认设置的行距，使演示文稿中的内容更为清晰；设置换行格式，可以使文本按照用户规定的格式分行。

1. 设置段落行距

选择需要设置行距的段落，选择【格式】|【行距】命令，打开【行距】对话框，如图 4-13 所示。在该对话框中可以设置默认的行距，各选项的功能如下。

- 【段前】文本框：用于设置当前段落与前一段之间的距离。如果前一段已经设置了段后值，则当前段落的第一行文字与上一段落的最后一段文字之间的距离为当前段前值与前一段段后值之和。
- 【段后】文本框：用于设置当前段落与下一段落之间的距离。

◎ 【行距】文本框：用于设置段落中行与行之间的距离，默认值为 1。当行距值大于 1 时，表示加大行距，小于 1 时表示缩小行距。

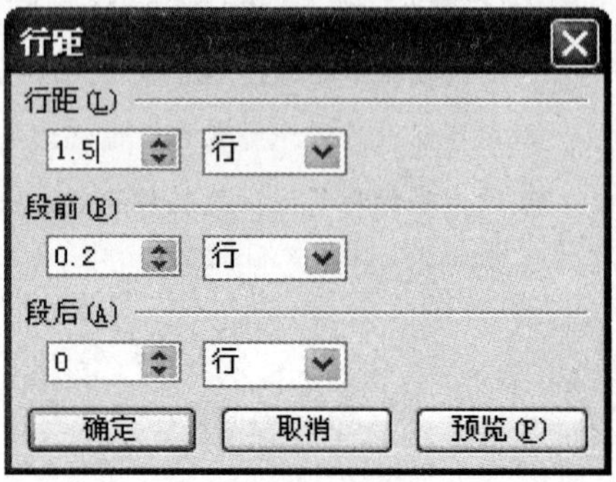

图 4-13　【行距】对话框

知识点

如果用户没有选中要设置行距的段落，则光标所在行的段落就是当前可以设置行距的段落。行距的单位可以是行，也可以是磅。

将如图 4-12 所示的幻灯片文本占位符的第 1 行和第 2 行文字间的距离设置为 1.5 倍行距，最终效果如图 4-14 所示。

图 4-14　设置段落行距后的效果

提示

如果只选中段落"包括："，那么在【行距】对话框的【段前】文本框中输入 1，则单击【确定】按钮后幻灯片效果与图 4-14 所示的效果相同。

2. 设置换行格式

选择【格式】|【换行】命令，打开【亚洲换行符】对话框，如图 4-15 所示。用户可以在该对话框中设置换行格式。

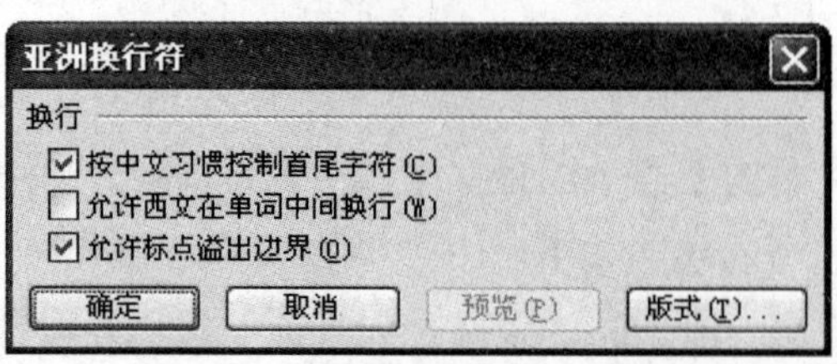

图 4-15　【亚洲换行符】对话框

提示

在【亚洲换行符】对话框中单击【版式】按钮，打开【版式】对话框。在该对话框中可以自定义分行符。

【亚洲换行符】对话框各选项说明如下。

◉ 【按中文习惯控制首尾字符】复选框：选中该复选框，可以使段落中的首尾字符按中文习惯显示。

◉ 【允许西文在单词中间换行】复选框：选中该复选框，可以使行尾的单词有可能被分为两部分显示。

◉ 【允许标点溢出边界】复选框：选中该复选框，可以使行尾的标点位置超过文本框边界而不会换到下一行。

【例 4-2】设置 PowerPoint 的换行格式，使得 PowerPoint 可以在英文单词中间换行。

(1) 启动 PowerPoint 2003 应用程序，打开演示文稿“营销管理”。

(2) 在第 1 张幻灯片的标题文本框中输入如图 4-16 所示的文字，并设置文字字体为 Times New Roman，字号为 44，如图 4-17 所示。

图 4-16　在占位符中输入英文

图 4-17　设置英文字体和大小

(3) 在幻灯片中选中输入的文字，选择【格式】|【换行】命令，打开【亚洲换行符】对话框。在【换行】选项区域中选中【允许西文在单词中间换行】复选框，如图 4-18 所示。

(4) 单击【确定】按钮，此时，幻灯片效果如图 4-19 所示。

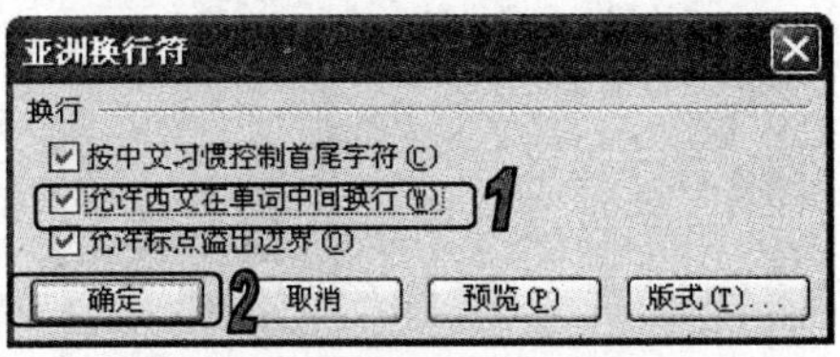

图 4-18　【亚洲换行符】对话框

图 4-19　PowerPoint 在英文单词中间换行

(5) 单击【保存】按钮，将修改过的“营销管理”演示文稿保存。

4.2 使用项目符号

在演示文稿中，为了使某些内容更为醒目，经常使用不同的项目符号。项目符号可以用来强调一些特别重要的观点或项目，从而使主题更加美观、突出、有条理。

4.2.1 使用常用项目符号

将光标定位在需要添加项目符号的段落，或者同时选中多个段落，选择【格式】|【项目符号和编号】命令，打开【项目符号和编号】对话框，如图 4-20 所示。在该对话框的【项目符号】选项卡中选择需要使用的项目符号即可。

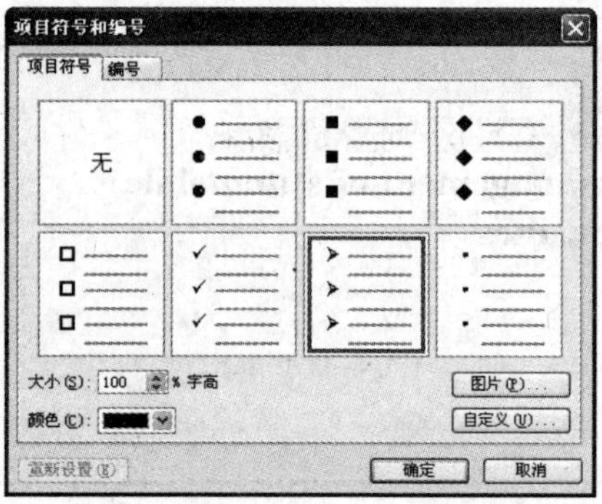

图 4-20 【项目符号和编号】对话框

> **提示**
>
> 【大小】文本框用于设置项目符号与正文文本的高度比例，以百分数表示；【颜色】列表框用于设置项目符号的颜色，单击其右侧的下拉箭头将打开 PowerPoint 调色板。

【例 4-3】在幻灯片中为文本添加项目符号。

(1) 启动 PowerPoint 2003 应用程序，打开演示文稿“营销管理”。

(2) 在幻灯片预览窗格中选择第 2 张幻灯片缩略图，将其显示在幻灯片编辑窗口中。

(3) 选择【插入】|【新幻灯片】命令，在第 2 张幻灯片下方插入一张新幻灯片，如图 4-21 所示。

图 4-21 插入新幻灯片

(4) 按下 Ctrl 键，依次在幻灯片中选中两个文本占位符，然后按下 Delete 键将其删除。

(5) 选择【插入】|【文本框】|【水平】命令，在幻灯片中插入一个水平文本框，并输入如图 4-22 所示的文字。

图 4-22　在水平文本框中输入文字

提示

要删除幻灯片中的文本占位符，还可以在幻灯片的空白处单击，按下 Ctrl+A 组合键，同时选中两个文本占位符，然后按下 Delete 键将其删除。

(6) 选中文字“开发潜在客户：”，设置文字字体为【华文琥珀】，字号为 32，字型为【倾斜】，字体效果为【阴影】，如图 4-23 所示。

(7) 选中文本框中的其他文字，设置文字字体为【宋体】，字号为 18，字型为【加粗】，此时幻灯片效果如图 4-24 所示。

图 4-23　设置文字标题格式

图 4-24　设置文字格式后的幻灯片效果

(8) 选中第 2 行文字“P：PROVIDE‘提供’自己一份客户名单”，选择【格式】|【项目符号和编号】命令，打开【项目符号和编号】对话框。

(9) 在【项目符号】选项卡中选择第 2 行第 3 列的样式，如图 4-25 所示。

(10) 单击【确定】按钮，此时幻灯片效果如图 4-26 所示。

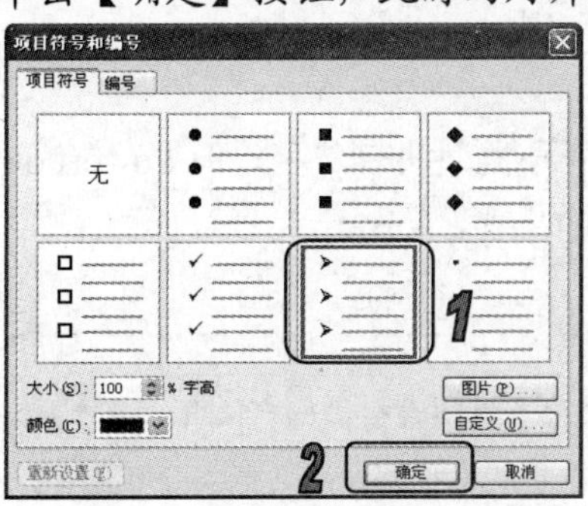

图 4-25　选择项目符号的样式

图 4-26　为文字添加项目符号后的效果

(11) 参照步骤(8)~(10)，为第 6 行和第 10 行的文字添加项目符号，如图 4-27 所示。

图 4-27　添加项目符号后的幻灯片效果

提示

一般情况下，在【单击此处添加文本】文本占位符中输入文字，那么该段或多段文字将自动带有项目符号。

(12) 选中文字第 3 行，在工具栏上单击【项目符号】按钮，为该行文字添加项目符号。

(13) 参照步骤(12)，为其他行的文字添加项目符号，如图 4-28 所示。

(14) 将光标定位在文字“R:RECORD‘记录’每日新增的客户”前，单击【增加缩进量】按钮，为该行文字设置缩进量。

(15) 参照步骤(14)，为其他行的文字增加缩进量，此时幻灯片效果如图 4-29 所示。

图 4-28　添加项目符号

图 4-29　为文字设置缩进量

(16) 单击【保存】按钮，将修改过的“营销管理”演示文稿保存。

4.2.2　使用图片项目符号

在【项目符号和编号】对话框中可供选择的项目符号类型共有 7 种，但 PowerPoint 允许用户将图片设置为项目符号，这样大大丰富了项目符号的形式。

知识点

Office 程序中包含一个剪辑库，其中含有大量的图形及其他多媒体素材供用户使用。同时 PowerPoint 也允许用户将其他绘图工具绘制图形作为演示文稿中的项目符号。

在【项目符号和编号】对话框中单击右小角的【图片】按钮，将打开【图片项目符号】对话框，如图 4-30 所示。单击【搜索】按钮，将在其下侧的列表框中显示项目符号样式。

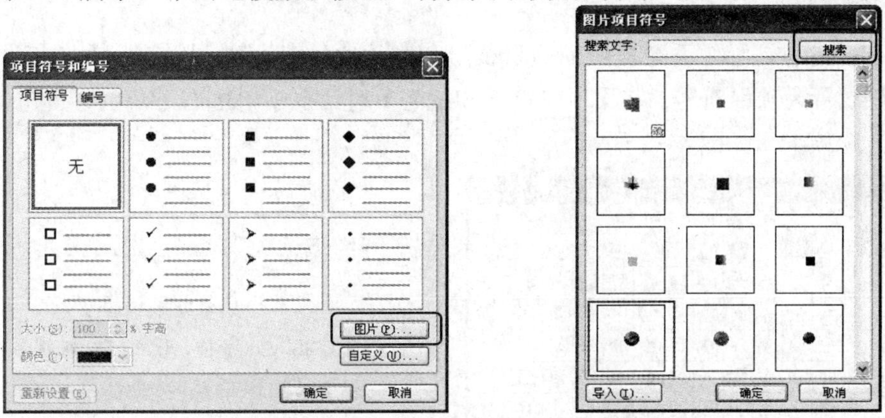

图 4-30　打开【图片项目符号】对话框

在 Office 剪辑库中可按关键词搜索剪辑，用户只需在【搜索文字】文本框中输入要搜索的关键词，单击【搜索】按钮，此时，符合条件的结果将显示在对话框中间的列表框中。如果不输入任何关键词，则显示全部剪辑。

当把鼠标移至剪辑列表框中的某个剪辑上时，将会显示该剪辑的信息，包括关键词、图片的尺寸、文件大小和文件格式等。单击选中需要设置为项目符号的剪辑，如选择第 4 行第 1 列的样式，然后单击【确定】按钮，即可将该项目符号样式应用到选定的幻灯片中，最终效果如图 4-31 所示。

图 4-31　使用图片项目符号后的幻灯片效果

提示

单击【图片项目符号】对话框中的【导入】按钮可以打开【将剪辑添加到管理器】对话框，用户可以将指定的图形文件导入到 Office 剪辑库中，并将其设置为项目符号。

提示

在【图片项目符号】对话框中可以看到，有些剪辑的右下角含有动画图标，如果选择使用该剪辑，则其具有系统默认设置的动画效果。

4.2.3 添加自定义项目符号

在 PowerPoint 中，除了系统提供的项目符号和图片项目符号外，用户还可以将系统符号库中的各种字符设置为项目符号。在【项目符号和编号】对话框中单击右下角的【自定义】按钮，打开【符号】选项卡，如图 4-32 所示。

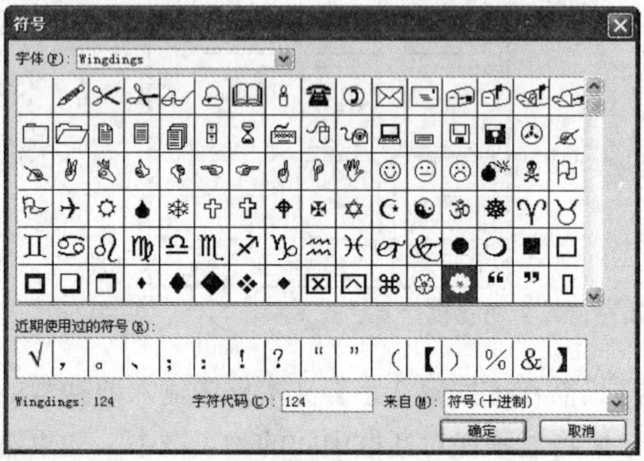

图 4-32 【符号】选项卡

> **提示**
>
> 自定义项目符号对话框中包含了 Office 所有可插入的字符，用户可以在符号列表中选择需要的符号。【近期使用过的符号】列表中列出了用户最近在演示文稿中插入过的字符，以方便用户查找最近常用的符号。

打开如图 4-31 所示的幻灯片编辑窗口，选中横线样式项目符号下的所有文本，选择【格式】|【项目符号和编号】命令，打开【项目符号和编号】对话框。单击【自定义】按钮，打开【符号】对话框，选择如图 4-32 所示的圆点样式。单击【确定】按钮，完成自定义项目符号的替换，效果如图 4-33 所示。

图 4-33 使用自定义项目符号

> **提示**
>
> 当使用自定义项目符号后，【项目符号和编号】对话框左下角的【重新设置】按钮将变为可用状态。单击该按钮，对话框中的符号列表将显示默认的 7 种符号类型。

4.3 使用项目编号

在 PowerPoint 2003 中，可以为不同级别的段落设置不同的项目符号，使主题层次更加分明、有条理。在默认状态下，项目编号是由阿拉伯数字构成的，此外，PowerPoint 还提供了其他 6

种标准的项目编号格式，并且允许用户使用自定义项目编号样式。

要为段落设置项目编号，将光标定位到该段落，然后选择【格式】|【项目符号和编号】命令，打开【项目符号和编号】对话框，切换至【编号】选项卡(如图 4-34 所示)，然后根据需要选择编号样式即可。

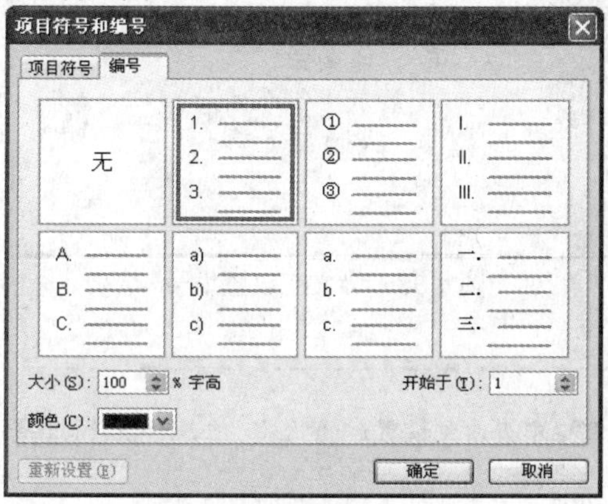

图 4-34 【编号】选项卡

提示

在【编号】选项卡中，用户除了可以设置编号的大小、颜色外，还可以使用【开始于】文本框设置编号的起始值。

【例 4-4】 在幻灯片中为文本添加编号。

(1) 启动 PowerPoint 2003 应用程序，打开演示文稿“营销管理”。

(2) 在幻灯片预览窗格中选择第 3 张幻灯片缩略图，将其显示在幻灯片编辑窗口中。

(3) 在工具栏上单击【新幻灯片】按钮 新幻灯片(N)，添加一张空白幻灯片。

(4) 在幻灯片两个文本占位符中输入如图 4-35 所示的文字。设置标题文字字体为【华文琥珀】，字体效果为【阴影】；设置文本文字字体为【华文楷体】。

(5) 在幻灯片中调整两个文本占位符的位置，使其效果如图 4-36 所示。

图 4-35 在占位符中输入文字

图 4-36 调整占位符位置

(6) 选中【单击此处添加文本】文本占位符，选择【格式】|【项目符号和编号】命令，打开【项目符号和编号】对话框。

(7) 切换到【编号】选项卡，并在选项列表中选择如图 4-37 所示的样式。

(8) 单击【确定】按钮，此时，幻灯片效果如图 4-38 所示。

(9) 单击【保存】按钮，将修改过的“营销管理”演示文稿保存。

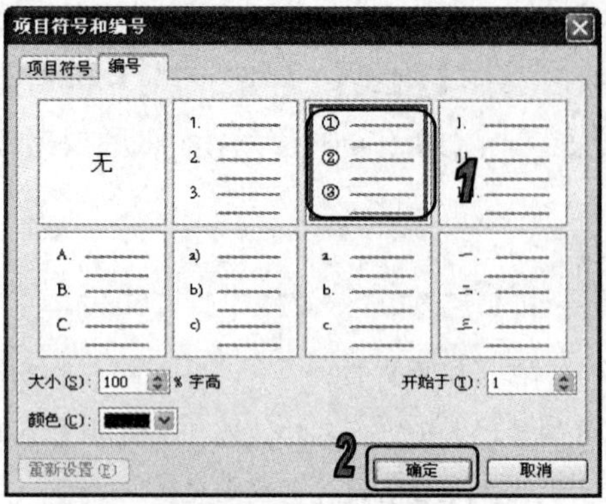

图 4-37　选择编号样式

图 4-38　为文字设置编号

提示

当设置了项目符号或编号后，可以在幻灯片间距窗口中查看到设置后的效果，但并不会影响在【大纲】视图中的显示。

4.4　上机练习

学习完本章之后，用户应该对在幻灯片中处理段落的基本步骤有了初步的了解。本小节将综合应用段落的对齐、缩进以及项目符号和编号等操作，创建一个商务演示文稿。

(1) 启动 PowerPoint 2003 应用程序，打开一个空白演示文稿。

(2) 在任务窗格中打开【开始工作】下拉列表框，选择【新建演示文稿】命令。

(3) 在打开【新建演示文稿】任务窗格的【模板】选项区域中选择【本机上的模板】命令，打开【新建演示文稿】对话框。

(4) 在【设计模板】列表框中选择 Proposal 选项，单击【确定】按钮，将其应用到当前幻灯片中，如图 4-39 所示。

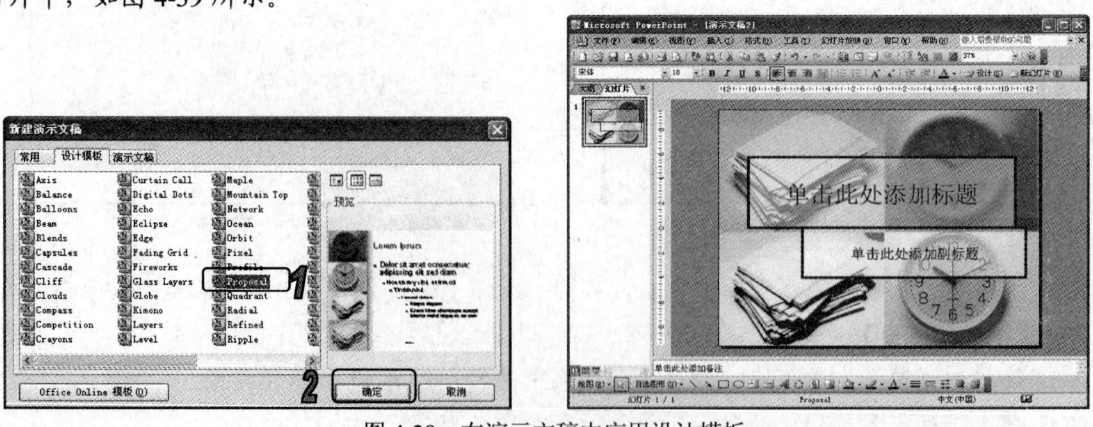

图 4-39　在演示文稿中应用设计模板

(5) 演示文稿默认打开第 1 张幻灯片，在【单击此处添加标题】占位符中输入文字“Game

软件上市说明会”；在【单击此处添加副标题】占位符中输入两行文字，如图 4-40 所示。

(6) 设置标题文字字体为【华文彩云】，字号为 54，字型为【加粗】，字体效果为【阴影】；设置副标题文字字体为【华文楷体】，字号为 28，并调整两个文本占位符的位置，此时，幻灯片效果如图 4-41 所示。

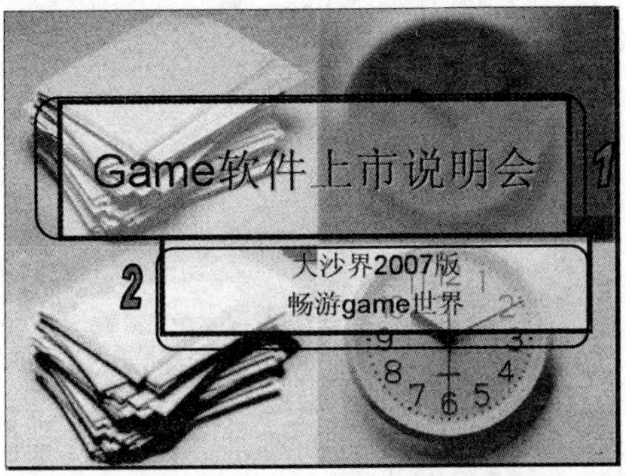

图 4-40　在文本占位符中输入文字

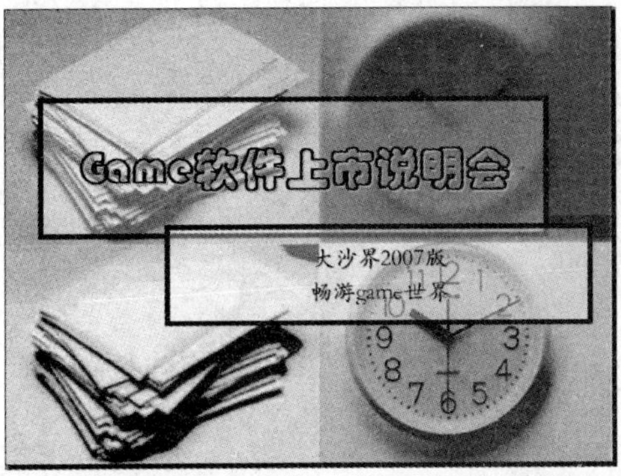

图 4-41　设置文字格式并调整占位符位置

(7) 选中【单击此处添加副标题】文本占位符，选择【格式】|【行距】命令，打开【行距】对话框。在该对话框的【行距】文本框中输入 1.2，如图 4-42 所示。

(8) 单击【确定】按钮，幻灯片效果如图 4-43 所示。

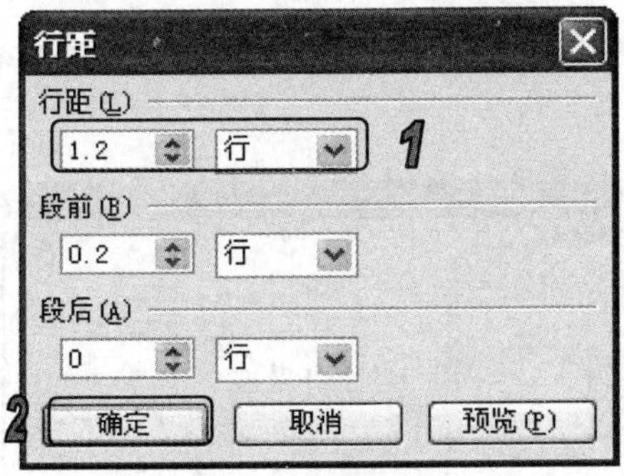

图 4-42　设置行距

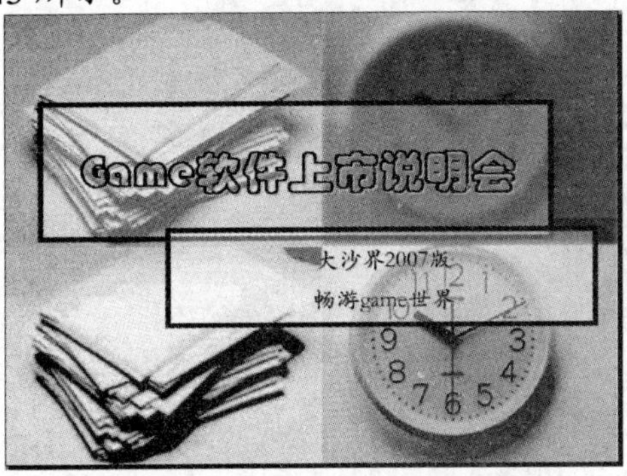

图 4-43　设置行距后的幻灯片效果

(9) 选中文字“大沙界 2007 版”，单击工具栏上的【右对齐】按钮，将该行文字向右对齐于占位符的右边框，如图 4-44 所示。

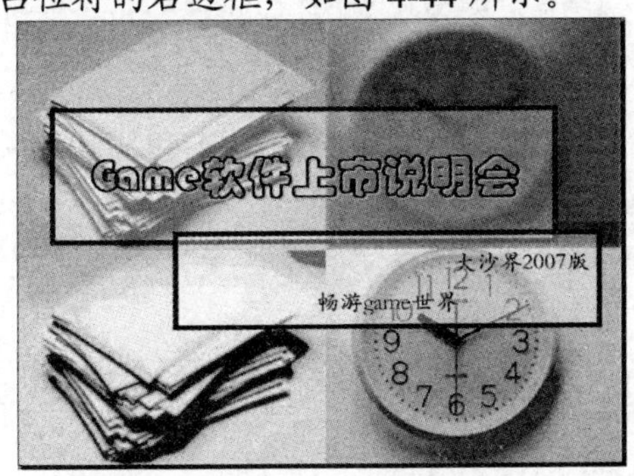

图 4-44　为段落文字设置对齐方式

知识点

要打开【行距】对话框，除了选择【格式】|【行距】命令外，也可以按键盘上的 S 键。

(10) 选择【插入】|【新幻灯片】命令，添加一张空白幻灯片。

(11) 在【单击此处添加标题】文本占位符中输入标题文字，设置标题字体为【幼圆】，字号为 44，字型为【加粗】，字体效果为【阴影】，字体颜色为【黑色】，此时，该标题文字如图 4-45 所示。

(12) 在【单击此处添加文本】文本占位符中输入如图 4-46 所示的文字。

图 4-45　添加并设置标题文字格式

图 4-46　在占位符中输入文字

(13) 选中【单击此处添加文本】文本占位符，设置其文字字体为【华文楷体】，字号为 36，此时，幻灯片效果如图 4-47 所示。

(14) 选中【单击此处添加文本】文本占位符，选择【格式】|【项目符号和编号】命令，打开【项目符号和编号】对话框，如图 4-48 所示。

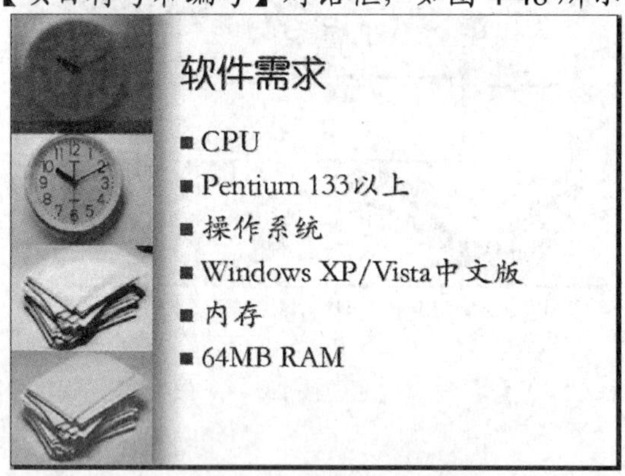

图 4-47　设置文字格式

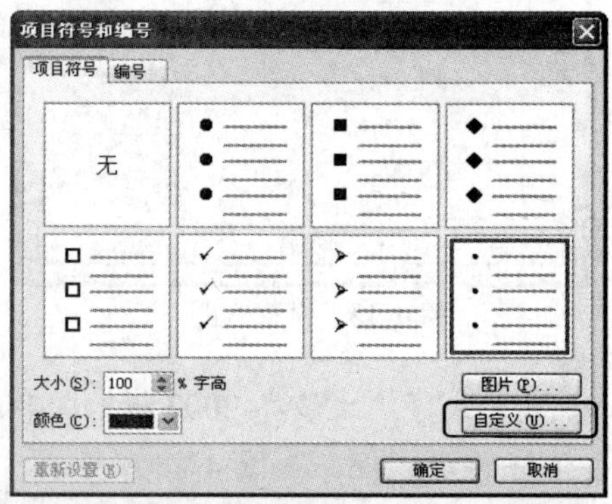

图 4-48　【项目符号和编号】对话框

(15) 在对话框中单击【自定义】按钮，打开【符号】对话框，选择如图 4-49 所示的符号样式。

(16) 单击【确定】按钮返回到【项目符号和编号】对话框，在【大小】文本框中输入 90，并单击【颜色】下拉按钮，如图 4-50 所示。

(17) 在打开的菜单中选择【其他颜色】命令，打开【颜色】对话框，在【标准】选项卡中选择如图 4-51 所示的颜色。

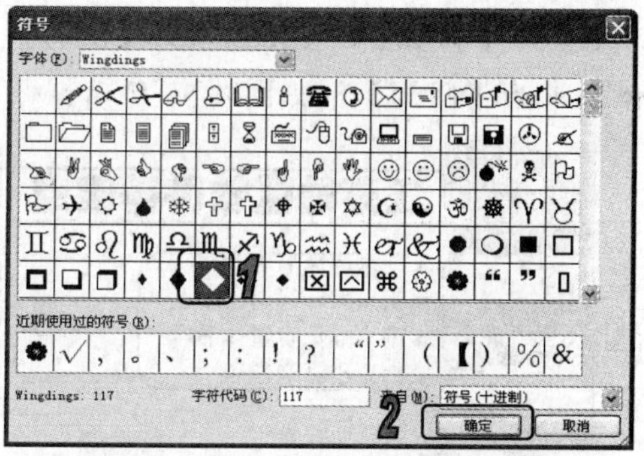

图 4-49 在对话框中选择符号样式

> **知识点**
>
> 要打开【项目符号和编号】对话框，除了选择【格式】|【项目符号和编号】命令外，也可以按键盘上的 B 键。

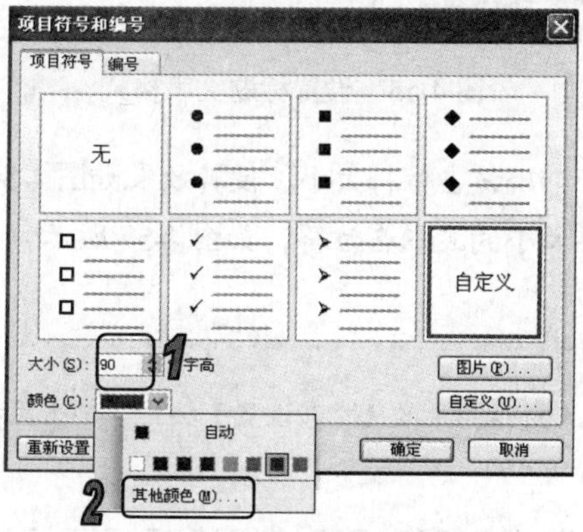

图 4-50 设置符号大小

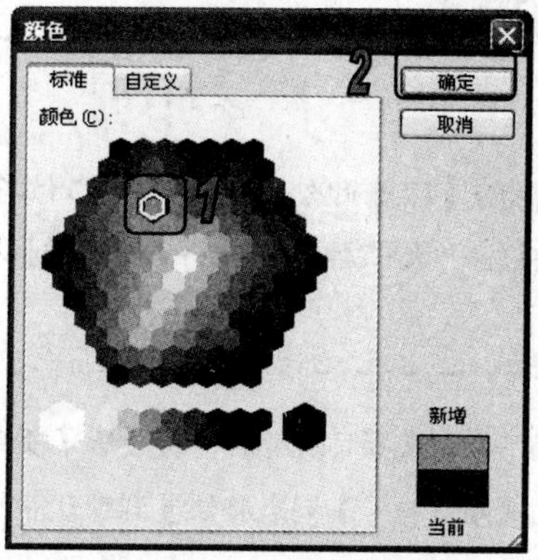

图 4-51 选择符号颜色

(18) 单击【确定】按钮，返回到【项目符号和编号】对话框，再次单击【确定】按钮，此时，幻灯片效果如图 4-52 所示。

(19) 将光标定位在文字“Pentium 133 以上”前，单击【增加缩进量】按钮，为该行文字设置缩进量。

(20) 参照步骤(19)，为第 5 行和第 7 行文字增加缩进量，此时，幻灯片效果如图 4-53 所示。

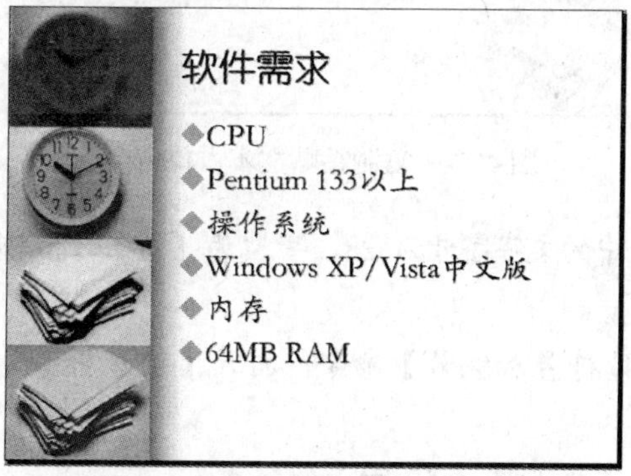

图 4-52 添加项目符号后的幻灯片效果

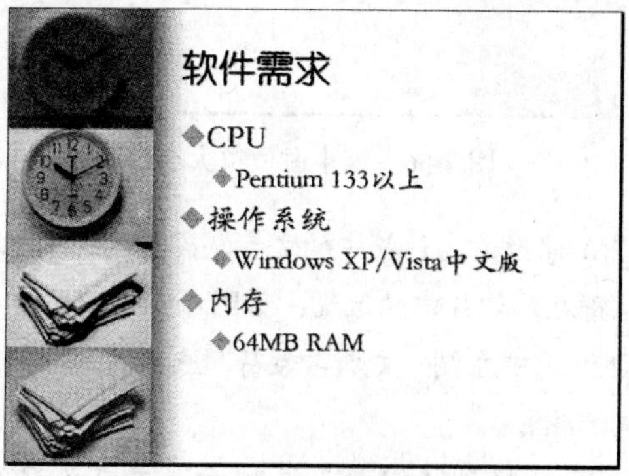

图 4-53 添加缩进量后的效果

(21) 在工具栏上单击【新幻灯片】按钮 新幻灯片(N)，添加一张空白幻灯片。

(22) 在幻灯片两个文本占位符中输入如图 4-54 所示的文字。

(23) 设置标题字体为【幼圆】，字号为 44，字型为【加粗】，字体效果为【阴影】；设置标题文字字体为【华文琥珀】，字号为 54，字体效果为【阴影】，如图 4-55 所示。

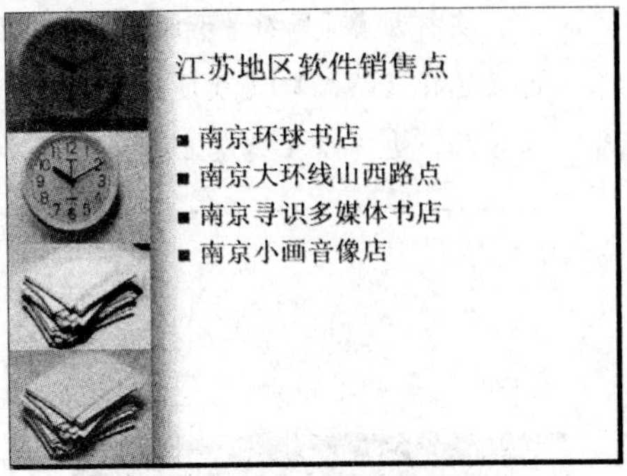

图 4-54 输入文字内容

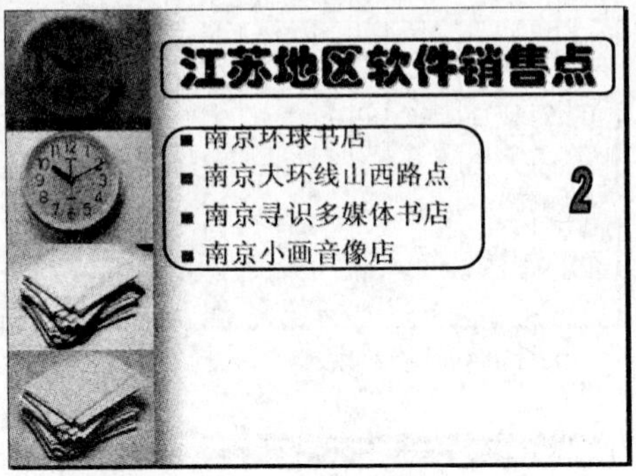

图 4-55 设置标题文字格式

(24) 拖动【单击此处添加文本】占位符的右边框，缩小该占位符大小，使其效果如图 4-56 所示。

(25) 在缩小大小后的占位符右侧复制粘贴一个同样大小的文本占位符，如图 4-57 所示。

提示

设置了自定义项目符号后，将激活【项目符号和编号】对话框中的【重新设置】按钮。单击该按钮，对话框的【项目符号】列表将恢复到默认状态。

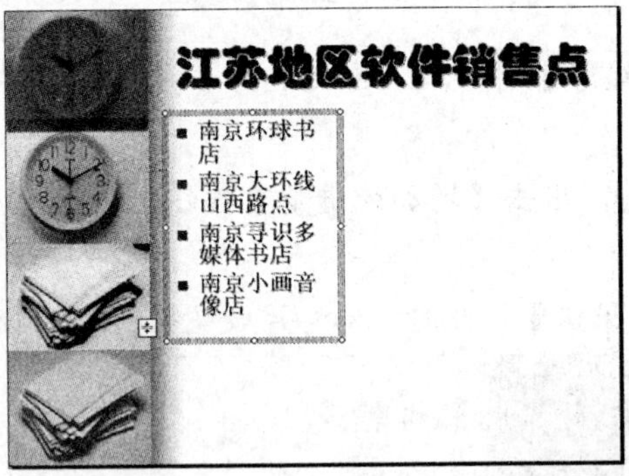

图 4-56 缩小占位符大小

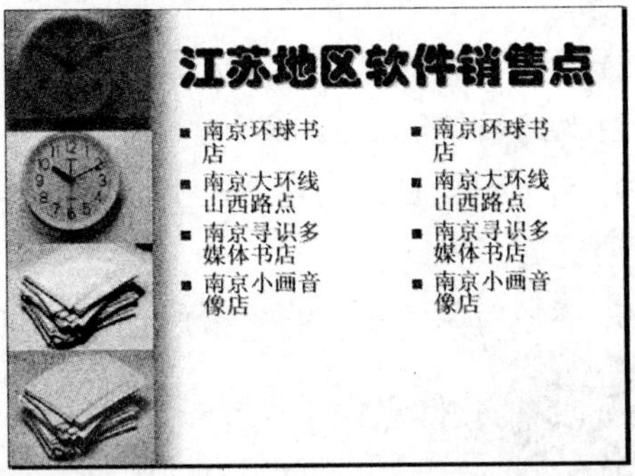

图 4-57 复制粘贴文本占位符

(26) 修改右占位符中的文字，设置两个文本占位符中的文字字号为 28，字型为【加粗】，并调整占位符在幻灯片中的位置，如图 4-58 所示。

(27) 选中左侧的文本占位符，选择【格式】|【项目符号和编号】命令，打开【项目符号和编号】对话框。

(28) 切换到【编号】选项卡，并在选项列表中选择如图 4-59 所示的样式。

计算机 基础与实训教材系列

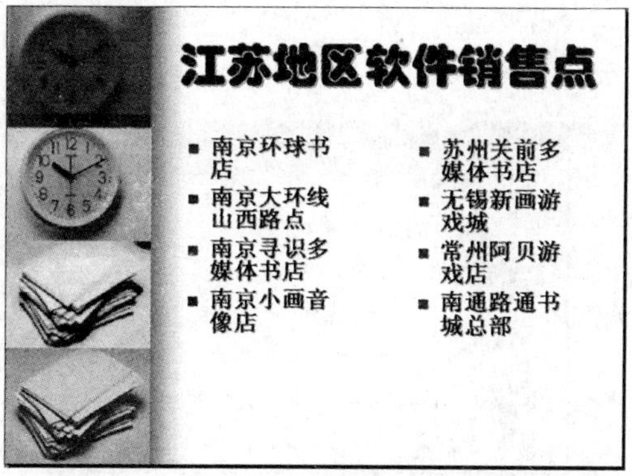

图 4-58　设置文字格式并调整占位符位置

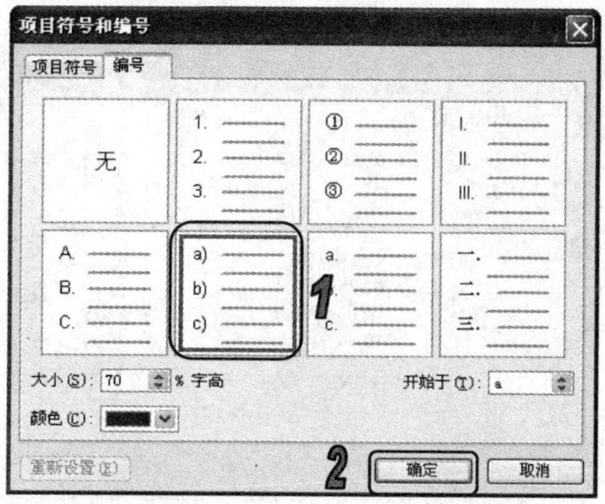

图 4-59　选择编号样式

(29) 单击【确定】按钮，此时，幻灯片效果如图 4-60 所示。

(30) 选中右侧的文本占位符，参照步骤(27)打开【项目符号和编号】对话框，并切换到【编号】选项卡。

(31) 选中原先的编号样式，并在【开始于】文本框中输入英文字母 e，如图 4-61 所示。

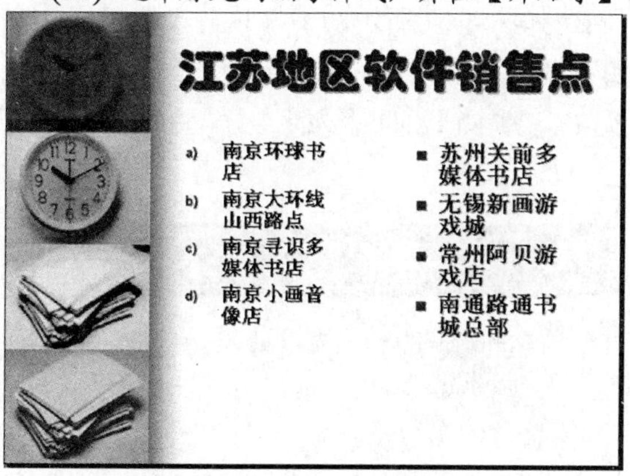

图 4-60　为文字添加编号

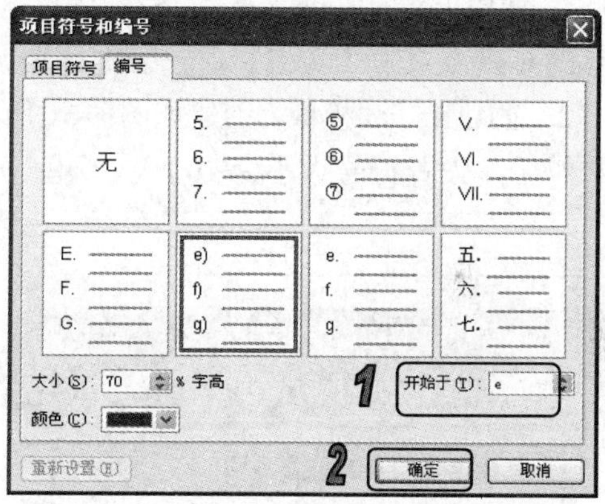

图 4-61　设置右占位符的项目符号样式

(32) 单击【确定】按钮，此时，幻灯片效果如图 4-62 所示。

知识点

对多处文本进行相同格式操作时，使用格式刷工具。选择需要的格式文本后，单击工具栏上的【格式刷】按钮，图标变成形状，使用它刷过需要格式化的文本即可。

(33) 选择【文件】|【保存】命令，打开【另存为】对话框，选择文件路径，并将演示文稿以文件名“软件上市说明会”进行保存，如图 4-63 所示。

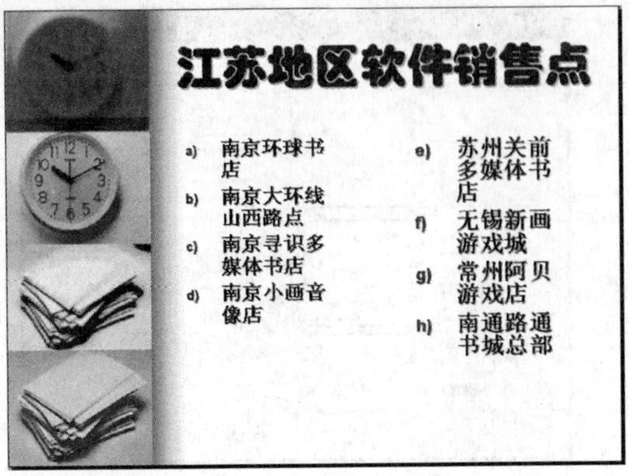

图 4-62　设置编号后的幻灯片效果

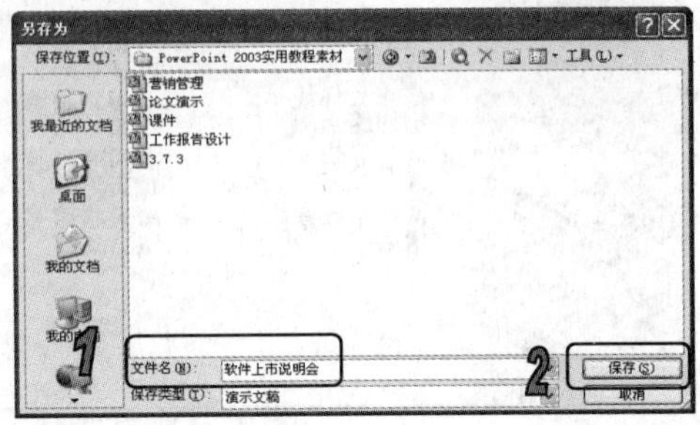

图 4-63　【另存为】对话框

4.5 习题

1. 使用 PowerPoint 2003 自带的模板 Radial，创建如图 4-64 所示的幻灯片。设置标题文字首行的对齐方式为【居中】，并为副标题文字添加下划线，字体设置为华文楷体。

2. 使用 Radial 模板，创建如图 4-65 所示的幻灯片。要求段落间距为 1.4 行，并使用自定义项目符号，设置符号大小为 100%，颜色为【黄色】。

图 4-64　设置文字和段落的对齐方式

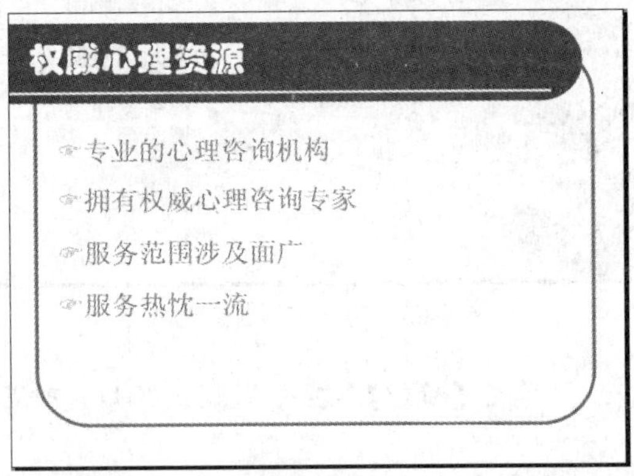

图 4-65　设置段落行距和自定义项目符号

第5章 插入和编辑图片

学习目标

PowerPoint 2003 提供了大量实用的剪贴画，使用它们可以丰富幻灯片的版面效果，除此之外，用户还可以绘制各种简单的基本图形，使用这些基本图形可以组合成复杂多样、生动有趣的图案。本章依次介绍插入图片、绘制和编辑图片、绘制图形、简单编辑图形、设置图形格式以及插入相册的方法。

本章重点

- 插入与编辑图片
- 绘制与编辑图片
- 插入与编辑相册

5.1 在幻灯片中插入图片

在演示文稿中插入图片，可以使演示文稿图文并茂，从而生动形象地阐述其主题和所要表达的中心思想。在插入图片时，需充分考虑幻灯片的主题，并使图片和主题和谐一致。

5.1.1 认识【剪贴画】任务窗格与【插入图片】对话框

在实际应用中，【剪贴画】任务窗格和【插入图片】对话框中的图片内容和格式虽然有时相同，但是它们并不是同一张图片。剪贴画是 PowerPoint 2003 自带的，而插入的图片可以是用户从实际生活中拍摄的，或从网上下载的。下面具体认识这两种图片库。

1. 【剪贴画】任务窗格

启动 PowerPoint 2003，在打开的任务窗格中单击【开始工作】下拉列表框，在打开的菜单中选择【剪贴画】选项，将打开【剪贴画】任务窗格，此时，任务窗格中的搜索结果列表区是空白的，单击【搜索】按钮，即可列出符合条件的剪贴画，如图 5-1 所示。

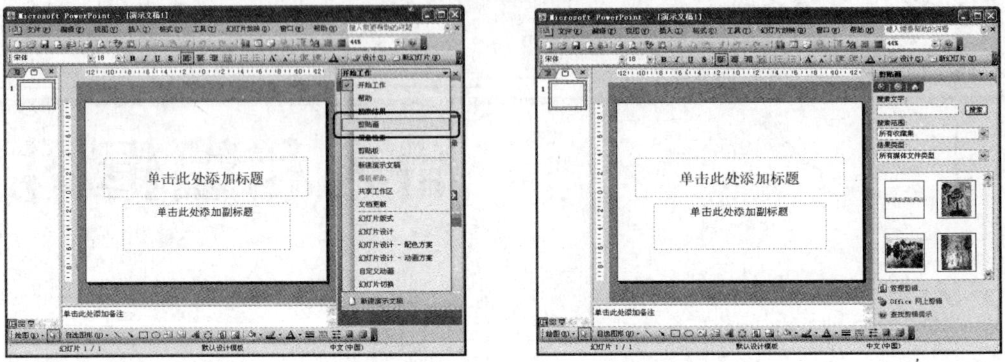

图 5-1　打开【剪贴画】任务窗格

用鼠标拖动剪贴画列表右侧的滚动条，可查看更多剪贴画。单击需要插入的剪贴画，剪贴画自动插入到当前幻灯片中。

当鼠标移至剪贴画列表中的剪辑上方时，在剪辑的右侧会弹出按钮，单击该按钮，将打开如图 5-2 所示的菜单。

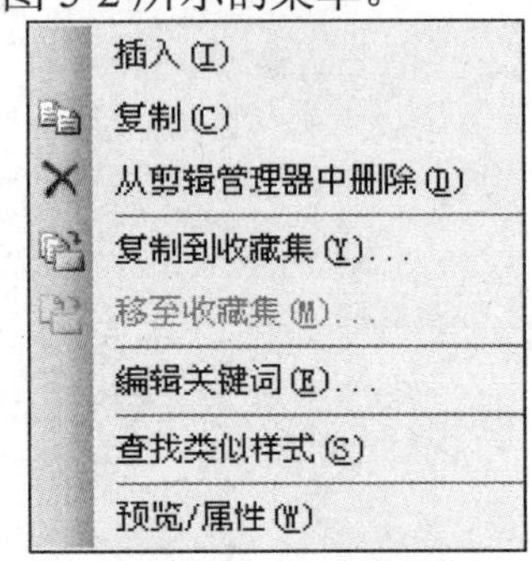

图 5-2　按钮菜单

提示

在【剪贴画】窗格的【搜索文字】文本框中输入剪贴画的相关主题或名称后，单击【搜索】按钮即可查找与之相对应的剪贴画；【搜索范围】下拉列表框可以帮助用户缩小搜索的范围，将搜索结果限定为某一个特定的集合；【结果类型】下拉列表框可以将搜索的结果限定为特定的媒体文件类型。

2. 【插入图片】对话框

选择【插入】|【图片】|【来自文件】命令，打开【插入图片】对话框，如图 5-3 所示。

图 5-3　【插入图片】对话框

提示

在图片列表区选择需要的图片后，单击【插入】按钮，即可将图片插入当前幻灯片。

【插入图片】对话框是 Windows 中常见的打开文件对话框，其中各个选项及按钮的功能如下。

- 【查找范围】下拉列表框：该下拉列表框中显示了磁盘驱动器或文件夹，供用户选择需要打开的文件路径。
- 【后退】按钮：单击该按钮将退回到上一步访问过的文件夹。
- 【向上一级】按钮：单击该按钮将打开当前文件夹列表的上级文件夹。
- 【视图】按钮：单击该按钮右侧的▾，将打开图片查看方式列表，用户可以根据需要选择视图模式。
- 【插入】按钮：单击该按钮，将选中的图片插入到当前幻灯片中。单击该按钮右侧的下拉箭头，将打开一个下拉菜单，其中包含【插入】、【链接到文件】和【插入和链接】3 个选项。其中，【插入】选项表示当前图片文件被插入并保存到演示文稿中；【链接到文件】选项表示在演示文稿中只保存一个图片的链接，当图片文件丢失或移动位置时，演示文稿中的图片有可能无法正常显示；【插入和链接】选项可以将演示文稿中的图片与图片文件建立链接关系，同时将其保存在演示文稿中，即当图片文件产生变化时，演示文稿会随之自动更新。
- 【文件类型】下拉列表框：用于选择文件类型，只有符合规定类型的文件才能显示在对话框的文件列表中。

5.1.2　插入剪贴画

PowerPoint 2003 附带的剪贴画库内容非常丰富，它们设计精美、构思巧妙、能够表达不同的主题，适合于制作各种不同风格的演示文稿。

新建一个名为“建筑文化”的演示文稿，在第 1 张幻灯片中的占位符中输入如图 5-4 所示的文字。

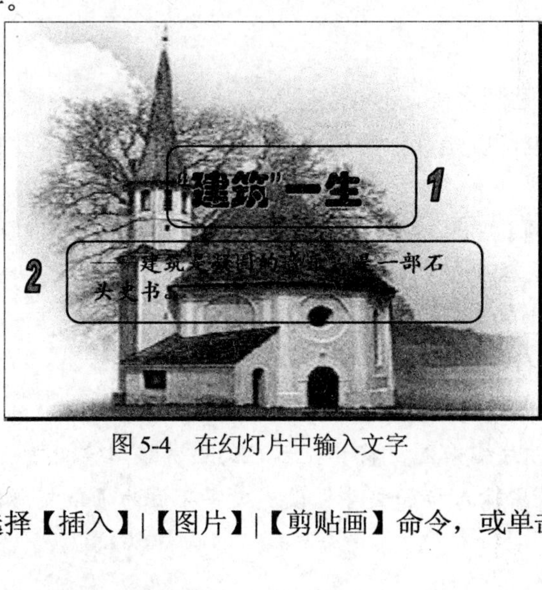

图 5-4　在幻灯片中输入文字

> **提示**
> 设置文字“‘建筑’一生”的字体为【华文琥珀】，字号为 54，字体效果为【阴影】；设置副标题文字的字体为【华文楷体】，字型为【加粗】。

选择【插入】|【图片】|【剪贴画】命令，或单击【绘图】工具栏上的【插入剪贴画】按钮

，打开【剪贴画】任务窗格，在【搜索文字】文本框中输入文字“建筑”，单击【确定】按钮，此时，剪辑列表中显示所有与建筑相关的图片，如图 5-5 所示。在剪辑列表中单击需要插入的剪贴画，将其添加到幻灯片中，并调整其在幻灯片中的位置。选中插入的剪贴画，其周围将出现 8 个白色的尺寸控制点和 1 个绿色旋转控制点，通过拖动这些控制点可以改变剪贴画的大小和旋转角度，最终效果如图 5-6 所示。

图 5-5 搜索剪贴画

图 5-6 在幻灯片中插入剪贴画

知识点

在搜索剪贴画时，可以使用通配符代替一个或多个字符来进行搜索。在【搜索文字】文本框中输入字符*，代替文件名中的多个字符；输入字符？，代替文件名中的单个字符。

5.1.3 插入来自文件的图片

用户除了插入 PowerPoint 2003 附带的剪贴画之外，还可以插入本地磁盘中的现有图片。这些图片可以是 Windows 的标准 BMP 位图，也可以是其他应用程序创建的图片、从因特网上下载的或通过扫描仪及数码相机输入的图片。

在演示文稿中插入图片，可以单击【绘图】工具栏上的【插入图片】按钮，或选择【插入】|【图片】|【来自文件】命令，打开【插入图片】对话框。在该对话框中用户可以选择需要的图片，然后单击【插入】按钮，即可把选中的图片文件插入到当前幻灯片中。

【例 5-1】在幻灯片中插入来自文件的图片。

(1) 启动 PowerPoint 2003 应用程序，打开“建筑文化”演示文稿。

(2) 在幻灯片预览窗格中选择第 2 张幻灯片缩略图，将其显示在幻灯片编辑窗口中。

(3) 在【单击此处添加标题】文本占位符中输入标题文字，设置文字字体为【华文形楷】，字号为 54，字型为【加粗】，字体效果为【阴影】，并设置文字的对齐方式为【右对齐】，如图 5-7 所示。

(4) 在【单击此处添加文本】文本占位符中输入如图 5-8 所示的文字，设置文字字号为 24，字型为【加粗】。

图 5-7　输入并设置标题文字

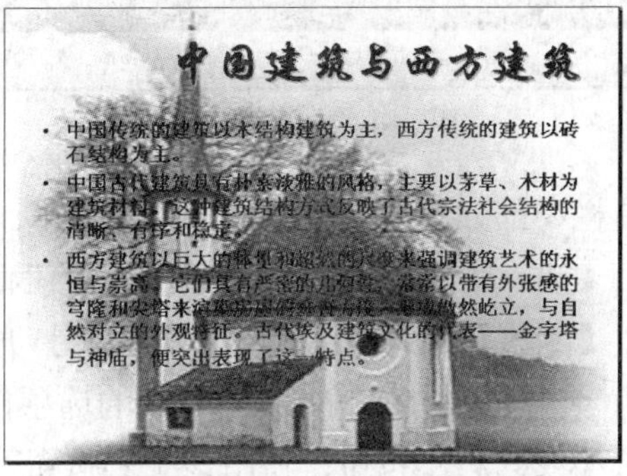

图 5-8　输入并设置正文文字

(5) 选择【插入】|【图片】|【来自文件】命令，打开【插入图片】对话框，在对话框中选择需要的图片，单击【插入】按钮将其添加到幻灯片中，如图 5-9 所示。

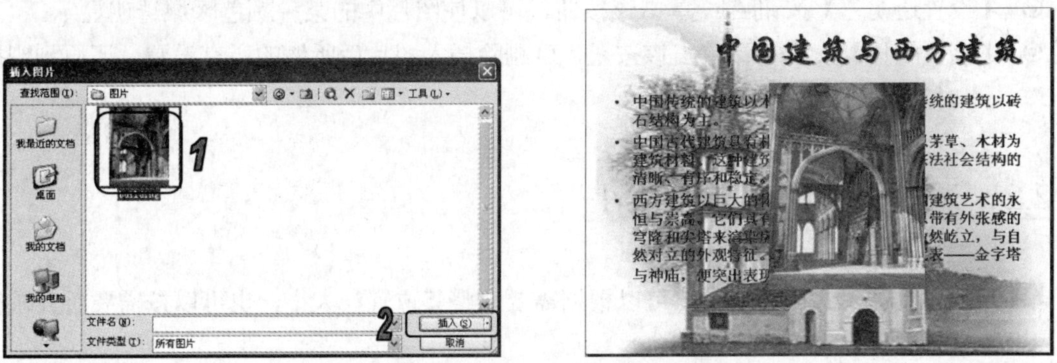

图 5-9　在幻灯片中插入来自文件的图片

(6) 单击【保存】按钮，将修改后的演示文稿保存。

5.2　编辑图片

当图片插入到演示文稿之后，用户可以调整其位置、大小，也可以根据需要对其进行裁剪、调整对比度和亮度、添加边框、设置透明色等操作。

5.2.1　初识【图片】工具栏

可以通过【图片】工具栏对图形进行编辑。选择【视图】|【工具栏】|【图片】命令，将打

开【图片】工具栏，如图 5-10 所示。

> **知识点**
>
> 右击常用工具栏空白处，从弹出的快捷菜单中选择【图片】命令，即可打开【图片】工具栏，此时，快捷菜单中的【图片】命令前将出现☑。

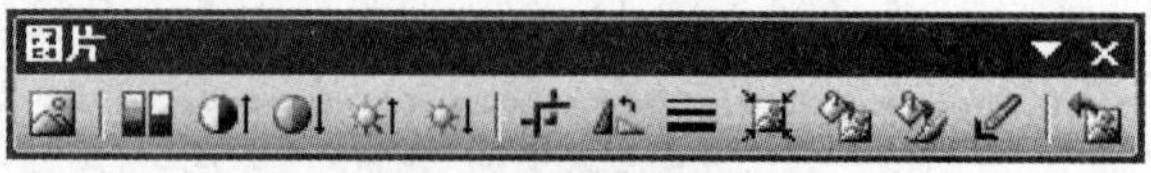

图 5-10　【图片】工具栏

工具栏中部分工具按钮的作用如下所示。

- 【插入图片】按钮：单击该按钮将打开【插入图片】对话框。
- 【颜色】按钮：单击该按钮将打开包含【自动】、【灰度】、【黑白】和【冲蚀】4 个选项的菜单，选择不同的选项，为图片设置不同的颜色效果。
- 【裁剪】按钮：使用该工具按钮可以将图片的多余部分删除。
- 【压缩图片】按钮：该工具按钮可以对图片进行压缩，减小文件大小，以节省硬盘空间或减少下载时间。
- 【图片重新着色】按钮：可以更改插入到演示文稿中的图片的颜色。
- 【设置透明色】按钮：单击该按钮，可以使图片中的某种颜色区域透明显示。
- 【重设图片】按钮：单击该按钮，可删除插入图片后所做的所有设置，还原到刚插入时的状态。

5.2.2　调整图片的位置和大小

当图片插入到演示文稿后，用户可以根据需要调整其位置、大小，也可以按需要对其进行旋转、调整叠放次序以及组合等操作。

要调整图片位置，可以在幻灯片中选中该图片，然后按键盘上的上、下、左、右方向键移动图片。也可以按住鼠标左键拖动图片，等拖动到合适的位置后释放鼠标。

同图形一样，当选中插入到幻灯片中的图片时，图片周围将出现 8 个白色控制点，将鼠标移动到控制点上时，鼠标指针变为双箭头形状，此时，按下鼠标左键拖动控制点，即可调整图片的大小。拖动图片四角上的控制点时，PowerPoint 会自动保持图片的高宽比例不变；拖动四个边框中间的控制点时，可改变图片原来的高宽比例；按住 Ctrl 键，在调整图片大小时可使其中心位置保持不变。

在如图 5-9 所示的幻灯片中，选中插入到幻灯片的图片，将鼠标指针移动到图片右下角的白色尺寸控制点上，当鼠标指针变为【↘】时，按住 Ctrl 键，向内拖动鼠标，此时，幻灯片中图片效果如图 5-11 所示。

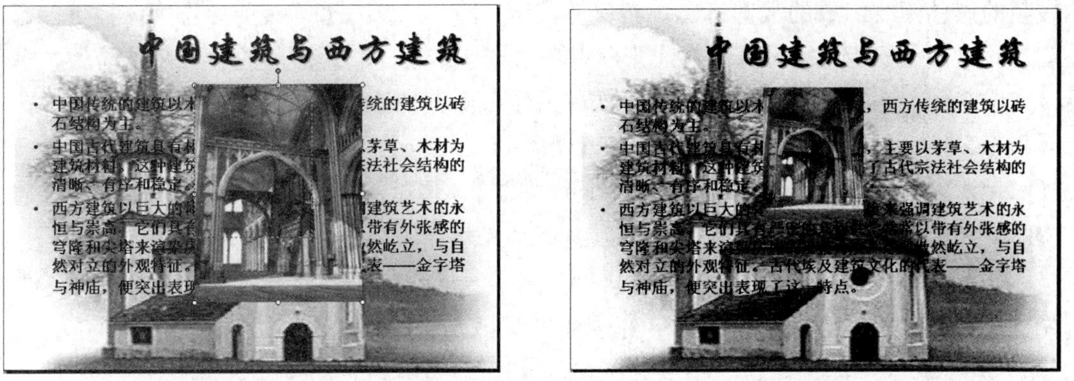

图 5-11　调整图片大小

使用键盘上的方向键，将图片移动到如图 5-12 所示的位置。在使用键盘方向键移动图片时，可以同时使用 Ctrl 键实现微移。

在幻灯片中可以调整插入的图片之间的叠放次序。默认情况，插入的图片会覆盖在文字的上方。用户可以在图片上右击，从弹出的【叠放次序】命令下的菜单命令来设置当前图片的层次，如图 5-13 所示。

图 5-12　在幻灯片中移动图片

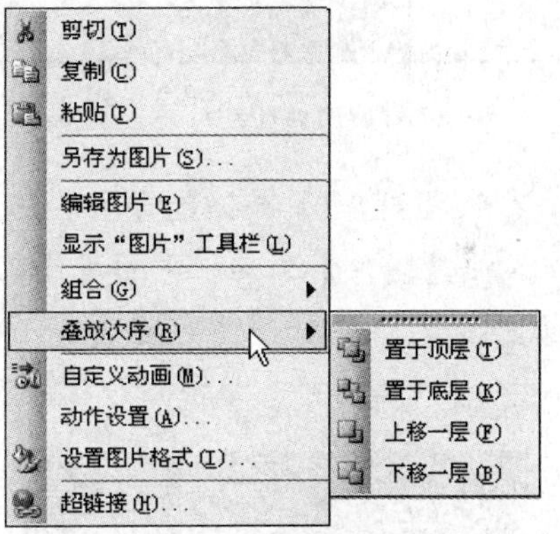

图 5-13　设置叠放次序

用户还可以将多个图片组合或将已经组合的图片取消组合。要组合图片，按住 Shift 键，依次单击需要组合的图片，将它们同时选中，并在选中图片上右击，然后在弹出的如图 5-13 所示的快捷菜单中选择【组合】|【组合】命令即可。组合图片中的各个图片相对位置不能改变，也不能单独调整单个图片的大小及位置，只能调整组合图片的整体大小及位置。

5.2.3　裁剪图片

对图片的位置、大小和角度进行调整，只能改变整个图片在幻灯片中所处的位置和所占的比例。而当插入的图片中有不希望出现的部分时，就可以使用【裁剪】操作将其删除。

选中图片，单击【图片】工具栏上的【裁剪】按钮，此时，被选中的图片周围将出现 8

个由较粗的黑色短线组成的裁剪标志。将鼠标移至 ┃、━ 及 ┛ 等裁剪标志上，按下鼠标左键拖动，此时，鼠标指针也呈裁剪标志形状并出现一虚线框。将虚线框拖至需要的位置，释放鼠标，完成裁剪。在空白处单击鼠标或再次单击【裁剪】按钮，退出裁剪状态。

【例 5-2】使用裁剪工具将图片多余部分删除。

(1) 启动 PowerPoint 2003 应用程序，打开“建筑文化”演示文稿。

(2) 选择【插入】|【新幻灯片】命令，在演示文稿中添加一张空白幻灯片。

(3) 在【单击此处添加标题】文本占位符中输入文字，调整该占位符在幻灯片中的位置，并删除【单击此处添加文本】文本占位符，如图 6-14 所示。

图 5-14　在幻灯片中输入文字

> **提示**
>
> 设置占位符中的文字字体为【幼圆】，字型为【加粗】，设置文字对齐方式为【左对齐】。

(4) 参照【例 5-1】介绍的方法在幻灯片中插入如图 5-15 所示的图片。

(5) 单击【图片】工具栏中的【裁剪】按钮，此时，图片周围出现 8 个由较粗的黑色短线组成的裁减标志，如图 5-16 所示。

图 5-15　在幻灯片中插入图片

图 5-16　裁剪图片时出现的黑色短线

(6) 向内拖动图片右上角的【┓】标志到如图 5-17 所示的位置。释放鼠标后，图片效果如图 5-18 所示。

图 5-17　拖动裁剪标志

图 5-18　裁剪后的图片效果

(7) 在幻灯片的空白处单击，即可退出图片的裁减状态。调整图片的大小和位置，使其在幻灯片中的效果如图 5-19 所示。

图 5-19　调整图片大小和位置

提示

如果需要精确设置裁剪参数，可以选择【格式】|【图片】命令，打开【设置图片格式】对话框，在【图片】选项卡的【裁剪】选项区域中设置裁剪图片上、下、左、右的值。需要注意的是，如果在【上】、【下】、【左】和【右】的文本框中输入正数，则表示减少图形区域；如果输入负数，则表示放大图形区域。

(8) 单击【保存】按钮，将修改后的演示文稿保存。

5.2.4　设置图片色彩模式

用户可以根据需要改变插入图片的色彩模式。选中插入的图片，单击【图片】工具栏上的【颜色】按钮，在打开的下拉列表中选择需要的色彩模式即可，如图 5-20 所示。其中：

- 【自动】表示使用图片文件中原来的颜色；
- 【灰度】表示去除图片中的色彩，设置为由不同灰度组合成的黑白图像；
- 【黑白】表示将图片转换为只有黑与白两种颜色组成的图像；
- 【冲蚀】表示将图片设置为冲蚀效果。

打开“建筑文化”演示文稿，选中第 1 张幻灯片中剪贴画，单击【颜色】按钮，在打开的下拉列表中选择【冲蚀】选项，此时，该剪贴画效果如图 5-21 所示。

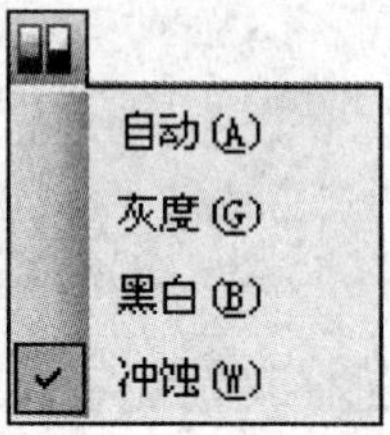

图 5-20　选择【冲蚀】选项

图 5-21　将图片颜色设置为冲蚀模式

5.2.5　设置图片的对比度和亮度

图片的亮度是指图片整体的明暗程度，对比度是指图片中最亮部分和最暗部分的差别。用户可以通过调整图片的亮度和对比度，使亮度或对比度效果不好的图片视觉效果更为舒适，也可以通过将正常的图片调高亮度或降低对比度等操作达到某种特殊的效果。

用户在调整图片亮度或对比度时，首先应选中图片，单击【图片】工具栏上的【增加对比度】按钮、【降低对比度】按钮、【增加亮度】按钮及【降低亮度】按钮，同时注意观察调整前后图片的变化。

【例 5-3】为插入的图片设置对比度和亮度。

(1) 启动 PowerPoint 2003 应用程序，打开"建筑文化"演示文稿。

(2) 在幻灯片预览窗格中选择第 2 张幻灯片缩略图，将其显示在幻灯片编辑窗口中。

(3) 双击插入到幻灯片中的图片，打开【设置图片格式】对话框，在【图像控制】选项区域的【亮度】文本框中输入 30%，如图 5-22 所示。

(4) 单击【确定】按钮，此时，图片效果如图 5-23 所示。

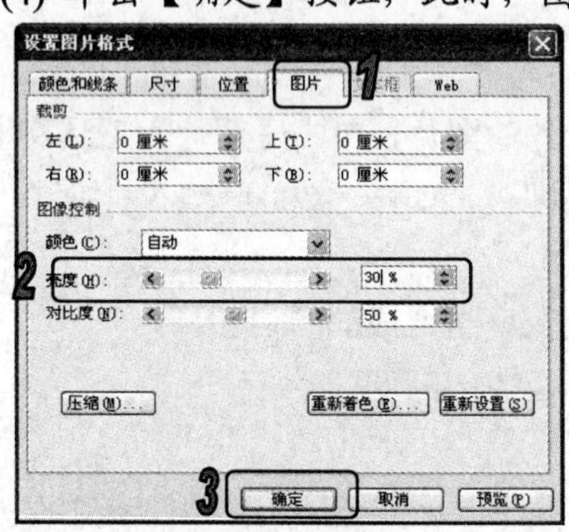

图 5-22　设置亮度

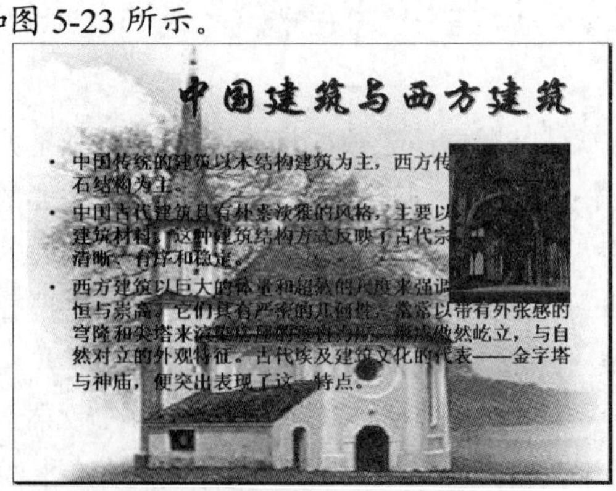

图 5-23　调整亮度后的图片效果

(5) 选中该图片，在【图片】工具栏上单击 4 次【增加对比度】按钮，此时，图片效果如图 5-24 所示。

图 5-24　增加图片对比度

> **知识点**
>
> 用户也可以在【设置图片格式】对话框中设置图片的对比度。需要注意的是，每单击一次【增加对比度】按钮，对话框中【对比度】文本框中的值将增加 3%。

(6) 右击该图形，在弹出的快捷菜单中选择【叠放次序】|【置于底层】命令，将该图形置于文字的下方，如图 5-25 所示。

(7) 选中图形，逆时针旋转图片上的绿色旋转控制点，将其旋转一定角度，并调整其在幻灯片中的位置，此时，幻灯片效果如图 5-26 所示。

图 5-25　将图片置于底层

图 5-26　旋转图片的角度

(8) 单击【保存】按钮，将修改后的演示文稿保存。

5.2.6　添加图片边框

用户可以为演示文稿中的图片添加边框，并设置边框样式。选中图片，单击【图片】工具栏上的【线型】按钮，在打开的如图 5-27 所示的线型下拉列表框中可以选择设置图片的边框线条类型。若要更详细地设置边框的虚线样式、颜色等属性，可以在下拉列表框中选择【其他线条】选项，打开【设置图片格式】对话框，在【颜色与线条】选项卡中设置线条的有关属性，如图 5-28 所示。

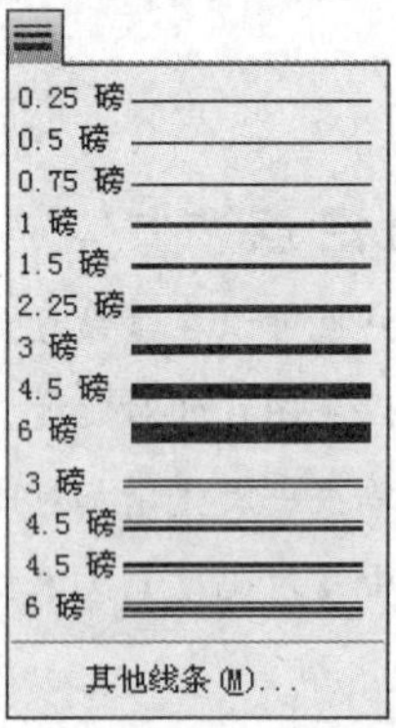

图 5-27　线型下拉列表框

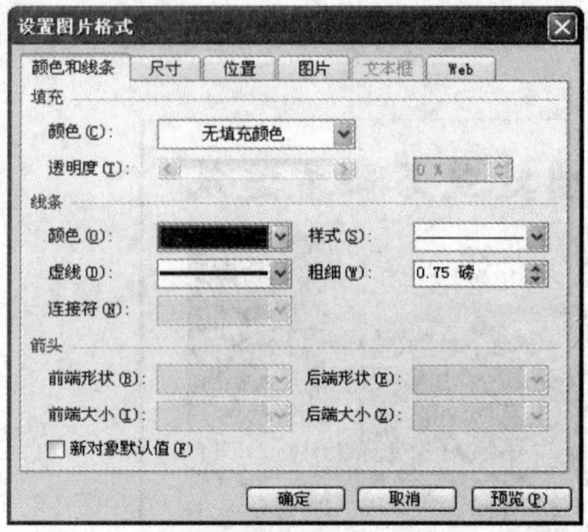

图 5-28　设置图片线型

打开"建筑文化"演示文稿，切换至第 3 张幻灯片，选中插入的图片，单击【线型】按钮，在打开的菜单中选择【4.5 磅】选项，此时，图片效果如图 5-29 所示。

图 5-29　显示图片边框效果

提示

在【图片】工具栏上单击【重设图片】按钮，可将图片还原至刚插入状态，删除插入图片后移动及添加边框等操作。

5.2.7　图片重新着色

在 PowerPoint 中，可以对插入到演示文稿中的 Windows 图元文件(.wmf)等矢量图形进行重新着色。

选中需要重新着色的矢量图片，单击【绘图】工具栏上的【图片重新着色】按钮，打开【图片重新着色】对话框，如图 5-30 所示。在该对话框左侧【原始】列表框中的各种颜色是图片中原有的颜色；【更改为】选项中列出的是用户已经更改或可以更改的颜色下拉列表框；右侧是图片预览区，用户可根据需要在【原始】列表框下找到需要更改的颜色，单击水平对应的【更改为】选项区域的颜色设置下拉列表框，打开颜色设置面板，从中选取颜色，可将图片中的原始颜色换为用户设置的颜色，同时在预览区可以查看效果。单击【预览】按钮，可以查看更改后的图片在幻灯片中的效果。如图 5-31 所示的就是图片重新着色后的效果。

图 5-30　【图片重新着色】对话框

图 5-31　为图片重新着色

提示

当前图片的色彩模式为【冲蚀】，如果将其色彩模式设置为【自动】，则演示文稿中的图片与图 5-30 中预览窗格内的图片相同。

5.2.8　设置图片透明色

PowerPoint 允许用户将图片中的某部分设置为透明色，例如，使某种颜色区域透出被它覆盖的其他内容，或者使图片的某些部分与背景分离开(如图 5-32 所示)。PowerPoint 可在除 GIF 动态图片以外的大多数图片中设置透明区域。

单击【绘图】工具栏上的【设置透明色】按钮，此时，鼠标指针变为，单击图片中需要设置为透明的区域或颜色，即可将单击鼠标处的颜色设置为透明色，含有该颜色的区域全部变成透明色区域。

在屏幕上显示时，图片中的透明色是包色或幻灯片的背景色；在打印时，透明区域与打印时所用的纸张的颜色相同。

图 5-32　显示图片边框效果

提示

设置透明区域时，尽量将在某区域内较为单一的颜色设置为透明色，否则容易出现锯齿现象，影响透明效果。对于颜色变化丰富、没有相对单一颜色区域或经过严重压缩的图片，则不宜设置透明色。

5.3 在幻灯片中绘制图形

PowerPoint 2003 提供了功能强大的绘图工具，利用绘图工具可以绘制各种线条、连接符、几何图形、星形以及箭头等图形。

5.3.1 【绘图】工具栏简介

默认状态下，PowerPoint 的绘图工具栏是自动打开的，它位于状态栏上方，如图 5-33 所示。要隐藏【绘图】工具栏，选择【视图】|【工具栏】|【绘图】命令即可， 如图 5-34 所示。

提示

在 PowerPoint 中，已将最常用到的自选图形命令设置为工具按钮直接放置在【绘图】工具栏中，方便用户使用，如【直线】按钮、【箭头】按钮以及【椭圆】按钮等。

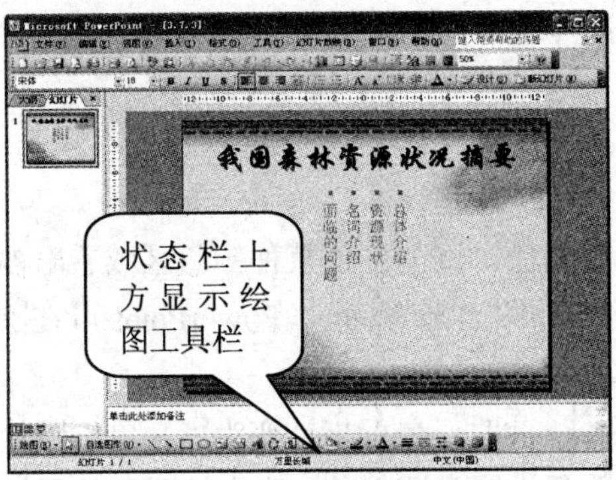

图 5-33　显示绘图工具栏

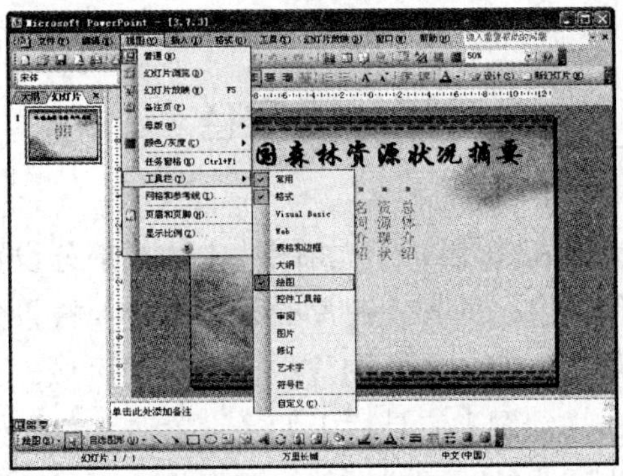

图 5-34　选择命令隐藏绘图工具栏

拖动绘图工具栏左侧的【⋮】标记，可以使工具栏变为浮动状态，如图 5-35 所示。

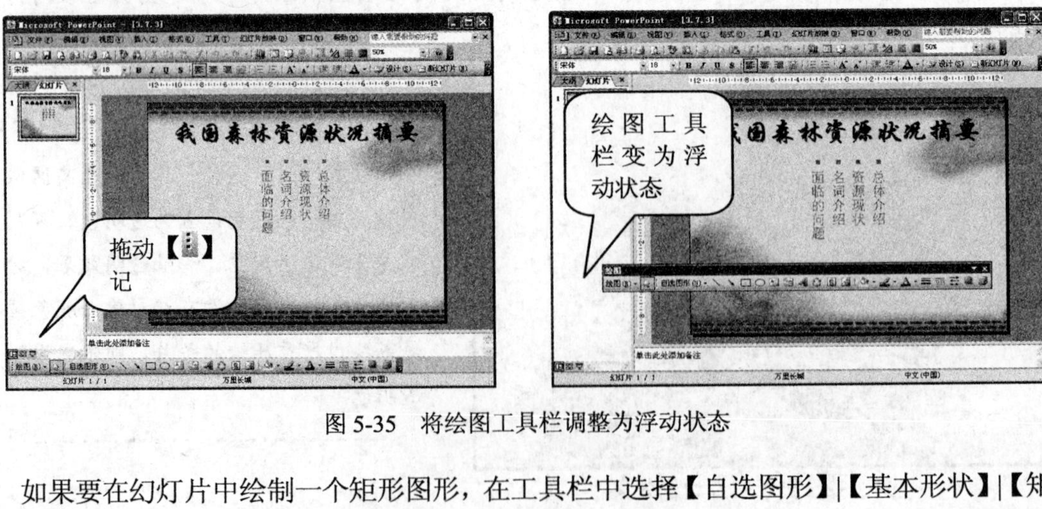

图 5-35　将绘图工具栏调整为浮动状态

如果要在幻灯片中绘制一个矩形图形，在工具栏中选择【自选图形】|【基本形状】|【矩形】

命令，拖动鼠标指针进行绘制即可，如图 5-36 所示。

图 5-36　在幻灯片中绘制图形

5.3.2　绘制常用基本图形

【绘图】工具栏的【自选图形】菜单中包含了许多类图形，如线条、基本形状、流程图元素、星与旗帜、标注等。用户可以选择不同的选项以便绘图或制作各种图形及标志。在默认情况下，【绘图】工具栏位于 PowerPoint 窗口的底部。若用户在窗口中找不到【绘图】工具栏，则可以在菜单或其他任意工具栏上右击，从弹出的快捷菜单中选择【绘图】命令，即可显示【绘图】工具栏。

在幻灯片中绘制自选图形的方法基本一致，例如要绘制直线，可以单击【绘制】工具栏上的【直线】按钮，此时鼠标指针的形状变成【＋】。然后在幻灯片编辑窗口中按下鼠标左键并拖动，在鼠标拖过的位置会出现一条直线，释放鼠标，即可完成直线的绘制。

【例 5-4】使用绘图工具在幻灯片中绘制常用图形。

(1) 启动 PowerPoint 2003 应用程序，打开工作界面。

(2) 选择菜单【格式】|【幻灯片设计】命令，打开【幻灯片设计】任务窗格。

(3) 在【应用设计模板】列表框中拖动右侧的滚动条，并单击 Balloons 模板，将该模板样式应用到当前演示文稿中，如图 5-37 所示。

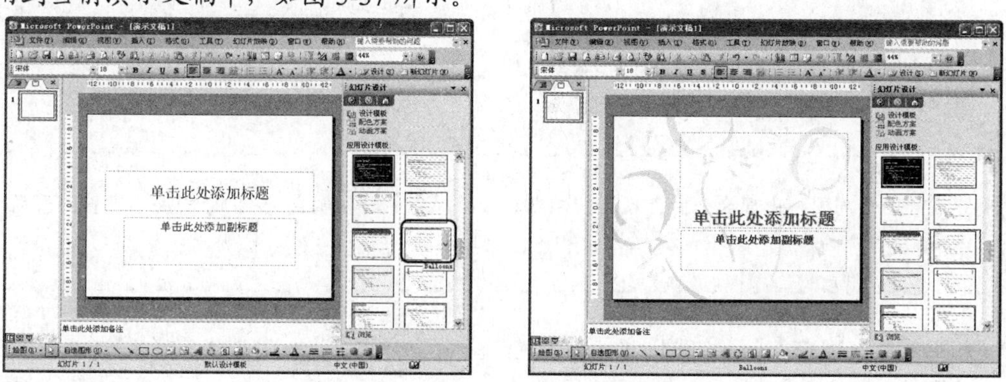

图 5-37　在演示文稿中应用模板

(4) 在【单击此处添加标题】文本占位符中输入文字“幻想奥运”，设置文字字体为【华文彩云】，字型为【加粗】，字体效果为【阴影】，如图 5-38 所示。

(5) 设置文字“幻”的字号为 80，字体颜色为【黄色】；设置文字“想”的字号为 96，字体颜色为【紫色】，字型为【倾斜】；设置文字“奥运”的字号为 60，字体颜色【淡蓝色】，此时，幻灯片效果如图 5-39 所示。

图 5-38　在占位符中输入文字

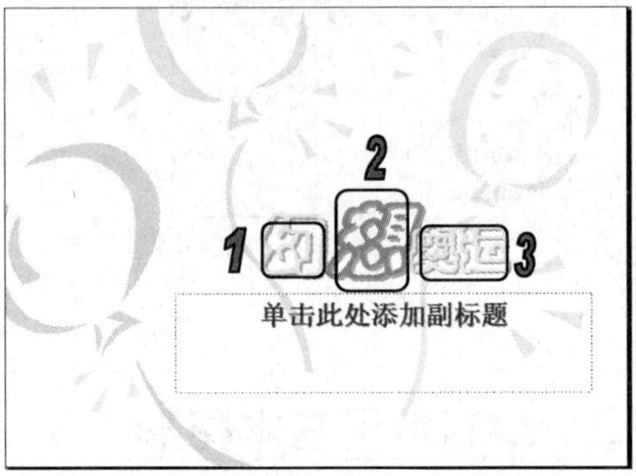

图 5-39　设置文字格式后的幻灯片效果

(6) 选中【单击此处添加副标题】文本框，按下 Delete 键将其删除。

(7) 选择【自选图形】|【基本形状】|【椭圆】命令，将鼠标移动到幻灯片中，鼠标指针将变为【十】形，在如图 5-40 所示的位置上拖动鼠标绘制椭圆形。

(8) 参照步骤(7)，分别选择【自选图形】|【基本形状】|【椭圆】命令、【自选图形】|【基本形状】|【椭圆】命令、【自选图形】|【基本形状】|【等腰三角形】命令、【自选图形】|【基本形状】|【椭圆】命令，在幻灯片中绘制如图 5-41 所示的椭圆形图形和等腰三角形图形。

图 5-40　在幻灯片中绘制圆柱形图形

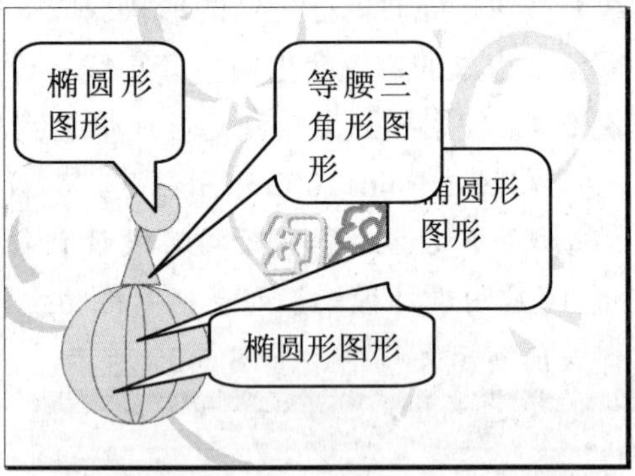

图 5-41　在幻灯片中绘制其他图形

提示

绘制完成的图形周围将出现 8 个白色尺寸控制点和 1 个绿色旋转控制点，它们分别用于调整图形的大小和显示角度。

(9) 选择【自选图形】|【线条】|【曲线】命令，在幻灯片中绘制曲线。首先在曲线起始位置处单击，然后在需要曲线弯曲的位置单击，依次类推，当需要结束绘制时，双击完成曲线的

绘制，如图 5-42 所示。

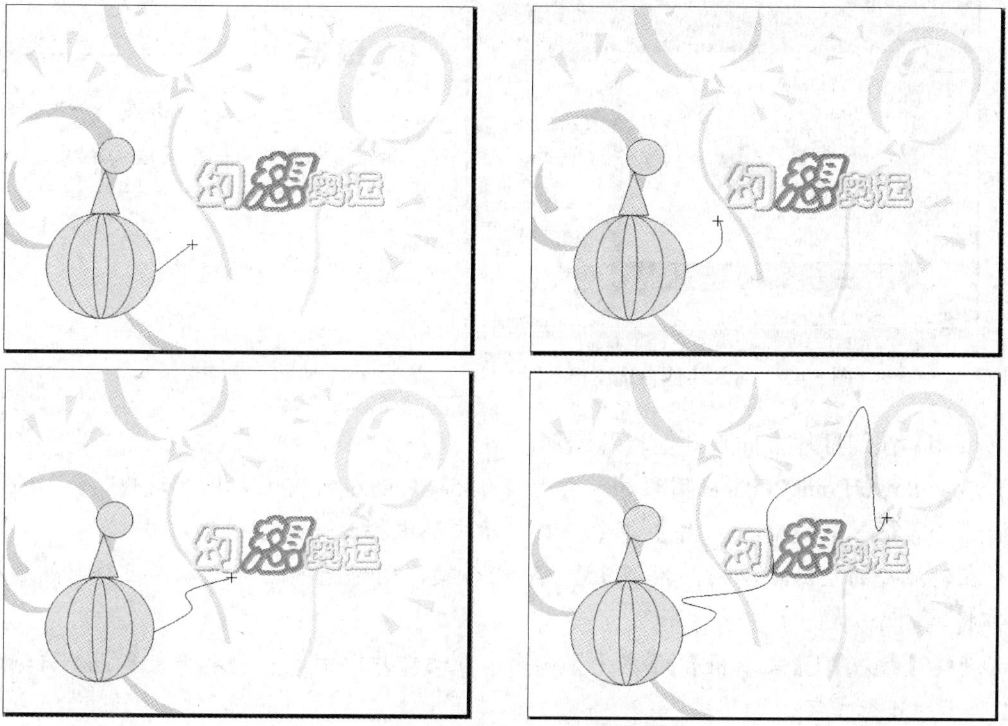

图 5-42　绘制曲线时需要单击鼠标的位置

(10) 选择【文件】|【另存为】命令，将演示文稿以文件名“幻想”进行保存。

提示

在拖动鼠标绘制直线时，如果按下键盘上的 Shift 键，则画线时只能画出 15° 角倍数的直线，如与水平线成 15°、30°、45° 等角度的直线，而不是任意角度的直线。在拖动鼠标绘制直线时按下 Ctrl 键，则画出的直线以按下鼠标左键的位置为中心向两端延伸。

5.3.3　绘制其他自选图形

单击【绘图】工具栏上的【自选图形】按钮，在打开的菜单中选择【其他自选图形】命令，打开【剪贴画】任务窗格。任务窗格中显示可以插入的自选图形，用户将鼠标移动到每个图形上方时，系统会自动提示当前图形的名称、画面大小及类型等信息，单击自选图形即可将其插入到当前幻灯片中，如图 5-43 所示。

【剪贴画】任务窗格中的图形是以剪辑的形式存在于 Office 剪辑中的，一般是由其他画图工具创作的矢量图形文件。这些图形作为组合的自选图形插入到幻灯片，可以对其进行进一步的编辑。

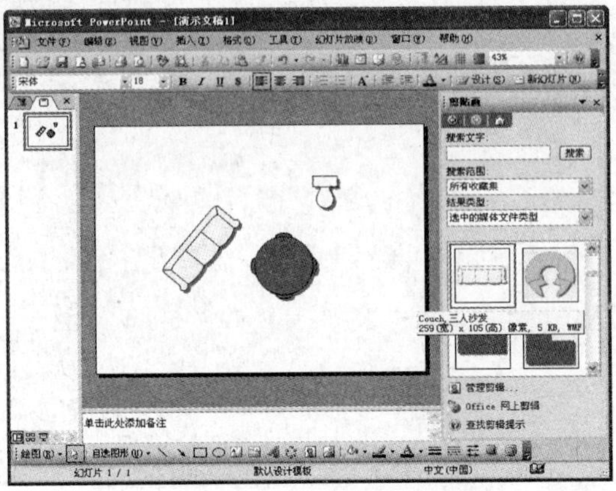

图 5-43　插入其他自选图形

提示

图 5-43 是由三人沙发、一张圆桌和一张电灯组成一个简洁式客厅。

【例 5-5】在幻灯片中插入其他自选图形。

(1) 启动 PowerPoint 2003 应用程序，打开【例 5-4】创建的演示文稿“幻想”。

(2) 选择【插入】|【新幻灯片】命令，在演示文稿中插入一张空白幻灯片。

(3) 在幻灯片的空白处单击，按下 Ctrl+A 组合键，同时选中两个文本占位符，然后按下 Delete 键将其删除。

(4) 选择【插入】|【文本框】|【水平】命令，在幻灯片中插入一个水平文本框，并输入如图 5-44 所示的 4 行文字。

(5) 设置文字字体为【华文行楷】，字号为 36，字型为【加粗】，如图 5-45 所示。

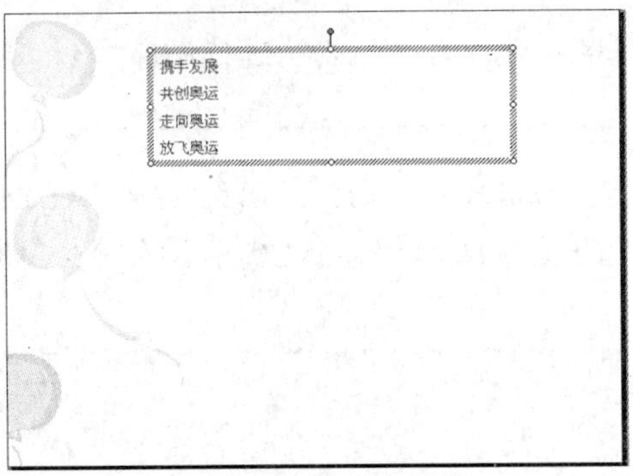

图 5-44　在插入的文本框中输入文字

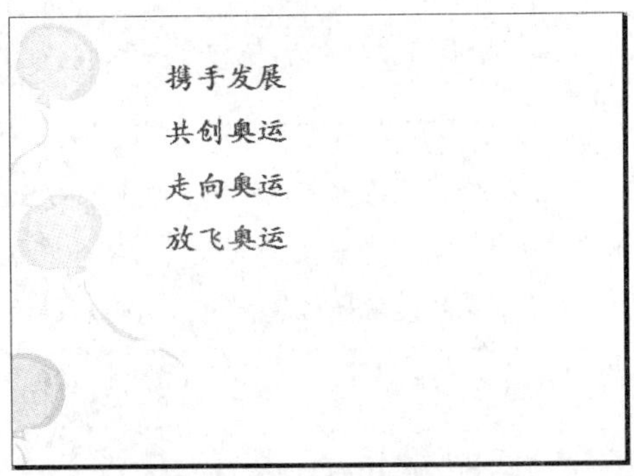

图 5-45　设置文字格式

(6) 选中文字“共创奥运”，在工具栏上单击【居中】按钮，将文字设置为居中对齐。

(7) 参照步骤(6)，将文字“放飞奥运”设置为居中对齐，文字“走向奥运”设置为右对齐，调节文本框的位置后幻灯片效果如图 5-46 所示。

(8) 在【绘图】工具栏上选择【自选图形】|【其他自选图形】命令，打开如图 5-47 所示的【剪贴画】任务窗格。

(9) 在剪贴画选项列表中单击【声音文件】选项，将其插入到幻灯片中，此时，调整其在幻灯片中的位置，如图 5-48 所示。

(10) 单击【保存】按钮，将修改过的“幻想”演示文稿保存。

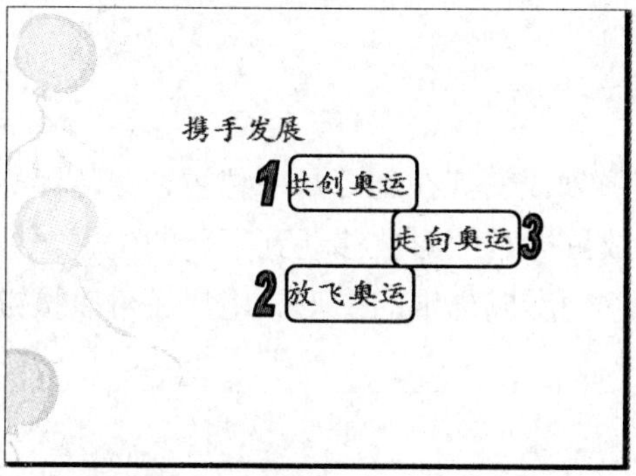

图 5-46　设置文字的对齐方式

> **提示**
>
> 要将文字“走向奥运”设置为右对齐，在工具栏中单击【右对齐】按钮即可。

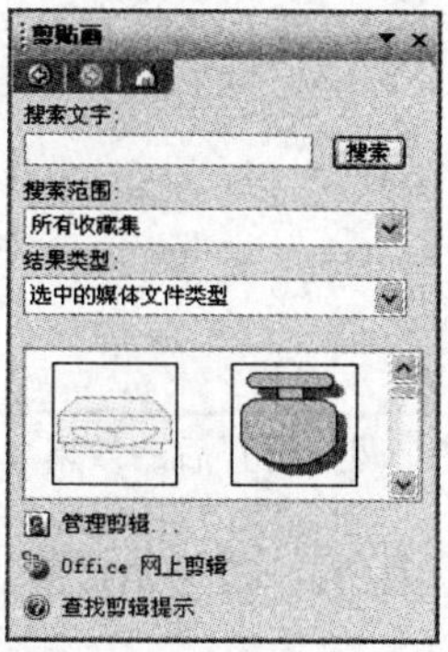

图 5-47　【剪贴画】任务窗格

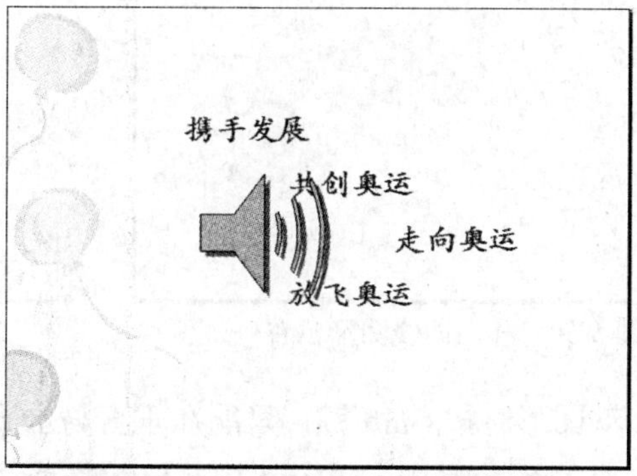

图 5-48　在幻灯片中插入自选图形

5.4　编辑图形

在 PowerPoint 2003 中，可以对绘制的图形进行个性化的编辑。在进行设置前，应首先选中该图形。一般情况下，当图形绘制完成后，将自动处于选中状态，等待用户进一步调整和设置。

5.4.1　使用菜单命令编辑图形

图形编辑包括移动、旋转、对齐、组合、层叠图形等。图形的编辑操作，大部分可以使用【绘图】工具栏来完成。在【绘图】工具栏中单击【绘图】按钮，在打开的菜单中可以设置图形的叠放次序、旋转方式等，如图 5-49 所示。

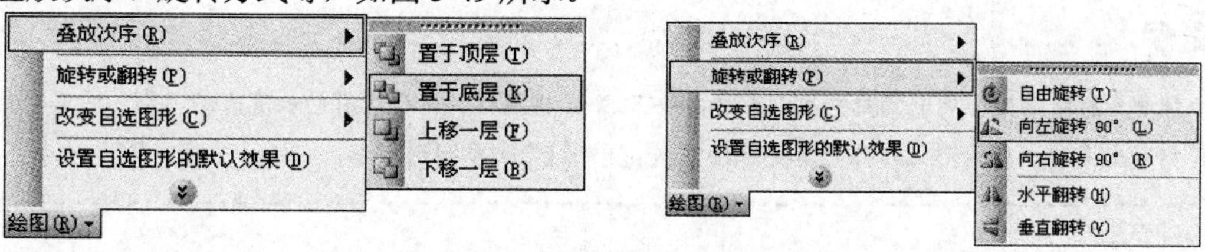

图 5-49　【绘图】按钮下的菜单

5.4.2 调整图形位置与大小

用户可以使用鼠标拖动选中的一个或多个图形来改变其在幻灯片中位置，跟随鼠标会有一个由虚线构成的相同的曲线(如图 5-50 所示)，释放鼠标，图形被移动到了新的位置，效果如图 5-51 所示。当有多个图形同时被选中时，可一次移动所以选中的图形。用户还可以按键盘上的方向键来移动选中的图形。

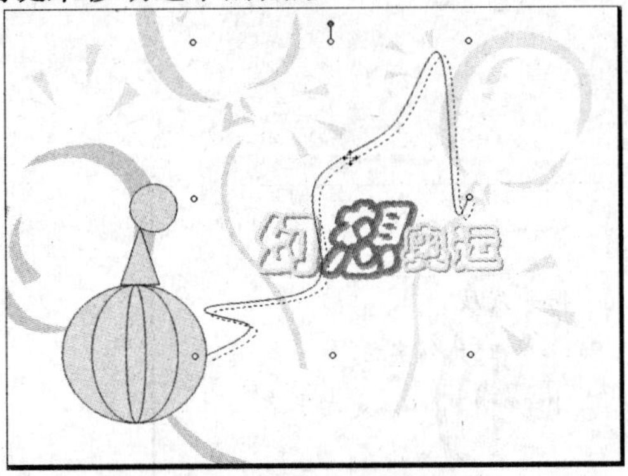

图 5-50　移动曲线图形位置

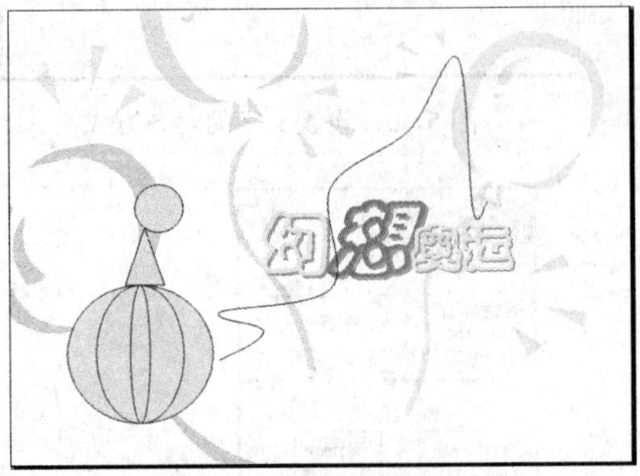

图 5-51　调整位置后的效果

用鼠标移动图形时按 Shift 键，只能在垂直与水平方向上移动图形；按下 Alt 键，可将图形移动至任何位置，而不受 PowerPoint 按单位距离移动的影响。

用户可以使用鼠标拖动被选中图形周围的白色控制点来调整图形的大小(如图 5-52 所示)。选中缩小后的声音图形，按住鼠标左键将其拖动到幻灯片的右上角，效果如图 5-53 所示

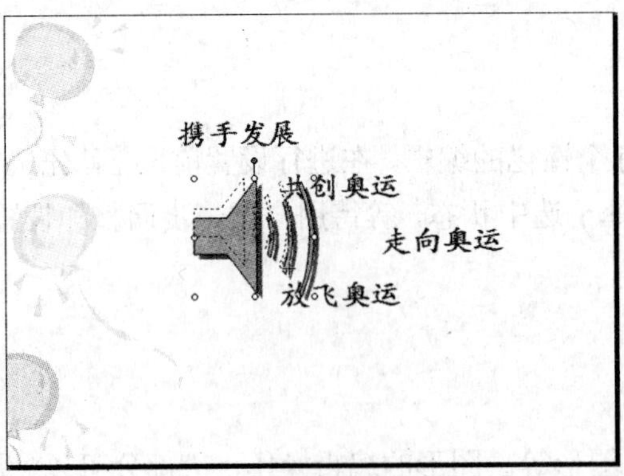

图 5-52　调整图形大小

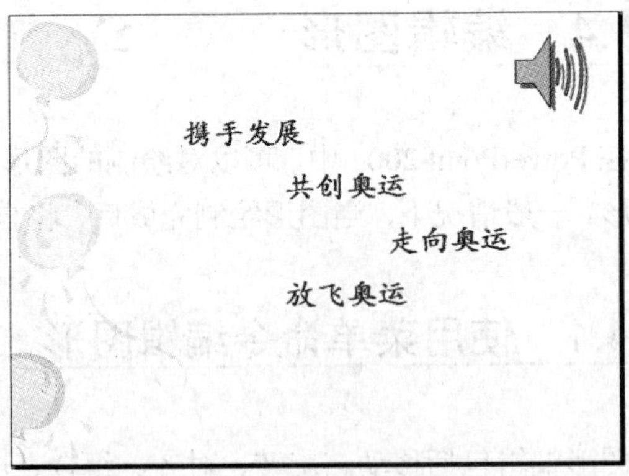

图 5-53　调整图形在幻灯片中的位置

提示

使用鼠标拖动图形周围的白色控制点时，按下 Shift 键可保持图形原有的长宽比例不变；按下 Ctrl 键可保持放大或缩小的图形中心位置不变；按下 Alt 键可随意调整图形大小。

5.4.3　旋转或翻转图形

用户可拖动选中图形上的绿色旋转控制点任意旋转图形，也可单击【绘图】工具栏上的【绘图】按钮，选择【旋转与翻转】命令下的【向左旋转 90°】、【向右旋转 90°】、【水平翻转】及【垂直翻转】等命令。

打开如图 5-53 所示的【幻想】演示文稿，选中声音图形，顺时针拖动其上方的绿色旋转控制点，当旋转到合适角度后释放鼠标，旋转角度后的图形效果如图 5-54 所示。再次选中声音图形，在【绘图】工具栏中选择【绘图】|【旋转或翻转】|【水平翻转】命令，此时，该图形效果如图 5-55 所示。

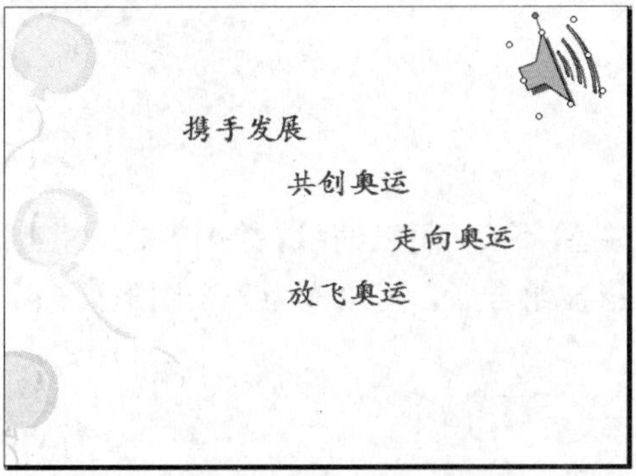

图 5-54　为图形旋转角度

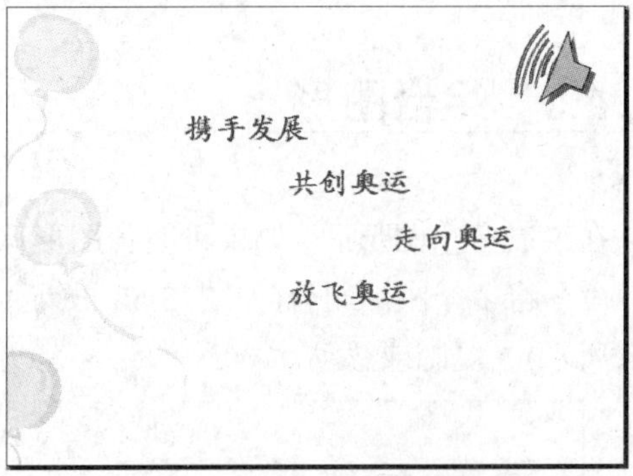

图 5-55　水平翻转图形

提示

当需要为图形旋转指定的角度时，选择【格式】|【自选图形】命令，打开【设置自选图形格式】对话框，切换到【尺寸】选项卡，在【尺寸和旋转】选项区域的【旋转】文本框中输入指定的角度即可。

5.4.4　对齐与层叠图形

当在幻灯片中绘制多个图形后，可以在【绘图】工具栏中选择【绘图】|【对齐和分布】命令，并在该菜单中选择相应的命令来对齐图形，如图 5-56 所示。

对于绘制的图形，PowerPoint 将按照绘制的顺序将它们放置于不同的对象层中，如果对象之间有重叠，则后绘制的图形将覆盖在先绘制的图形之上，即上层对象遮盖下层对象。如果需要显示下层对象，可以通过调整它们的叠放次序来实现。

调整图形层叠顺序的方法：在【绘图】工具栏中单击【绘图】按钮，在打开的菜单中选择【叠放次序】|【置于底层】、【叠放次序】|【置于顶层】、【叠放次序】|【上移一层】或【叠放次序】|【下移一层】命令，如图 5-57 所示。

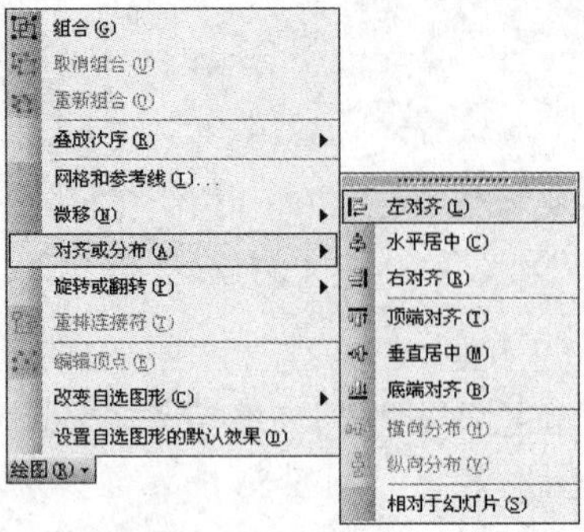

图 5-56 【对齐或分布】菜单

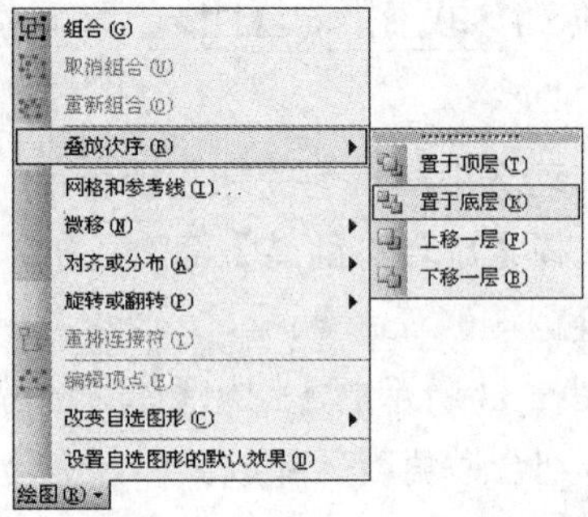

图 5-57 【叠放次序】菜单

5.4.5 组合图形

在绘制多个图形后，如果希望各图形保持相对位置不变，可以使用【绘图】工具栏上的【组合】命令将多个图形组合(如图 5-58 所示)。当图形被组合后，可以作为一个图形被选中(如图 5-59 所示)、复制或移动。

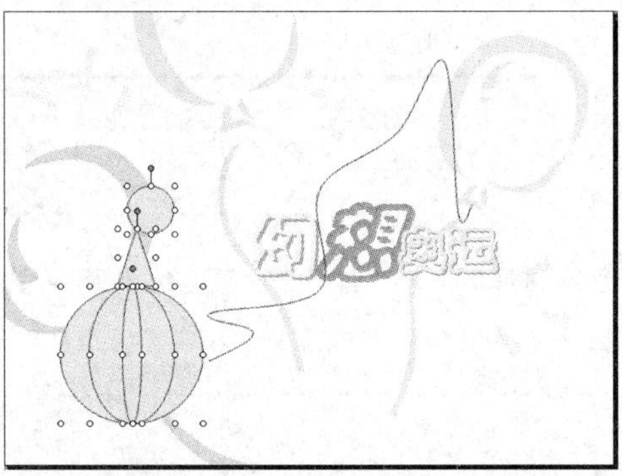

图 5-58 同时选中多个图形

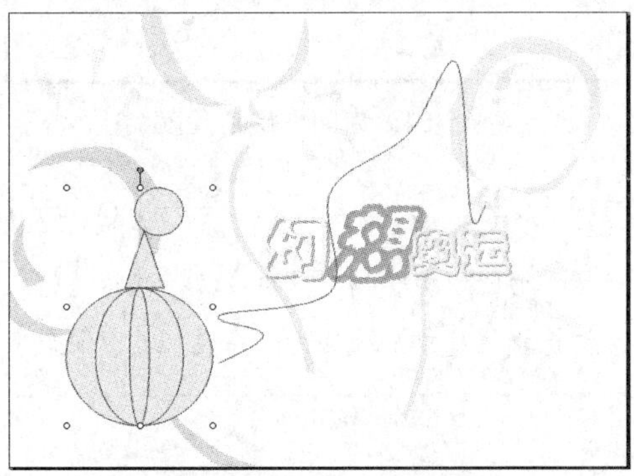

图 5-59 将多个图形组合为整体

组合的方法是按下 Shift 键，按需要的顺序依次单击选中所有需要组合的图形对象，选择【绘图】工具栏上的【组合】命令，即可将所有选中的对象组合。用户还可以在选中的多个图形对象上右击，从弹出的快捷菜单中选择【组合】命令。

组合图形对象后，仍然可以选取组合图像中的任意一个图形对象。首先选取组合，然后单击要选取的图形对象。组合图像中的图形对象被选中后的控制点是灰色的，不能调整单个图形的大小和位置，只能调整整体图形的大小和位置，效果如图 5-60 所示。

此外，要在幻灯片中同时选中多个图形，除了使用鼠标单击选中外，还可以在图形周围拖动鼠标进行框选，此时，被选择的区域周围将出现虚线框，如图 5-61 所示。

提示

用户可以选择【绘图】|【取消组合】命令解除组合。对于已经取消组合的图形可以使用【重新组合】命令将其再次组合。

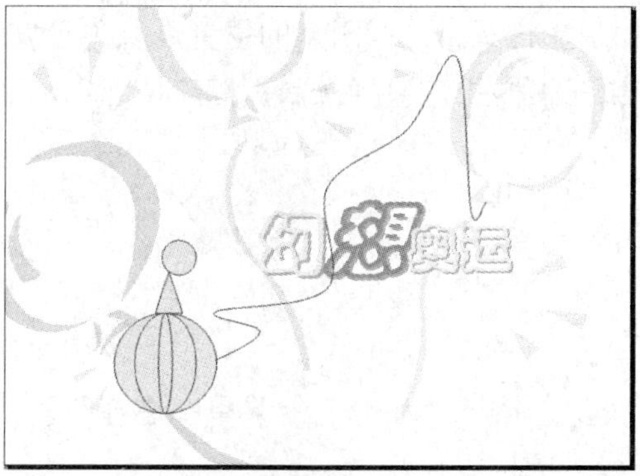

图 5-60　调整图形大小和位置

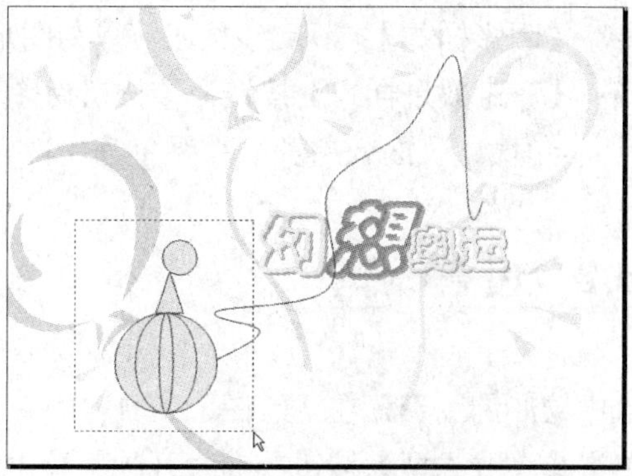

图 5-61　使用框选选择多个图形

5.5　设置图形格式

PowerPoint 具有齐全的图形设置功能，可以利用线型、箭头样式、填充颜色、阴影效果和三维效果等进行修饰。利用系统提供的绘图工具，可以使配有图形的幻灯片更容易理解，从而创建出一流的演示文稿。

5.5.1　使用图形格式按钮

绘图工具栏中提供的工具按钮可以帮助用户完成图形格式的设置，如图 5-62 所示。

图 5-62　【绘图】工具栏中用来设置图形格式的工具

在图 5-62 中，带有说明文字的格式按钮功能如下所示。

- 【填充颜色】按钮：单击该按钮右侧的下拉箭头，将打开颜色面板，用户可以为图形选择不同的填充颜色。
- 【线条颜色】按钮：该按钮用来设置绘制的线形图形颜色，也可以设置其他图形外边框颜色。
- 【字体颜色】按钮：当在图形中添加文字后，可以使用该按钮为文字添加颜色。
- 【线型】按钮和【虚线线型】按钮：用来设置绘制的线形图形的粗细和线条样式，也可以用来设置其他图形外边框。
- 【箭头样式】按钮：该按钮用来设置绘制的箭头图形的箭头样式。

- 【阴影样式】按钮：该按钮可以为图形添加阴影样式，包括阴影的位置及颜色等属性。
- 【三维效果样式】按钮：该按钮为图形添加三维样式，包括倾斜、深度、方向、照明角度、表面效果及三维颜色等属性。

5.5.2 设置线型

选中绘制的图形，在【绘图】工具栏中单击【线型】按钮，在打开的菜单中选择线段的粗细；单击【虚线线型】按钮，在打开的菜单中选择线段的样式。

打开“幻想”演示文稿，在默认打开的第一张幻灯片中选中曲线图形，在【绘图】工具栏中单击【线型】按钮，在弹出的菜单中选择【6 磅】选项，此时，曲线效果如图 5-63 所示。

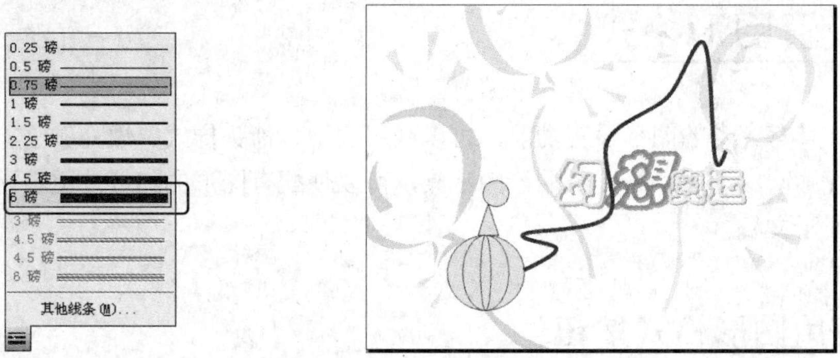

图 5-63　设置曲线线型

选中曲线图形，在【绘图】工具栏中单击【虚线线型】按钮，在打开的线型面板中选择【长划线】选项，此时，曲线效果如图 5-64 所示。

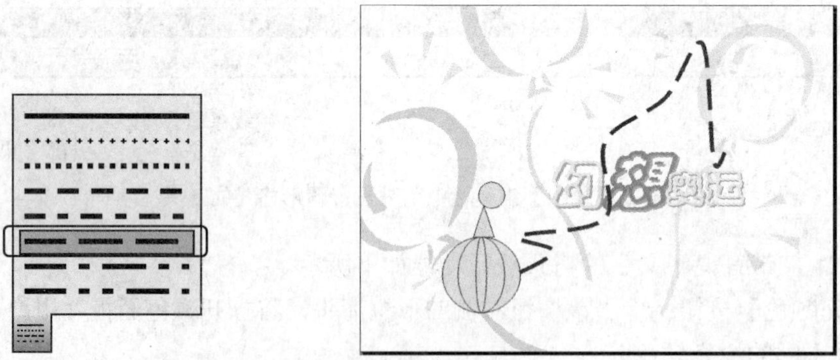

图 5-64　设置曲线线型

5.5.3 设置线条颜色

在幻灯片中绘制的线条都有其默认的颜色，用户可以根据演示文稿的整体风格改变线条颜色。

选中图形后单击【线条颜色】按钮右侧的下拉箭头，在打开的菜单中选择【其他线条颜色】命令(如图 5-65 所示)。此时，打开【颜色】对话框，切换到【自定义】选项卡，设置如图 5-66 所示的颜色。单击【确定】按钮，此时，曲线图形效果如图 5-67 所示。

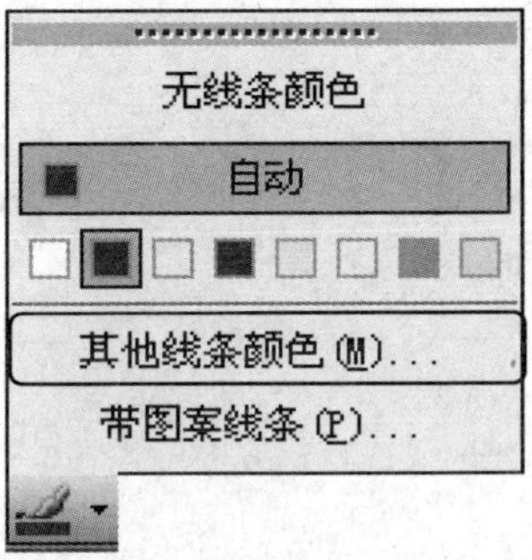

图 5-65　在菜单中选择命令

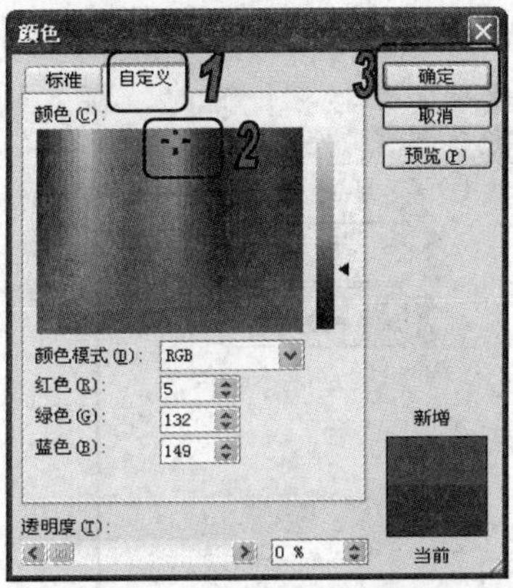

图 5-66　设置自定义颜色

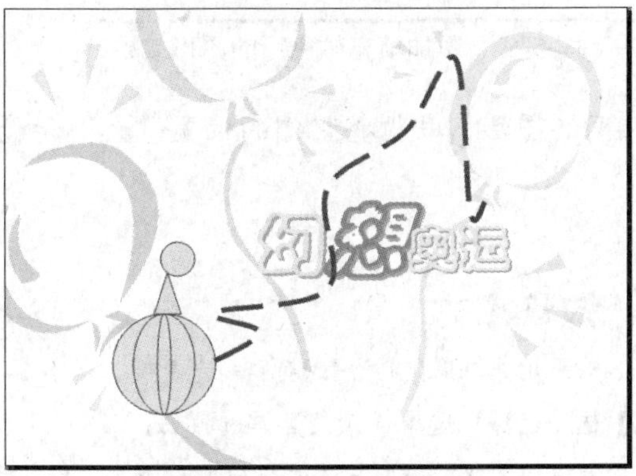

图 5-67　为曲线设置线条颜色

提示

用户还可以设置带图案的线条，具体方法：单击【线条颜色】按钮右侧的下拉箭头，在菜单中选择【带图案线条】命令，在打开的【带图案线条】对话框中进行选择即可。

5.5.4　设置填充颜色

为图形添加填充颜色是指在一个封闭的对象中添加一种填充效果，这种效果可以是单色、过渡色、纹理或图片。

选中图形后，在【绘图】工具栏上单击【填充颜色】按钮右侧的下三角按钮，可打开颜色面板，选择更多的颜色或效果。具体设置方法与占位符的填充颜色的设置相同，下面以实例来阐述设置方法。

【例 5-6】在幻灯片中为绘制的图形设置填充颜色。

(1) 启动 PowerPoint 2003 应用程序，打开演示文稿“幻想”。

(2) 在幻灯片预览窗格中选择第 2 张幻灯片缩略图，将其显示在幻灯片编辑窗口中。

(3) 选中插入的图形，单击【填充颜色】按钮右侧的下拉箭头，在打开的菜单中选择【填充效果】命令，打开【填充效果】对话框。

(4) 在【颜色】选项区域中选中【双色】单选按钮，在【颜色 1】下拉列表框中选择【橘红色】选项，在【颜色 2】下拉列表框中选择【绿色】选项；在【底纹样式】选项区域中选中【斜下】单选按钮，如图 5-68 所示。

(5) 单击【确定】按钮，此时，插入的图形效果如图 5-69 所示。

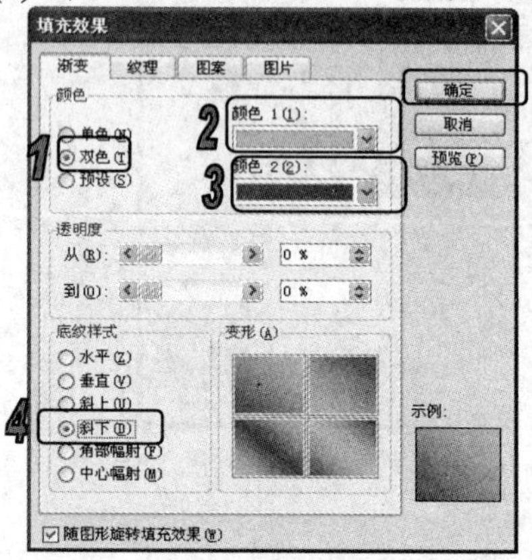

图 5-68 【填充效果】对话框

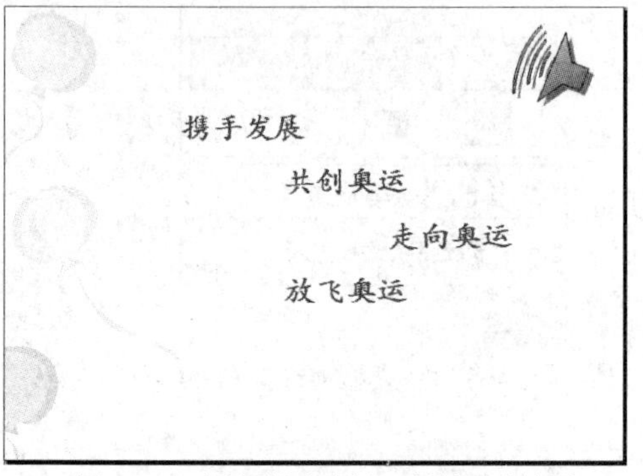

图 5-69 添加填充颜色后的图形效果

(6) 选中该图形，在幻灯片中复制粘贴多个相同的图形，并调整它们的位置、大小和旋转方向，使幻灯片效果如图 5-70 所示

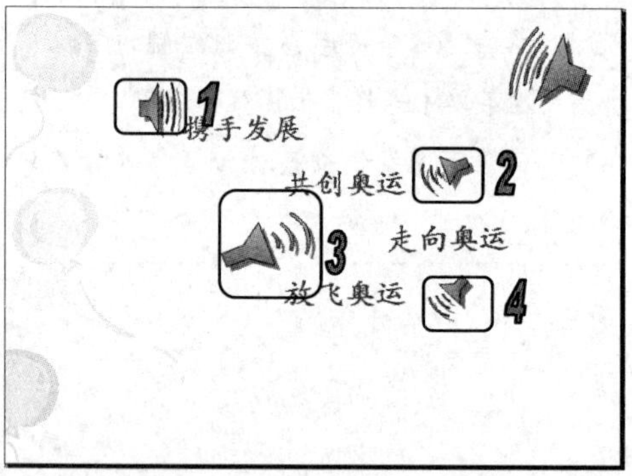

图 5-70 复制粘贴多个图形

知识点

如果用户在【填充效果】对话框的【颜色】选项区域中选中【预设】单选按钮，则用户可以在【预设颜色】下拉列表框中选择预先设定好的颜色样式。

(7) 单击【保存】按钮，将修改过的“幻想”演示文稿保存。

5.5.5 设置阴影效果

在 PowerPoint 中可以方便地为绘制的图形添加阴影效果。设置图形对象阴影效果的方法是首先选中对象，然后单击【绘图】工具栏中的【阴影样式】按钮(如图 5-71 所示)，从弹出的阴影样式面板中选择需要的样式。取消阴影时可选择面板中的【无阴影】命令。如图 5-72 所示的就是设置阴影样式后的幻灯片效果。

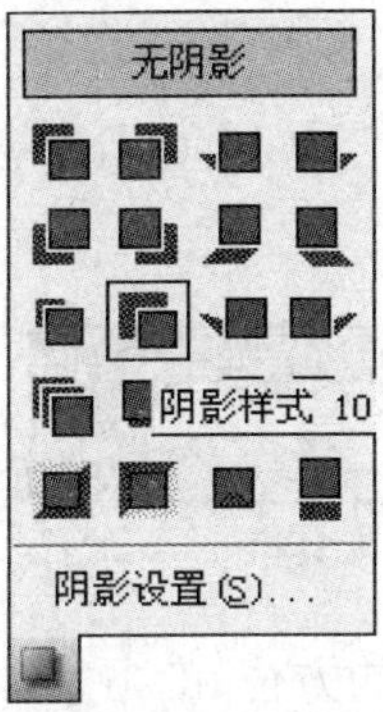

图 5-71　设置阴影样式

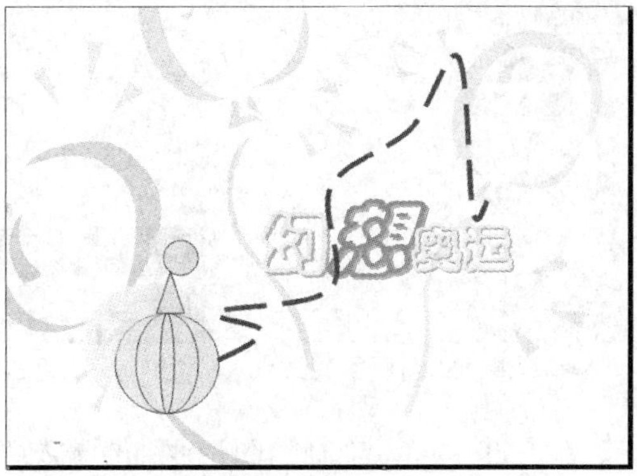

图 5-72　为图形添加阴影效果

在图 5-71 中，选择【阴影设置】命令，打开【阴影设置】工具栏，如图 5-73 所示。连续 12 次单击【略向右移】按钮，并单击【阴影颜色】按钮，在弹出的快捷菜单中选择【绿色】选项，此时，幻灯片效果如图 5-74 所示。

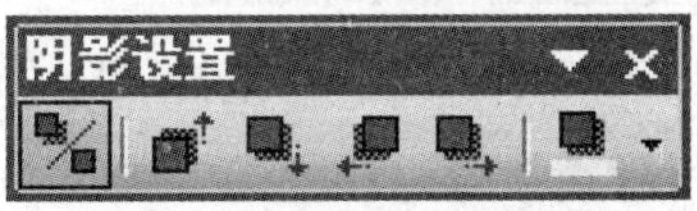

图 5-73　【阴影设置】工具栏

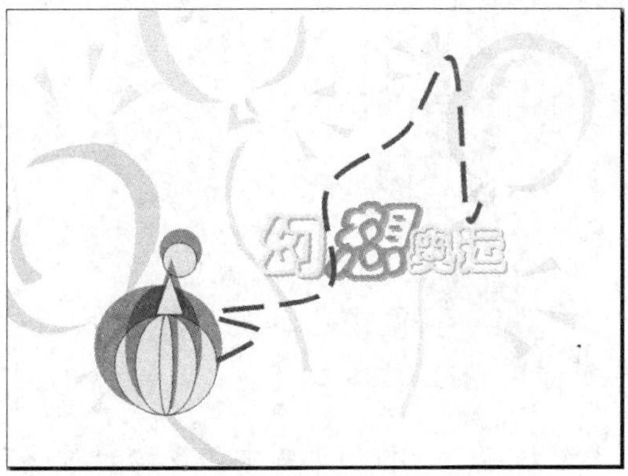

图 5-74　向右移动阴影并更改阴影颜色

5.5.6　设置三维效果

设置图形对象三维效果的方法：首先选中对象，然后单击【绘图】工具栏上的【三维效果样式】按钮，在弹出的三维效果样式面板中选择需要的三维效果，如图 5-75 所示。要取消三维效果，单击面板中的【无三维效果】按钮即可。

单击面板底部的【三维设置】按钮，打开【三维设置】工具栏，如图 5-76 所示。使用该工具栏，用户可以对添加三维效果的倾斜、深度、方向、照明角度、表面效果及三维颜色等属性进行设置。

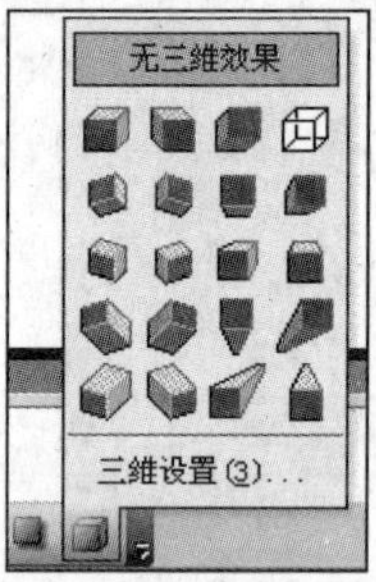

图 5-75　三维效果样式面板

图 5-76　【三维设置】工具栏

【例 5-7】在幻灯片中为绘制的图形添加阴影效果，并设置阴影的方位和颜色。

(1) 启动 PowerPoint 2003 应用程序，打开演示文稿“幻想”。

(2) 在幻灯片预览窗格中选择第 2 张幻灯片缩略图，将其显示在幻灯片编辑窗口中。

(3) 选中幻灯片右上角的图形，单击【三维效果样式】按钮，在打开的菜单中选择如图 5-77 所示的样式，此时，图形效果如图 5-78 所示。

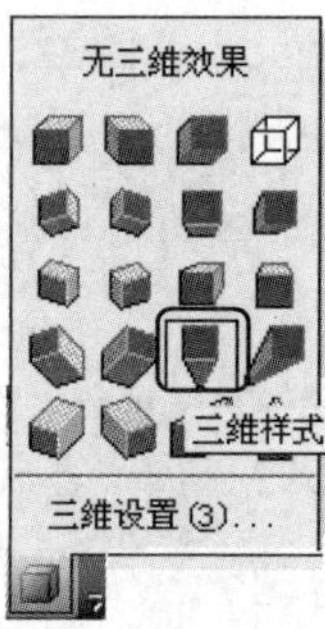

图 5-77　选择三维样式

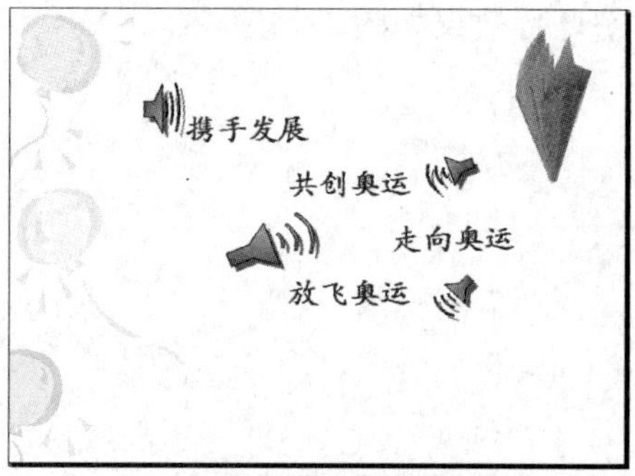

图 5-78　设置三维样式后的图形效果

(4) 参照步骤(3)，将幻灯片中最左端的图形设置为【三维样式 17】。

(5) 同时选中设置三维效果的两个图形，单击【三维效果样式】按钮，在打开的菜单中选择【三维设置】命令，打开【三维设置】工具栏。

(6) 在工具栏中单击【表面效果】按钮，在弹出的快捷菜单中选择【金属效果】命令，此时，幻灯片效果如图 5-79 所示。

(7) 选中位于最右侧的图形，在工具栏中单击两次【右偏】按钮，此时，幻灯幻灯片效果如图 5-80 所示。

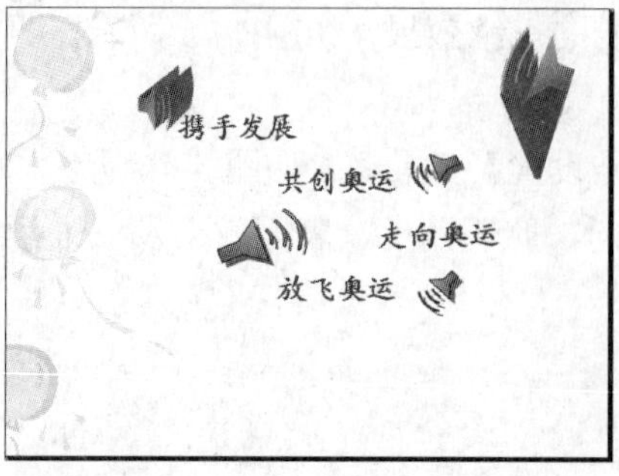

图 5-79　设置三维效果的表面样式

图 5-80　设置右偏效果

(8) 单击【保存】按钮，将修改过的【幻想】演示文稿保存。

5.5.7　设置箭头样式

PowerPoint 提供了多种箭头样式，绘制完箭头后，单击工具栏上的【箭头样式】按钮，在打开的菜单中选择需要的样式即可，如图 5-81 所示。

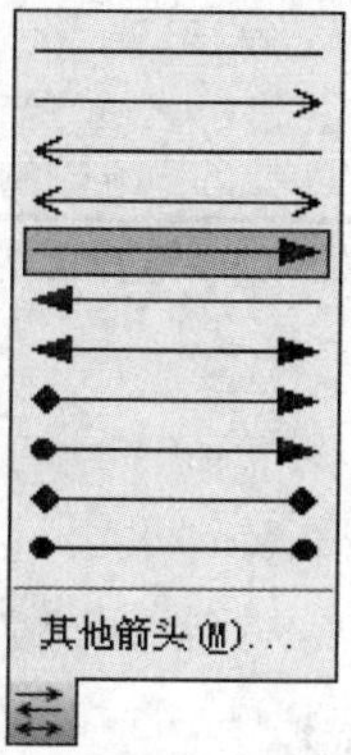

图 5-81　箭头样式菜单

提示

绘制箭头的方法与绘制直线的方法基本相同，不同之处在于箭头具有明显的方向性。

5.5.8　在图形中输入文字

大多数自选图形允许用户在其内部添加文字。常用的方法有两种：选中图形，直接在其中输入文字，也可以在图形上右击，选择【添加文本】命令，然后在光标处输入文字。单击输入的文字，可以再次进入文字编辑状态以便用户进行修改。

【例 5-8】在幻灯片中添加标注图形，并在其中添加文字。

(1) 启动 PowerPoint 2003 应用程序，打开演示文稿“幻想”。

(2) 在幻灯片预览窗格中选择第 2 张幻灯片缩略图，将其显示在幻灯片编辑窗口中。

(3) 选择【自选图形】|【星与旗帜】|【前凸带形】命令，在幻灯片中绘制前凸带形图形，并调整其在幻灯片中的位置和大小，如图 5-82 所示。

(4) 选中绘制的图形，单击【填充颜色】按钮，在弹出的菜单中选择【其他填充颜色】命令，在【自定义】选项卡中选择如图 5-83 所示的颜色。

(5) 单击【确定】按钮，此时，前凸带形图形的填充颜色自动更改为设定的颜色。

(6) 右击前凸带形标注，在弹出的快捷菜单中选择【添加文本】命令，此时，标注图形中出现闪烁的光标。

(7) 在光标处输入如图 5-84 所示的文字，设置文字字体为【华文琥珀】，字号为 20，如图 5-85 所示。

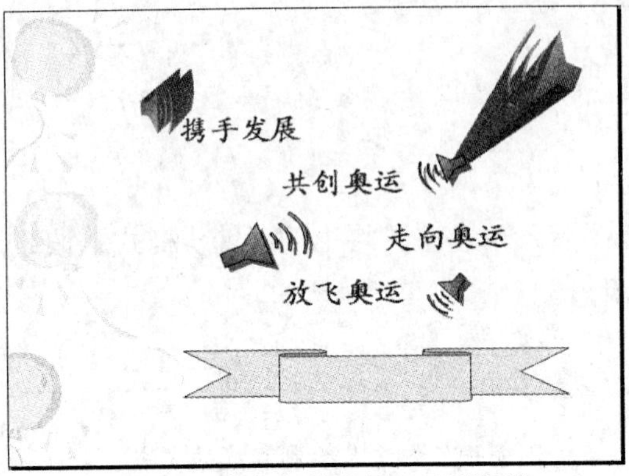

图 5-82　在幻灯片中插入云形标注

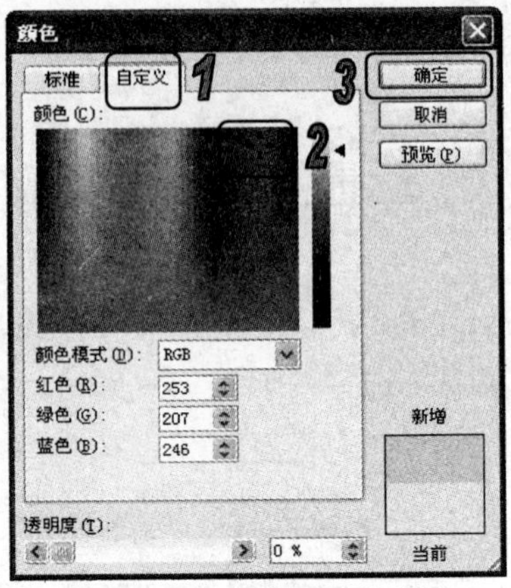

图 5-83　选择自定义颜色

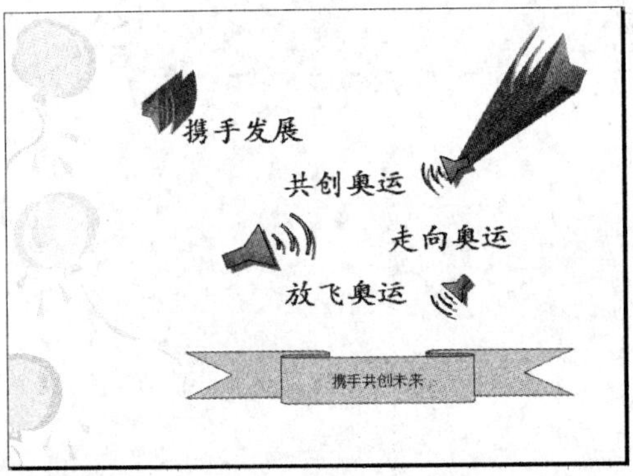

图 5-84　在前凸带形标注中添加文字

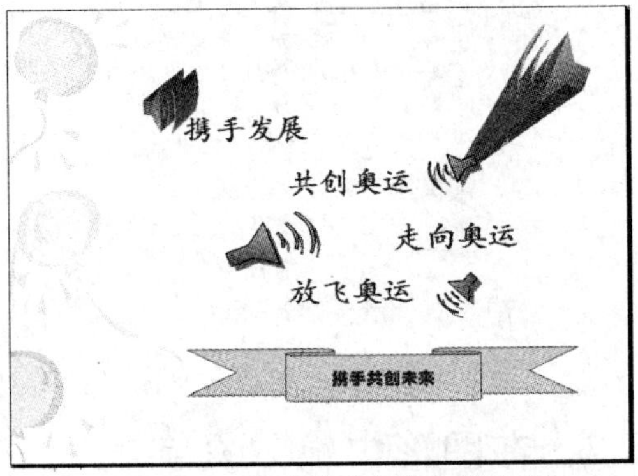

图 5-85　设置图形中的文字格式

(8) 单击【保存】按钮，将修改过的“幻想”演示文稿保存。

5.6　插入相册

随着数码相机的普及，使用计算机制作电子相册的用户越来越多，当没有制作电子相册的专业软件时，使用 PowerPoint 也能轻松制作出漂亮的电子相册。在商务应用中，电子相册同样适用于介绍公司的产品目录，或者分享图像数据及研究成果等。

5.6.1　新建相册

在幻灯片中新建相册时，只要选择【插入】|【图片】|【新建相册】命令，然后从本地磁盘的文件夹中选择相关的图片文件直接插入即可。用户在插入相册的过程中可以更改图片的先后顺序、调整图片的色彩明暗对比与旋转角度，以及设置图片的版式和相框形状等。

【例 5-9】在幻灯片中插入相册，制作雪景留念相册。

(1) 启动 PowerPoint 2003 应用程序，打开一个空白演示文稿。

(2) 选择【插入】|【图片】|【新建相册】命令，打开如图 5-86 所示的【相册】对话框。

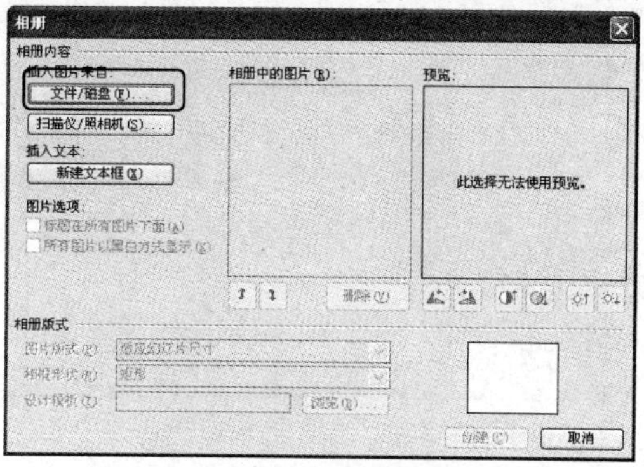

图 5-86　【相册】对话框

提示

用户可以直接从数码相机或其他外部设备中导入照片。在【相册】对话框中单击【扫描仪/照相机】按钮，即可直接连接到外部设备的驱动程序。

(3) 在对话框中单击【文件/磁盘】按钮，打开【插入新图片】对话框，在图片列表中选择需要的图片，如图 5-87 所示。

(4) 单击【插入】按钮，返回到【相册】对话框，如图 5-88 所示。

图 5-87　【插入新图片】对话框

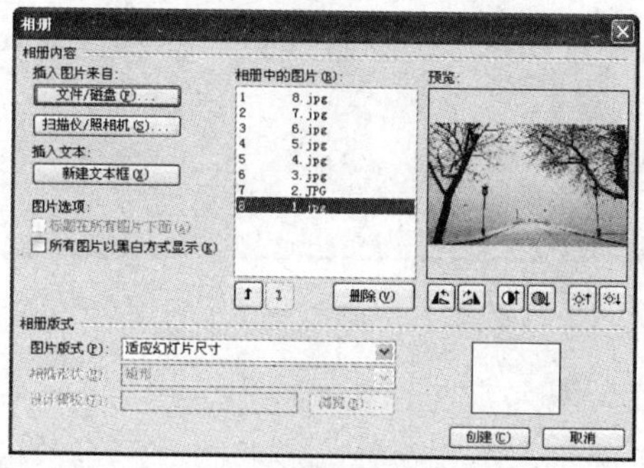

图 5-88　选择图片后的对话框效果

(5) 在【相册中的图片】列表框中选中图片【1.jpg】，单击按钮，将该图片移动到【8.jpg】的上方。

(6) 参照步骤(5)，分别选中列表框中的图片名称，单击按钮或按钮，使它们按照数字【1】~【8】的顺序从上到下依次排列。

(7) 在【相册中的图片】列表框中选中图片【4.jpg】，此时，该图片显示在右侧的预览框中，如图 5-89 所示。

(8) 单击预览框下方的【减少对比度】按钮，调整图片的对比度，调整后的图片效果如图 5-90 所示。

(9) 在对话框【相册版式】选项区域的【图片版式】下拉列表中选择【1 张图片(带标题)】选项，然后单击【设计模板】文本框右侧的【浏览】按钮，打开【选择设计模板】对话框。

(10) 在对话框中选择【B3】模板，单击【选择】按钮，此时，返回到【相册】对话框，单击【创建】按钮，创建包含 8 张图片的电子相册。

(11) 此时，演示文稿中显示相册封面和插入的图片，如图 5-91 所示。

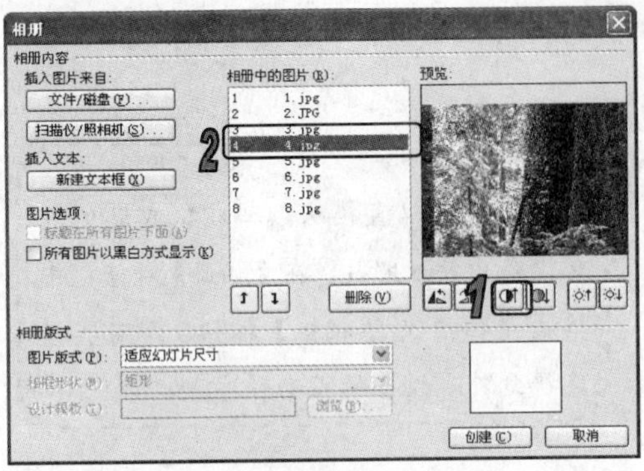

图 5-89 预览窗格中显示图片

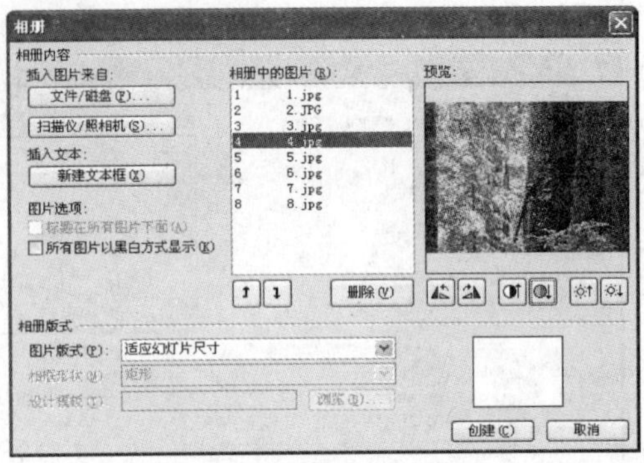

图 5-90 调整图片对比度

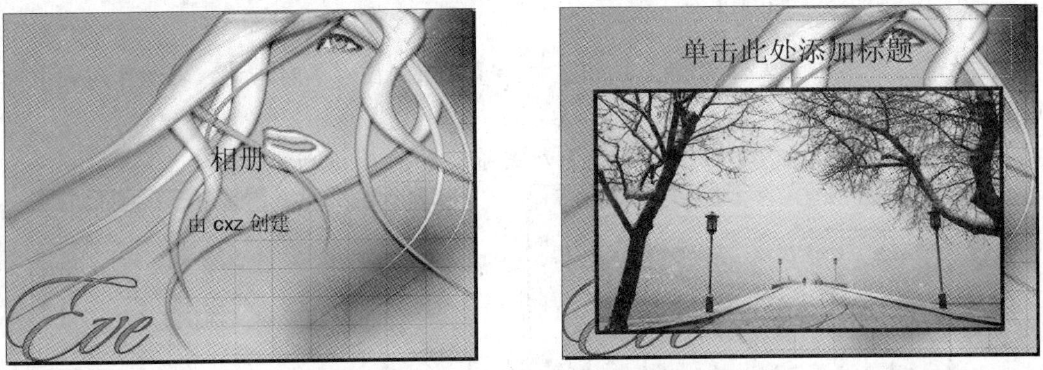

图 5-91 演示文稿中显示相册封面和插入的图片

(12) 在幻灯片预览窗格中选择第 1 张幻灯片缩略图，将其显示在幻灯片编辑窗口中。在幻灯片中选中文本占位符，修改占位符中的文字并调整其位置，如图 5-92 所示。

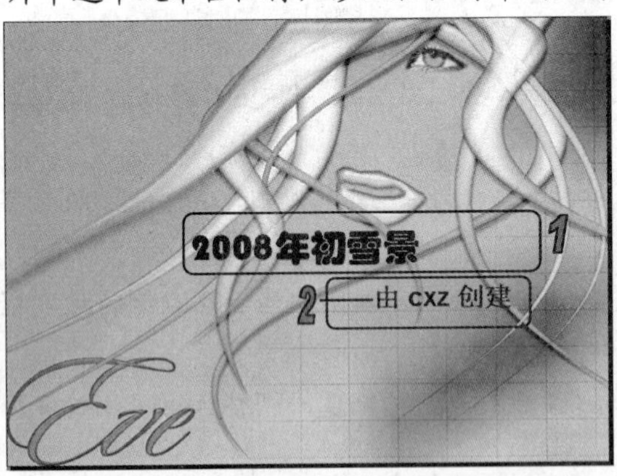

图 5-92 在占位符中添加文字并调整其位置

提示

如果需要在相册幻灯片中输入其他文字，可以单击【相册】对话框中的【新建文本框】按钮，创建文本框。

(13) 依次单击第 2~9 张幻灯片缩略图，在幻灯片编辑窗口中调整照片的大小，使其与模板大小适应，并在每张幻灯片的【单击此处添加标题】文本占位符中添加图片的主题，设置位置和大小，如图 5-93 所示。

(14) 选择【文件】|【另存为】命令，将演示文稿以文件名“雪景相册”进行保存。

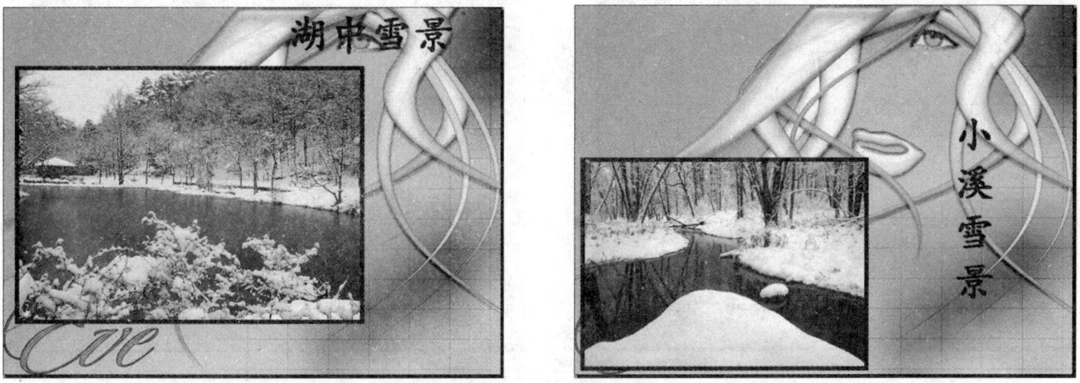

图 5-93　调整幻灯片中的相片大小并输入相片主题

5.6.2　设置相册格式

如果不满意新建相册所呈现的效果，可以选择【格式】|【相册】命令，打开【设置相册格式】对话框，重新修改相册的顺序、图片版式、相框形状、演示文稿设计模板等相关属性。设置完成后，PowerPoint 会自动帮助用户重新整理相册。

【例 5-10】为已建立的相册重新设置格式。

(1) 启动 PowerPoint 2003 应用程序，打开【例 5-9】创建的“雪景相册”演示文稿。

(2) 选择【格式】|【相册】命令，打开【设置相册格式】对话框。

(3) 在【相册版式】选项区域的【图片版式】下拉列表中选择【2 张图片】选项，在【相框形状】下拉列表框中选择【椭圆形】选项，如图 5-94 所示。

(4) 单击【更新】按钮，此时，幻灯片效果如图 5-95 所示。

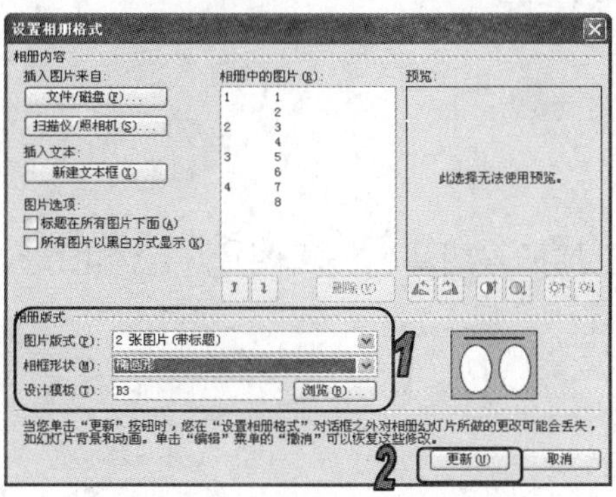

图 5-94　重新设置相册格式

图 5-95　显示设置后的幻灯片效果

(5) 在第 2~5 张幻灯片中调整照片的大小和位置，使它们与演示文稿的模板适应，如图 5-96 所示。

图 5-96　调整相片的大小和位置

(6) 在第 2~5 张幻灯片中分别选中照片，单击【绘图】工具栏上的【线型】按钮，设置照片边框线型为【3 磅】，如图 5-97 所示。

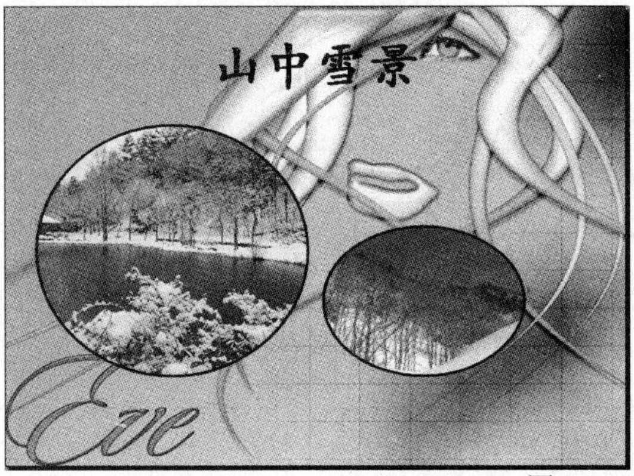

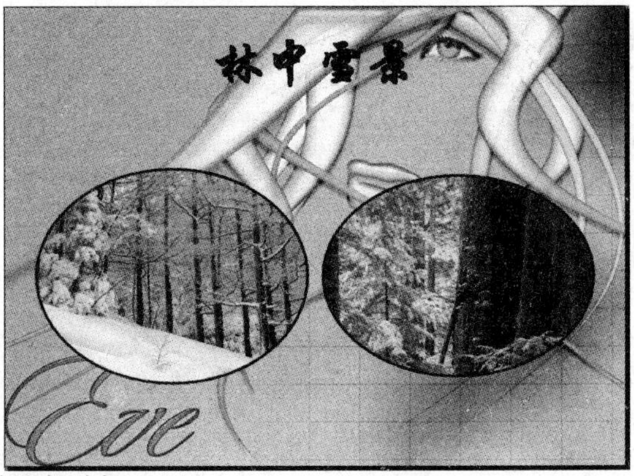

图 5-97 为相片添加边框

(7) 在幻灯片预览窗格中选择第 6~9 张幻灯片缩略图，按下 Delete 键将它们删除。

(8) 单击【保存】按钮，将修改后的演示文稿保存。

5.7　上机练习

学习完本章之后，用户可以综合本章的知识 ，包括插入图片、编辑图片、绘制图形、设置图形格式、插入相册等，设计两个商务型演示文稿。

5.7.1　建筑装饰博览会

创建一个文件名为“建筑装饰博览会”的演示文稿，在演示文稿中绘制并插入图片，设置图形的格式，使得演示文稿图文并茂。

(1) 启动 PowerPoint 2003 应用程序，打开一个空白演示文稿。

(2) 在任务窗格中打开【开始工作】下拉列表框，选择【新建演示文稿】命令。

(3) 在打开【新建演示文稿】任务窗格的【模板】选项区域中单击【本机上的模板】链接，打开【新建演示文稿】对话框。

(4) 在对话框中选择自定义添加的 A2 选项，单击【确定】按钮，将其应用到当前幻灯片中，如图 5-98 所示。

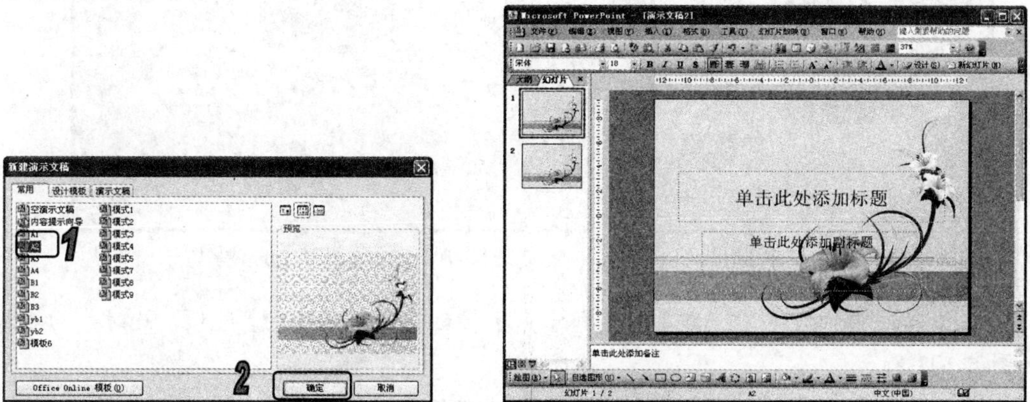

图 5-98　在演示文稿中使用模板

(5) 在第 1 张幻灯片中输入标题文字“第 16 届建筑装饰博览会”，设置文字字体为【华文彩云】，字号为 54，字型为【加粗】，字体效果为【阴影】，并调节占位符的位置。删除【单击此处添加副标题】文本占位符，此时，幻灯片效果如图 5-99 所示。

(6) 在【绘图】工具栏中选择【自选图形】|【星与旗帜】|【双波形】命令，在幻灯片中绘制双波形图形，并调整其在幻灯片中的位置和大小，如图 5-100 所示。。

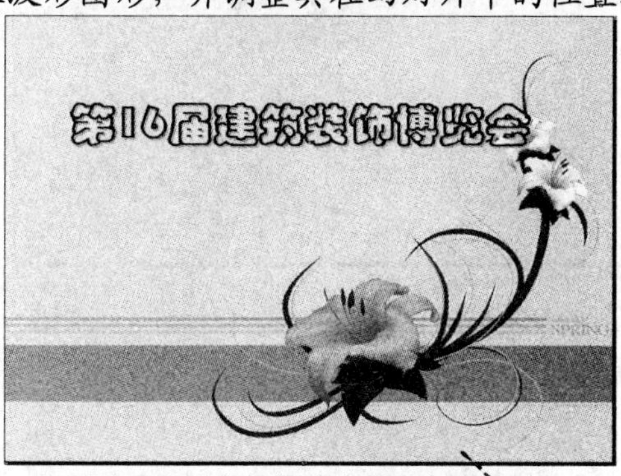

图 5-99　在幻灯片中输入标题文字

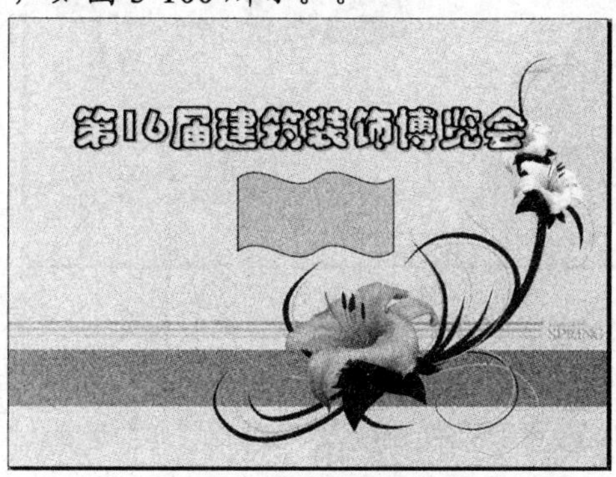

图 5-100　绘制图形

(7) 选中绘制的图形，单击【填充颜色】按钮，在弹出的菜单中选择【其他填充颜色】命令，在【标准】选项卡中选择如图 5-101 所示的颜色。

(8) 单击【确定】按钮，此时，双波形图形的填充颜色自动更改为制定的颜色。

(9) 右击双波形图形，在弹出的快捷菜单中选择【编辑文本】命令，此时，图形中出现闪烁的光标。

(10) 在光标处输入 16，设置文字字体为【华文彩云】，字号为 80，字型为【加粗】，如图 5-102 所示。

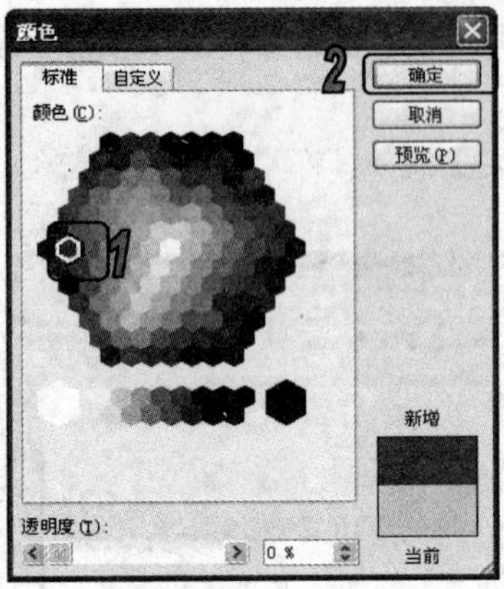

图 5-101　选择颜色

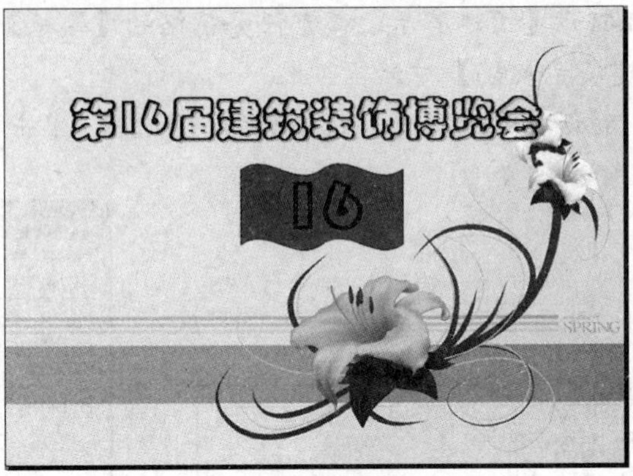

图 5-102　设置图形中的文字样式

(11) 选中图形中的数字 16，单击【字体颜色】按钮，选择【黄色】选项，此时，幻灯片的效果如图 5-103 所示。

(12) 在【绘图】工具栏上选择【自选图形】|【其他自选图形】命令，在打开的【剪贴画】任务窗格的选项列表中单击所需的图片，将其插入到幻灯片中，此时，调整其在幻灯片中的位置，如图 5-104 所示。

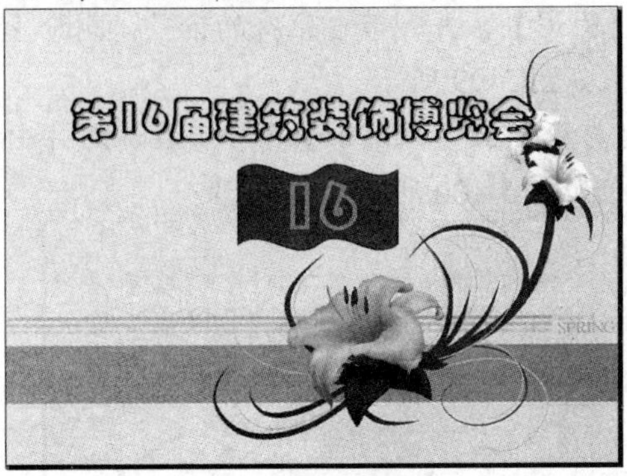

图 5-103　设置文字颜色

图 5-104　插入剪贴画

(13) 选中插入的剪贴画，单击【填充颜色】按钮右侧的下拉箭头，在打开的菜单中选择【填充效果】命令，打开【填充效果】对话框。

(14) 在【颜色】选项区域中选中【双色】单选按钮，在【颜色 1】下拉列表框中选择【淡蓝色】选项，在【颜色 2】下拉列表框中选择【黄色】选项；在【底纹样式】选项区域中选中【斜上】单选按钮，如图 5-105 所示。

(15) 单击【确定】按钮，此时，插入的图形效果如图 5-106 所示。

(16) 选中图片，单击【阴影样式】按钮，在弹出的列表中选择如图 5-107 所示的样式，此时，幻灯片的效果如图 5-108 所示。

提示

右击剪贴画，从弹出的快捷菜单中选择【设置自选图形格式】命令，打开【设置自选图形格式】对话框。在该对话框中同样也可以设置剪贴画的填充效果。

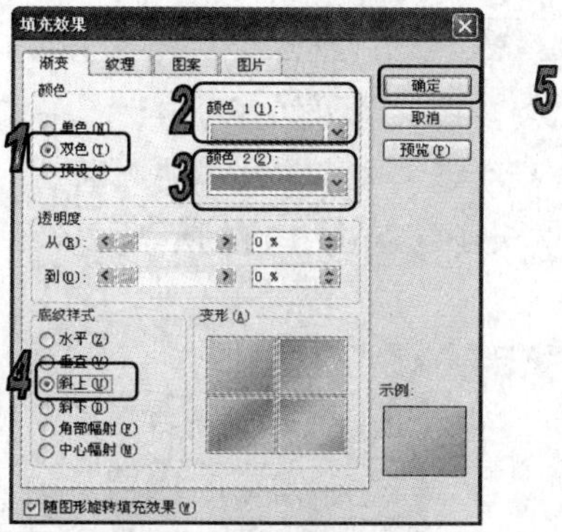

图 5-105　【填充效果】对话框

图 5-106　显示填充效果后的图片

图 5-107　选择阴影样式

图 5-108　显示阴影效果

(17) 在幻灯片预览窗口中选择第 2 张幻灯片缩略图，将其显示在幻灯片编辑窗口中。

(18) 在【单击此处添加标题】文本占位符中输入文字“建筑装饰展览(一)”，设置文字字体为【华文琥珀】，字号为 48，字体对齐方式为【左对齐】，并删除【单击此处添加文本】文本占位符。

(19) 选择【插入】|【图片】|【来自文件】命令，在打开的【插入图片】对话框中选择需要插入的图片，单击【插入】按钮，此时，幻灯片效果如图 5-109 所示。

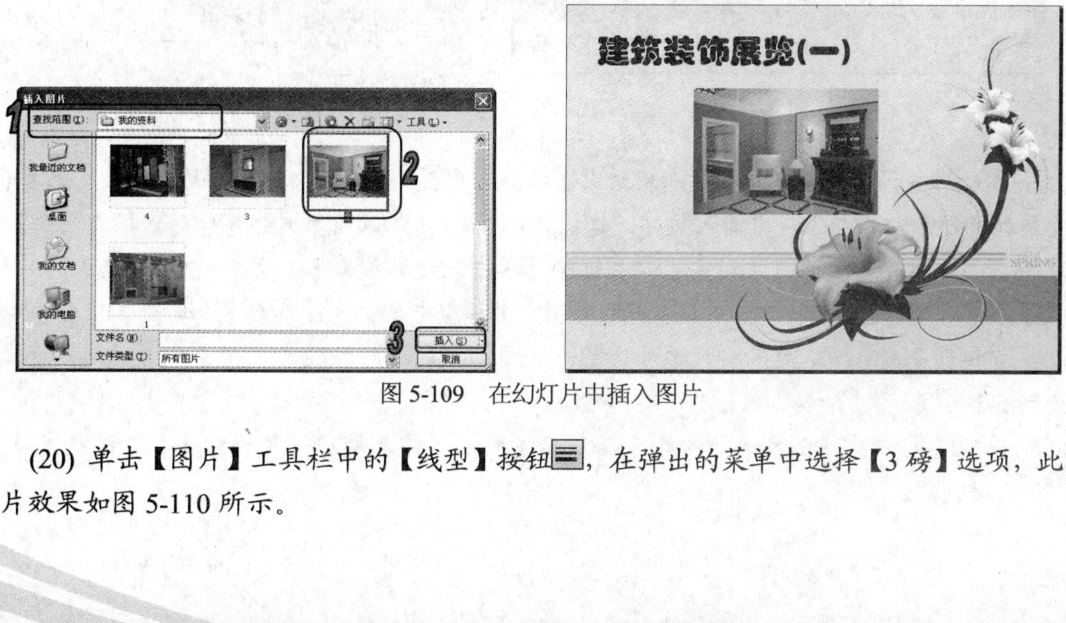

图 5-109　在幻灯片中插入图片

(20) 单击【图片】工具栏中的【线型】按钮，在弹出的菜单中选择【3 磅】选项，此时，图片效果如图 5-110 所示。

(21) 在幻灯片预览窗口中单击【新幻灯片】按钮，插入一张新幻灯片，在【单击此处添加标题】文本占位符中输入文字“建筑装饰展览(二)”，设置文字字体为【华文琥珀】，字号为 48，字体对齐方式为【左对齐】，并删除【单击此处添加文本】文本占位符。

(22) 参照步骤(19)，在幻灯片中插入图片，并调整其大小，如图 5-111 所示。

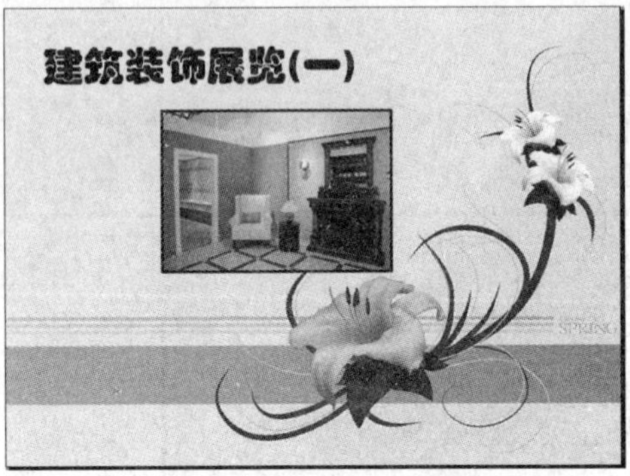

图 5-110　添加图片边框

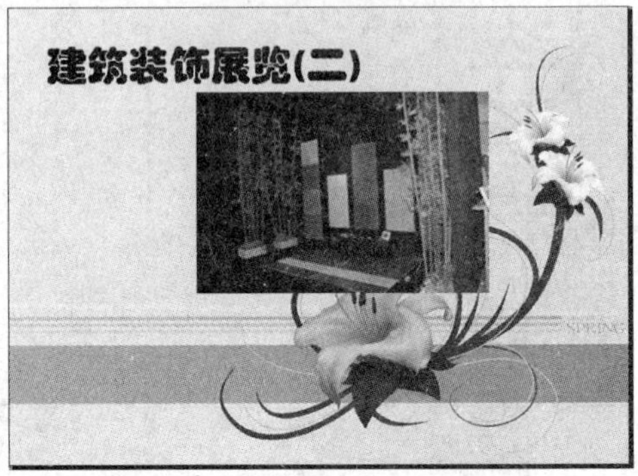

图 5-111　插入第 2 张图片

(23) 在【图片】工具栏中单击两次【增加亮度】按钮，调节图片的亮度，单击【线型】按钮，在弹出的菜单中选择【3 磅】选项，然后在【绘图】工具栏上单击【线条颜色】按钮，在弹出的列表中选择【绿色】选项，此时，图片效果如图 5-112 所示。

图 5-112　设置图片效果

提示

要使添加到幻灯片中的图片更为美观，用户还可以调整图片的旋转角度。拖动图片周围的绿色旋转控制点，或单击【图片】工具栏中的【向左旋转 90°】按钮均可实现图片的旋转。

(24) 在幻灯片预览窗口中单击【新幻灯片】按钮，插入另一张新幻灯片，在【单击此处添加标题】文本占位符中输入文字“建筑装饰展览(三)”，设置文字字体为【华文琥珀】，字号为 48，字体对齐方式为【左对齐】，并删除【单击此处添加文本】文本占位符。。

(25) 参照步骤(19)，在幻灯片中插入两张图片，并调整它们的大小和位置，如图 5-113 所示。

(26) 参照步骤(20)，为两张图片添加边框，并拖动绿色旋转控制点，使它们显示不同的角度，如图 5-114 所示。

(27) 选择【文件】|【另存为】命令，将演示文稿以文件名“建筑装饰博览会”进行保存。

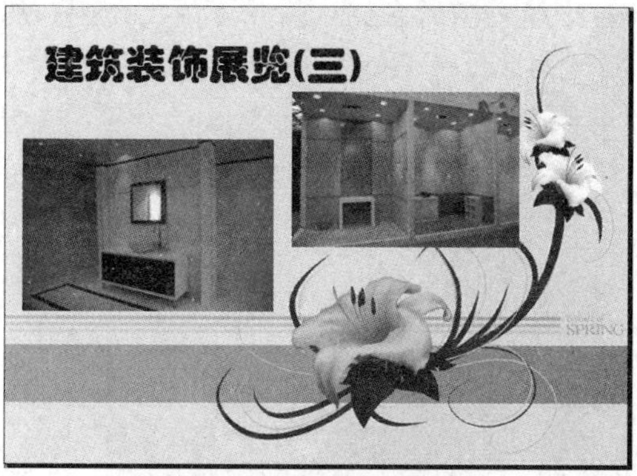

图 5-113　插入最后 2 张图片

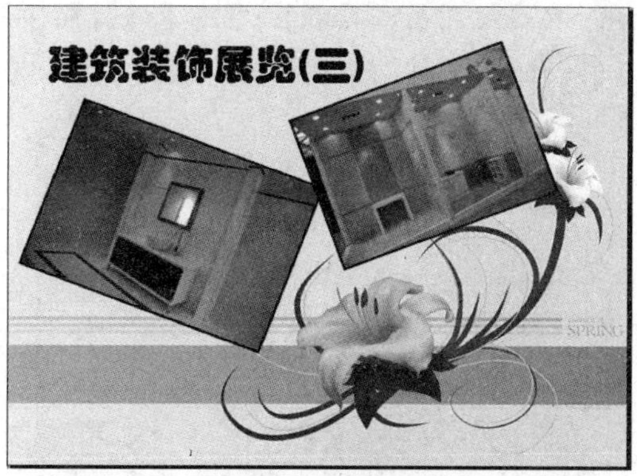

图 5-114　显示设置样式后的幻灯片

5.7.2　学园广告

创建一个名为“学园广告”的演示文稿，在演示文稿中使用绘图工具绘制各种图形，并巩固编辑图形的基本方法。

(1) 启动 PowerPoint 2003 应用程序，打开一个空白演示文稿。

(2) 在任务窗格中打开【开始工作】下拉列表框，选择【新建演示文稿】命令。

(3) 在打开【新建演示文稿】任务窗格的【模板】选项区域中单击【本机上的模板】链接，打开【新建演示文稿】对话框。

(4) 在对话框中选择自定义添加的【模式 3】选项，单击【确定】按钮，将其应用到当前幻灯片中，如图 5-115 所示。

图 5-115　在演示文稿中应用自定义模板

(5) 在默认打开的第 1 张幻灯片中输入标题文字“落根托儿所”，设置文字字体为【华文彩云】，字号为 60，字型为【加粗】，字体效果为【阴影】，字体颜色为【蓝色】，并删除【单击此处添加副标题】文本占位符，调整标题占位符位置后的幻灯片效果如图 5-116 所示。

(6) 在【绘图】工具栏中选择【椭圆】按钮○，在标题文字的左侧从左往右依次绘制如图 5-117 所示的 5 个椭圆形图形。

图 5-116　在幻灯片中输入标题文字

图 5-117　在幻灯片中绘制椭圆形图形

(7) 依次调整椭圆形图形的大小和位置。选中最左侧的椭圆形图形，选择【格式】|【自选图形】命令，打开【设置自选图形】格式对话框。

(8) 切换到【尺寸】选项卡，在【尺寸和旋转】选项区域的【旋转】文本框中输入 10°，如图 5-118 所示。

(9) 单击【确定】按钮，此时，幻灯片中图形效果如图 5-119 所示。

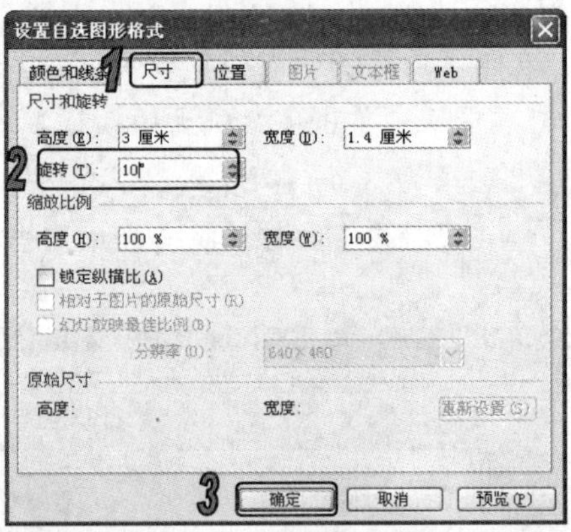

图 5-118　【设置自选图形格式】对话框

图 5-119　调整图形角度

(10) 选中最右侧的椭圆形图形，参照步骤(7)~(8)，在【旋转】文本框中输入-10°，单击【确定】按钮。

提示

当在【旋转】文本框中输入的数值为正数，则图形将顺时针方向旋转；当输入的数值为负数，则图形将逆时针方向旋转。

(11) 使用【绘图】工具栏上的【填充颜色】工具按钮，将 5 个椭圆形图形从左往右依次填充为【深红色】、【淡蓝色】、【紫色】、【金色】和【深蓝色】，如图 5-120 所示。

(12) 选中位于中间位置的紫颜色椭圆图形，在绘图工具栏中选择【绘图】|【叠放次序】|【下移一层】命令，将该图形放置于其左侧淡蓝色椭圆图形的下方，如图 5-121 所示。

图 5-120　为图形填充颜色

图 5-121　设置图形的叠放次序

(13) 在幻灯片中右击深蓝色椭圆图形，在弹出的快捷菜单中选择【叠放次序】|【置于底层】命令，将该图形放置于所有图形的下方。

(14) 同时选中绘制的 5 个椭圆形图形，在【绘图】工具栏中选择【绘图】|【组合】命令，将它们组合为一个图形，如图 5-122 所示。

(15) 选中组合图形，按住 Shift 键逆时针方向拖动其上方的绿色旋转控制点，使其逆时针旋转 30°，如图 5-123 所示。

图 5-122　将多个图形组合为整体

图 5-123　逆时针旋转图形

知识点

如果在拖动绿色控制点旋转图形的同时按下 Shift 键，则可以实现 15°、30°、45°、60°、75°等以 15°为倍数的角度旋转。

(16) 在【绘图】工具栏中选择【自选图形】|【基本形状】|【心形】命令，在幻灯片中绘制如图 5-124 所示的心形图形。

(17) 选中该心形图形，单击【绘图】工具栏中【填充颜色】按钮右侧的下拉箭头，在打开的菜单中选择【无填充颜色】命令。

(18) 右击心形图形边框，在弹出的快捷菜单中选择【添加文本】命令，在心形图形中添加文字“宝宝的爱心摇篮”，设置文字字体为【华文琥珀】，字型为【加粗】，如图 5-125 所示。

图 5-124　绘制新月形图形

图 5-125　在图形中添加文字

(19) 选中组合后的图形，单击【三维效果样式】按钮，在打开的菜单中选择【三维样式 5】选项，为图形添加三维样式，如图 5-126 所示。

(20) 右击心形图形边框，在弹出的快捷菜单中选择【设置自选图形格式】命令，在打开的【设置自选图形格式】对话框中设置填充【无颜色】，线条颜色为【灰色】，线条细粗为【3 磅】，此时，幻灯片的效果如图 5-127 所示。

图 5-126　设置图形的三维样式

图 5-127　设置线型和线条颜色

(21) 在幻灯片预览窗格中选择第 2 张幻灯片缩略图，将其显示在幻灯片编辑窗口中。

(22) 在两个文本占位符中分别输入文字，设置标题文字字体为【华文行楷】，字号为 54，字型为【加粗】，字体效果为【阴影】；设置正文文字字体为【宋体】，字型为【加粗】，如图 5-128 所示。

(23) 在幻灯片中绘制一个长方形图形和一个三角形图形，分别将其填充为【深红色】和【金色】，并将它们组和为一个图形，如图 5-129 所示。

(24) 调整该图形，在幻灯片中复制粘贴多个与之相同的图形，并调整它们的角度和大小，使得幻灯片效果如图 5-130 所示。

(25) 在【绘图】工具栏中选择【自选图形】|【星与旗帜】|【十字星形】命令，在幻灯片中绘制如图 5-131 所示的星形图形。

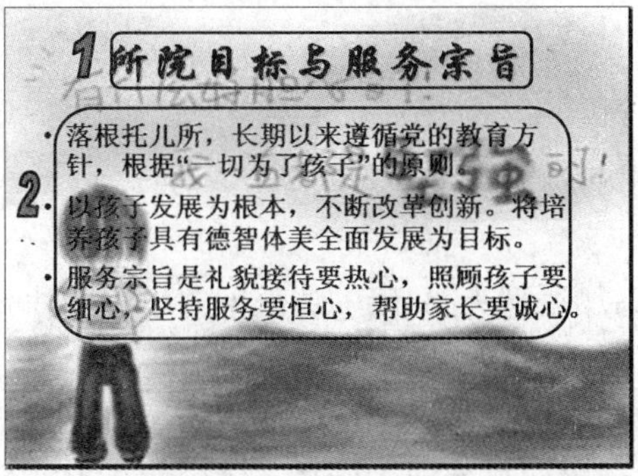

图 5-128 在占位符中输入文字

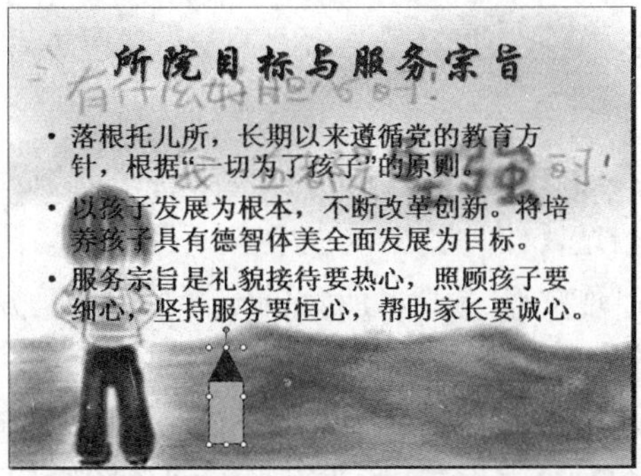

图 5-129 在幻灯片中绘制图形

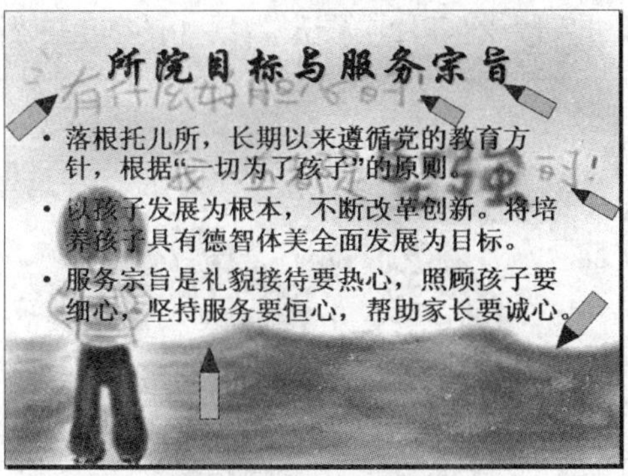

图 5-130 复制粘贴图形

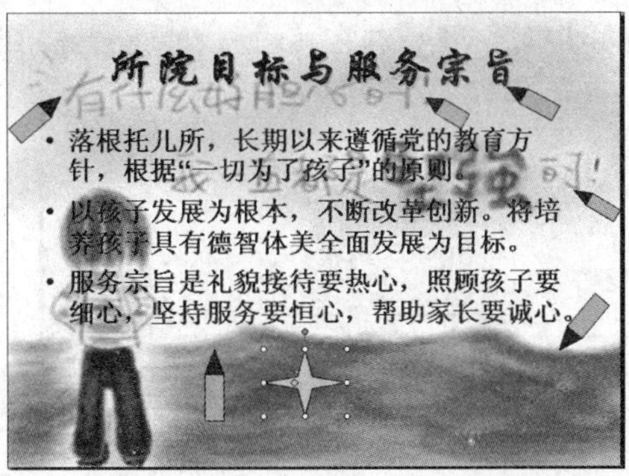

图 5-131 绘制十字星形图形

(26) 向外拖动星形图形内部的黄色形状控制点，调整其形状。单击【填充颜色】按钮右侧的下拉箭头，在打开的菜单中选择【填充效果】命令，设置【渐变】选项卡属性如图 5-132 所示。其中设置【颜色 1】为【深红色】，设置【颜色 2】为【灰色】。

(27) 单击【确定】按钮，此时，图形颜色变为指定的效果。

(28) 在幻灯片中复制粘贴多个星形图形，并调整它们的大小和位置，使得幻灯片效果如图 5-133 所示。

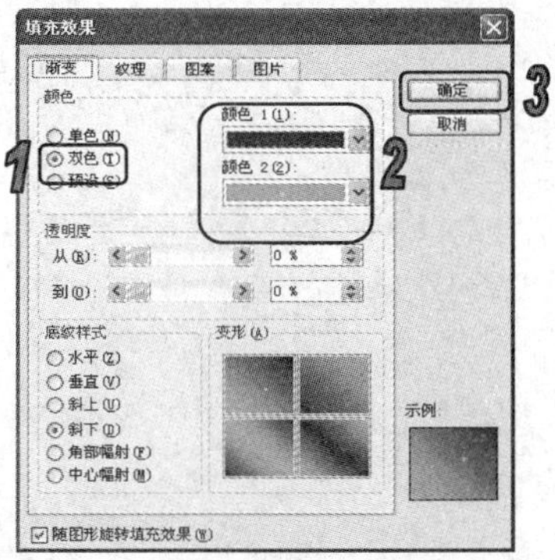

图 5-132 设置【渐变】选项卡属性

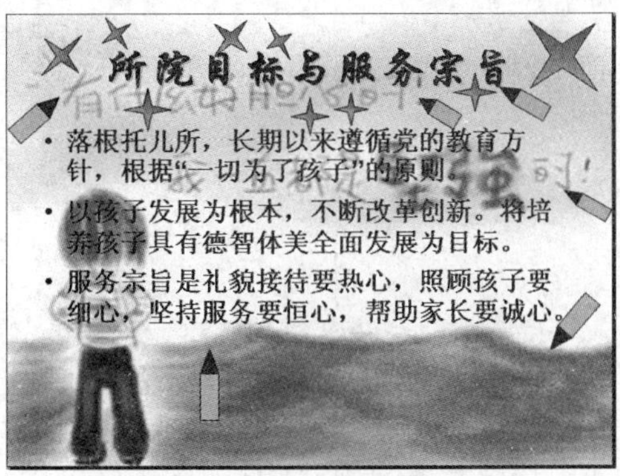

图 5-133 复制粘贴图形

(29) 选择【文件】|【另存为】命令，将演示文稿以文件名“学园广告”进行保存。

5.8 习题

1. 简述【插入图片】对话框中各个选项及按钮的功能。

2. 简述【图片】工具栏中各工具按钮的作用。

3. 制作如图 5-134 所示的幻灯片，为剪贴画添加线型为 3 磅的边框，并设置图片亮度为 30%，图片翻转方式为【水平翻转】。

4. 使用【同心圆】工具和【燕尾形】工具绘制图形，并在图形中添加文字。其中同心圆的颜色从左往右依次为蓝色、绿色和红色，燕尾形图形的填充颜色为【银灰色】。将 3 个同心圆组合为一个图形，设置三维效果样式为【三维样式 5】；设置两个燕尾形图形的阴影效果为【阴影样式 7】，并将其阴影效果向上移 10 次，此时，幻灯片中图形效果如图 5-135 所示。

图 5-134 设置剪贴画属性

图 5-135 设置图形格式

第6章 美化幻灯片

学习目标

PowerPoint 提供了大量的模板预设格式，用户应用这些格式，可以轻松地制作出具有专业效果的幻灯片演示文稿，以及备注和讲义演示文稿。预设格式包括设计模板、主题颜色以及幻灯片版式等内容。本章首先介绍了 PowerPoint 3 种母版的视图模式以及更改和编辑幻灯片母版的方法，接下来介绍了设置主题颜色和背景样式的基本步骤以及使用页眉页脚、网格线、标尺等版面元素的方法。

本章重点

- 设置与管理幻灯片母版
- 更改幻灯片的背景样式
- 更改幻灯片的主题
- 使用幻灯片的版面元素

6.1 母版简介

母版是演示文稿中所有幻灯片或页面格式的底板，即样式，它包括所有幻灯片具有的公共属性和布局信息。PowerPoint 2003 包含幻灯片母版、讲义母版和备注母版 3 种。用户在设计演示文稿时，可以修改幻灯片母版、讲义母版和备注母版，使制作出来的演示文稿具有统一的风格或更能适合用户的需要。当需要设置幻灯片风格时，可以在幻灯片母版视图中进行设置；当需要将演示文稿以讲义形式打印输出时，可以在讲义母版中进行设置；当需要在演示文稿中插入备注内容时，可以在备注母版中进行设置。

6.1.1 幻灯片母版

设计模板的一个元素是幻灯片母版，用于存储模板信息。幻灯片母版中的信息包括字形、占位符大小和位置、背景设计和配色方案。用户通过更改这些信息，近而可以更改整个演示文稿中幻灯片的外观。

选择【视图】|【母版】|【幻灯片母版】命令，打开幻灯片母版视图，如图 6-1 所示。在幻灯片母版视图下，原来幻灯片中可以插入信息的位置，都有一个占位符，一般都称之为区，用于容纳幻灯片中的内容，如标题区、副标题区和页脚区等。这些占位符的位置及其属性，决定了应用该母版的幻灯片的外观属性。用户在这里更改了占位符的大小、位置和其中的文字的外观属性等，将会放映到所以应用该母版的幻灯片中。

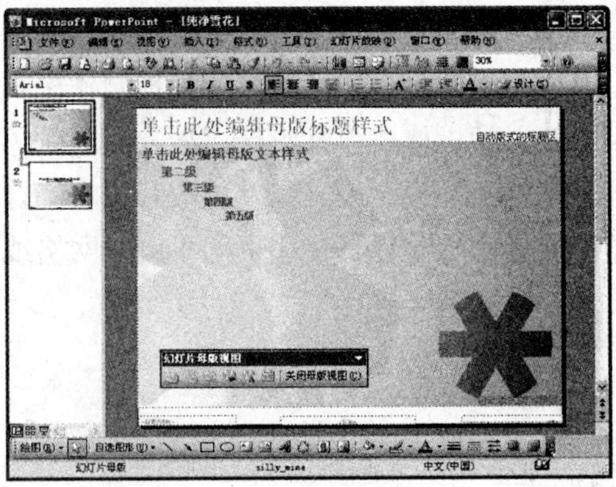

图 6-1　幻灯片母版视图

> **提示**
>
> 在幻灯片母版视图下更改占位符的属性及编辑占位符中的文本的方法与在幻灯片中的更改和编辑方法完全相同。

打开幻灯片母版视图后，PowerPoint 会自动显示【幻灯片母版视图】工具栏，供用户选择命令，各按钮的主要功能如下。

- 【插入新幻灯片母版】按钮：单击该按钮，可以在幻灯片母版视图中插入一个新的幻灯片母版。一般情况下，幻灯片母版中包含有幻灯片内容母版和幻灯片标题母版。
- 【插入新标题母版】按钮：单击该按钮，可以幻灯片母版视图中插入一个新的标题母版。
- 【删除母版】按钮：单击该按钮，可删除当前母版。
- 【保护母版】按钮：单击该按钮，可将当前母版设置为保护状态，保护母版当前的状态不被改变。
- 【重命名母版】按钮：单击该按钮，打开【重命名母版】对话框，允许用户更改当前模板的名称。
- 【母版版式】按钮：单击该按钮，打开【母版版式】对话框，用以恢复用户在母版中删除了的占位符。当用户在幻灯片母版中删除【日期】和【页脚】占位符后，【母版版式】中的【日期】和【页脚】复选框被激活，选中这两个复选框，单击【确定】按钮，即可恢复用户在幻灯片母版中删除的占位符。

6.1.2 讲义母版

讲义母版是为制作讲义而准备的。演示文稿讲义一般用于打印，所以讲义母版的设置，大多和打印页面相关。选择【视图】|【母版】|【讲义母版】命令，打开讲义母版视图，如图 6-2 所示。在讲义母版中可以设置或修改的元素不多，主要是设置每页纸打印的幻灯片的张数和位置，可通过【讲义母版视图】工具栏上的按钮实现。

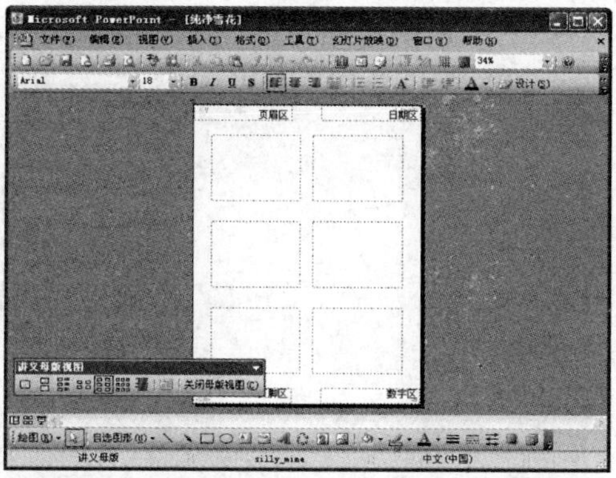

图 6-2　讲义母版视图

知识点

在讲义母版中插入新的对象或者更改版式时，新的页面效果不会反映在其他母版视图中。

在图 6-2 所示的界面中，用户看不到幻灯片在讲义中的显示效果，此时可以通过打印预览功能查看效果。选择【文件】|【打印预览】命令，在打开的打印预览窗口中进行查看，如图 6-3 所示。

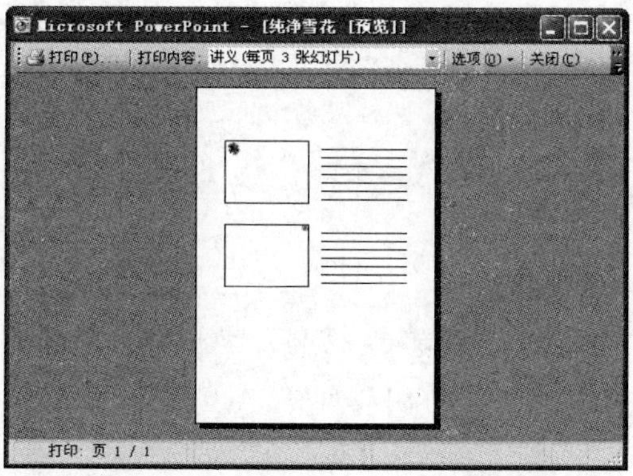

图 6-3　使用打印预览功能查看讲义效果

提示

在 PowerPoint 中可以打印的讲义版式有每页 1 张、2 张、3 张、4 张、6 张、9 张及大纲模式等 7 种版式。另外，用户还可以设置讲义页面中的页眉和页脚的位置、大小及文字外观等属性。设置方法与在幻灯片中设置占位符属性方法完全相同。

6.1.3 备注母版

备注母版主要用于设置幻灯片的备注格式，一般也用来打印输出，所以备注母版的设置大多也和打印页面有关。选择【视图】|【母版】|【备注母版】命令，打开备注母版视图，如图

6-4 所示。

在备注母版视图中，用户可以设置或修改幻灯片内容、备注内容及页眉页脚内容在页面中的位置、比例及外观等属性。

单击备注母版上方的幻灯片内容区，其周围将出现 8 个白色的控制点，如图 6-4 所示。此时可以使用鼠标拖动幻灯片内容区域设置在备注页中的位置。

单击备注文本框边框，此时该文本框周围也将出现 8 个白色的控制点，如图 6-5 所示。用户可以拖动该占位符调整备注文本在页面中的位置；拖动占位符控制点，可以调整备注页文本区在页面中的大小。

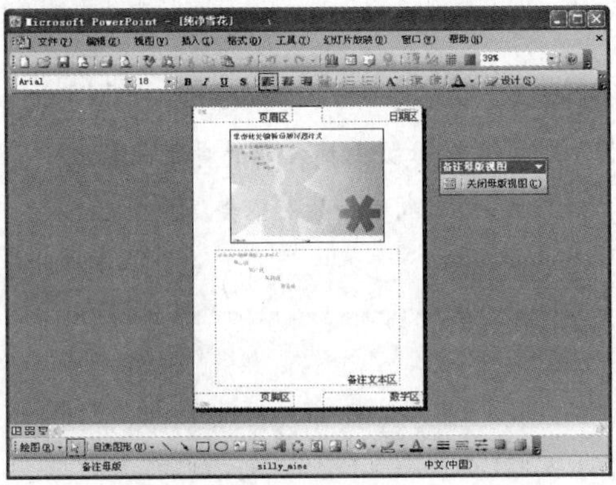

图 6-4　备注母版视图

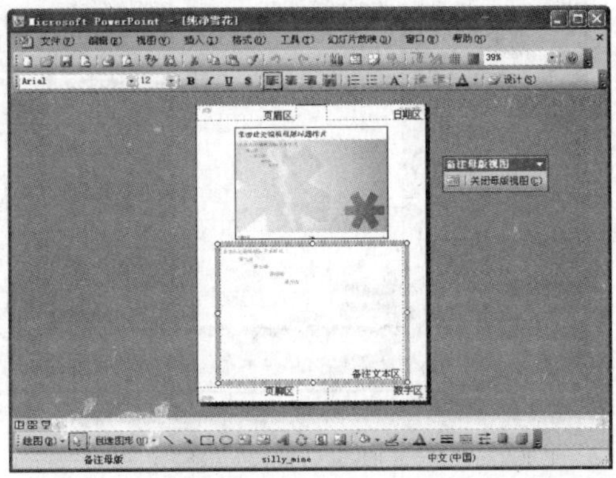

图 6-5　选中备注文本框

提示

无论在幻灯片母版视图、讲义母版视图还是备注母版视图中，如果要返回到普通模式，只需要在各自打开的工具栏中单击【关闭母版视图】按钮 关闭母版视图(C) 即可。

6.2　设置幻灯片母版

幻灯片母版决定着幻灯片的外观，用于设置幻灯片的标题、正文文字等样式，包括字体、字号、字体颜色及阴影等效果；也可以设置幻灯片的背景、页眉页脚等。即幻灯片母版可以为所有幻灯片设置默认的版式。

6.2.1　更改母版版式

在 PowerPoint 2003 中创建的演示文稿都带有默认的版式，这些版式一方面决定了占位符、文本框、图片以及图表等内容在幻灯片中的位置，另一方面也决定了幻灯片中文本的样式。在幻灯片母版视图中，用户可以按照需要更改母版版式。

在普通视图中，选择【格式】|【幻灯片设计】命令，打开【幻灯片设计】任务窗格。在【幻

灯片设计】窗格的【应用设计模板】列表框中找到合适的模板后，将鼠标移至该模板上方，单击该模板，将该模板样式应用到当前演示文稿中，如图 6-6 所示。

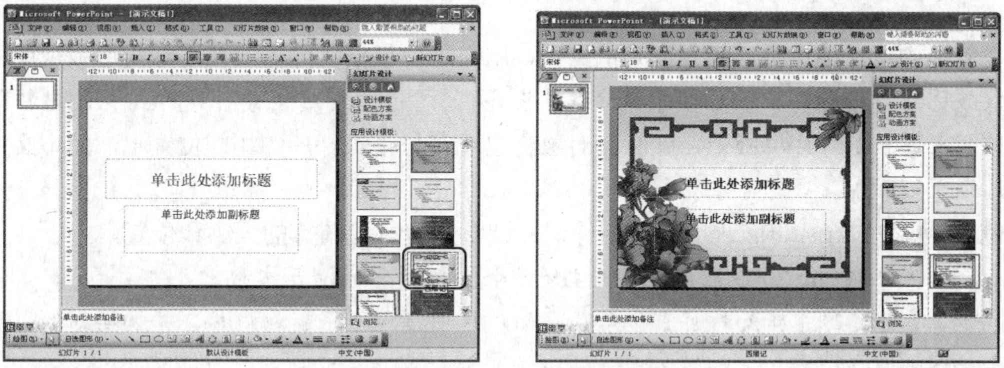

图 6-6　在幻灯片中应用模板

选择【视图】|【母版】|【幻灯片母版】命令，将当前演示文稿切换到幻灯片母版视图，如图 6-7 所示。模板中各个对象的外观可以通过修改母版来进行修改。例如，选中【单击此处编辑母版标题样式】占位符，在格式工具栏中设置文字标题样式的字体为【华文隶书】，字号为 48，字体颜色为【橘黄】，字型为【加粗】，文本对齐方式为【居中】；选中【单击此处编辑副标题样式】占位符，在格式工具栏中设置文字副标题样式的字号为 36，字型为【加粗】，文本对齐方式为【左对齐】，此时，幻灯片母版视图效果如图 6-8 所示。

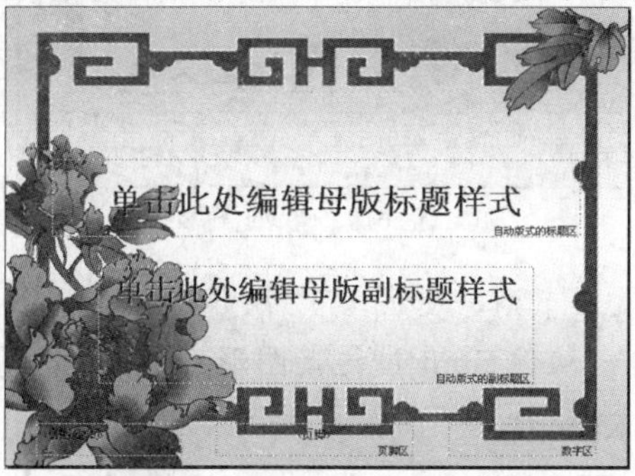

图 6-7　切换到幻灯片视图

图 6-8　更改母版中的文字格式

在【幻灯片母版视图】工具栏中单击【关闭母版视图】按钮，返回到普通视图模式下，此时在幻灯片文本占位符中输入如图 6-9 所示的文字。

图 6-9　在占位符中输入文字

提示

如果需要在多张幻灯片中使用相同属性的文字，那么在母版中设置占位符属性，可以减少重复设置文字属性的操作。

6.2.2 编辑背景图片

一个精美的设计模板需要背景图片的修饰，用户可以根据实际需要在幻灯片母版视图中添加、删除或移动背景图片。例如要求某个艺术图形(公司名称或徽标等)出现在每张幻灯片中，只需将该图形置于幻灯片母版上，此时该对象将出现在每张幻灯片的相同位置上，而不必在每张幻灯片中重复添加。

【例 6-1】在幻灯片母版视图添加图片，并调整原有背景图片的大小和位置。

(1) 启动 PowerPoint 2003 应用程序，打开如图 6-9 所示的演示文稿。

(2) 选择【插入】|【新幻灯片】命令，在幻灯片中插入一张新幻灯片，并切换到幻灯片母版视图，如图 6-10 所示。

(3) 选中幻灯片母版视图中的背景图片，右击，在弹出的快捷菜单中选择【组合】|【取消组合】命令，如图 6-11 所示。

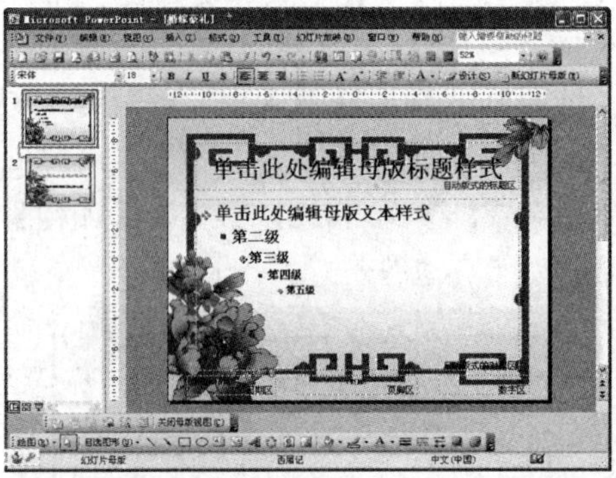

图 6-10　显示幻灯片母版视图

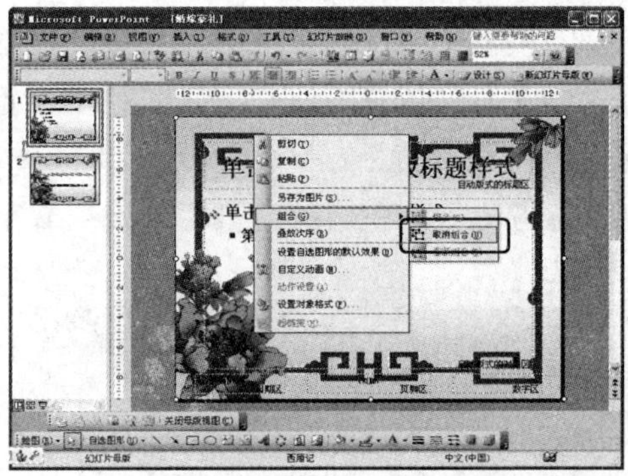

图 6-11　选择命令取消图形组合

(4) 选中最右上角的叶子图形，将它们调整到最左下角，如图 6-12 所示。

(5) 选中左侧的小花图形，将其拖放到最右上角，按住 Shift 键拖动图形右下角的白色控制点，放大小花形图形，使得幻灯片母版视图如图 6-13 所示。

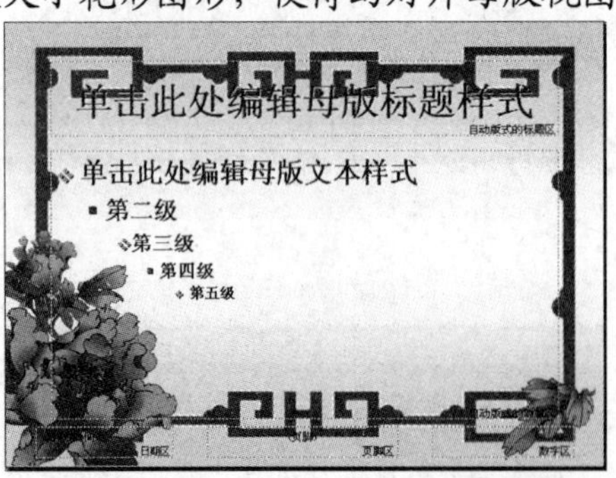

图 6-12　调整母版中背景图片的位置

图 6-13　调整母版中背景图片的大小

(6) 在幻灯片母版视图中粘贴一张图片，调整该图片的大小和位置。在【绘图】工具栏中选择【绘图】|【叠放次序】|【置于底层】命令，此时，母版效果如图 6-14 所示。

(7) 在功能区单击【关闭母版视图】按钮，返回到普通视图模式。

(8) 在【单击此处添加标题】文本占位符中输入文字“超级嫁妆免费送”，设置文字字体为【华文彩云】、字体颜色为【红色】、字型为【加粗】，字体效果为【阴影】。

(9) 在【单击此处添加文本】文本占位符中输入如图 6-15 所示的文字。

(10) 选择【文件】|【另存为】命令，将该演示文稿以文件名“婚嫁豪礼”进行保存。

图 6-14　在幻灯片母版视图中添加图片

图 6-15　在占位符中输入文字

知识点

母版设置了幻灯片的标题和文本的格式与位置，其作用是统一规定幻灯片的版式。因此，对幻灯片母版的更改会直接影响所有基于该母版的幻灯片。

6.3　设置 PowerPoint 配色方案

PowerPoint 2003 为每种设计模板提供了多种不同的配色方案，用户可以根据需要选择不同的颜色来设计演示文稿。PowerPoint 2003 的背景样式功能可以控制母版中的背景图片是否显示，以及幻灯片背景颜色的显示样式.

6.3.1　更改幻灯片的背景样式

在设计演示文稿时，用户除了可以在母版中更改幻灯片的背景样式外，还可以根据需要任意更改幻灯片的背景颜色和背景设计，例如，删除幻灯片中的设计元素、添加底纹、图案、纹理或图片等。

1. 忽略背景图形

选择【格式】|【背景】命令，打开【背景】对话框。当不需要某张幻灯片出现设计模板默认的背景图形时，可以在该对话框中选中【忽略母版的背景图形】复选框，如图 6-16 所示。

如图 6-17 所示的就是将幻灯片的背景图形忽略后的效果。

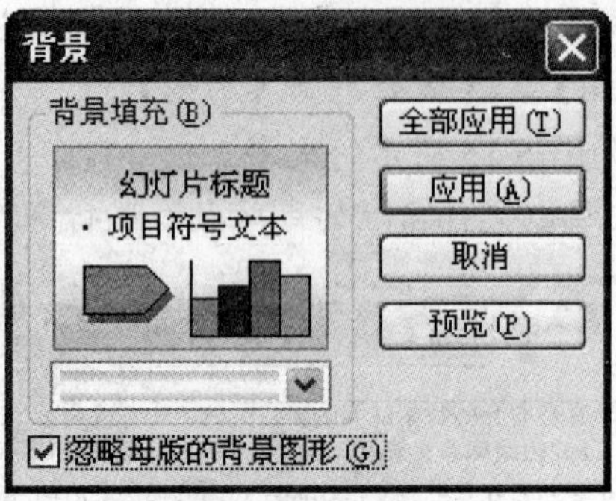

图 6-16 【背景】对话框

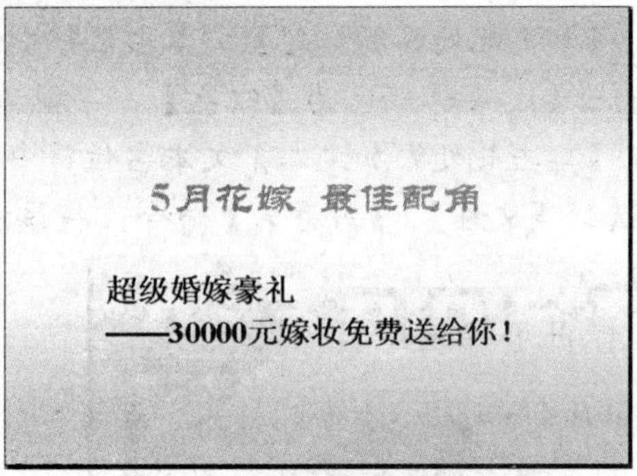

图 6-17 忽略母版背景图形

提示

如果用户需要忽略演示文稿中所有幻灯片的背景，那么可以在选中【忽略母版的背景图形】复选框后，单击【全部应用】按钮。如果单击【应用】按钮，则只对选中的幻灯片进行忽略母版背景图形操作。

2. 更改背景样式

PowerPoint 提供的背景样式无法满足用户需要，可以在【背景】对话框中为幻灯片设置填充颜色、填充样式、渐变及纹理格式等。

选择【格式】|【背景】命令，打开【背景】对话框。在对话框中单击【背景填充】下拉列表框，在打开的菜单中选择【填充效果】命令(如图 6-18 所示)，此时打开【填充效果】对话框，切换到【图案】选项卡，在【图案】选项区域中选择第 6 行第 4 列的样式，并在【背景】下拉列表中设置背景色为【淡蓝色】，如图 6-19 所示。

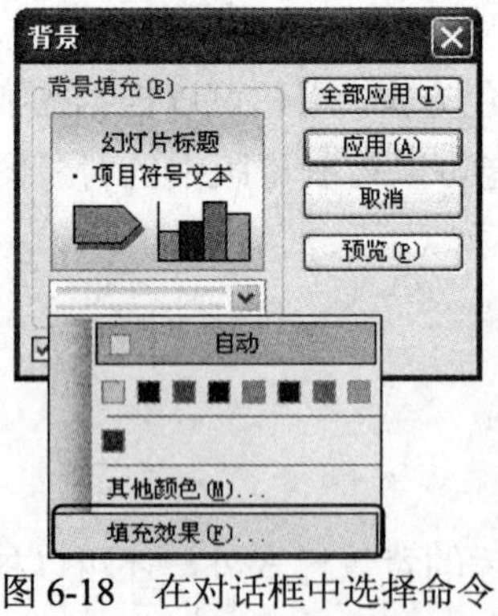

图 6-18 在对话框中选择命令

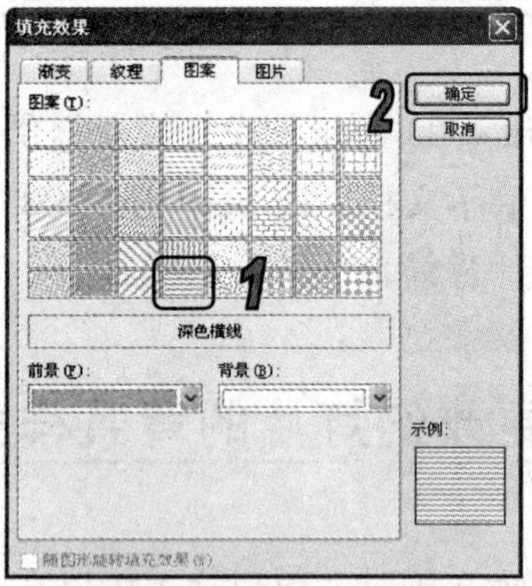

图 6-19 设置背景图案

单击【确定】按钮，返回到【背景】对话框，单击【应用】按钮，将设置的背景图案应用到当前幻灯片中，如图 6-20 所示。

知识点

用户可以在幻灯片背景中填充颜色、填充样式、渐变及纹理格式，其方法与设置占位符或文本框填充效果相同。此外，在演示文稿中，设置适当的背景需要掌握一定的技巧。当幻灯片背景为深色时，需要使用浅色文本；当幻灯片的背景为浅色时，需要使用深色文本。

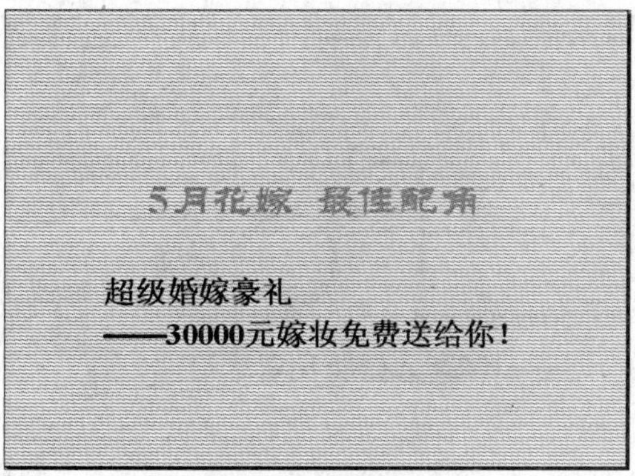

图 6-20 设置背景图

> **提示**
>
> 要为幻灯片背景设置渐变和纹理样式时，可以在【填充效果】对话框的【渐变】和【纹理】选项卡中进行设置。

3. 自定义幻灯片背景

当用户不满足于 PowerPoint 提供的背景图形时，可以自定义设置幻灯片背景，将需要的图片转变成幻灯片背景。

【例 6-2】将自定义图片设置为幻灯片背景。

(1) 启动 PowerPoint 2003 应用程序，打开“婚嫁豪礼”演示文稿。

(2) 在【填充效果】对话框中打开【图片】选项卡，如图 6-21 所示。

(3) 单击【选择图片】按钮，打开【选择图片】对话框，如图 6-22 所示。

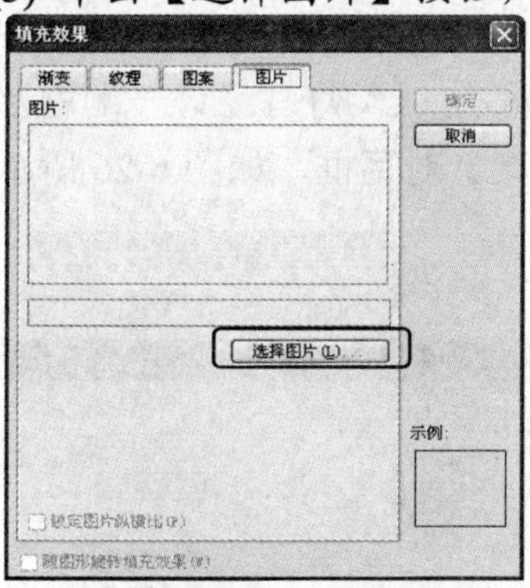

图 6-21 【图片】选项卡

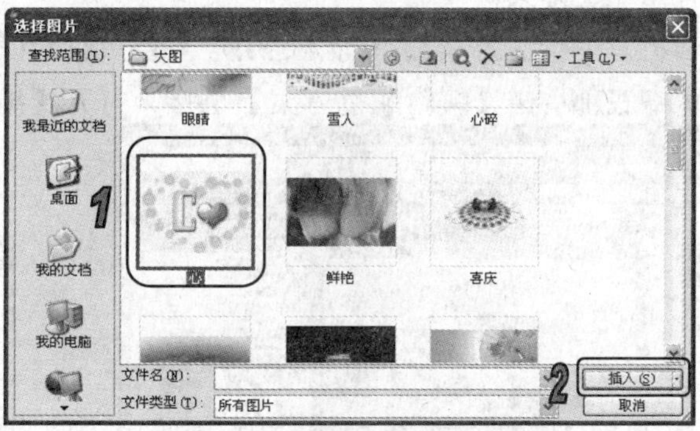

图 6-22 【选择图片】对话框

(4) 在【选择图片】对话框中选择需要的图片后，单击【插入】按钮，返回到【填充效果】对话框，如图 6-23 所示。

(5) 单击【确定】按钮，返回到【背景】对话框。然后单击【确定】按钮，将图片应用到当前幻灯片中，如图 6-24 所示。

(6) 单击【保存】按钮，将修改后的演示文稿进行保存。

> **提示**
>
> 在图 6-23 中，图片在设置为幻灯片的背景后，PowerPoint 会自动调整高和宽，使之适合幻灯片的高和宽。若用户希望图片在调整时保持原来高宽比例，可以选中该对话框底部的【锁定图片纵横比】复选框。

图 6-23　图片预览效果

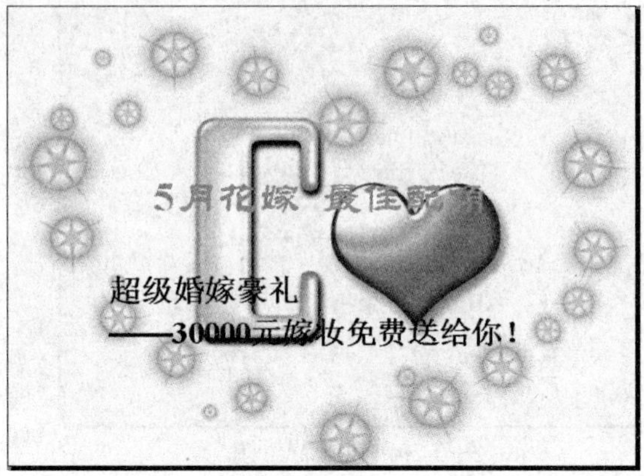

图 6-24　应用图片背景后的幻灯片效果

6.3.2　更改幻灯片配色方案

配色方案由幻灯片设计中使用的 8 种颜色组成，这 8 种颜色是预先设置好的谐调色，自动应用于背景、文本线条、阴影、标题文本、填充、强调和超链接。这些颜色的应用将使演示文稿更加鲜明易读。演示文稿的配色方案由所应用的设计模板决定，用户可以根据需要更改模板中原有的配色方案。

若已有的配色方案都不能满足用户需要，可以在如图 6-25 所示的【幻灯片设计—配色方案】任务窗格底部单击【编辑配色方案】链接，打开【编辑配色方案】对话框，如图 6-26 所示。

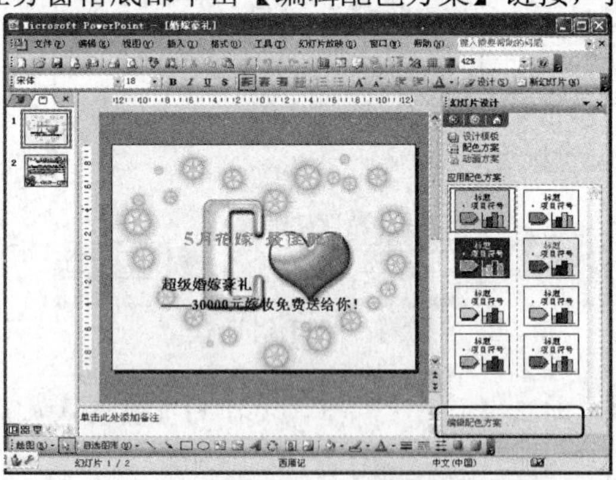

图 6-25　【幻灯片设计—配色方案】任务窗格

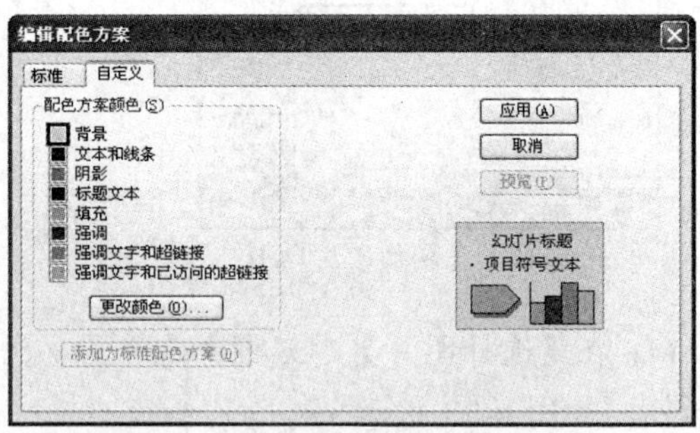

图 6-26　【编辑配色方案】对话框

在该对话框的【配色方案颜色】选项区域中列出了当前配色方案中的 8 种对象相对应的颜色，单击每种对象前的色块，然后单击【更改颜色】按钮，或直接双击色块，可以打开系统调色板，供用户设置该对象的颜色，如图 6-27 所示。

当用户更改了原来配色方案中的颜色后，可以单击【预览】按钮，观察应用修改后的配色方案后的效果，也可以单击【应用】按钮，将修改后的配色方案应用到幻灯片中，效果如图 6-28 所示。

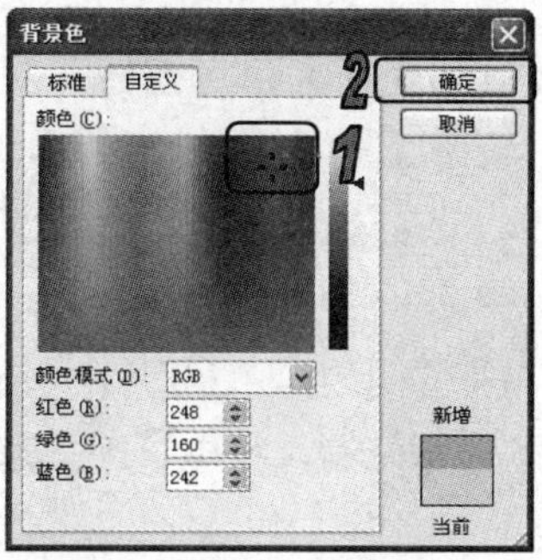

图 6-27　【强调文字颜色】对话框

图 6-28　应用配色方案后的幻灯片效果

提示

【幻灯片设计】任务窗格中列出了 PowerPoint 预先设置好的多种配色方案，用户可以直接单击需要的颜色，将其应用到当前幻灯片中。

6.4　使用幻灯片的版面元素

用户可以借助幻灯片的版面元素更好地设计演示文稿，如使用页眉和页脚在幻灯片中显示必要的信息，使用网格线和标尺定位对象等。

6.4.1　设置页眉和页脚

在制作幻灯片时，用户可以利用 PowerPoint 提供的页眉页脚功能，为每张幻灯片添加相对固定的信息，如在幻灯片的页脚处添加页码、时间及公司名称等内容。

选择【视图】|【页眉和页脚】命令，打开【页眉和页脚】对话框，如图 6-29 所示。

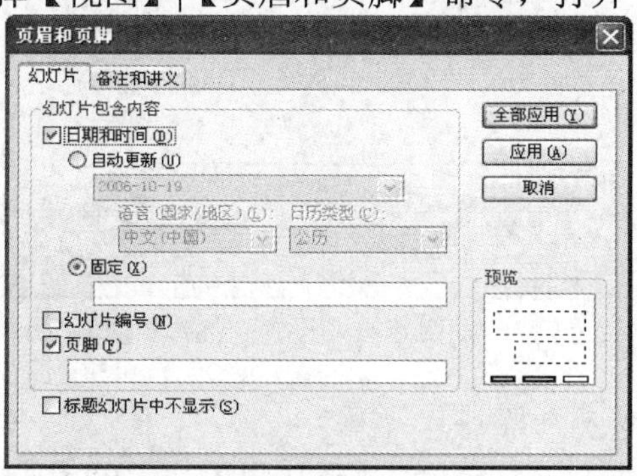

图 6-29　【页眉和页脚】对话框

提示

【页眉和页脚】对话框的【预览】窗格下方显示 3 个占位符，它们分别用来填写日期和时间、页脚以及幻灯片编号。

该对话框中各个选项的含义如下：

- 【日期和时间】复选框：选中该复选框，表示在幻灯片中显示日期和时间，此时该复选框下方的单选按钮变为可用状态。其中，选中【自动更新】单选按钮，可以在其下方的下拉列表框中选择日期和时间的显示格式；选中【固定】单选按钮，其下方的文本框将变为可输入状态，用户可以在其中输入自定义时间或其他需要显示的内容。
- 【幻灯片编号】复选框：选中该复选框，将在幻灯片中显示当前幻灯片的页码编号。
- 【页脚】复选框：选中该复选框，其下方的文本框将变为可输入状态，用户可以在文本框中输入公司名称或其他需要显示的内容。
- 【标题幻灯片中不显示】复选框：选中该复选框，演示文稿中的第一张幻灯片将不显示页眉和页脚。
- 【全部应用】按钮：单击该按钮，将设置的页眉和页脚应用于演示文稿的所有幻灯片。
- 【应用】按钮：单击该按钮，将设置的页眉和页脚应用于当前幻灯片。

若希望删除已插入幻灯片中页眉页脚内容，只需取消选中【日期和时间】、【幻灯片编号】和【页脚】复选框即可。

【例 6-3】为指定幻灯片添加页脚，并设置页脚文字的属性。

(1) 启动 PowerPoint 2003 应用程序，打开“婚嫁豪礼”演示文稿。

(2) 在幻灯片预览窗格中选择第 2 张幻灯片缩略图，将其显示在幻灯片编辑窗口中。

(3) 选择【插入】|【新幻灯片】命令，插入一张新幻灯片，并输入文字，设置幻灯片效果如图 6-30 所示。

(4) 选择【视图】|【页眉和页脚】命令，打开【页眉和页脚】对话框，在打开选项卡的【幻灯片包含内容】选项区域中取消选中【日期和时间】复选框；选中【页脚】复选框，并在其文本框中输入文字，如图 6-31 所示。

图 6-30 在幻灯片中输入文字

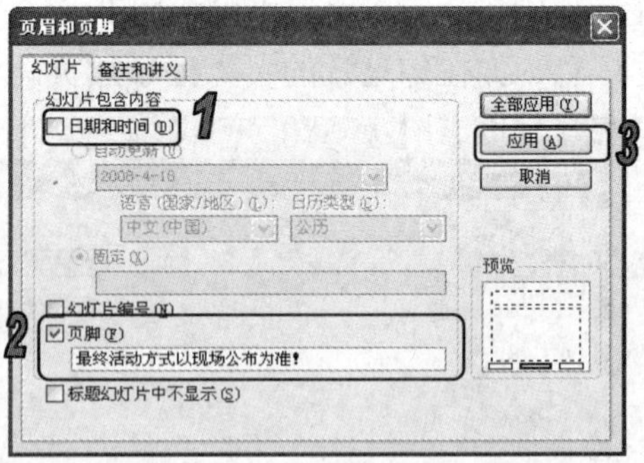

图 6-31 设置幻灯片页脚

(5) 单击【应用】按钮，此时，当前幻灯片效果如图 6-32 所示。

(6) 选择【视图】|【母版】|【幻灯片母版】命令，打开幻灯片母版视图。选中【页脚】文本框，在格式工具栏中设置文字字号为 20，字型为【加粗】，如图 6-33 所示。

(7) 在【幻灯片母版视图】工具栏中单击【关闭母版视图】按钮，此时，幻灯片效果如图 6-34 所示。

(8) 单击【保存】按钮，将修改后的演示文稿进行保存。

图 6-32　在幻灯片中添加页脚

图 6-33　设置页脚文字属性

图 6-34　设置页脚文字属性

提示

除了可以为幻灯片添加页眉和页脚外，用户还可以为幻灯片备注页添加页眉和页脚，在【页眉和页脚】对话框中切换到【备注和讲义】选项卡进行设置即可。

6.4.2　添加和编辑备注信息

用户在演示文稿中添加备注信息后，可以将这些备注信息打印成备注页，作为演讲者演讲时的备注，也可以同幻灯片一起放映。

1.　添加备注信息

在普通视图中，用户可以直接单击 PowerPoint 窗口底部【备注】区域中【单击此处添加备注】，进入文本编辑状态，输入备注信息。当用户将鼠标移至备注窗格与幻灯片编辑窗格中间的分界线上时，鼠标指针形状变为【÷】，此时拖动鼠标可以调整备注窗格与幻灯片窗格的比例，如图 6-35 所示。

当需要添加大量备注信息或需要添加图、表等备注信息时，需要使用备注视图模式。此时，可选择【视图】|【备注页】命令，切换到备注视图，如图 6-36 所示。

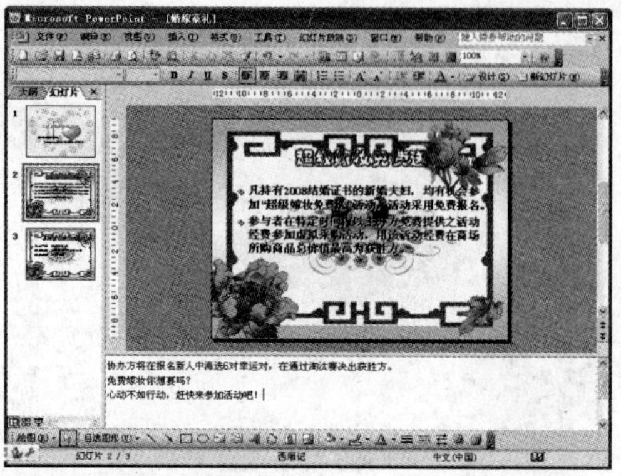

图 6-35　在幻灯片中添加备注信息

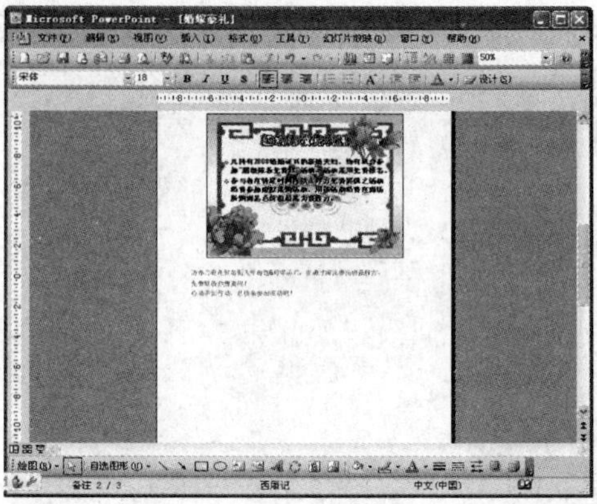

图 6-36　备注页视图

提示

在幻灯片浏览视图中，当用户选中幻灯片时，单击【幻灯片浏览】工具栏上的【备注】按钮，可以打开演讲者备注对话框添加备注。

2. 编辑备注信息

在不同的备注信息添加模式下，编辑的方式也不同。例如，在普通视图模式下，用户可以设置备注文本的加粗、倾斜、下划线等，可设置段落的对齐方式及编号、项目符号等。在幻灯片浏览模式下加入备注信息，只能在备注信息对话框中简单地编辑文本内容，不能对文本的字形等属性进行设置。

提示

选中备注区域中的文字，右击，在弹出的快捷菜单中选择【字体】命令，打开【字体】对话框，用户可以在该对话框中设置备注文字的属性。

在备注页视图模式下，用户看到的是纵向的页面，上半部分是当前幻灯片内容，下半部分是备注信息占位符。幻灯片内容在备注页视图下，表现为一个图形框，用户可以通过使用鼠标拖动，来改变幻灯片内容在整个备注页中的位置及大小。备注信息则表现为一个文本框。在该视图模式下，也是对备注信息编辑功能最强大的一种模式，用户可以像编辑幻灯片内容一样编辑备注内容，包括插入各种图形、多媒体对象。

【例 6-4】将演示文稿切换到备注页，添加并编辑备注信息。

(1) 启动 PowerPoint 2003 应用程序，打开“婚嫁豪礼”演示文稿。

(2) 在幻灯片预览窗格中选择第 2 张幻灯片缩略图，将其显示在幻灯片编辑窗口中。

(3) 选择【视图】|【备注页】命令，打开备注页视图窗口，此时，在【单击此处添加文本】文本占位符中输入文字，并在格式工具栏中设置文字字体为【宋体】，字号为 20，如图 6-37 所示。

(4) 选中幻灯片内容图形框，放大其在备注页视图中的大小，如图 6-38 所示。

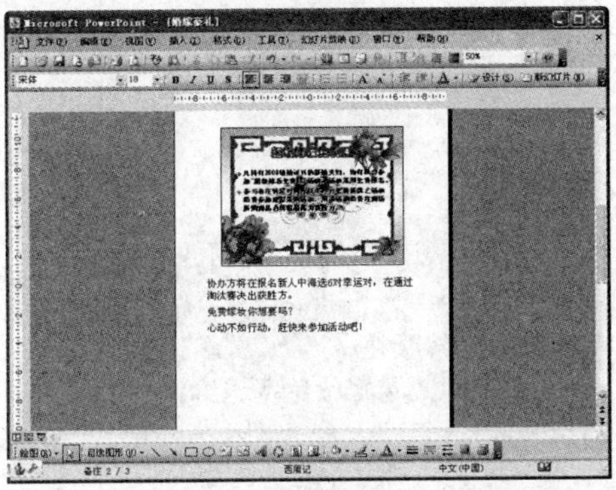

图 6-37　设置备注文字属性

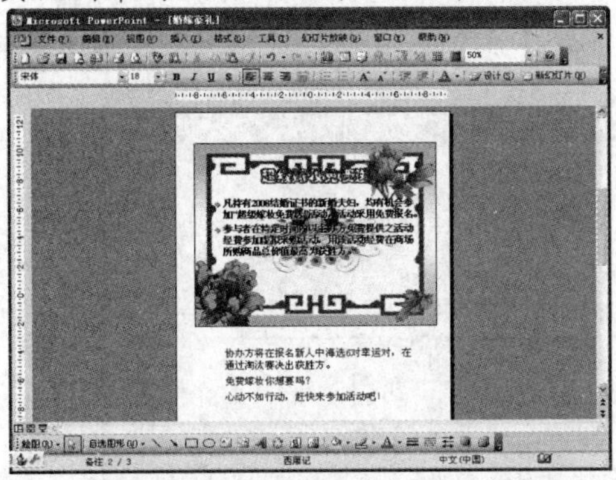

图 6-38　放大幻灯片内容图形框

(5) 选择【插入】|【图片】|【剪贴画】命令，打开【剪贴画】任务窗格。在【搜索文字】文本框中输入“庆祝”，单击【搜索】按钮，然后在【结果类型】列表框中单击选择如图 6-39 所示的剪贴画，此时备注页中将插入剪贴画。

(6) 右击剪贴画，在打开的快捷菜单中选择【叠放次序】|【置于底层】命令，将其放置于文字下方，如图 6-40 所示。

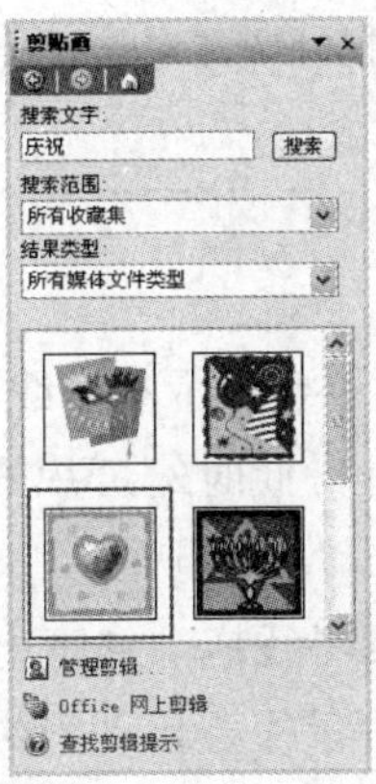

图 6-39　选择剪贴画

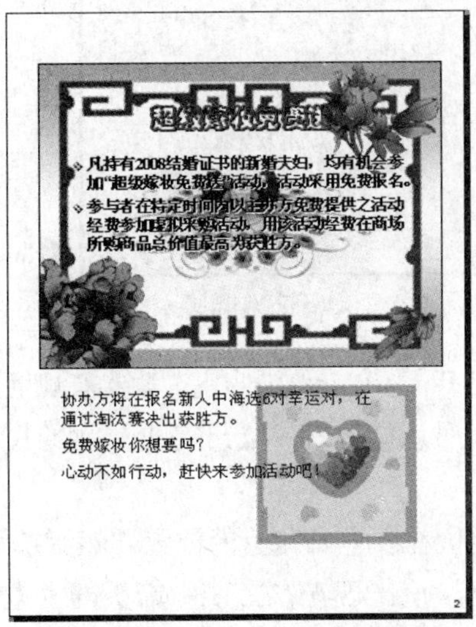

图 6-40　在备注页中插入剪贴画

(7) 选择【文件】|【另存为】命令，将演示文稿以文件名“备注页”进行保存。

6.4.3　使用网格和参考线

当在幻灯片中添加多个对象后，可以通过显示的网格线来移动和调整多个对象之间的相对大小和位置。

选择【视图】|【网格和参考线】命令，打开【网格线和参考线】对话框，如图 6-41 所示。

在【间距】下拉列表框中选择【每厘米 6 个网格】选项，并选中【屏幕上显示网格】复选框，单击【确定】按钮，此时将在幻灯片中显示网格线，效果如图 6-42 所示

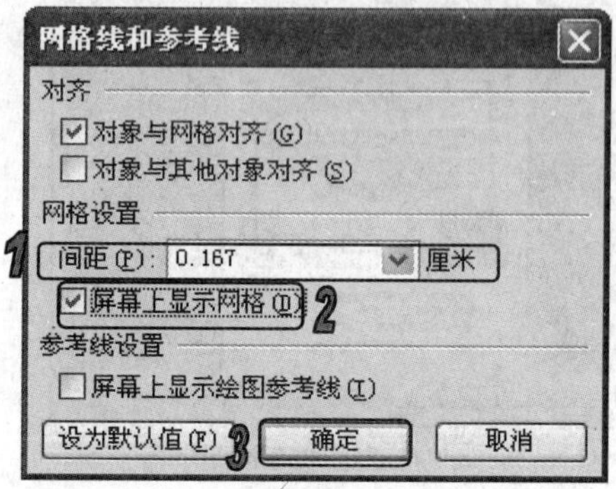

图 6-41 【网格线和参考线】对话框

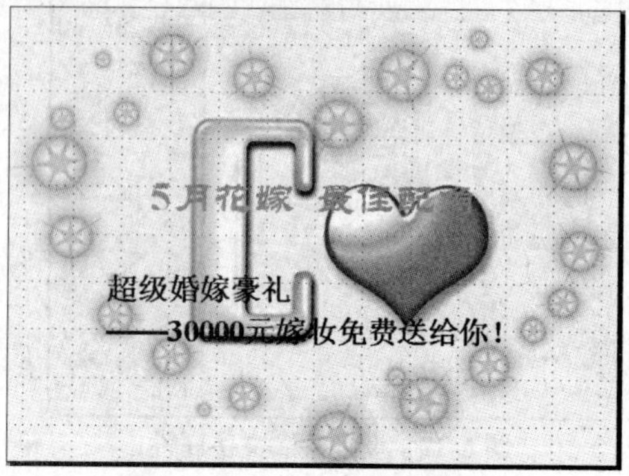

图 6-42 在幻灯片中显示网格线

显示网格线后，在幻灯片中可以方便地调整文本占位符的位置，并以网格线为辅助对象，对齐幻灯片中的文本框，效果如图 6-43 所示。

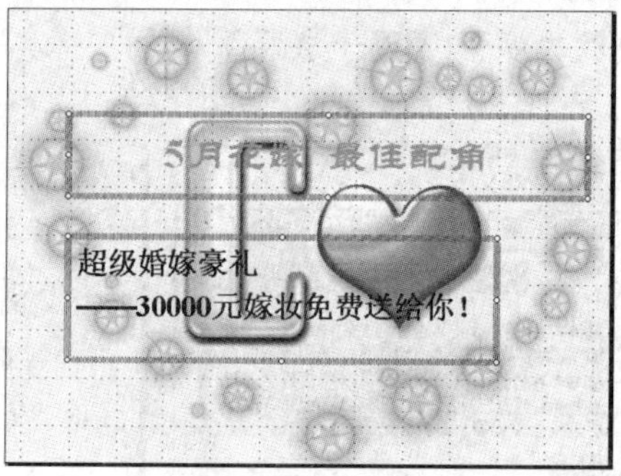

图 6-43 对齐文本框

知识点

默认的网格线是每厘米 5 个网格，用户可以根据需要设定网格的显示方式。在图 6-41 所示对话框的【间距】下拉列表中进行设置即可。

用户可以在 PowerPoint 中利用参考线来测量对象之间的距离。要显示参考线，可以在【网格线和参考线】对话框中选中【屏幕上显示绘图参考线】复选框，此时幻灯片效果如图 6-44 所示。

将参考线定位在要开始测量的位置，然后按下 Shift 键，将参考线拖动到停止测量的位置。拖动的同时，测量值出现在参考线中箭头的上方。释放鼠标后测量值会自动消失，如图 6-45 所示。

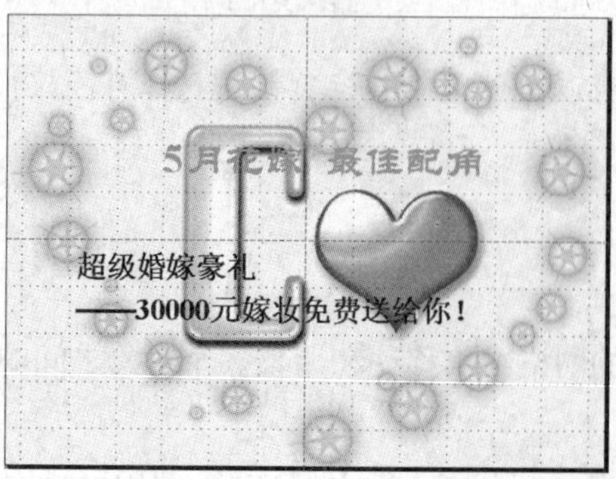

图 6-44 显示绘图参考线

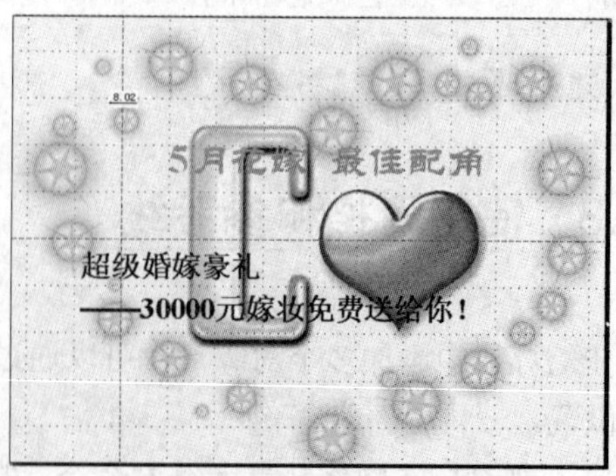

图 6-45 使用参考线测量距离

6.4.4　使用标尺

选择【视图】|【标尺】命令后，幻灯片将显示如图 6-46 所示的标尺。从图中可以看出，幻灯片中的标尺分为水平标尺和垂直标尺两种。标尺可以使用户方便、准确地在幻灯片中放置文本或图片对象，利用标尺还可以移动和对齐插入对象，以及调整文本中的缩进和制表符。

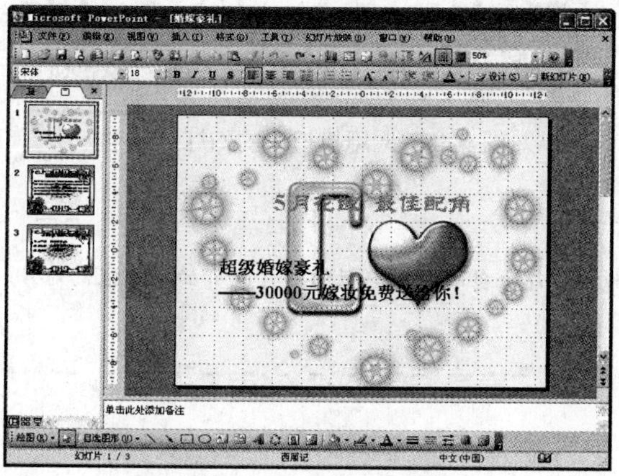

图 6-46　在幻灯片中显示标尺

知识点

如果要隐藏标尺，再次选择【视图】|【标尺】命令即可，需要注意的是标尺在【幻灯片浏览】视图中不能使用。

6.5　应用设计模板

幻灯片设计模板是包含演示文稿样式的文件，包括项目符号和字体的类型及大小、占位符大小和位置、背景设计和填充、配色方案以及幻灯片母版和可选的标题母版等信息。应用设计模板，用户可以快速统一演示文稿的外观。

6.5.1　应用多模板

在 PowerPoint 2003 以前的版本中，一个演示文稿中只能应用一种设计模板。而在 PowerPoint 2003 中，当一个演示文稿中包含多个主题时，用户可以通过多模板来实现。

在同一个演示文稿中应用多个模板的步骤与应用单个模板的步骤非常相似。在普通视图中，在 PowerPoint 窗口幻灯片预览窗格中选中需要应用多模板的幻灯片，然后选择【格式】|【幻灯片设计】命令，打开【幻灯片设计】任务窗格。在【幻灯片设计】窗格中的模板列表中选择需要的模板后，将鼠标移至该模板上方，单击模板右侧的下拉箭头按钮，并在打开的菜单中选择【应用于选定幻灯片】命令(如图 6-47 所示)，此时该模板将应用于选中的幻灯片中，效果如图 6-48 所示。

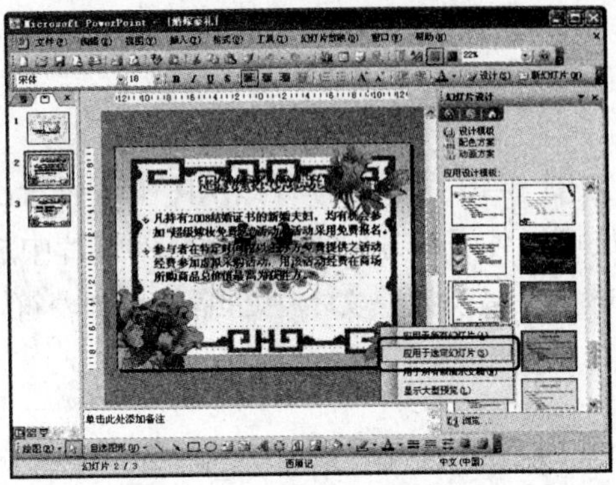

图 6-47　选择应用的模板

图 6-48　应用摸板后的幻灯片效果

提示

当在一个演示文稿中应用了多个模板后，添加的新幻灯片会自动应用与新幻灯片相邻的前一张幻灯片所应用的模板。

6.5.2　查看多模板

模板中的各个对象的外观可以通过修改母版来进行修改。应用了多模板的演示文稿，仍可通过修改母版来改变模板中的各个对象的外观属性，只是在幻灯片母版视图中同时包括当前演示文稿中包含的所有模板的母版，如图 6-49 所示。

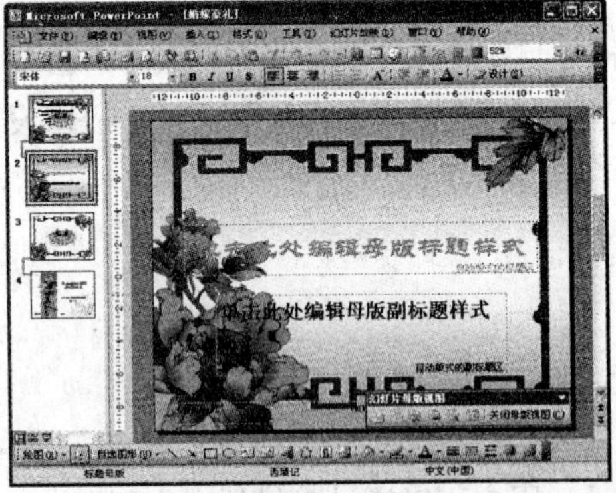

图 6-49　查看多模板

提示

如果要在图 6-49 所示的演示文稿中的每张幻灯片中添加一张图片，那么只有在演示文稿中所有母版中加入该图片，才能使整个演示文稿中的所有幻灯片中自动加入图片。

当用户修改了其中一个模板的母版后，只有应用了该模板的幻灯片才会显示修改后的效果，应用其他模板的幻灯片不受影响。

6.5.3　禁用多模板

在特殊情况下，为了保证在 PowerPoint 2003 中制作出来的演示文稿与以前版本的

PowerPoint 兼容，用户可以禁止使用多模板功能。这时可选择【工具】|【选项】命令，打开【选项】对话框。在该对话框中的【编辑】选项卡中进行禁用模板功能设置。

【例 6-5】在 PowerPoint 中进行设置，使演示文稿禁用多模板。

(1) 启动 PowerPoint 2003 应用程序，打开一个新的演示文稿。

(2) 选择【工具】|【选项】命令，打开【选项】对话框，在对话框中选择【编辑】选项卡。

(3) 在【禁用新功能】选项区域中选中【多个母版】复选框，如图 6-50 所示，然后单击【确定】按钮。

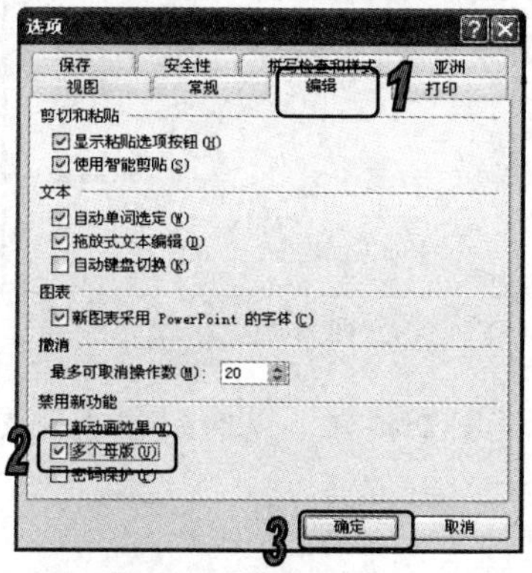

图 6-50　【选项】对话框

提示

如果当前演示文稿中已经应用了一个以上的设计模板，那么再通过 PowerPoint 选项禁用多个母版功时，当前已经应用的幻灯片母版不会被删除，只是用户不能再将其他应用于选中的幻灯片上，而是必须将新选择的模板应用于所有幻灯片。

6.6　上机练习

学习完本章之后，用户可以通过设置幻灯片母版版式、编辑背景图片、使用版面元素等操作，设计一个商务演示文稿。

(1) 启动 PowerPoint 2003 应用程序，打开工作界面。

(2) 选择菜单【格式】|【幻灯片设计】命令，打开【幻灯片设计】任务窗格。

(3) 在【应用设计模板】列表框中拖动右侧的滚动条，并单击 Network 模板，将该模板样式应用到当前的演示文稿中，如图 6-51 所示。

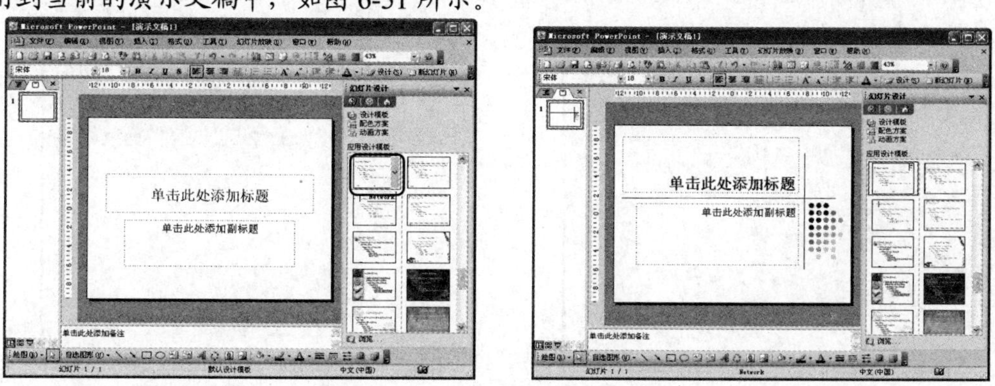

图 6-51　在幻灯片中应用模板

(4) 选择【视图】|【母版】|【幻灯片母版】命令，打开幻灯片母版视图。

(5) 选中紫色标题占位符，拖动该区域周围的白色控制点调整区域的大小，使得幻灯片母版效果如图 6-52 所示。

(6) 分别选中副标题占位符和图片，在幻灯片母版中调整它们的大小和位置，如图 6-53 所示。

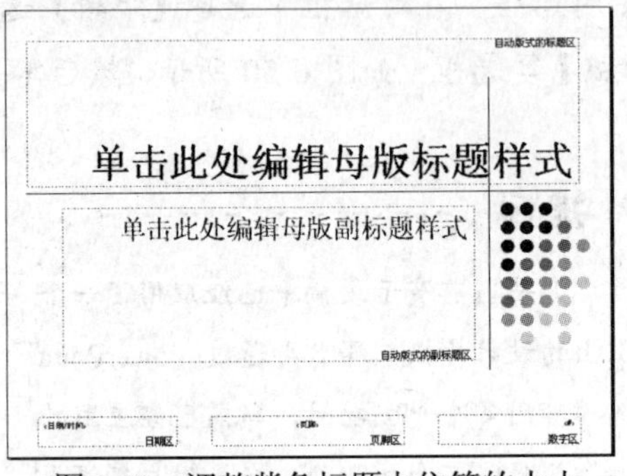

图 6-52　调整紫色标题占位符的大小

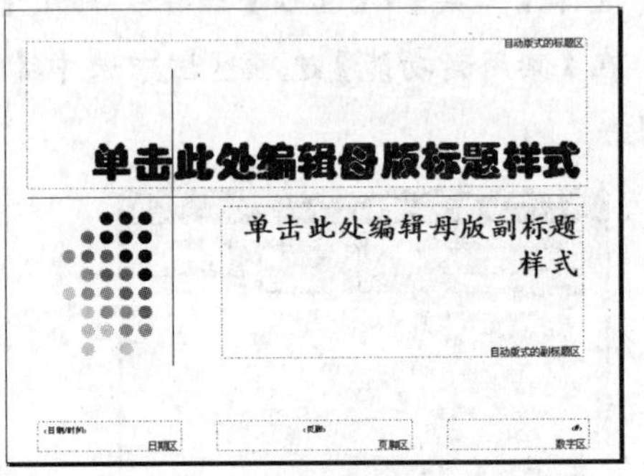

图 6-53　调整副标题占位符和图片

(7) 在【幻灯片母版视图】工具栏中单击【关闭母版视图】按钮，返回到普通视图中。此时设置幻灯片效果如图 6-54 所示。

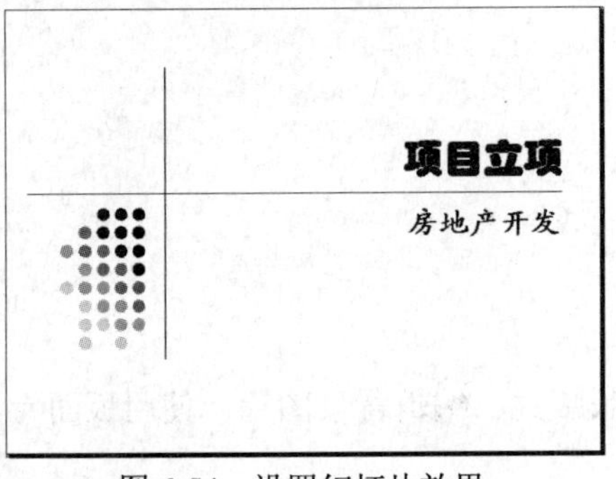

图 6-54　设置幻灯片效果

提示

设置标题文字字体为【华文琥珀】，字号为 48；设置副标题文字字体为【华文行楷】，字号为 36，字型为【加粗】，字体颜色为【黑色】。

(8) 选择【插入】|【新幻灯片】按钮，插入一张新幻灯片。

(9) 选择【视图】|【母版】|【幻灯片母版】命令，打开幻灯片母版视图，如图 6-55 所示。

(10) 打开【剪贴画】任务窗格，在幻灯片中插入如图 6-56 所示的图形，并调整其在母版中的大小和位置。

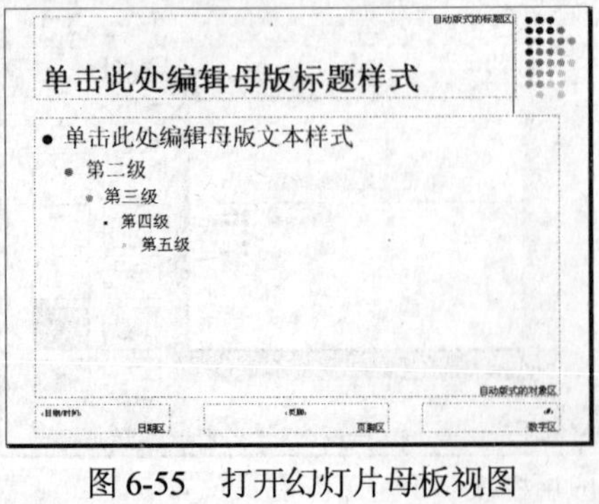

图 6-55　打开幻灯片母板视图

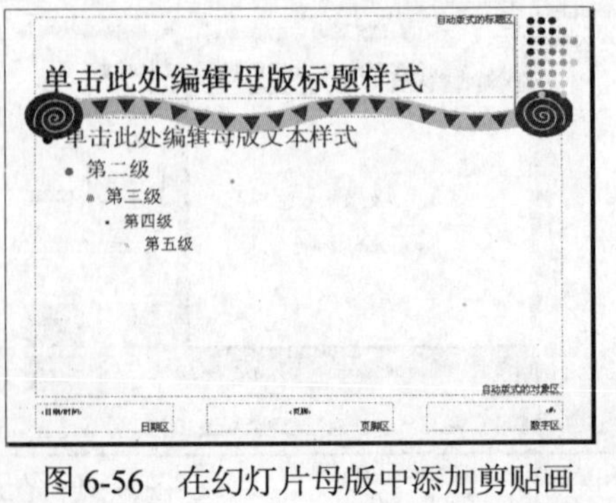

图 6-56　在幻灯片母版中添加剪贴画

(11) 在【幻灯片母版视图】工具栏中单击【关闭母版视图】按钮，返回到普通视图。

(12) 在【单击此处添加标题】文本占位符中输入文字“项目立项概述”，设置文字字体为【华文琥珀】，字号为 48，字体效果为【阴影】，在【单击此处添加文本】占位符中输入如图 6-57 所示的文本，设置字型为【加粗】。

(13) 选择【视图】|【页眉和页脚】命令，打开【页眉和页脚】对话框，在打开选项卡的【幻灯片包含内容】选项区域中选中【自动更新】单选按钮；选中【页脚】复选框，并在其文本框中输入文字，如图 6-58 所示。

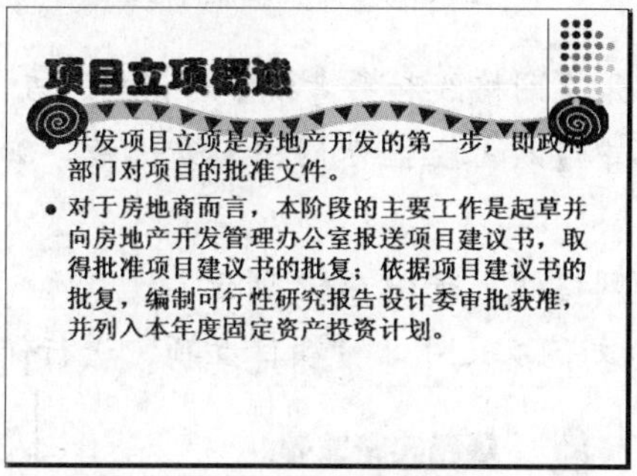

图 6-57　在幻灯片中输入文本

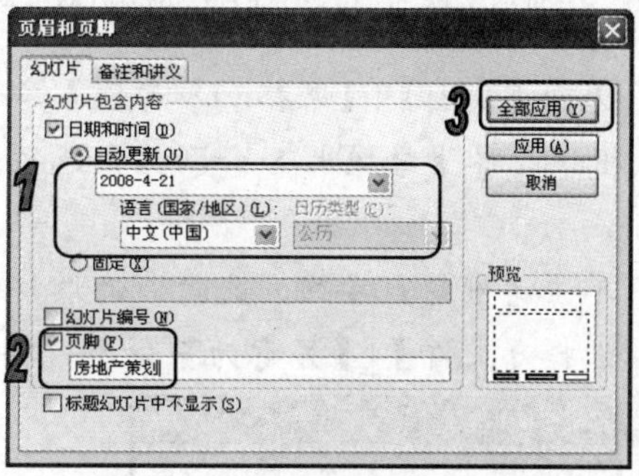

图 6-58　【页眉和页脚】对话框

(14) 单击【全部应用】按钮，此时第 2 张幻灯片的效果如图 6-59 所示。

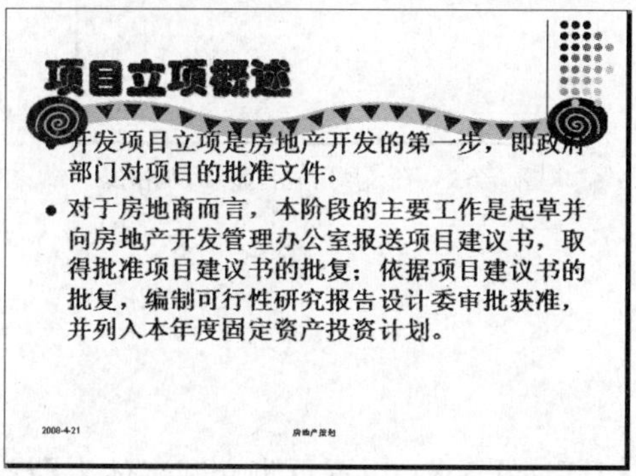

图 6-59　显示页脚

提示

在【页眉和页脚】对话框中，当设置完毕后，单击【应用】按钮，只为当前幻灯片添加页脚，而单击【全部应用】按钮，整个演示文稿中的所有幻灯片都会添加同样的页脚。设置图片为水平翻转模式。

(15) 选择【插入】|【新幻灯片】按钮，插入一张新幻灯片。

(16) 选择【视图】|【母版】|【幻灯片母版】命令，打开幻灯片母版视图，在母版中删除插入的剪贴画。

(17) 单击【关闭母版视图】按钮，返回到普通视图中。

(18) 打开【幻灯片设计】任务窗格，在【幻灯片设计模板】列表中单击 Eclipse 模板右侧的下拉箭头，在打开的菜单中选择【应用于选定幻灯片】命令，此时，该幻灯片效果如图 6-60 所示。

(19) 在【单击此处添加标题】文本占位符，在其中添加标题文字，设置文字字体为【华文琥珀】，字号为 48，字型为【加粗】，字体效果为【阴影】；在【单击此处添加文本】占位符中添加文本，如图 6-61 所示。

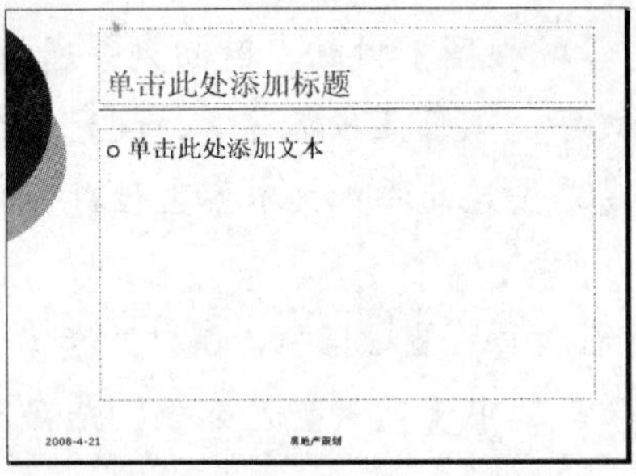

图 6-60　在演示文稿的当前幻灯片中应用 Pixel 模板

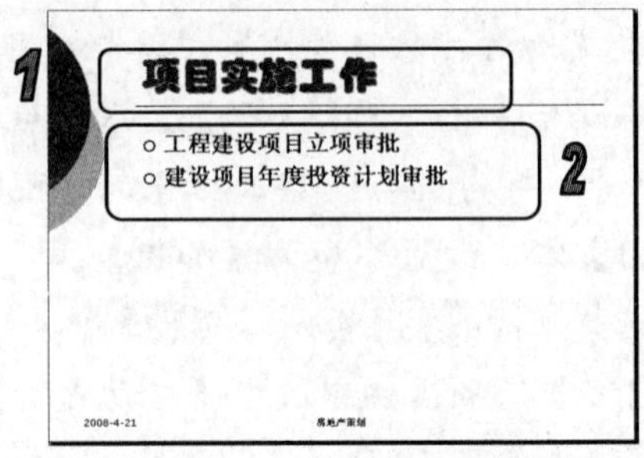

图 6-61　添加标题和文本

(20) 选择【视图】|【网格和参考线】命令，打开【网格线和参考线】对话框，在【间距】下拉列表框中选择【每厘米 8 个网格】选项，并选中【屏幕上显示网格】复选框，如图 6-62 所示。

(21) 单击【确定】按钮，此时，幻灯片中显示网格线，如图 6-63 所示。

(22) 选择【文件】|【另存为】命令，将该演示文稿以文件名“项目立项”进行保存。

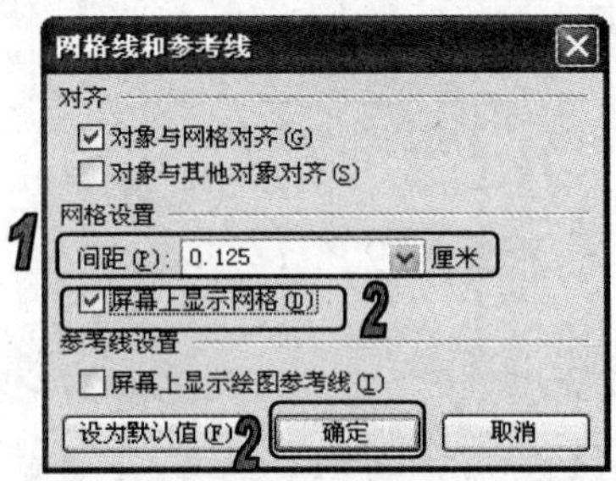

图 6-62　【网格线和参考线】对话框

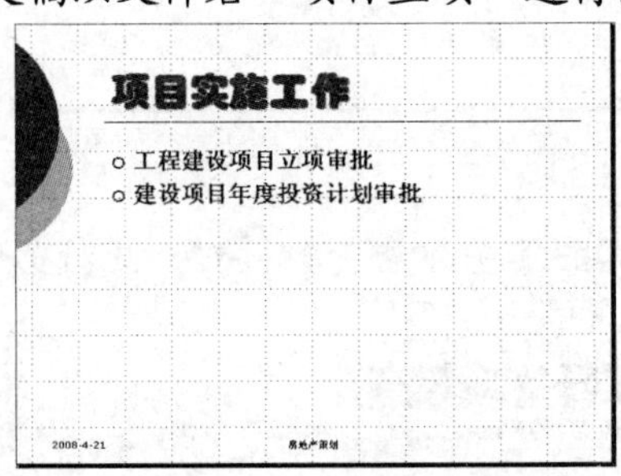

图 6-63　在幻灯片中显示网格线

6.7　习题

1. 使用 Watermark 模板设置如图 6-64 所示的幻灯片，要求：设置页脚文字字体为【楷体】，字号为 16；更改配色方案，设置【强调】颜色属性为【绿色】。

2. 在题目 1 制作的演示文稿中添加一张幻灯片，将其应用模板 Capsules，并在幻灯片母版视图中更改图形样式，使幻灯片效果如图 6-65 所示。

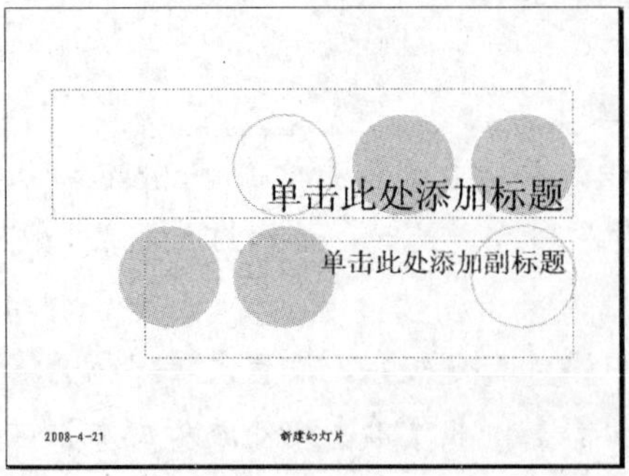

图 6-64　使用模板 Watermark 制作的幻灯片

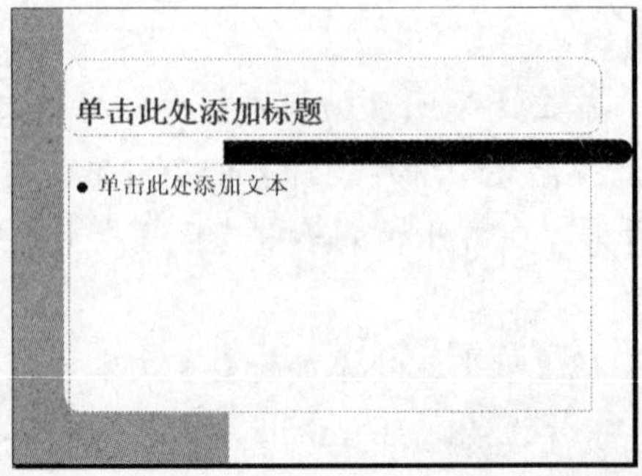

图 6-65　使用模板 Watermark 制作的幻灯片

第7章 插入多媒体对象

学习目标

作为一个优秀的多媒体演示文稿制作程序，PowerPoint 2003 允许用户方便地插入影片和声音等对象，使演示文稿从画面到声音，多方位地向观众传递信息。在使用多媒体素材时，必须注意所使用的对象均切合主题，否则会使演示文稿冗长、累赘。本章将介绍在幻灯片中插入影片及声音的方法，以及对插入对象设置控制参数的方法。

本章重点

- 插入剪辑管理器的影片、动画和声音
- 插入文件中的影片和声音
- 插入 CD 乐曲
- 插入自录声音

7.1 插入影片

PowerPoint 中的影片包括视频和动画，用户可以在幻灯片中插入十几种视频格式，而可以插入的动画主要是 GIF 动画。PowerPoint 支持的影片格式会随着媒体播放器的不同而有所不同。在 PowerPoint 中插入视频及动画的方式主要有从剪辑管理器插入和从文件插入两种。插入视频及动画后，不但可以增加文稿的演示内容，而且能够提高演示文稿的表现能力，使演示文稿声情并茂，从而培养观众的兴趣，调动观众的积极性。

7.1.1 使用剪辑管理器插入影片

选择【插入】|【影片和声音】|【剪辑管理器中的影片】命令，打开【剪贴画】任务窗格，

该窗格显示了剪辑中所有的影片，如图 7-1 所示。

图 7-1　剪辑管理器中的影片

提示

剪辑管理器将 GIF 动画归类为影片，单击“剪贴画”任务窗格中的“结果类型”下拉箭头，可以查看管理器中的影片具体包含的文件类型。

【例 7-1】在幻灯片中插入剪辑管理器中的影片。

(1) 启动 PowerPoint 2003 应用程序，打开一个空白演示文稿。

(2) 在任务窗格中单击【开始工作】下拉列表框，在打开的快捷菜单中选择【新建演示文稿】命令。

(3) 在打开【新建演示文稿】任务窗格的【模板】选项区域中单击【本机上的模板】链接，打开【新建演示文稿】对话框。

(4) 在对话框中选择自定义添加的 A1 选项，单击【确定】按钮，将其应用到当前幻灯片中，如图 7-2 所示。

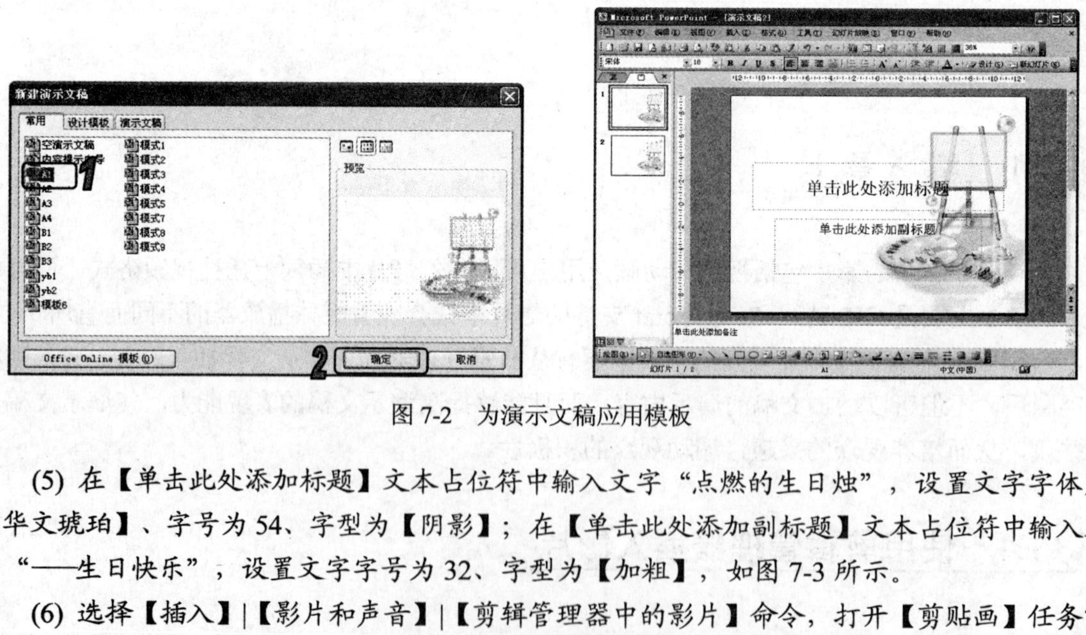

图 7-2　为演示文稿应用模板

(5) 在【单击此处添加标题】文本占位符中输入文字“点燃的生日烛”，设置文字字体为【华文琥珀】、字号为 54、字型为【阴影】；在【单击此处添加副标题】文本占位符中输入文字“——生日快乐”，设置文字字号为 32、字型为【加粗】，如图 7-3 所示。

(6) 选择【插入】|【影片和声音】|【剪辑管理器中的影片】命令，打开【剪贴画】任务窗格，在剪贴画列表中单击第 2 行第 1 列的剪贴画，将其插入到幻灯片中。

(7) 被添加的影片剪辑周围将出现 8 个白色控制点，使用鼠标拖动该剪辑到如图 7-4 所示的位置。

图 7-3　在占位符中输入文字

图 7-4　在幻灯片中插入剪辑

(8) 选择【文件】|【另存为】命令，将演示文稿以文件名“烛光闪烁”进行保存。

7.1.2　插入来自文件中的影片

很多情况下，PowerPoint 剪辑库中提供的影片并不能满足用户的需要，此时，可以选择插入来自文件中的影片。选择【插入】|【影片和声音】|【文件中的影片】命令，打开【插入影片】对话框，以影片文件的形式插入影片，如图 7-5 所示。

用户可以在该对话框的【查找范围】下拉列表框中选择查找影片文件的目录，然后在文件列表中选择需要的影片文件，单击【确定】按钮，即可将其插入到幻灯片中。此时，系统弹出一个消息对话框，提示用户确定影片的播放方式，如图 7-6 所示。

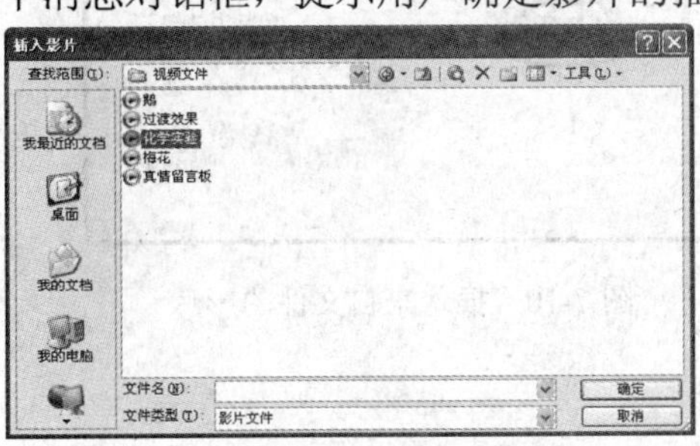

图 7-5　【插入影片】对话框

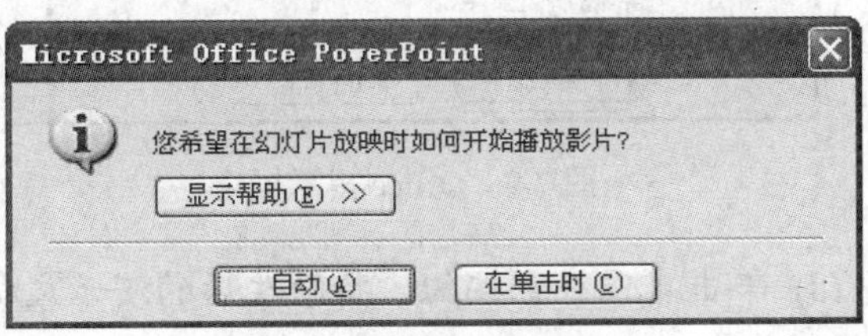

图 7-6　设置影片播放方式

其中，单击【自动】按钮，表示在放映到插入了影片的幻灯片时，自动播放用户插入的影片文件；单击【在单击时】按钮，表示在放映时，只有当用户单击影片后，影片才开始播放。

【例 7-2】在幻灯片中插入来自文件的影片。

(1) 启动 PowerPoint 2003 应用程序，打开【例 7-1】创建的“烛光闪烁”演示文稿。

(2) 在幻灯片预览窗格中选择第 2 张幻灯片缩略图，将其显示在幻灯片编辑窗口中。

(3) 在【单击此处添加标题】文本占位符中输入文字，设置文字字体为【华文琥珀】，字号为 48，字体效果为【阴影】，字体颜色为【黑色】。

(4) 选中【单击此处添加文本】文本占位符，按下 Delete 键将其删除，此时，幻灯片效果如图 7-7 所示。

(5) 选择【插入】|【影片和声音】|【文件中的影片】命令，打开【插入影片】对话框，在对话框中选择需要插入的影片，如图 7-8 所示。

图 7-7　输入标题文字并删除占位符

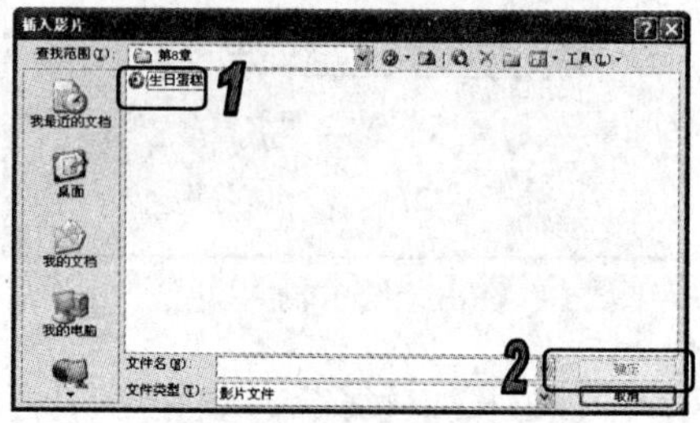

图 7-8　选择影片

(6) 单击【确定】按钮，此时，幻灯片中出现插入的影片，同时系统弹出一个消息对话框，如图 7-9 所示。

(7) 单击【自动】按钮，插入影片，调整影片的位置和大小，此时，幻灯片效果如图 7-10 所示。

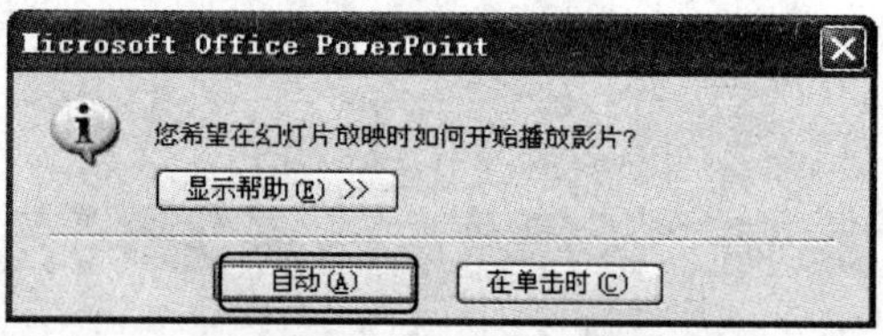

图 7-9　Office 提示框

图 7-10　插入来自文件的影片

(8) 单击【保存】按钮，将修改后的演示文稿保存。

提示

尽管 PowerPoint 剪辑管理器将 GIF 动画归类为影片，但是用户在以文件的方式插入管理器中没有的 GIF 动画时，需要选择【插入】|【图片】|【来自文件】命令，而不是选择【插入】|【影片和声音】|【文件中的影片】命令。

7.1.3　设置影片属性

对于插入到幻灯片中的影片，除了不能对其进行裁剪、设置透明色、重新着色及设置边框线条等操作外，其他例如调整位置、大小、旋转、亮度及对比度等操作，都与图片的操作相同。一般情况下，在 PowerPoint 中不能控制 GIF 动画的播放，当放映至含有 GIF 动画的幻灯片时，动画会自动循环播放。

在影片上右击，在弹出的快捷菜单中选择【编辑影片对象】命令，打开【影片选项】对话框，如图 7-11 所示。用户可以设定影片的播放选项和显示选项，还可以查看影片文件的播放长度和存储位置，各选项的功能如下。

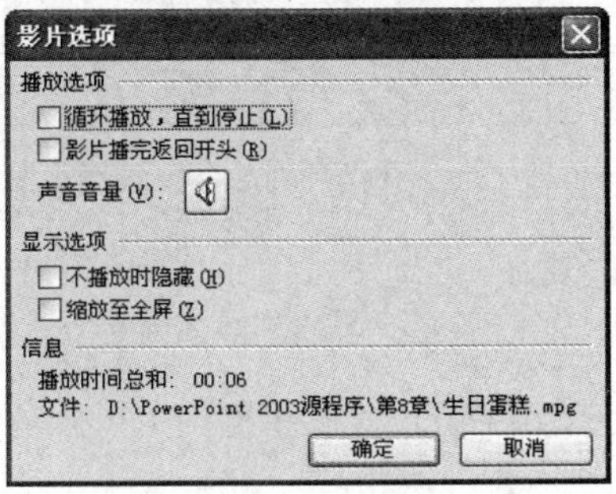

图 7-11　【影片选项】对话框

知识点

在 PowerPoint 中插入的影片都是以链接的方式插入的，如果要在另一台计算机上播放该演示文稿，则必须在复制该演示文稿的同时复制它所链接的影片文件。

- 【循环播放，直到停止】复选框：选中该复选框后，在放映幻灯片的过程中，影片会一直循环播放下去，直至放映下一张幻灯片或停止放映。
- 【影片播完返回开头】复选框：选中该复选框后，当播放完影片后，画面停留在影片的第一帧。取消选中该复选框时，影片在播放完毕后停留在影片的最后一帧。
- 【声音音量】按钮：单击按钮，弹出一个音量调整滑块，在此控制影片在播放时的音量。选中【静音】复选框，则表示不播放影片中的声音。
- 【不播放时隐藏】复选框：选中该复选框后，影片在不播放时将不会被显示。
- 【缩放至全屏】复选框：选中该复选框后，在播放时 PowerPoint 会自动将影片显示为全屏幕。

【例 7-3】在幻灯片中设置影片格式。

(1) 启动 PowerPoint 2003 应用程序，打开【例 7-2】创建的“烛光闪烁”演示文稿。

(2) 在幻灯片预览窗格中选择第 2 张幻灯片缩略图，将其显示在幻灯片编辑窗口中。

(3) 选中幻灯片中的影片，在【图片】工具栏中单击【线型】按钮，在打开的菜单中选择【3 磅】选项，然后单击【虚线线型】按钮，在打开的菜单中选择【长划线】选项，此时，幻灯片效果如图 7-12 所示。

(4) 右击影片，在弹出的快捷菜单中选择【编辑影片对象】命令，打开【影片选项】对话框，在对话框中选中【循环播放，直到停止】复选框，如图 7-13 所示。

(5) 单击【保存】按钮，将修改后的演示文稿保存。

知识点

用户虽然可以对于插入的影片进行调整颜色模式、亮度、对比度、裁剪等操作，但这只影响到影片的第一帧画面，并不能影响到影片在幻灯片放映时播放的效果。而对于影片的位置、画面大小、边框线条颜色、线型等属性的设置，在放映幻灯片的过程中是有效的。

图 7-12　为影片添加外边框

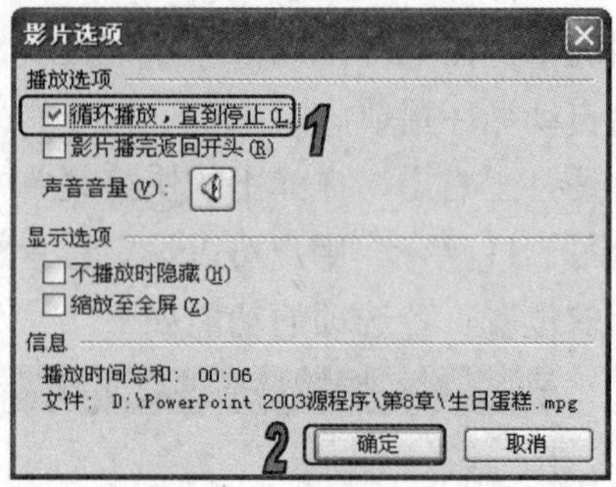

图 7-13　选中【循环播放，直到停止】复选框

7.2　插入声音

在制作幻灯片时，用户可以根据需要插入声音，从而增加向观众传递信息的通道，增强演示文稿的感染力。插入声音文件时，需要考虑演讲时的实际需要，不能因为插入的声音影响演讲者及观众的收听。

7.2.1　插入剪辑管理器中的声音

选择【插入】|【影片和声音】|【剪辑管理器中的声音】命令，打开【剪贴画】任务窗格，该窗格显示了剪辑中所有的声音，如图 7-14 所示。

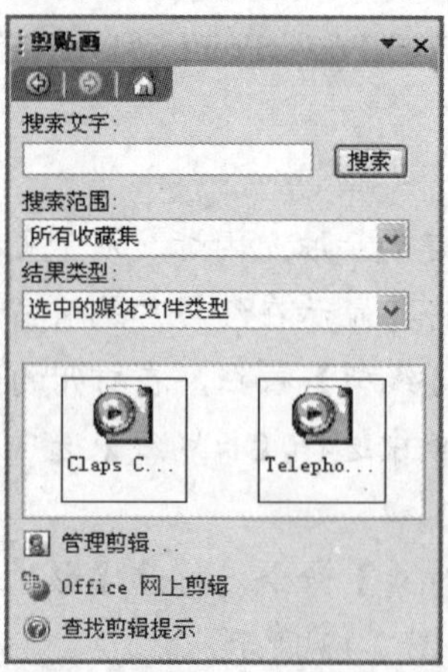

图 7-14　任务窗格显示可以插入的所有声音

提示

当剪贴画任务窗格中没有提供需要的声音剪辑时，用户可以单击任务窗格下方的【Office 网上剪辑】链接，在线查找更多的声音剪辑。

在插入声音时，PowerPoint 会打开如图 7-15 所示的对话框，单击【自动】按钮，声音将会在放映当前幻灯片时自动播放；单击【在单击时】按钮，则在放映幻灯片时，只有用户单击声音图标后才播放插入的声音。插入声音后，PowerPoint 会自动在当前幻灯片中显示声音图标 。

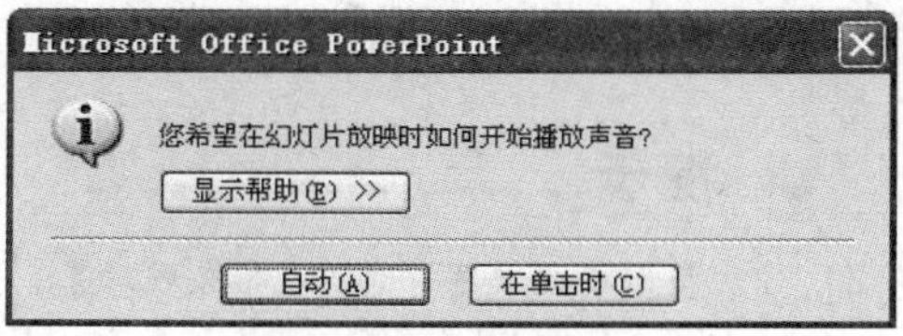

图 7-15　设置声音的播放方式

提示

默认情况下，当声音文件小于 100KB 时，PowerPoint 会自动将声音嵌入到当前演示文稿中。

7.2.2　插入文件中的声音

要在文件中插入声音时，需要选择【插入】|【影片和声音】|【文件中的声音】命令，打开【插入声音】对话框，从该对话框中选择需要插入的声音文件。

【例 7-4】在幻灯片中插入来自文件的声音。

(1) 启动 PowerPoint 2003 应用程序，打开【例 7-3】创建的“烛光闪烁”演示文稿。

(2) 选择【插入】|【影片和声音】|【文件中的声音】命令，打开【插入声音】对话框，如图 7-16 所示。

(3) 在对话框中选择需要插入的声音文件，单击【确定】按钮，此时，将打开消息对话框，在该对话框中单击【自动】按钮。

(4) 此时，幻灯片中将出现声音图标，使用鼠标将其拖动到幻灯片的左下角，如图 7-17 所示。

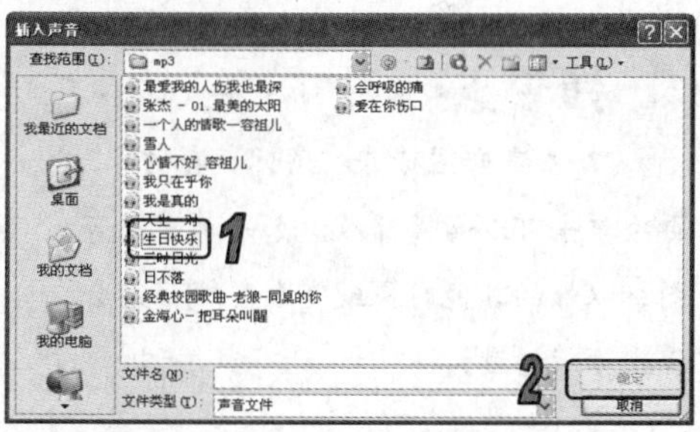

图 7-16　【插入声音】对话框

图 7-17　幻灯片中显示插入的声音图标

提示

当用户希望更改可以自动嵌入演示文稿的声音文件大小时，选择【工具】|【选项】命令，打开【选项】对话框中的【常规】选项卡，在【链接声音文件不小于】文本框中输入指定的数值即可。

(5) 在幻灯片预览窗格中选择第 2 张幻灯片缩略图，选择【插入】|【新幻灯片】命令，添加一张新幻灯片，设置该幻灯片效果如图 7-18 所示。

(6) 单击【保存】按钮，将修改后的演示文稿保存。

图 7-18 第 3 张幻灯片效果

提示

设置标题文字字体为【华文琥珀】，字号为 48，字体效果为【阴影】，字体颜色为【黑色】；设置文本文字字体为【宋体】，字号为 24，字型为【加粗】。

7.2.3 编辑声音属性

每当用户插入一个声音后，系统都会自动创建一个声音图标，用以显示当前幻灯片中插入的声音。用户可以单击选中声音图标，也可以使用鼠标拖动来移动位置，或是拖动其周围的控制点来改变大小。

右击声音图标，在弹出的快捷菜单中选择【编辑声音对象】命令，可打开【声音选项】对话框，如图 7-19 所示。在对话框中，用户可以设定声音的播放选项和显示选项，还可以查看声音文件的播放长度和存储位置，各选项的功能如下。

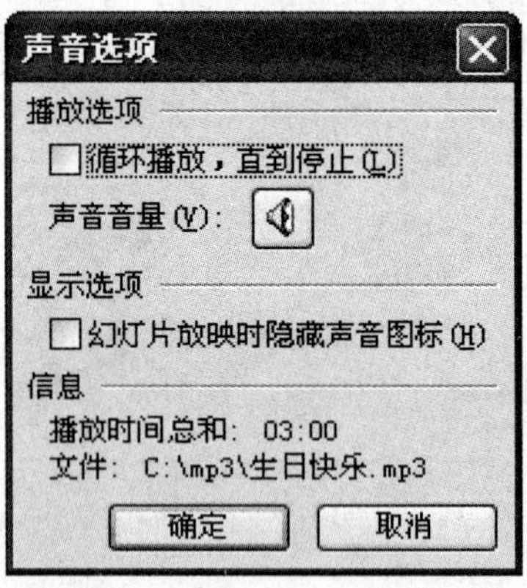

图 7-19 【声音选项】对话框

知识点

双击声音图标可以预听声音内容，再次单击可以暂停播放，如果单击声音图标以外的其他对象或空白区域，则会停止预听播放。

- 【循环播放，直到停止】复选框：选中该复选框后，在放映幻灯片的过程中，声音会一直循环播放下去，直至放映下一张幻灯片或停止放映。
- 【声音音量】滑块：用来控制放映时声音音量的大小，也可以选择【静音】关闭声音。
- 【幻灯片放映时隐藏声音图标】复选框：选中该复选框后，在放映幻灯片时将不显示声音图标。选中该项时应注意在插入声音时选择【自动播放】命令，否则在放映过程中不能控制声音的播放。

7.3　插入 CD 乐曲与录制声音

在 PowerPoint 中，用户可以在幻灯片中插入 CD 乐曲和自己录制的声音，从而增强幻灯片的艺术效果，也可以更好地体现演示文稿的个性化特点。

7.3.1　播放 CD 乐曲

用户可以向演示文稿中添加 CD 光盘上的乐曲。这种情况下，乐曲文件不会被真正添加到幻灯片中，所以在放映幻灯片时需要将 CD 光盘一直放置在光驱中，供演示文稿调用并添加到幻灯片。

插入 CD 乐曲时，需要选择【插入】|【影片和声音】|【播放 CD 乐曲】命令，打开【插入 CD 乐曲】对话框，如图 7-20 所示。

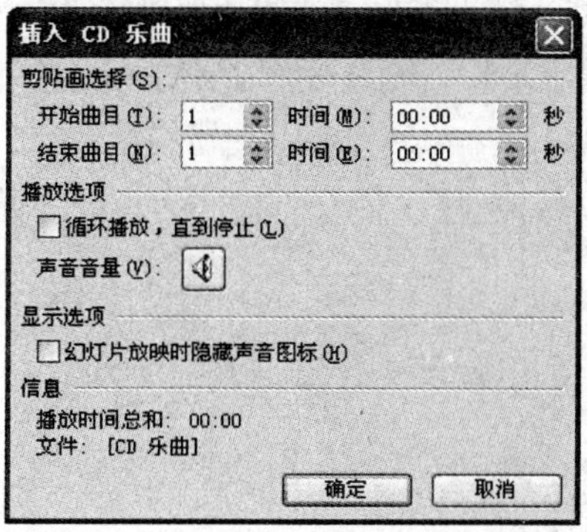

图 7-20　【插入 CD 乐曲】对话框

> **提示**
>
> 当插入 CD 乐曲后，系统在幻灯片中会自动创建一个 CD 乐曲图标，双击该图标可预听 CD 中的乐曲。

在【插入 CD 乐曲】对话框中，用户可以在【开始曲目】文本框中设置从 CD 上的第几首乐曲开始播放，其右侧的【时间】文本框用来设置从当前乐曲的指定时间开始播放。在【结束曲目】文本框用来设置播放至 CD 中指定的乐曲，其右侧【时间】文本框用来设置播放至指定乐曲的指定时间时结束播放。此外，【循环播放，直到停止】、【声音音量】及【幻灯片放映时隐藏声音图标】选项的功能与声音的设置相同。

【例 7-5】在幻灯片中插入来自 CD 的音乐。

(1) 启动 PowerPoint 2003 应用程序，打开【例 7-4】创建的“烛光闪烁”演示文稿。

(2) 选中插入的声音图标，按下 Delete 键将其删除。选择【插入】|【影片和声音】|【播放 CD 乐曲】命令，打开【插入 CD 乐曲】对话框。

(3) 在【插入 CD 乐曲】对话框中进行属性设置，如图 7-21 所示，单击【确定】按钮，此时，将打开消息对话框，如图 7-22 所示。

(4) 单击【在单击时】按钮，此时，幻灯片中出现 CD 乐曲图标，使用鼠标将其拖动到幻灯片的右下角，如图 7-23 所示。

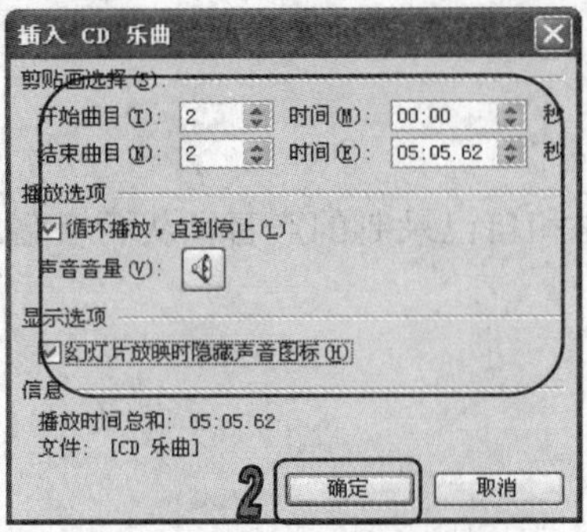

图 7-21　设置插入乐曲的属性

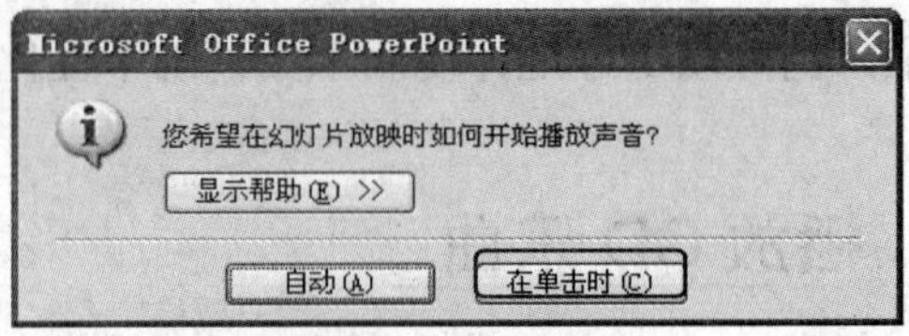

图 7-22　提示信息

图 7-23　【插入 CD 乐曲】对话框

提示

在幻灯片中，右击 CD 乐曲图标，从弹出的快捷菜单中选择“编辑声音对象”命令，可以重新对声音进行编辑；选择“播放声音”命令，可以播放 CD 乐曲。

(5) 选择【文件】|【另存为】命令，将修改后的演示文稿以文件名“插入 CD 乐曲”进行保存。

7.3.2　插入录制的声音

利用录制声音功能，用户可以录制自己的声音或其他个性化的声音并插入到幻灯片中。选择【插入】|【影片和声音】|【录制声音】命令，打开【录音】对话框，如图 7-24 所示。

提示

插入录制的声音后，PowerPoint 将自动创建一个声音图标，录音的播放选项设置与从剪辑管理器或文件插入的声音设置相同。

图 7-24　【录音】对话框

准备好麦克风后，在【名称】文本框中输入该段录音的名称，然后单击【录音】按钮，即可开始录音。单击【停止】按钮，可以结束该次录音。单击【播放】按钮，可以回放录制完毕的声音。单击【确定】按钮，可以将录制完毕的声音插入到当前幻灯片中。

7.4　上机练习

学习完本章之后，用户应该掌握在幻灯片中插入影片的方法，这些影片可以来自 PowerPoint 剪辑管理器或本地磁盘，另外也应该掌握在幻灯片中插入声音的方法，这些声音可以来自剪辑管理器、本地磁盘以及 CD。本小节将综合以上功能，在幻灯片中插入影片和声音。

(1) 启动 PowerPoint 2003 应用程序，打开一个空白演示文稿。

(2) 在任务窗格中打开【开始工作】下拉列表框，选择【新建演示文稿】命令。

(3) 在打开的【新建演示文稿】任务窗格的【模板】选项区域中单击【本机上的模板】链接，打开【新建演示文稿】对话框。

(4) 在对话框中选择自定义添加的 A5 选项，单击【确定】按钮，将其应用到当前幻灯片中，如图 7-25 所示。

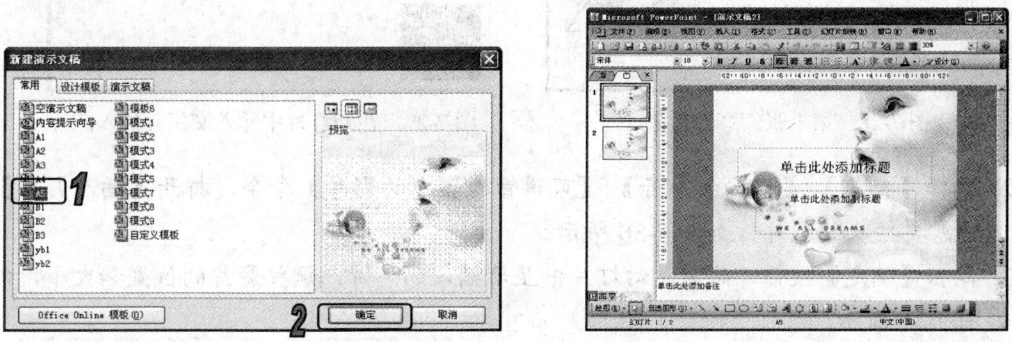

图 7-25　在幻灯片中应用模板

(5) 在第 1 张幻灯片中输入标题文字，设置字号为 54，并删除【单击此处添加副标题】文本占位符。

(6) 选择【插入】|【图片】|【来自文件】命令，打开【插入图片】对话框，选择要插入的图片，如图 7-26 所示。

(7) 单击【插入】按钮，在幻灯片中插入如图 7-27 所示的图片。

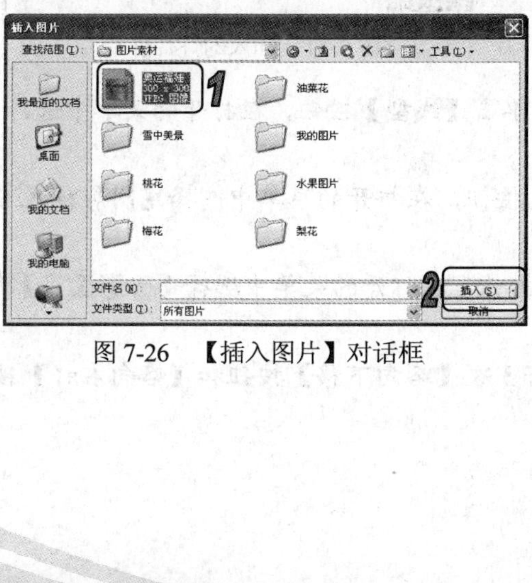

图 7-26　【插入图片】对话框

图 7-27　插入图片

(8) 选中插入的图片，在【图片】工具栏上单击【设置透明色】按钮，将鼠标移至图片上单击，此时，幻灯片效果如图 7-28 所示。

(9) 在幻灯片预览窗格中选择第 2 张幻灯片缩略图，将其显示在幻灯片编辑窗口中。

(10) 在【单击此处添加标题】文本占位符中输入文字“宝宝生肖留言板”，设置字号为 54，字型为斜体加粗，并删除【单击此处添加文本】文本占位符。

(11) 参照步骤(6)，在幻灯片中插入两张图片，此时，幻灯片效果如图 7-29 所示。

图 7-28　第 1 张幻灯片效果

图 7-29　在幻灯片中输入文字并插入图片

(12) 选择【插入】|【影片和声音】|【剪辑管理器中的影片】命令，打开【插入影片】对话框，选择需要插入的影片，如图 7-30 所示。

(13) 单击【确定】按钮，此时，幻灯片中显示插入的影片，调整影片的位置和大小，幻灯片效果如图 7-31 所示。

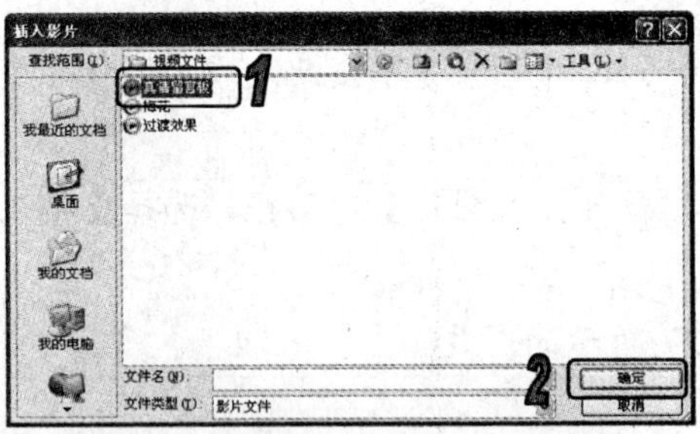

图 7-30　打开【剪贴画】任务窗格

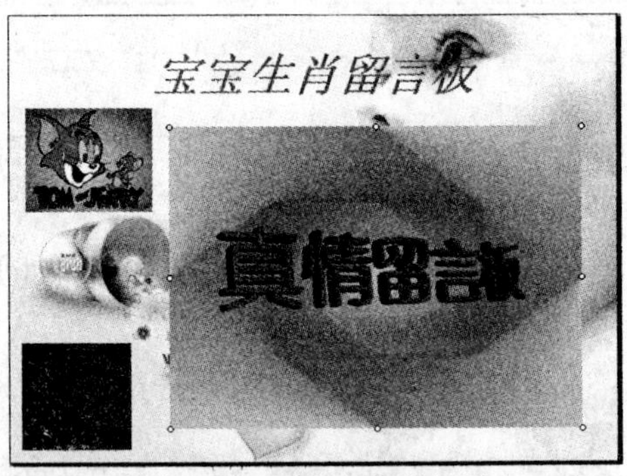

图 7-31　插入幻灯片影片

(14) 选中插入的影片，在【绘图】工具栏中单击【线型】按钮，在打开的菜单中选择【4.5 磅】选项，为插入的影片添加边框。

(15) 单击【绘图】工具栏中的【阴影样式】按钮，在打开的菜单中选择【阴影样式 6】命令为影片外观添加阴影效果。

(16) 单击【绘图】工具栏中的【阴影样式】按钮，在打开的菜单中选择【阴影设置】命令，打开【阴影设置】工具栏。

(17) 设置阴影颜色为【蓝色】，并分别单击 3 次【略向下移】按钮和【略向右移】按钮，此时，幻灯片效果如图 7-32 所示。

(18) 选择【插入】|【新幻灯片】命令，在幻灯片中插入一张幻灯片。

(19) 删除【单击此处添加标题】文本占位符，选择【插入】|【图片】|【艺术字】命令，打开【艺术字库】对话框，在对话框中选择第 4 行第 5 列的样式，如图 7-33 所示。

(20) 单击【确定】按钮，打开【编辑“艺术字”文字】对话框，在【文字】文本框中输入文字“生肖之说明”。

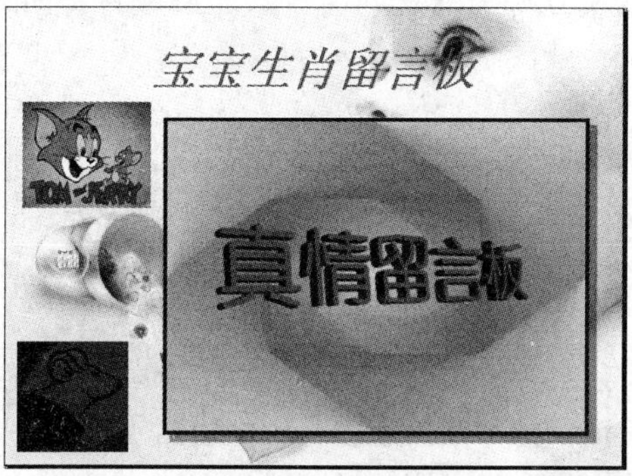

图 7-32　设置阴影样式

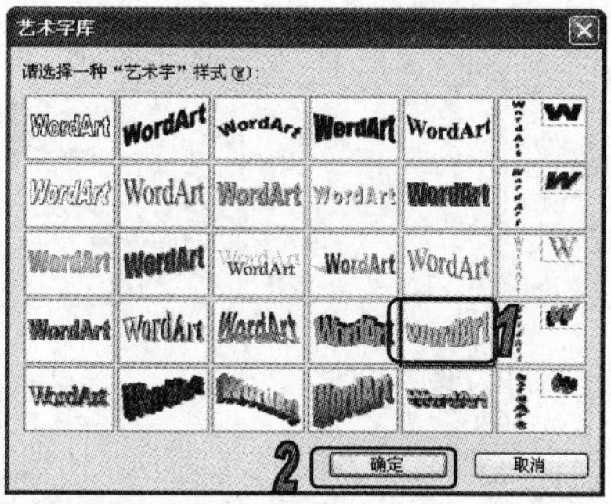

图 7-33　选择艺术字样式

(21) 单击【确定】按钮，将艺术字插入到幻灯片中，如图 7-34 所示。

(22) 在【单击此处添加文本】文本占位符中输入文字，如图 7-35 所示。

图 7-34　在幻灯片中插入艺术字

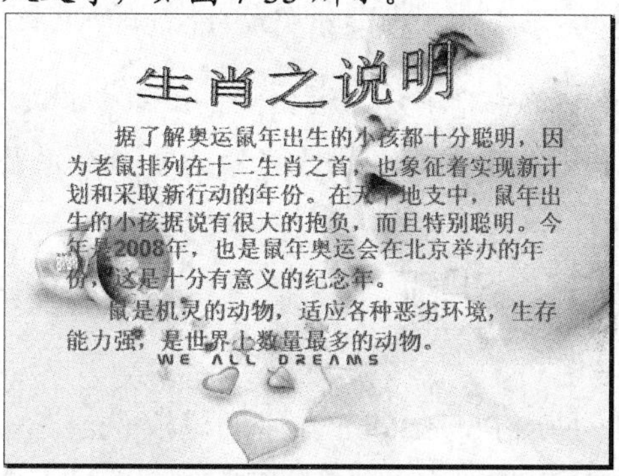

图 7-35　第 3 张幻灯片效果

(23) 在幻灯片编辑窗格显示第 1 张幻灯片，选择【插入】|【影片和声音】|【文件中的声音】命令，打开【插入声音】对话框，选择需要插入的声音文件，如图 7-36 所示。

(24) 单击【确定】按钮，此时，将打开如图 7-37 所示的提示对话框，在该对话框中单击【自动】按钮。

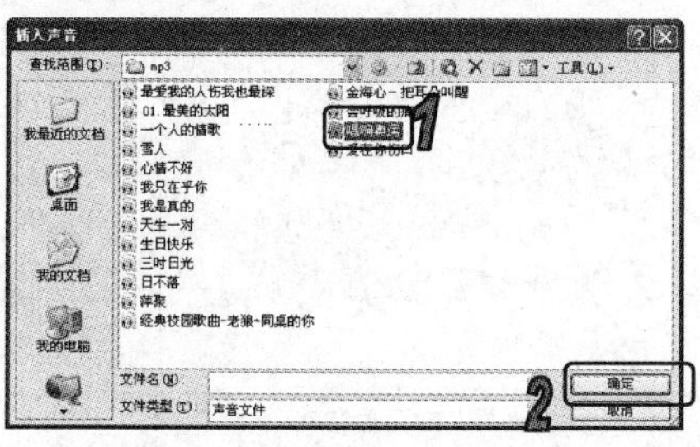

图 7-36　【插入声音】对话框

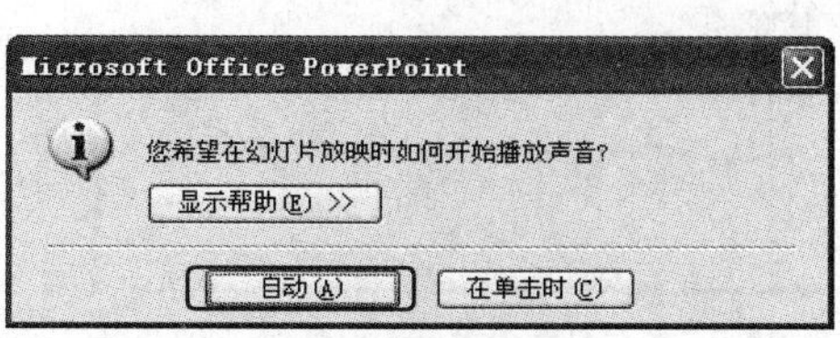

图 7-37　提示消息

(25) 此时，幻灯片中将出现声音图标，使用鼠标将其拖动到幻灯片的左下角，如图 7-38 所示。

(26) 右击声音图标，在弹出的快捷菜单中选择【编辑声音对象】命令，打开【声音选项】对话框。

(27) 在该对话框中选中【循环播放，直到停止】复选框和【幻灯片放映时隐藏声音图标】复选框，如图 7-39 所示。

图 7-38 在幻灯片中插入声音

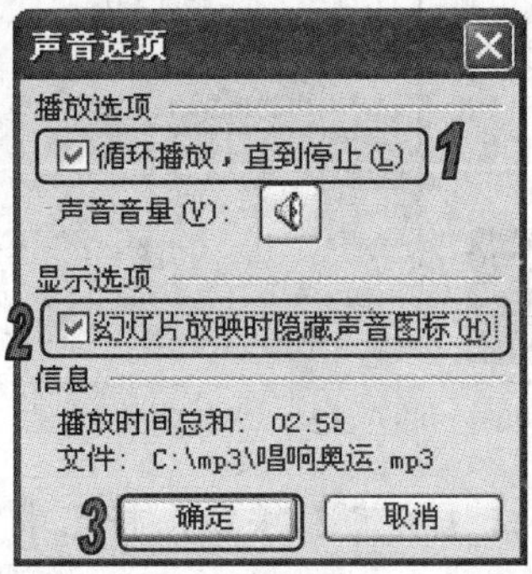

图 7-39 【声音选项】对话框

(28) 单击【确定】按钮，完成声音的设置。

(29) 选择【文件】|【另存为】命令，将演示文稿以文件名“奥运宝宝”进行保存。

7.5 习题

1. 使用 PowerPoint 自带的模板 Crayons，制作如图 7-40 所示的幻灯片。其中插入的声音对象为剪辑管理器中的【气氛.mid】，插入的影片为剪辑管理器中的影片。

2. 设置影片的外观属性，使图片顺时针方向旋转 30°，并设置对比度为 30%，如图 7-41 所示。

图 7-40 在插入影片和声音

图 7-41 设置影片外观属性

第8章 插入其他常用对象

学习目标

PowerPoint 除了提供绘制图形、插入图像等最基本的功能外，还提供了多种辅助功能，如插入图示、插入艺术字、插入表格以及插入图表等。使用这些辅助功能可以使一些主题表达更为专业化、更具表现力。本章将首先介绍在幻灯片中绘制表格的两种方法，然后介绍在幻灯片中插入与编辑 Excel 图表的方法。

本章重点

- 插入与编辑图示
- 插入与编辑艺术字
- 插入与绘制表格
- 插入与编辑图表

8.1 使用图示

组织结构图是 PowerPoint 图示库中最常用的图示，可以非常直观地说明层级关系，常用于表现事物内部的级别、层次之间的关系，如表现公司内部的经理与员工之间的关系等。

8.1.1 插入图示

PowerPoint 2003 图示库中包括组织结构图、循环图、射线图、棱锥图、维恩图和目标图等。选择【插入】|【图示】命令，或在【绘图】工具栏上单击【插入组织结构图或其他图示】按钮，打开【图示库】对话框，如图 8-1 所示。然后选择需要的图示类型，单击【确定】按钮即可将其插入到幻灯片中。

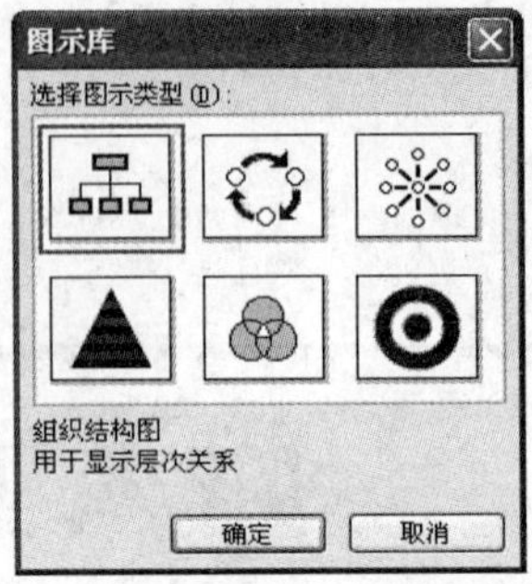

图 8-1　【图示库】对话框

打开一个空白演示文稿，在打开【幻灯片设计】任务窗格的【应用设计模板】选项区域单击【砖雕艺术】模板，将该模板应用到当前幻灯片中，如图 8-2 所示。

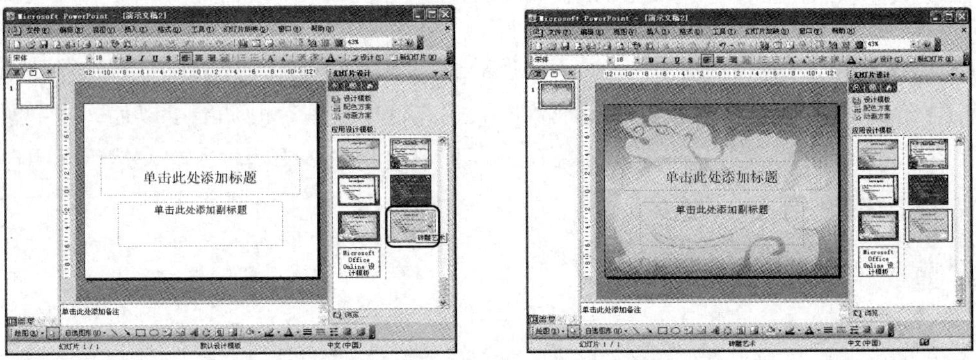

图 8-2　在演示文稿中应用自定义模板

然后选择【插入】|【图片】|【组织结构图】命令，即可在幻灯片中插入组织结构图。也可选择【插入】|【图示】命令，或在【绘图】工具栏上单击【插入组织结构图或其他图示】按钮，打开【图示库】对话框，选择【组织结构图】类型图示，然后单击【确定】按钮，也可以插入组织结构图，如图 8-3 所示。

单击组织结构图中的任意位置，PowerPoint 会自动弹出【组织结构图】浮动工具栏。用户在组织结构图的绘图边框(外围大的方框)内的空白处单击，可选中整个图示，此时将鼠标移至边框上方，其形状将变为时，用户可以按下鼠标左键拖动组织结构图移动其位置。此外，如果用鼠标拖动组织结构图周围的白色控制点，可以调整组织结构图的整体大小。

一般情况下，组织结构图中的每一个图块中都可以插入文字。单击组织结构图中的【单击此处添加文本】字样，可进入文本编辑状态，用户可以从中输入说明性的文字，最终效果如图 8-4 所示。

提示

在图 8-4 所示的组织结构图中，输入文字后，使用【格式】工具栏上的相应按钮，设置字体为【华文楷体】，字号为 28，字型为【加粗】。

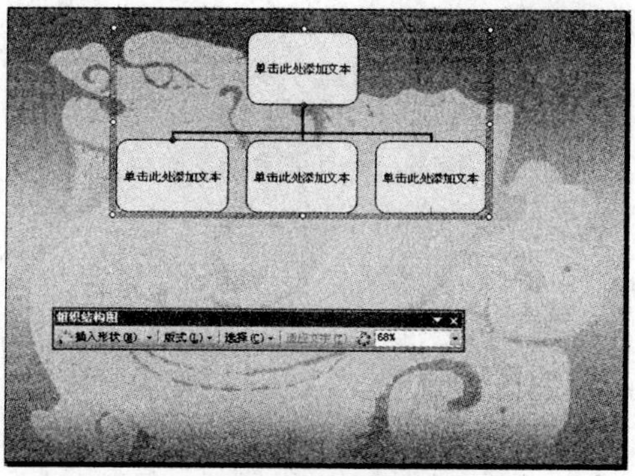

图 8-3　插入图示后的幻灯片效果

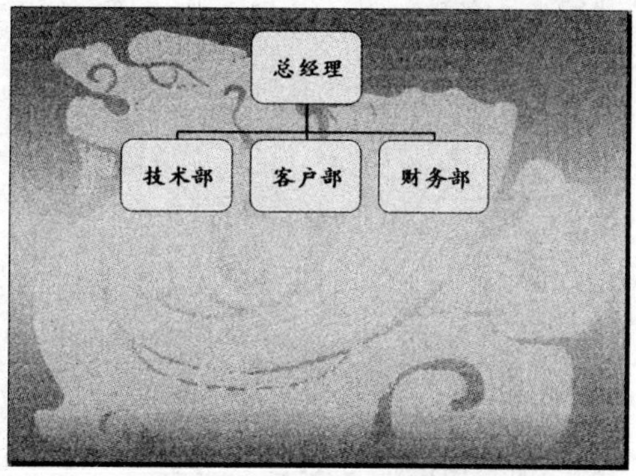

图 8-4　输入文字后的效果

8.1.2　编辑图示

用户可以根据需要对插入的组织结构图进行进一步的编辑，如添加、删除图块，改变组织结构图的组织结构等。

1. 添加与删除图块

在幻灯片窗格中，移动鼠标到组织结构图的图块边框上，单击，选中图块，此时图块周围将出现 8 个灰色的控制点。单击【组织结构图】工具栏上的【插入形状】按钮 插入形状(N)，可以在组织结构图中插入一个【下属】图块；单击【组织结构图】右侧的 ▾ 按钮，在下拉菜单中选择【助手】命令(如图 8-5 所示)，可插入一个【助手】图块，在该图块中输入文字“经理助理”，并设置字体为【华文楷体】，字号为 28，字型为【加粗】，效果如图 8-6 所示。

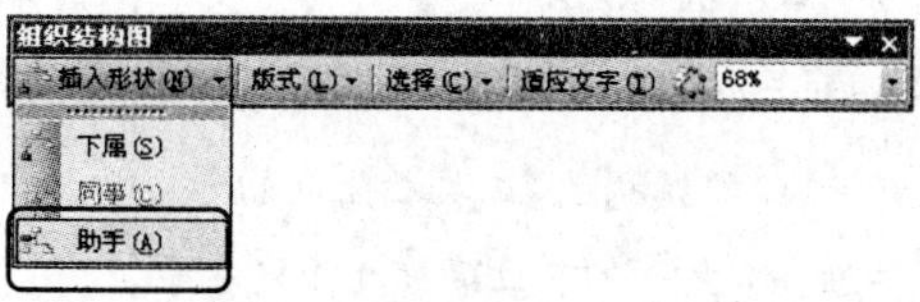

图 8-5　【组织结构图】工具栏

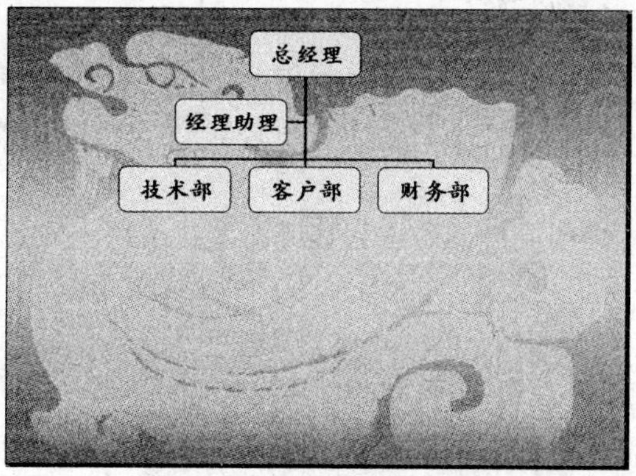

图 8-6　添加【助手】图块

使用类似的方法，在幻灯片窗格中添加其他图块，最终效果如图 8-7 所示。

如果要删除图块，只需单击图块的边框将其选中，然后按下键盘上的 Delete 键即可。用户还可以在需要删除的图块上右击，在弹出的快捷菜单中选择【删除】命令。

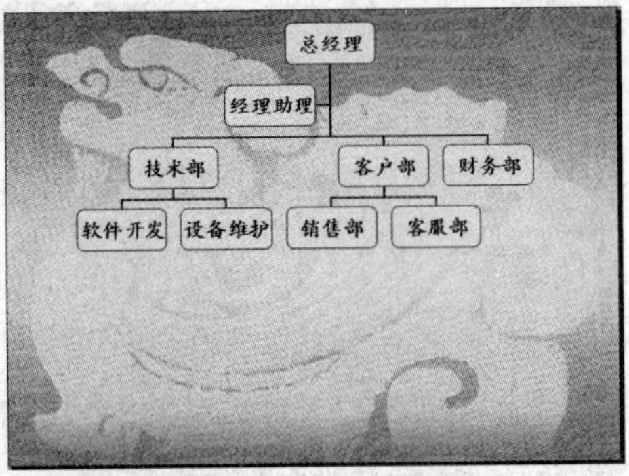

图 8-7　添加图块后的效果

> **提示**
>
> 选中【技术部】和【客户部】图块，单击【组织结构图】工具栏中的【插入形状】按钮，或者单击【组织结构图】右侧的 ▾ 按钮，在下拉菜单中选择【下属】命令，添加【下属】图块。

2. 更改填充颜色

选中需要更改填充颜色的图块，单击【绘图】工具栏中的【填充颜色】按钮，在弹出的菜单中选择【填充效果】命令，打开【填充效果】对话框。在【颜色】选项区域中选中【双色】单选按钮，并在【颜色 2】下拉列表中选择【深红色】选项；在【纹理样式】选项区域中选中【斜下】单选按钮，如图 8-8 所示。单击【确定】按钮，此时，幻灯片效果如图 8-9 所示。

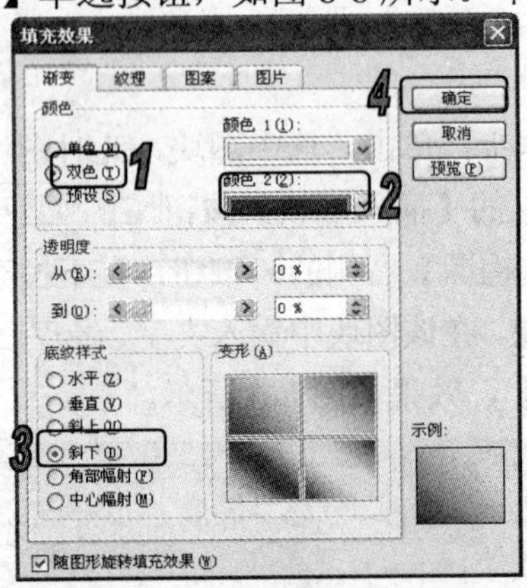

图 8-8　【填充效果】对话框

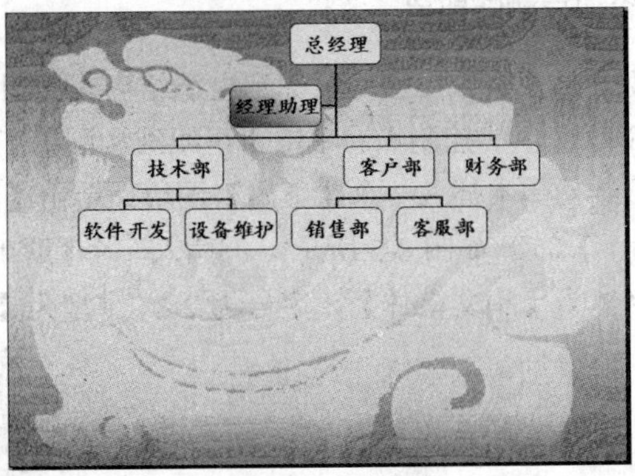

图 8-9　填充颜色

使用同样的方法为其他图块更改填充颜色后的效果如图 8-10 所示。

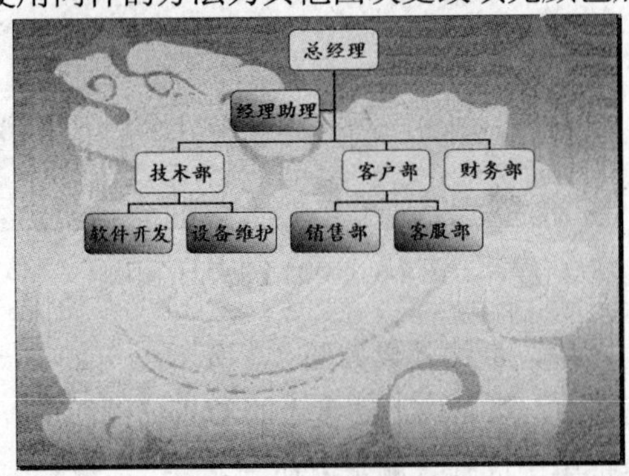

图 8-10　设置图块颜色

> **提示**
>
> 单击【组织结构图】工具栏上的【版式】按钮，弹出一个下拉菜单，并将在菜单中列出 4 种较为常用的组织结构图版式，用户可以根据需要应用不同的版式。

3. 修饰组织结构图

对组织结构图的修饰包括文字、连线的设置，图块的设置等。双击需要更改设置的图块，可以打开【设置自选图形格式】对话框，用户可以在对话框中按需要进行设置。

另外一种快捷的方法是应用 PowerPoint 预先定义好的组织结构图样式。这时可选中组织结构图，单击【组织结构图】工具栏上的【自动套用格式】按钮，打开【组织结构图样式库】对话框，然后选择合适的样式，如图 8-11 所示。

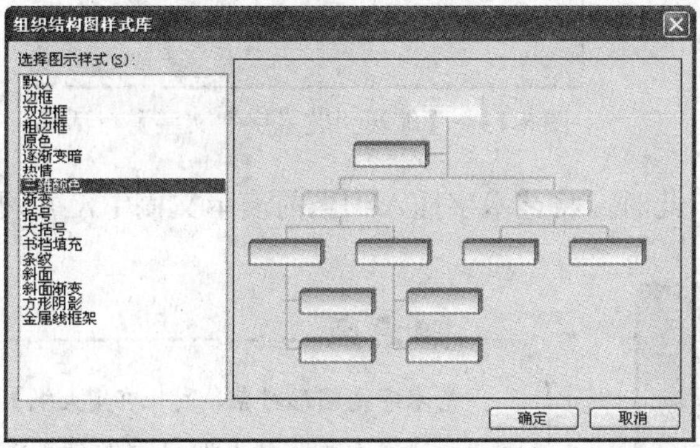

图 8-11　设置图块颜色

> **提示**
>
> 在一般情况下，组织结构图图块中的文字风格要统一，若要快速统一所有图块中的文字，可以单击组织结构图的绘图边框，将整个组织结构图选中，再设置文字字体、大小等属性。

组织结构图在应用了组织结构图样式库中的样式后，以前所做的修改将全部消失，此时，用户将不能单独修改组织结构图中图块及线条的设置，只能更改图块中的文字属性。

8.2　使用艺术字

通过字体的格式化操作可以将文本设置为不同的字体，但这远远不能满足演示文稿对文本艺术性的设计需求，而使用艺术字往往能够达到强烈的视觉冲击效果。

8.2.1　插入艺术字

艺术字是一种特殊的图形文字，常被用来表现幻灯片的标题文字。它具有普通文字的属性。

用户可以在如图 8-10 所示的演示文稿中插入艺术字，单击【绘图】工具栏上的【插入艺术字】按钮，或选择【插入】|【图片】|【艺术字】命令，打开【艺术字库】对话框，如图 8-12 所示，供用户选择满意的艺术字形式。

在【艺术字库】对话框中选择需要的样式，然后单击【确定】按钮，即可打开【编辑“艺术字”文字】对话框，如图 8-13 所示。在【文字】文本框中拖动鼠标将原有的示例文字选中并删除，输入用户需要的文字。

图 8-12　艺术字库

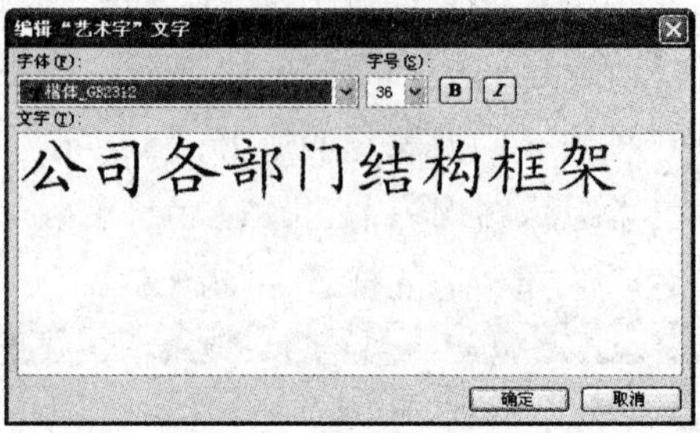

图 8-13　【编辑“艺术字”文字】对话框

然后单击【确定】按钮，关闭对话框。此时，将艺术字插入到当前演示文稿中，并调节艺术字的位置和大小，效果如图 8-14 所示。

图 8-14　在幻灯片中插入艺术字

知识点

艺术字是图形对象，因此在【大纲】视图中无法查看其文字效果，也不能像普通文本一样对其进行拼写检查。此外，同其他图形对象一样，选中插入的艺术字后，其周围将出现各种控制点，可以调整艺术字的大小、形状和旋转角度。

8.2.2　编辑艺术字

艺术字兼有文字与图形的特性，而图形的属性占据艺术字的主要地位。插入的艺术字可以像图形对象那样用鼠标单击选中或拖动进行位置、大小等属性的调整。大部分艺术字还支持重调形状，用鼠标拖动艺术字上的黄色形状控制点，在艺术字周围会出现虚线形状，表示调整后的艺术字的形状。释放鼠标，艺术的形状变为虚线所示形状。值得注意的是，有些艺术字样式中有两个或更多形状控制点，利用这些控制点，可以调整出很多漂亮的形状。

此外，用户可以对艺术字设置字体字号、加粗以及倾斜等处理，也可以像图形对象那样设置其边框、填充等属性，还可任意进行大小调整、旋转或添加阴影、三维效果等操作。

1. 更改艺术字颜色

在默认情况下，当用户选中艺术字后，【艺术字】工具栏会自动弹出。单击【艺术字】工具栏上的【设置艺术字格式】按钮，打开【设置艺术字格式】对话框，设置如图 8-15 所示的填充颜色。在该对话框中，用户还可以设置艺术字的线条边框颜色及样式等属性。

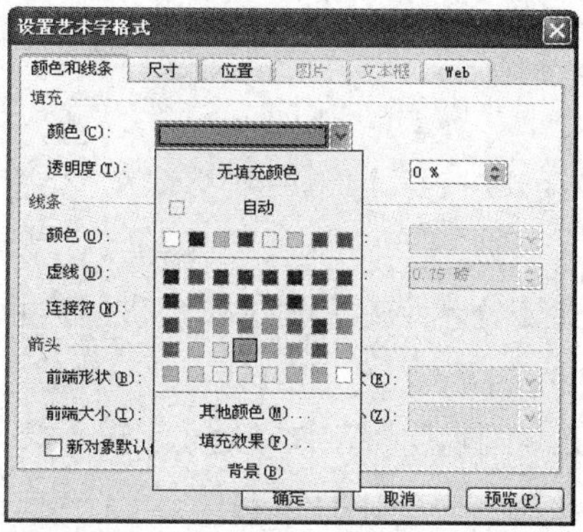

图 8-15　【设置艺术字格式】对话框

提示

在【透明度】选项中，滑动【透明度】滑块，可以设置艺术字的透明度,这里设置艺术字的透明度为 50%。

2. 更改艺术字的形状

此处所说的更改形状不是指靠拖动艺术字上黄色的形状控制点调整形状，而是根本性的改变。要更改艺术字的形状，可单击【艺术字】工具栏上的【艺术字形状】按钮，在列表中选择需要的形状(如图 8-16 所示)，此时，幻灯片中艺术字效果如图 8-17 所示。

图 8-16　选择艺术字形状

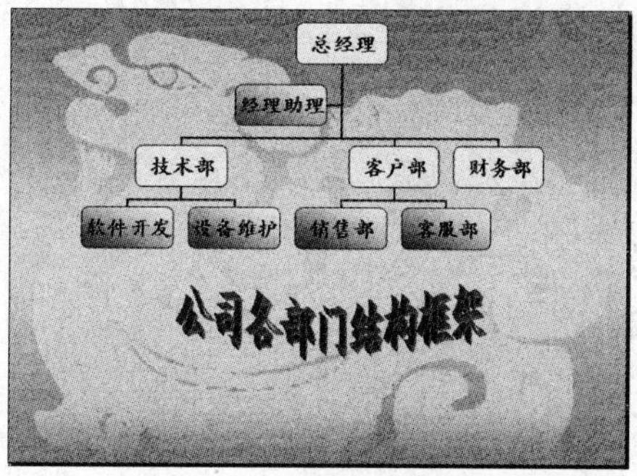

图 8-17　更改艺术字形状

3. 更改艺术字大小和字符间距

拖动艺术字周围的白色尺寸控制点，放大艺术字尺寸，并将其移动到如图 8-18 所示的位置。单击【艺术字】工具栏中的【艺术字字符间距】按钮，在打开的菜单中选择【稀疏】命令，此时，艺术字效果如图 8-19 所示。

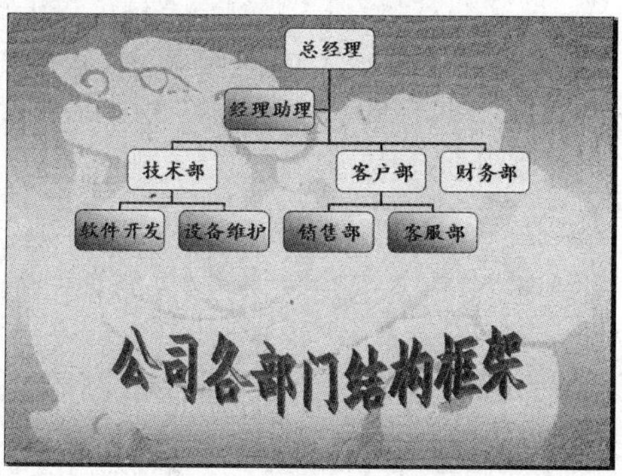

图 8-18　调整艺术字大小

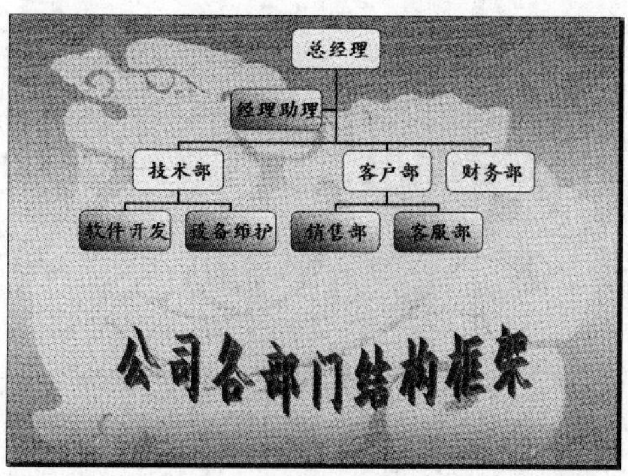

图 8-19　设置艺术字字符间距

4. 其他常用设置

在【艺术字】工具栏上，还有其他几个常用的按钮，它们的功能如下。

- 【编辑文字】按钮：单击该按钮，可以打开【编辑“艺术字”文字】对话框，根据需要进行文字的更改。
- 【艺术字库】按钮：单击该按钮，可以打开【艺术字库】对话框，供用户重新选择艺术字样式。
- 【艺术字字母高度相同】按钮：单击该按钮，可使艺术字中的英文字母不分大小写，统一调整至相同高度(调整至相同高度后仍受艺术字形状的影响)。
- 【艺术字竖排文字】按钮：单击该按钮可使艺术字变为竖排文字。
- 【艺术字对齐方式】按钮：单击该按钮可弹出一个下拉菜单，供用户选择艺术字的对齐方式。

提示

用户可以为艺术字添加阴影或三维效果。选中艺术字后，单击【绘图】工具栏上的【阴影样式】按钮或【三维效果样式】按钮，用户即可在弹出的样式列表中选择需要的样式。当应用三维效果后，对象将自动关闭其边框，不再显示边框的颜色、图案等属性。取消三维效果后，原来的边框将会重新显示。

8.3 插入表格

与页面文字相比，表格采用行列化的形式，更能体现内容的对应性及内在的联系。表格的结构适合表现比较性、逻辑性、抽象性强的内容。

8.3.1 自动插入表格

PowerPoint 提供了两种在幻灯片中自动插入表格的方法，一种是在【常用】工具栏中使用【插入表格】按钮插入，另一种是选择【插入】|【表格】命令插入。

1. 使用【插入表格】按钮插入表格

在【常用】工具栏中单击【插入表格】按钮，打开如图 8-20 所示的网格，在该网格框中拖动鼠标左键可以确定要创建表格的行数和列数，再次单击鼠标即可完成一个规则表格的创建，图 8-20 所示的蓝色区域表示将在幻灯片中插入一个 3×4 的表格。

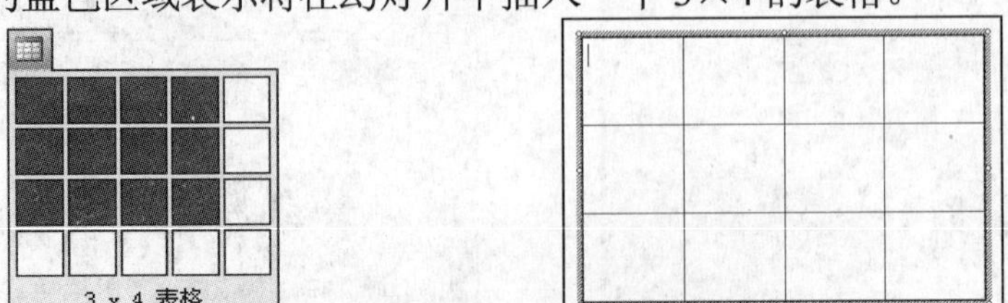

图 8-20　选择网格数插入表格

提示

如果在 PowerPoint 2003 工作界面中没有显示【常用】工具栏，则选择【视图】|【工具栏】|【常用】命令，即可使该工具栏显示在标题栏的下方。

2. 使用【插入】菜单插入表格

当需要在幻灯片中直接添加表格时，可以选择【插入】|【表格】命令，打开【插入表格】对话框，如图 8-21 所示。在该对话框的【行数】和【列数】文本框中输入表格的行数与列数，单击【确定】按钮，即可在当前幻灯片中插入一个表格。

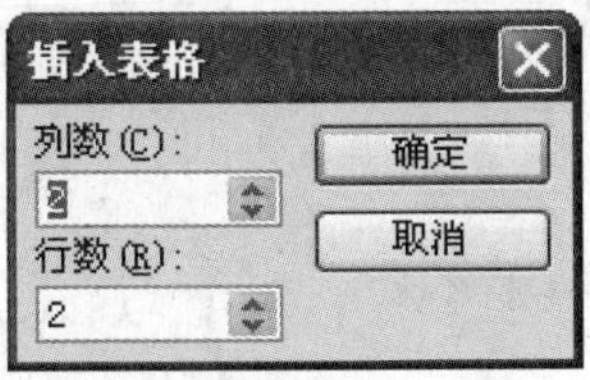

图 8-21　【插入表格】对话框

提示

插入表格后，系统会自动弹出【表格和边框】工具栏，供用户进一步设置。

【例 8-1】使用插入表格功能在幻灯片中插入表格。

(1) 启动 PowerPoint 2003 应用程序，打开如图 8-19 所示的演示文稿。

(2) 选择【插入】|【新幻灯片】命令，插入第 2 张幻灯片。

(3) 在幻灯片预览窗格中选择第 2 张幻灯片缩略图，将其显示在幻灯片编辑窗口中。

(4) 在幻灯片中输入标题文字"销售部业绩汇总 1"，设置字体为【华文琥珀】，字号为 44，并删除【单击此处添加文本】文本占位符。

(5) 选择【插入】|【表格】命令，打开【插入表格】对话框，在【列数】文本框和【行数】文本框中分别输入数字 4 和 6，如图 8-22 所示。

(6) 单击【确定】按钮，此时，幻灯片中插入一个 4 列 6 行的空白表格，如图 8-23 所示。

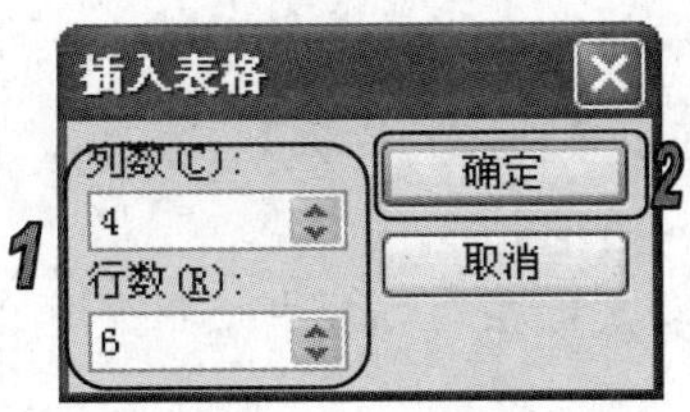

图 8-22　输入行数和列数

图 8-23　在幻灯片中插入表格

(7) 在需要输入文字的表格中单击后，该表格中将出现闪烁的光标，此时，输入需要说明的文字。

(8) 选中表格，在格式工具栏中设置文字字体为【宋体】，字号为 20，字型为【加粗】，表格效果如图 8-24 所示。

销售部业绩汇总!

销售员	销售部	年度签单金额	年度到账金额
小庄	1部	¥550,000.00	¥490,000.00
小王	1部	¥470,000.00	¥450,000.00
小陈	2部	¥450,000.00	¥400,000.00
小孔	3部	¥590,000.00	¥575,000.00
小蒋	3部	¥610,000.00	¥550,000.00

图 8-24　在表格中输入文字

提示

选择【视图】|【工具栏】|【表格和边框】命令，可以控制【表格和边框】工具栏的显示。

(9) 单击【保存】按钮，将演示文稿以“公司效益”为名进行保存。

知识点

用户可以在【表格和边框】工具栏上，单击【表格】按钮表格(A)▾，从弹出的下拉菜单中选择【插入表格】命令来插入表格。

8.3.2　手动插入表格

当插入的表格并不是完全规则时，也可以直接在幻灯片中进行绘制。绘制表格的方法很简单，只要在【表格和边框】工具栏中选择【绘制表格】按钮即可。选择该按钮后，鼠标指针将变为【✎】形状，此时可以在幻灯片中绘制需要的表格。

【例 8-2】使用绘制表格功能在幻灯片中绘制表格。

(1) 启动 PowerPoint 2003 应用程序，打开“公司效益”演示文稿。

(2) 在格式工具栏中单击【新幻灯片】按钮，添加一张新幻灯片。

(3) 单击【单击此处添加标题】文本占位符，输入标题文字，并删除【单击此处添加文本】文本占位符。

(4) 选择【视图】|【工具栏】|【表格和边框】命令，打开【表格和边框】工具栏。在工具栏中单击【绘制表格】按钮。

(5) 此时，鼠标指针变为【✎】形状，按住鼠标左键拖动鼠标在幻灯片中绘制如图 8-25 所示的矩形框。

(6) 释放鼠标，此时，幻灯片中显示如图 8-26 所示的表格外边框。

(7) 在绘制的外边框内按住鼠标左键从上向下拖动，绘制表格的列，如图 8-27 所示。

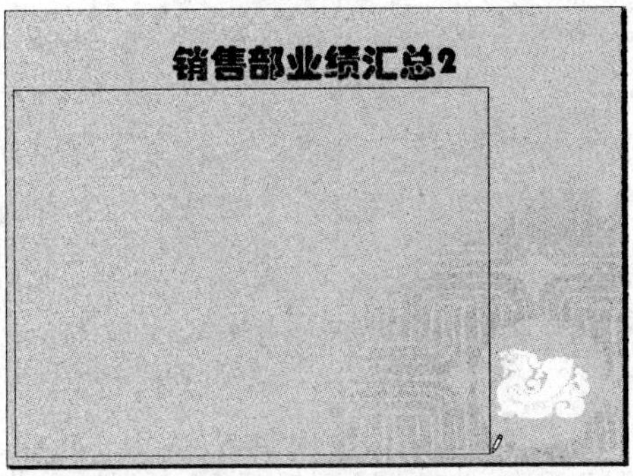

图 8-25　拖动鼠标绘制表格外边框

图 8-26　幻灯片中显示绘制的表格

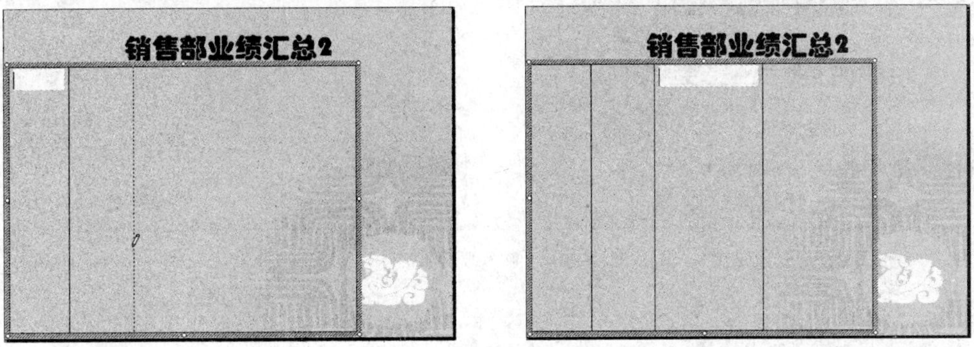

图 8-27　为表格绘制列

(8) 参照步骤(7)，从左向右绘制表格的行，使表格效果如图 8-28 所示。

(9) 将鼠标在需要添加文字的单元格内单击，该单元格将出现闪烁的光标，此时，用户可以输入说明文字，添加文字后的表格效果如图 8-29 所示。

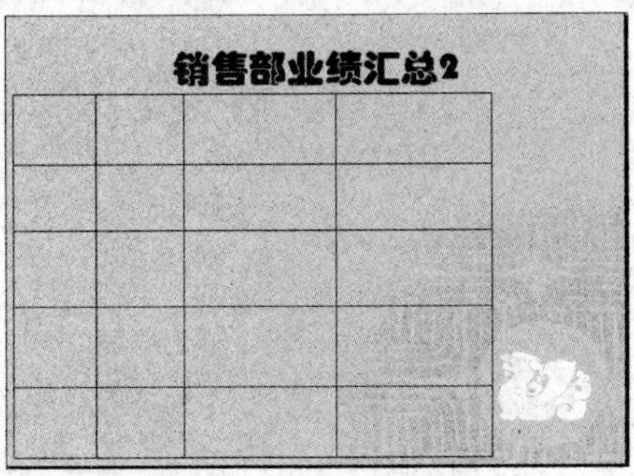

图 8-28　绘制表格的行

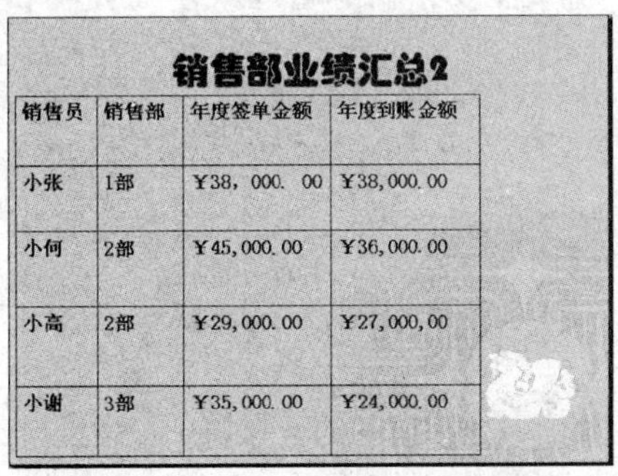

图 8-29　在表格中添加文字

(10) 在工具栏上单击【保存】按钮，将修改后的演示文稿保存。

8.3.3　插入 Word 及 Excel 表格

PowerPoint 支持多种插入表格的方式，例如可以在幻灯片中直接插入，也可以从 Word 和

Excel 应用程序中调入。自动插入表格功能能够方便地辅助用户完成表格的输入，提高在幻灯片中添加表格的效率。

打开“公司效益”演示文稿，在幻灯片中添加一张新幻灯片，并输入标题文字“销售部业绩分析”，设置标题文字字体为【华文琥珀】，字号为 48，字体效果为【阴影】，并删除【单击此处添加文本】文本占位符，然后选择【插入】|【对象】命令，打开【插入对象】对话框。在【对象类型】列表框中选择【Microsoft Excel 工作表】选项，单击【确定】按钮，此时 PowerPoint 显示调用了的 Excel 程序，如图 8-30 所示。

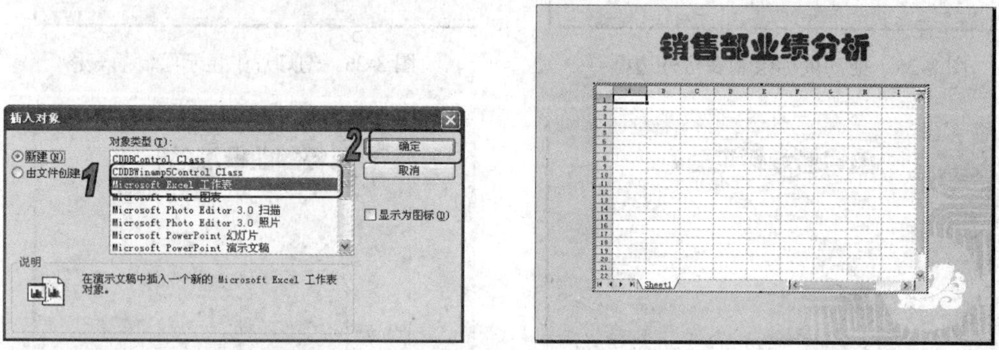

图 8-30　输入 Excel 程序

提示

如果要在 PowerPoint 中调用 Word 文档，并插入 Word 文档中创建的表格，只需在【插入对象】对话框的【对象类型】列表框中选择【Microsoft Word 文档】选项即可。

在 Excel 表格中输入需要的说明文字，并使用 Excel 的相关功能为表格设置合适的格式和字体样式。拖动 Excel 表格边框，使其大小和使用表格的面积大小相同，效果如图 8-31 所示。

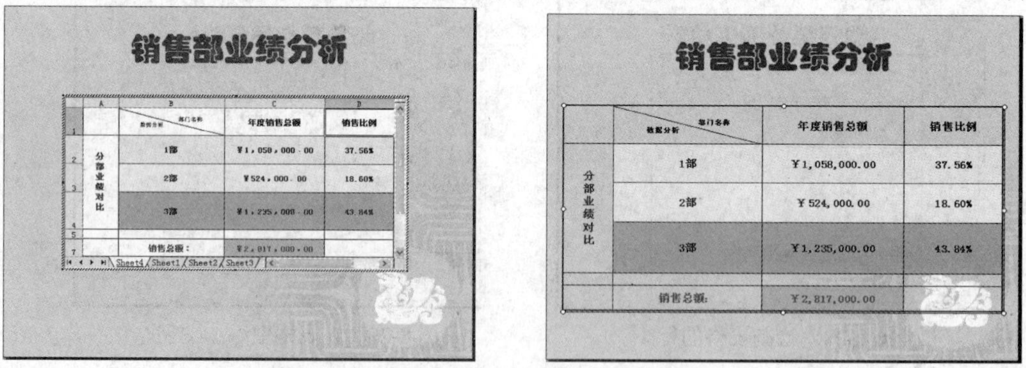

图 8-31　在幻灯片中插入 Excel 表格后的效果

提示

调用程序后，表格的编辑方法与直接使用 Word 和 Excel 程序相同，当编辑完表格后，在插入对象外的任意处单击，即可返回到 PowerPoint 界面。如果需要再次编辑该表格，双击即可再次进入 Word 或 Excel 编辑状态。

8.3.4 设置表格属性

插入到幻灯片中的表格不仅可以像文本框和占位符一样被选中、移动、调整大小及删除，还可以为其添加底纹、设置边框样式、应用阴影效果等。此外，用户还可以对单元格进行编辑，如拆分、合并、添加行、添加列等。

1. 更改行高与列宽

当用户将鼠标移至表格中的竖线上时，鼠标指针形状将变成【+||+】形状，按下鼠标左键拖动表格中的竖线，可以更改表格中该列的宽度。同样，将鼠标移至表格中的横线上时，鼠标会变成【÷】，拖动该横线，可以调整该行的高度。当用鼠标拖动被选中的单元格的边框时，此时只会更改选中的单元格的高度或宽度，利用此方法可将行列规则的表格调整成为行高列宽不一的表格。

【例8-3】更改幻灯片中的行高和列宽。

(1) 启动 PowerPoint 2003 应用程序，打开“公司效益”演示文稿。

(2) 在幻灯片预览窗格中选择第2张幻灯片缩略图，将其显示在幻灯片编辑窗口中。

(3) 选中整个表格，在【表格和边框】工具栏中单击【平均分布各行】按钮，将表格各行设置为统一的行高。

(4) 将鼠标移至如图8-32所示的内边框上，并拖动鼠标向左移动，缩小销售员列的列宽，如图8-33所示。

图8-32 拖动表格内边框

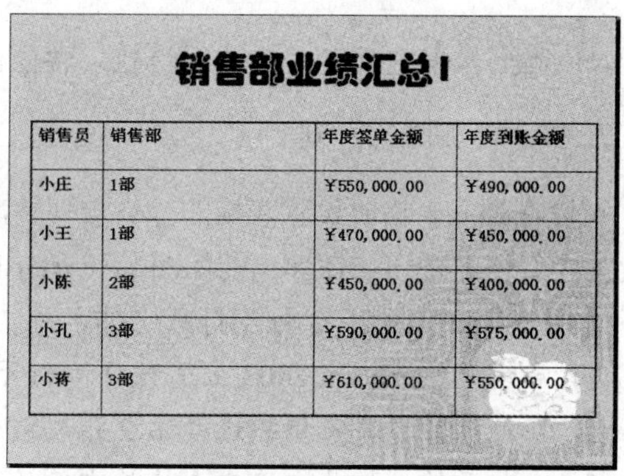

图8-33 缩小第一列列宽后的表格效果

(5) 参照步骤(4)，调整表格其他列的列宽，使得表格如图8-34所示。

(6) 在幻灯片预览窗格中选择第3张幻灯片缩略图，将其显示在幻灯片编辑窗口中。

(7) 选中幻灯片中的表格，向外拖动表格右下角的控制点(如图8-35所示)，改变表格外边框大小。

(8) 参照步骤(3)~(4)，调整表格列宽，并为表格各行设置相同的行高，此时，表格如图8-36所示。

图 8-34　调整表格列宽

> **提示**
>
> 如果需要将表格中的列设置为相同的列宽，也可以在选中整个表格的同时，单击【表格和边框】工具栏中的【平均分布各列】按钮。

图 8-35　更改表格外边框大小

图 8-36　设置行高和列宽

(9) 在工具栏上单击【保存】按钮，将修改后的演示文稿保存。

2. 插入与删除行、列

可以在插入表格时设置表格的行数与列数，也可以在插入表格后，单击【表格与边框】工具栏上的【表格】按钮，在弹出的如图 8-37 所示的下拉菜单中选择相关命令插入行或列。

【例 8-4】在第 2、3 张幻灯片中插入列。

(1) 启动 PowerPoint 2003 应用程序，打开“公司效益”演示文稿。

(2) 在幻灯片预览窗格中选择第 2 张幻灯片缩略图，将其显示在幻灯片编辑窗口中。

(3) 在打开的幻灯片中选中表格最右侧的列，在【表格和边框】工具栏中单击【表格】按钮，在打开的菜单中选择【在右侧插入列】命令。

(4) 此时，表格插入一行空白列，调整表格宽度，效果如图 8-38 所示。

(5) 在空白单元格中输入文字，如图 8-39 所示。

(6) 参照步骤(3)，在第 3 张幻灯片的表格中插入列，并输入文字，使得幻灯片的效果如图 8-40 所示。

(7) 在工具栏上单击【保存】按钮，将修改后的演示文稿保存。

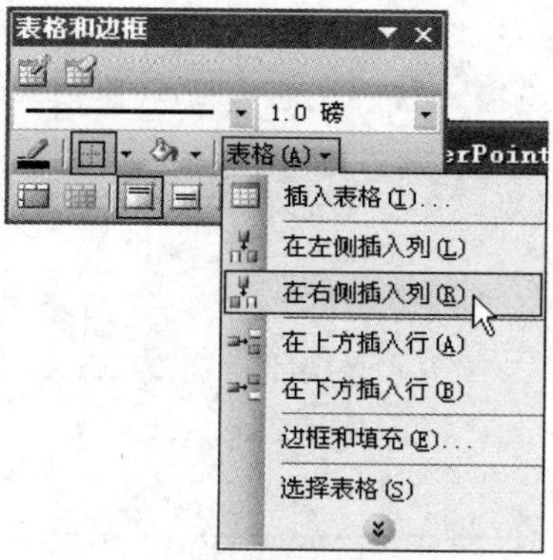

图 8-37　在工具栏中选择命令

图 8-38　插入的空白列

图 8-39　在单元格中输入文字

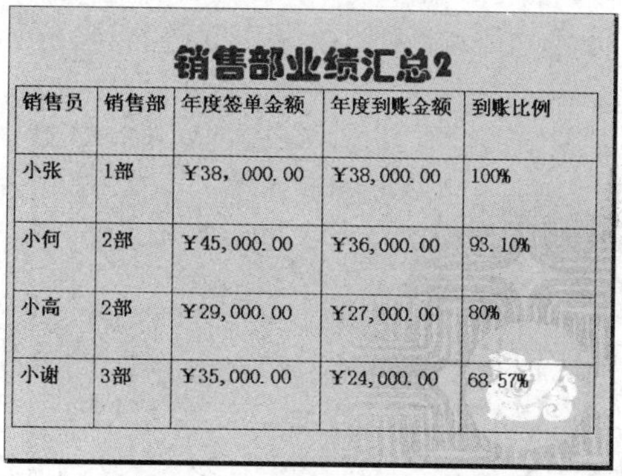

图 8-40　为第 3 张幻灯片添加列

提示

如果要删除表格中的行和列，右击选中行和列，从弹出的快捷菜单中选择【删除行】或【删除列】命令，或者在【表格】按钮的下拉菜单中选择【删除行】或【删除列】命令。但如果选中表格的行和列直接按 Delete 键，那么只是删除行和列的文本内容，而不能删除该行和列。

3. 绘制不规则表格

在多数情况下，用户需要的表格并不是完全规则的，在绘制这类表格时，常用的方法有两种。一种是先插入一个规则的表格，利用【表格与边框】工具栏上的【拆分单元格】按钮与【合并单元格】按钮来获得不规则表格；另外一种是使用【绘制表格】按钮，绘制出需要的表格。

【例 8-5】在幻灯片中绘制不规则的表格。

(1) 启动 PowerPoint 2003 应用程序，打开“公司效益”演示文稿。

(2) 在幻灯片预览窗格中选择第 2 张幻灯片缩略图，并将其显示在幻灯片编辑窗口中。

(3) 选中两个单元格，如图 8-41 所示，在【表格和边框】工具栏中单击【合并单元格】按钮，将两个单元格合并为一个单元格，删除其中一行文字“1 部”，此时，表格效果如图 8-42 所示。

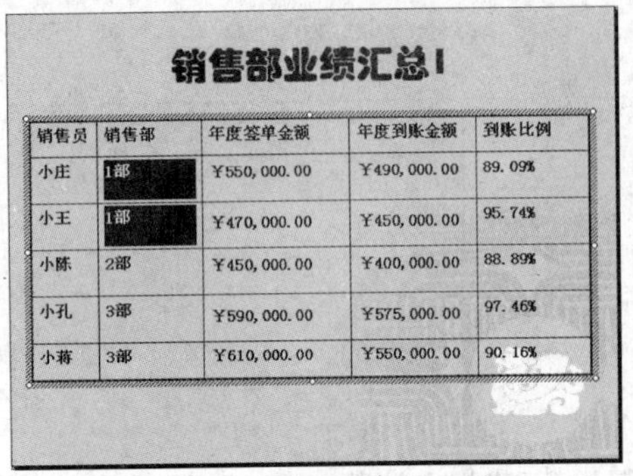

图 8-41　选中两个相临的单元格

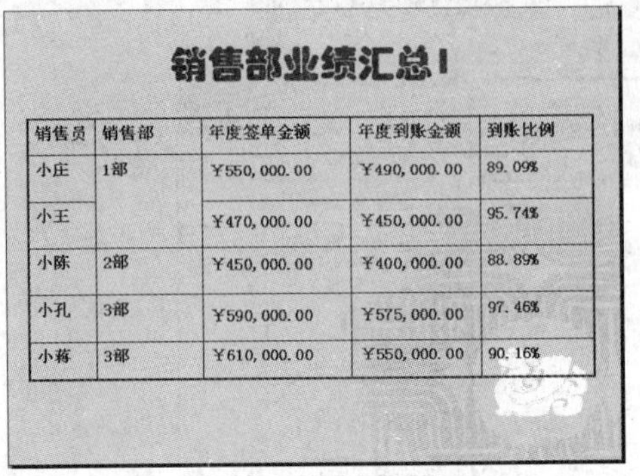

图 8-42　合并单元格后的表格效果

(4) 参照步骤(3)，分别合并第 2、3 张幻灯片中的表格单元格，使它们的效果分别如图 8-43 和 8-44 所示。

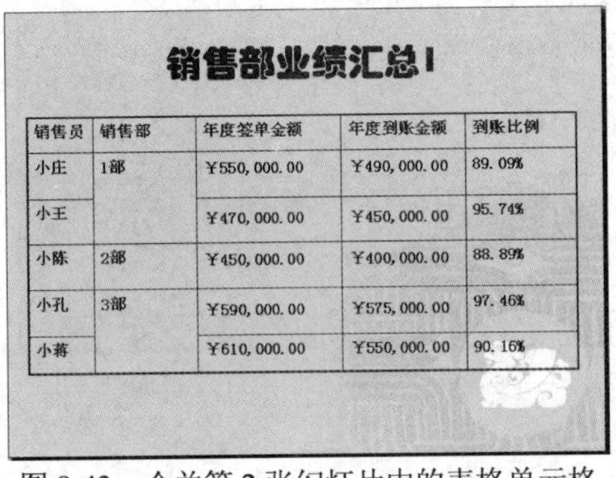

图 8-43　合并第 2 张幻灯片中的表格单元格

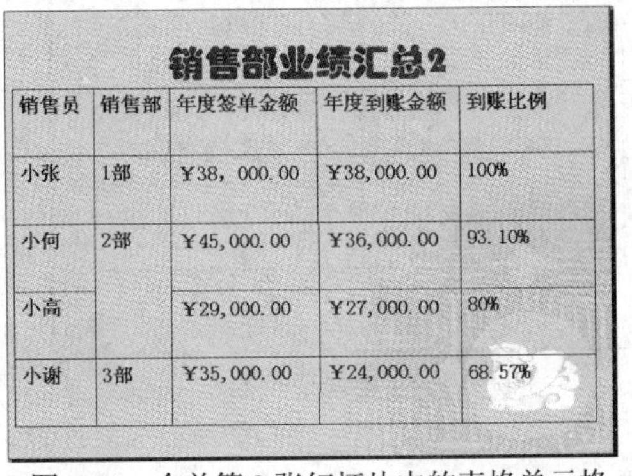

图 8-44　合并第 3 张幻灯片中的表格单元格

(5) 将第 2 张幻灯片缩略图显示在幻灯片编辑窗口中，单击【表格和边框】工具栏中的【绘制表格】按钮，在表格的第一个单元格中绘制如图 8-45 所示的线段。

(6) 在工具栏上单击【保存】按钮，将修改后的演示文稿保存。

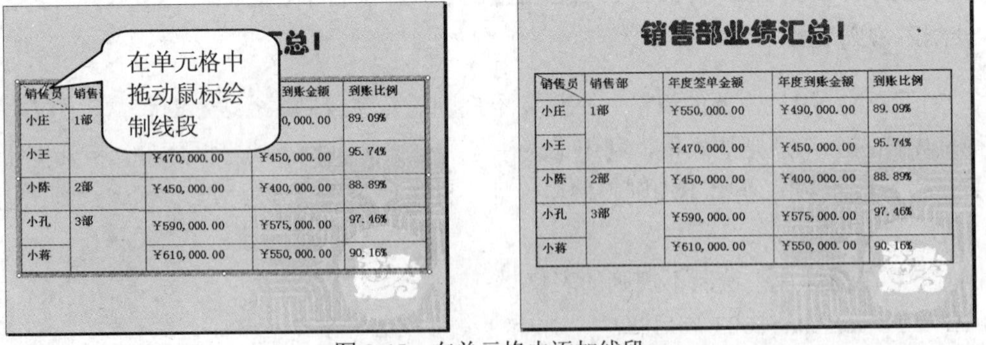

图 8-45　在单元格内添加线段

4. 修饰表格

修饰表格主要分为文字修饰与表格边框及填充修饰。表格中的文字可设置的属性、方法与占位符、文本框中文字的属性相同，包括字体、字号、字形及颜色等。对于每个单元格中的文字，还可以在【表格与边框】工具栏上方便地设置其在单元格中的垂直位置。常用的按钮有【靠上对齐】、【垂直居中】和【靠下对齐】。

单击【表格与边框】工具栏上的【边框颜色】按钮，在颜色面板中选择颜色，当鼠标形状变为【】形状时，重新描绘表格中的边框，则描绘过的边框的颜色变为用户选择的颜色。选中需要设置填充色的单元格，单击【填充颜色】按钮旁的下拉箭头，在弹出的颜色面板中选择颜色或填充效果，即可改变选中单元格的填充颜色。

用户还可在表格或选中的单元格上右击，在弹出的快捷菜单中选择【边框和填充】命令，打开【设置表格格式】对话框进行设置。

【例 8-6】设置单元格中文字的属性以及表格边框及填充颜色。

(1) 启动 PowerPoint 2003 应用程序，打开“公司效益”演示文稿。

(2) 在幻灯片预览窗格中选择第 2 张幻灯片缩略图，将其显示在幻灯片编辑窗口中。

(3) 在幻灯片中选中整个表格，单击【表格和边框】工具栏中的【垂直居中】按钮，将单元格中的所有文字垂直居中显示，如图 8-46 所示。

(4) 选中第 1 个单元格中的文字，单击【表格和边框】工具栏中的【靠下对齐】按钮。然后将光标置于文字“销售员”的左侧，按下回车键，此时，将光标置于“销售员”的上一行，并输入“业绩”，如图 8-47 所示。

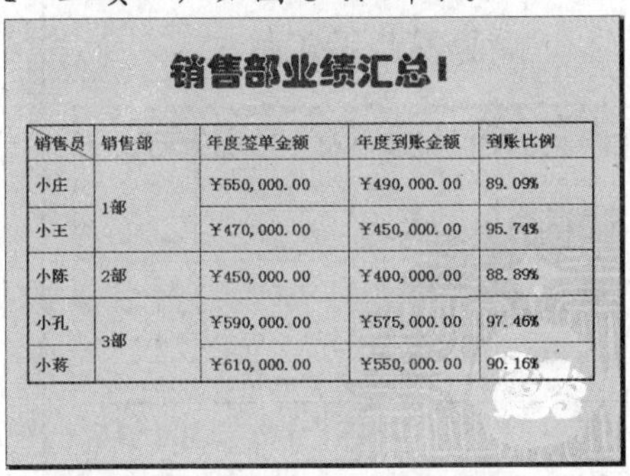

图 8-46　将文字设置为垂直居中

图 8-47　在单元格中输入文字

(5) 选中文字“业绩”，在格式工具栏中单击【右对齐】按钮，此时，该单元格效果如图 8-48 所示。

(6) 选中整个表格，单击【表格和边框】工具栏中的【表格】按钮，在下拉菜单中选择【边框和填充】命令，打开如图 8-49 所示的【设置表格格式】对话框。

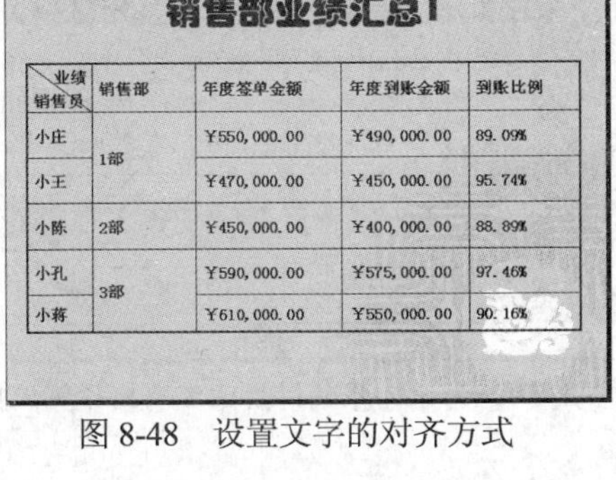

图 8-48　设置文字的对齐方式

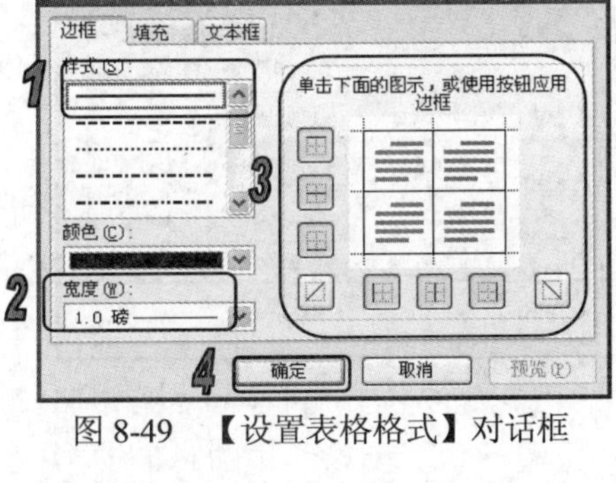

图 8-49　【设置表格格式】对话框

(7) 在【边框】选项卡的【宽度】下拉列表框中选择【3.0 磅】选项，依次单击两次【上边框】按钮、【下边框】按钮、【左边框】按钮和【右边框】按钮，然后单击【确定】按钮，此时，表格边框效果如图 8-50 所示。

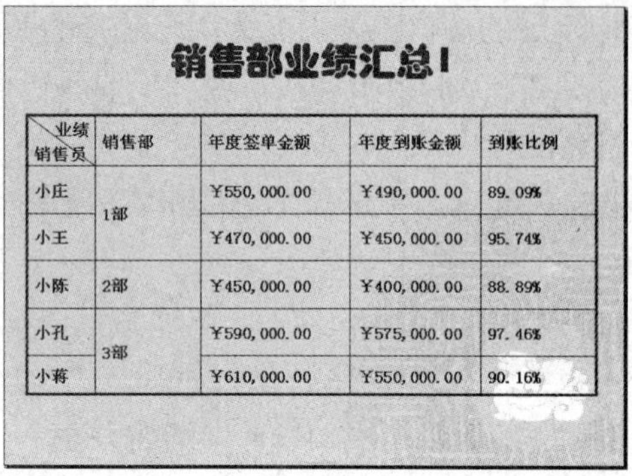

图 8-50　设置表格外边框属性

提示

在步骤(7)中，第一次单击对话框中的按钮是为了取消上、下、左、右四个边框现有的属性；第二次单击这些按钮，是为边框应用新的样式。

(8) 选中表格第 1 行，打开【设置表格格式】对话框的【填充】选项卡，打开【填充颜色】下拉列表框，选择如图 8-51 所示的颜色。

(9) 单击【确定】按钮，此时，幻灯片效果如图 8-52 所示。

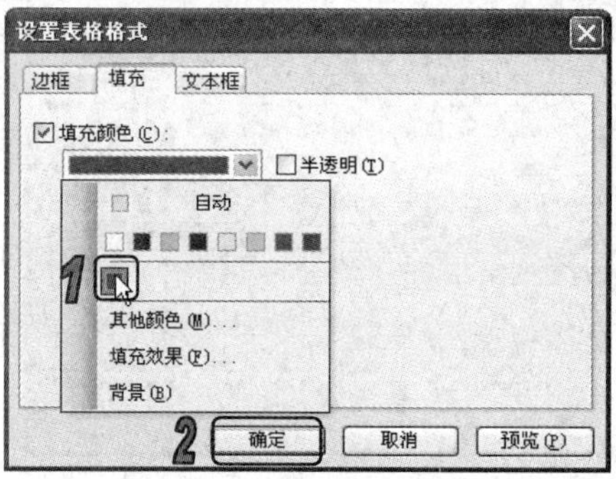

图 8-51 设置填充属性

图 8-52　为表格第 1 行添加填充颜色

(10) 参照步骤(8)~(9)，为表格第 1 列添加相同的填充颜色，如图 8-53 所示。

(11) 参照上面的步骤，为第 3 张幻灯片中的表格设置属性，效果如图 8-54 所示。

图 8-53　为第 2 张幻灯片中的表格设置属性

图 8-54　为第 3 张幻灯片中的表格设置属性

(12) 在工具栏上单击【保存】按钮，将修改后的演示文稿保存。

知识点

如果需要更改单元格中文字的方向，可以在【表格和边框】单元格中单击【更改文字方向】按钮，将其旋转 90°。也可以在【设置表格格式】对话框的【文本框】选项卡中选中【将单元格内的文本旋转 90°】复选框。

8.4　使用图表

与文字数据相比，形象直观的图表更容易让人理解，插入在幻灯片中的图表以简单易懂的方式反映了各种数据关系。PowerPoint 附带了一种 Microsoft Graph 的图表生成工具，它能提供各种不同的图表来满足用户的需要，使得制作图表的过程简便而且自动化。

8.4.1　插入图表

插入图表的方法与插入图片、影片、声音等对象的方法类似，选择【插入】|【图表】命令，或单击【常用】工具栏上的【插入图表】按钮即可。

在幻灯片中创建图表后，默认为图表编辑状态，同时显示数据表窗口，供用户输入数据，如图 8-55 所示。

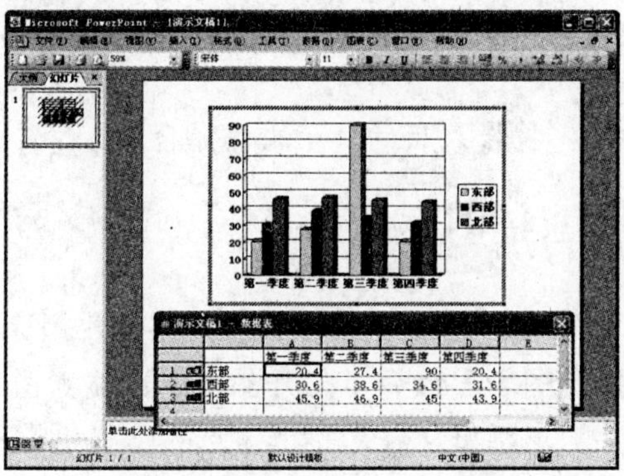

图 8-55　创建图表时的编辑状态

提示

图表中的图形是根据数据表中的数据计算出来的，所以在插入图表后，一般首先编辑、输入数据。单击数据表中的单元格，可以修改行、列的名称，并按照数据表中的行、列输入用户的数据。

【例 8-7】在图表编辑状态中修改数据表中的数据，创建图表。

(1) 启动 PowerPoint 2003 应用程序，打开“公司效益”演示文稿。

(2) 在幻灯片预览窗格中选择第 4 张幻灯片缩略图，将其显示在幻灯片编辑窗口中。

(3) 选择【插入】|【新幻灯片】命令，插入一张新幻灯片。在幻灯片中添加标题文字，并删除【单击此处添加文本】文本占位符。

(4) 选择【插入】|【图表】命令，打开图表创建编辑窗口，修改数据表中的数据，如图 8-56 所示。

(5) 关闭该数据表，此时，幻灯片中的图表效果如图 8-57 所示。

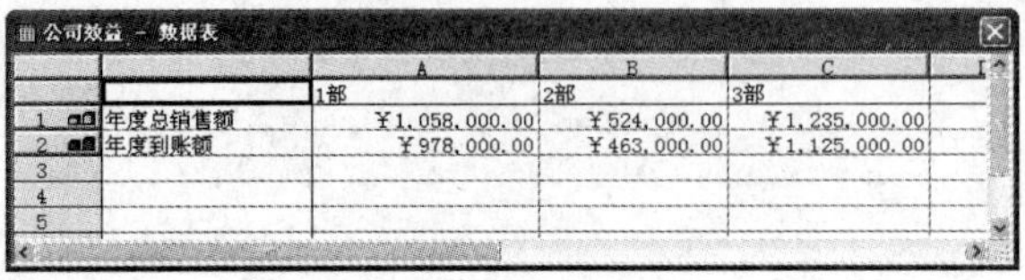

图 8-56　更改数据表中的数据

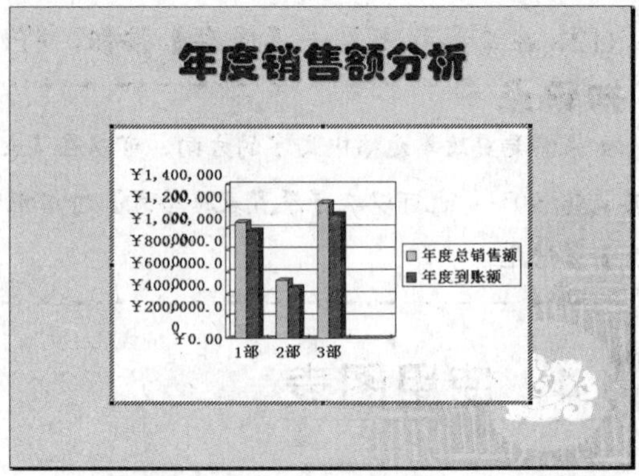

图 8-57　幻灯片中显示修改后的图表

(6) 在幻灯片的空白处单击，退出图表编辑状态。拖动图表边框上的控制点，调整其在幻灯片上中的显示位置和大小，如图 8-58 所示。

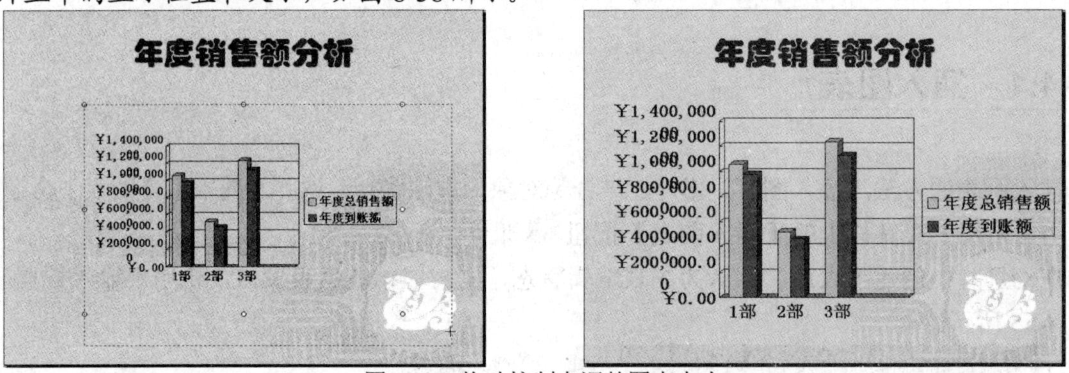

图 8-58　拖动控制点调整图表大小

(7) 完成设置后，在工具栏上单击【保存】按钮，将修改后的演示文稿保存。

当用户的数据已经制作成 Excel 文档时，可以选择【编辑】|【导入文件】命令在幻灯片中插入图表。

打开“公司效益”演示文稿，插入一张新幻灯片。在幻灯片中添加标题文字，并删除【单击此处添加文本】文本占位符。然后选择【插入】|【图表】命令，打开图表创建编辑窗口。选择【编辑】|【导入文件】命令，打开【导入文件】对话框，在对话框中选择文件的路径，如图 8-59 所示。单击【打开】按钮，此时，系统自动打开【导入数据选项】对话框，如图 8-60 所示。

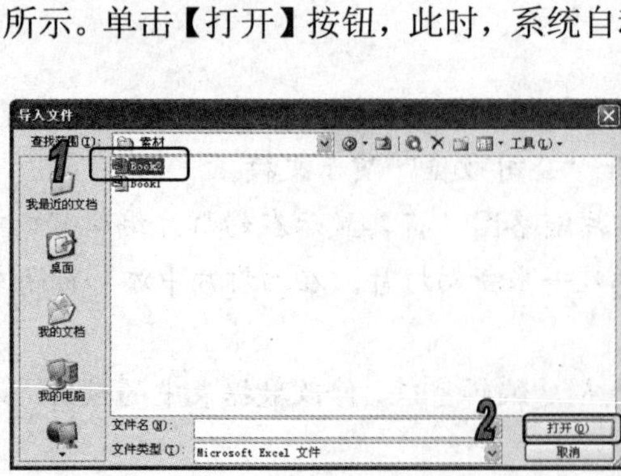

图 8-59　【导入文件】对话框

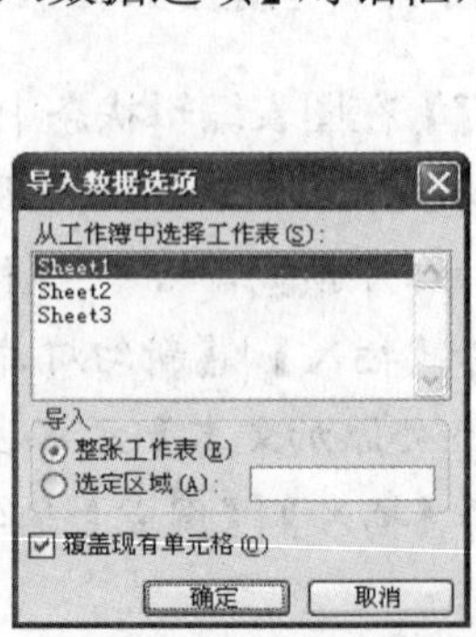

图 8-60　【导入数据选项】对话框

在对话框中选择要导入的数据表，并在【导入】选项区域中选中【整张工作表】单选按钮，单击【确定】按钮，数据表自动更改为如图 8-61 所示的数据。关闭该数据表，此时，幻灯片中图表效果如图 8-62 所示。当输入与原数据不同的数据后，图表的形状发生了明显的变化，即图表的形状由 Excel 表中的数据控制。在幻灯片窗格的任意空白处单击，将退出图表编辑状态，返回到幻灯片编辑状态，完成图表的创建。

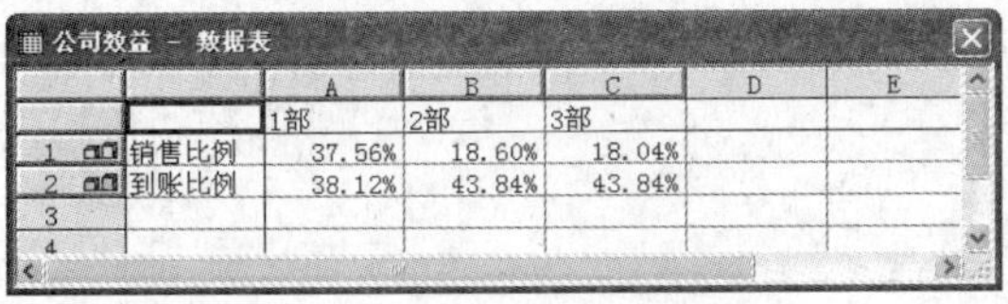

图 8-61　自动更改数据表数据

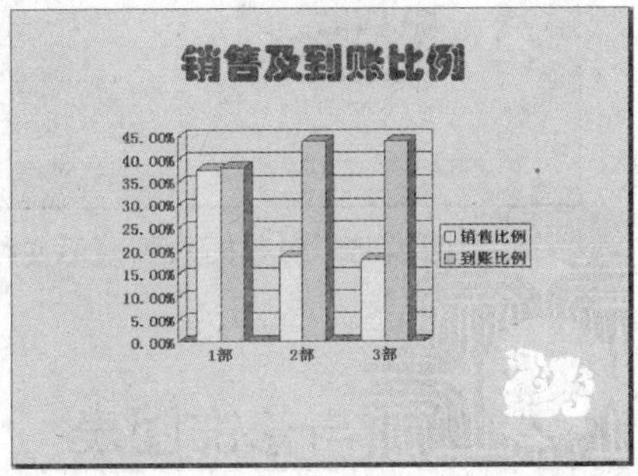

图 8-62　幻灯片中图表的显示效果

提示

如果需要导入整张工作表，可以在如图 8-60 所示的对话框的【导入】选项区域中选中【整张工作表】单选按钮；如果需要导入工作表的某个部分，则可在【导入】选项区域中选中【选定区域】单选按钮，并在右侧的文本框中输入需要导入工作表的单元格区域。

用户除了利用 PowerPoint 自身的插入图表功能外，还可以以插入对象的方法插入 Excel 图表。选择【插入】|【对象】命令，打开【插入对象】对话框，选中【由文件创建】单选按钮进行设置，如图 8-63 所示。单击【浏览】按钮，打开【浏览】对话框，在对话框中查找需要插入的 Excel 文档，单击【确定】按钮，此时，【插入对象】对话框如图 8-64 所示。单击【确定】按钮，图表对象即插入到演示文稿中，效果如图 8-65 所示。

在如图 8-64 所示的对话框中，用户可以选中【链接】复选框，将插入的对象以链接的方式插入到演示文稿中。这样，当打开演示文稿时，系统会检查被插入的文件是否发生了改变，如果被用户更新过，则会提示用户更新演示文稿中的插入对象，保证在演示文稿中显示最新的数据。但选用链接方式后，用户不能改变被插入的文件的名称及存放路径，否则，系统在打开演示文稿时检查不到更新过的被插入文件，只能在幻灯片中显示插入文件时的数据。

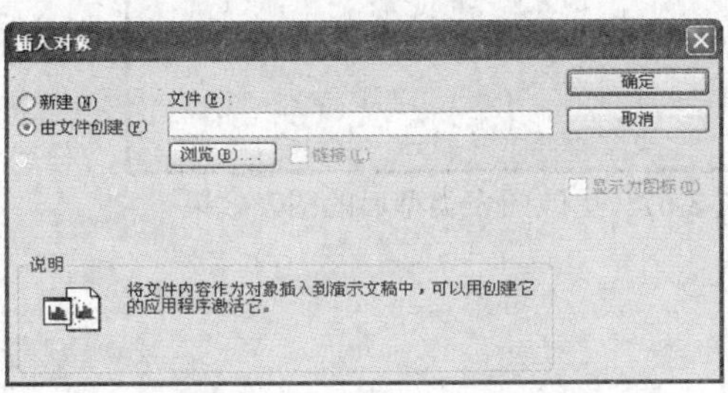

图 8-63　【插入对象】对话框

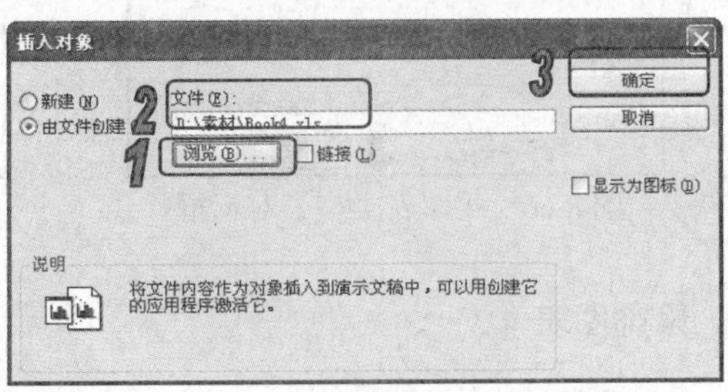

图 8-64　选择文件后的对话框

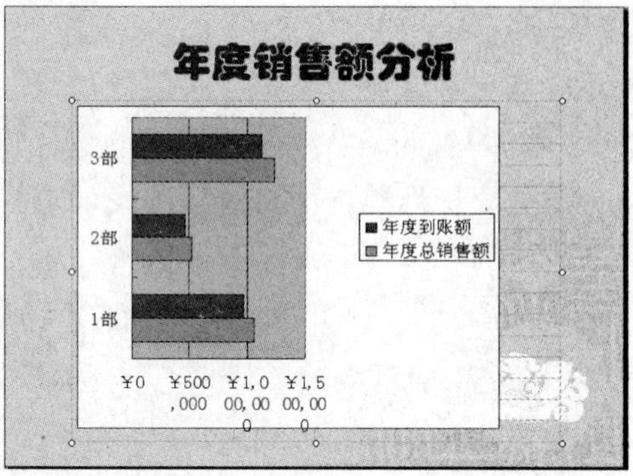

图 8-65　对象插入到演示文稿中

> **提示**
>
> 默认情况下，PowerPoint 以嵌入方式插入对象。使用这种方式插入对象的数据和原来被插入文件中的数据没有任何联系。

8.4.2　编辑与修饰图表

在 PowerPoint 中创建的图表，不仅可以像其他图形对象那样对其进行移动、调整大小，还可以对其设置图表的颜色、图表中某个元素的属性等。

1. 调整图表

可以使用鼠标拖动调整图表的位置，拖动控制点调整图表的大小等。双击图表可以进入图表编辑状态，用户可以更改或导入数据表中的数据。

2. 更改图表类型

双击图表进入图表编辑状态，右击，在弹出的快捷菜单中选择【图表类型】命令，即可在打开的【图表类型】对话框中进行更改。例如，打开【标准类型】选项卡，在【图表类型】列表框中选择【柱形图】选项，在【子图表类型】中选择【三维堆积柱形图】样式，如图 8-66 所示。单击【确定】按钮，幻灯片中的图表便更改为如图 8-67 所示的效果。

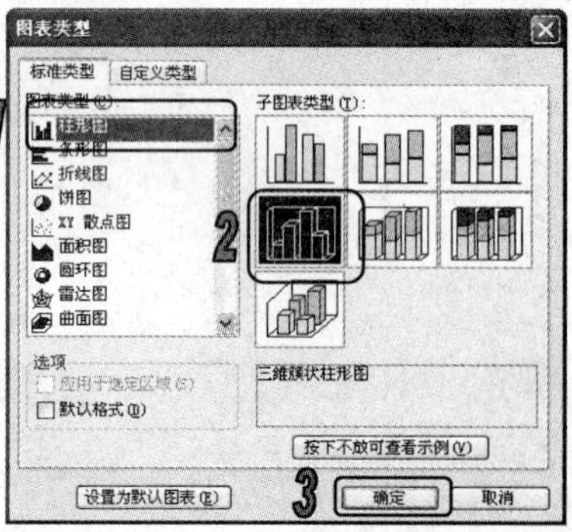

图 8-66　【图表类型】对话框

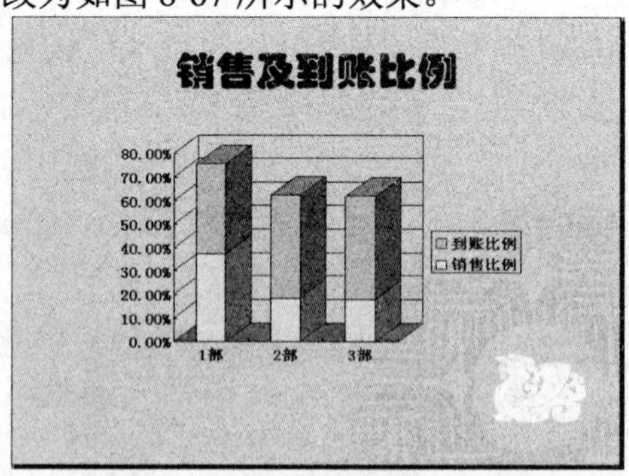

图 8-67　更改图表类型后的图表效果

3. 修饰图表

在 PowerPoint 中，图表虽然是幻灯片中的一个对象，但在编辑状态下，图表是由多个元素组成的，如图表区域、绘图区、背景墙、分类轴及数据轴等。用户可以选中图表中的各个元素进行相关设置，如设置图表区域、绘图区及背景墙的填充色等。

双击图表进入图表编辑状态，在图表的背景墙上右击，从弹出的快捷菜单中选择【设置背景墙格式】命令，打开【背景墙格式】对话框，设置颜色或填充模式，如图 8-68 所示。

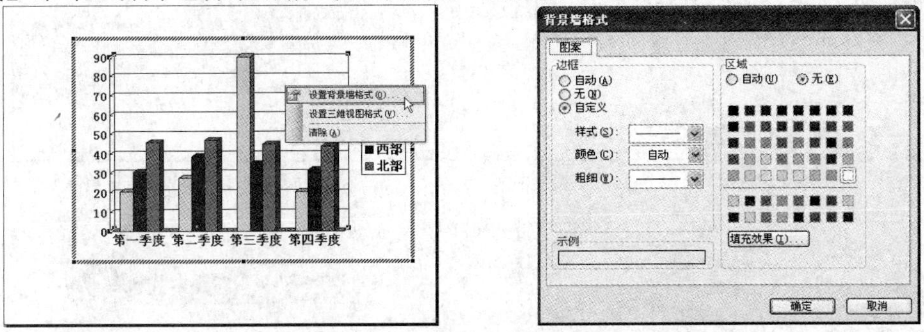

图 8-68　设置背景墙格式

在图表的数据轴上右击，从弹出的快捷菜单中选择【设置坐标轴格式】命令，打开【坐标轴格式】对话框，可在其中设置坐标轴的图案、刻度、字体、数字及对齐等项的格式或参数，如图 8-69 所示。

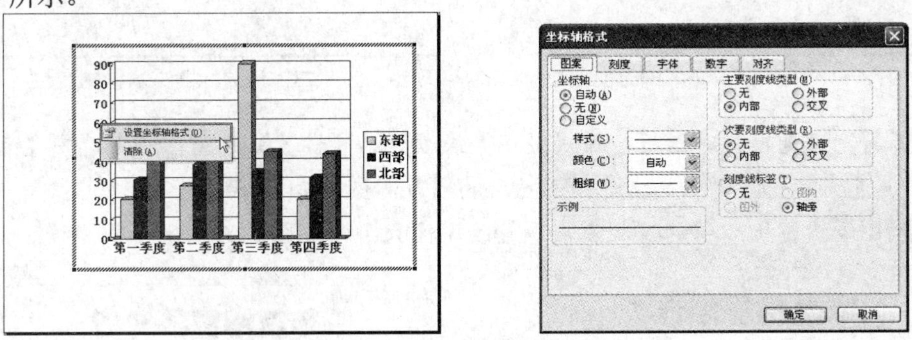

图 8-69　设置坐标轴

【例 8-8】修改现有图表的标题、图例位置、背景墙颜色及三维样式等属性。

(1) 启动 PowerPoint 2003 应用程序，打开如图 8-68 所示的演示文稿。

(2) 在幻灯片预览窗格中选择第 5 张幻灯片缩略图，将其显示在幻灯片编辑窗口中。

(3) 双击图表，进入图表编辑状态，在空白处右击，从弹出的快捷菜单中选择【图表选项】命令，打开【图表选项】对话框。

(4) 在【标题】选项卡的【图表标题】文本框、【分类(X)轴】文本框和【数值(Z)轴】文本框中分别输入如图 8-70 所示的文字。

(5) 单击【确定】按钮，此时，幻灯片中的图表效果如图 8-71 所示。

(6) 使用鼠标拖动【部门】文本框和【金额】文本框到幻灯片的适当位置上，并删除幻灯片的标题文本占位符，得到的图表效果如图 8-72 所示。

(7) 选中标题文本框，在格式工具栏中设置字体为【华文琥珀】，字号为 36；设置【部门】文本框和【金额】文本框中文字字号为 16，如图 8-73 所示。

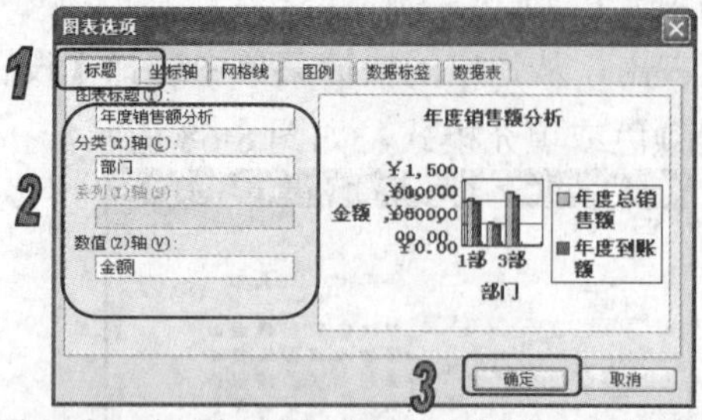

图 8-70　在【标题】选项卡中设置文本框属性

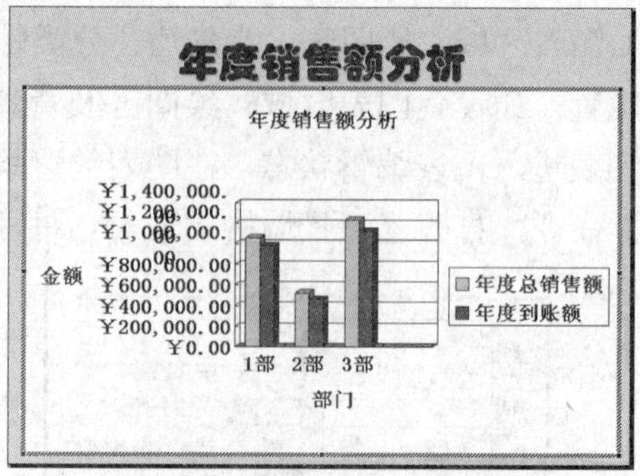

图 8-71　设置标题后的图表效果

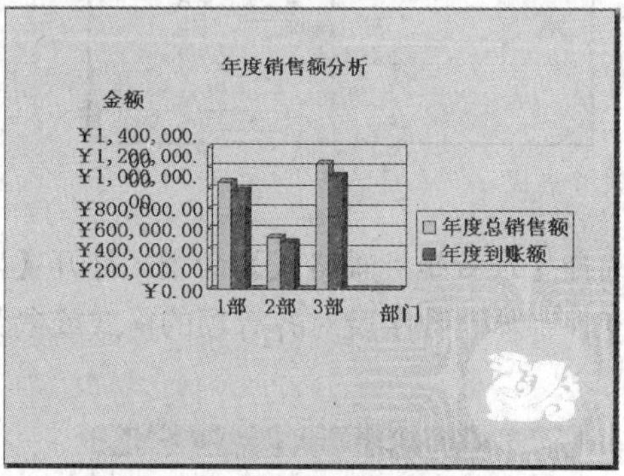

图 8-72　调整标题文本框的位置

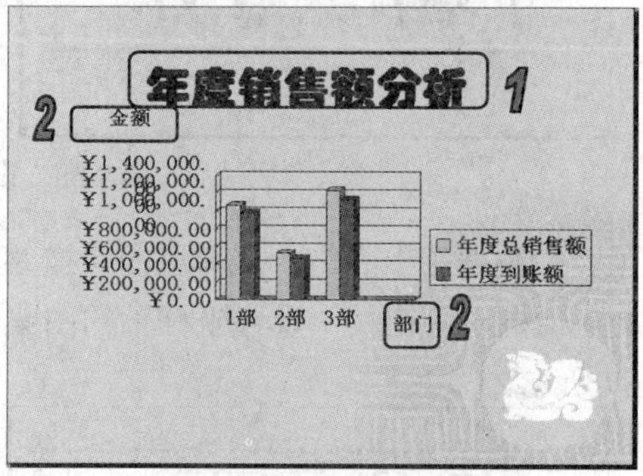

图 8-73　设置标题文本框的属性

(8) 打开【图表选项】对话框，在【图例】选项卡的【位置】选项区域中选中【底部】单选按钮，单击【确定】按钮，更改图例位置后的图表如图 8-74 所示。

(9) 拖动图表绘图区周围的控制点，调整绘图区大小，如图 8-75 所示。

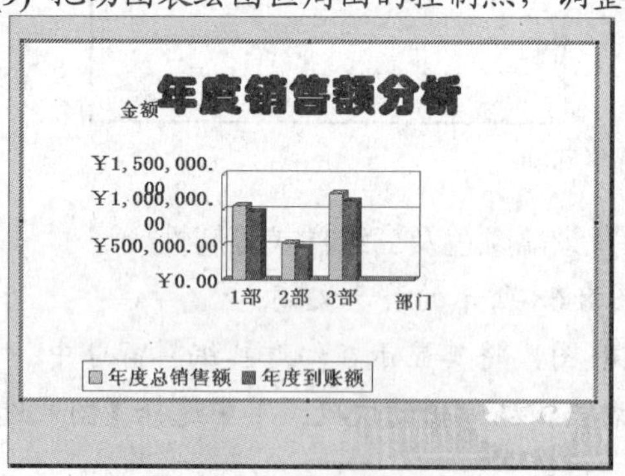

图 8-74　更改图例位置

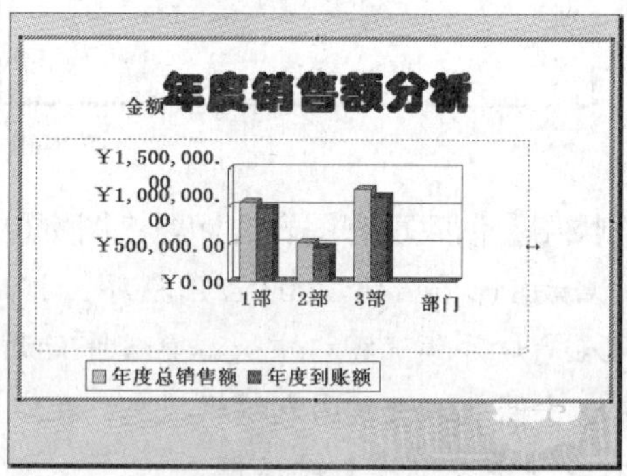

图 8-75　调整图表大小和位置

(10) 右击背景墙，在弹出的快捷菜单中选择【设置背景墙格式】命令，如图 8-76 所示，打开【背景墙格式】对话框，如图 8-77 所示。

(11) 在【区域】选项区域中单击【填充效果】按钮，打开【填充效果】对话框，在对话框中进行设置，如图 8-78 所示，单击【确定】按钮，返回【背景墙格式】对话框。单击【确定】按钮，幻灯片的背景墙效果如图 8-79 所示。

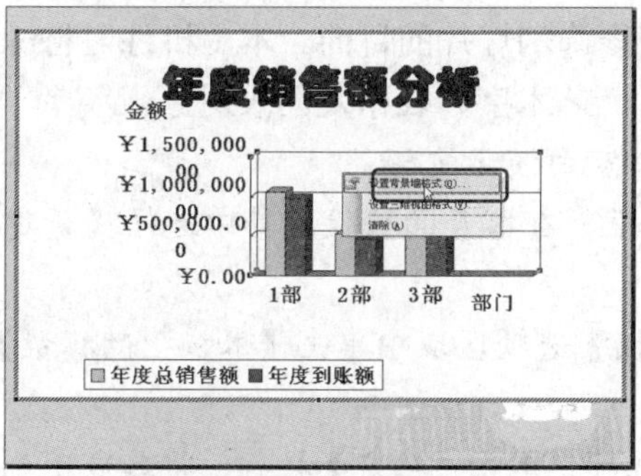

图 8-76　右击背景墙

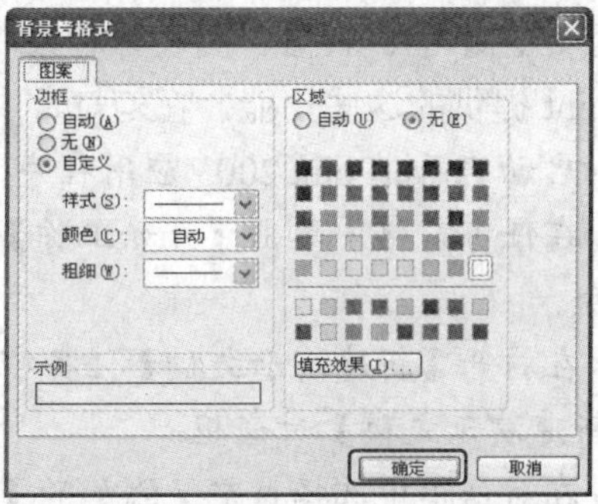

图 8-77　【背景墙格式】对话框

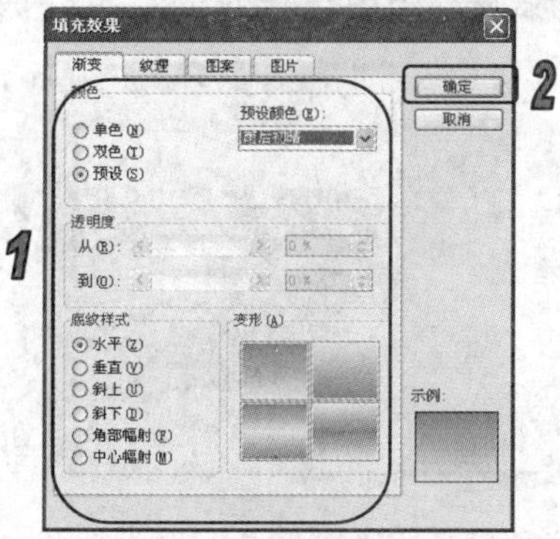

图 8-78　【填充效果】对话框

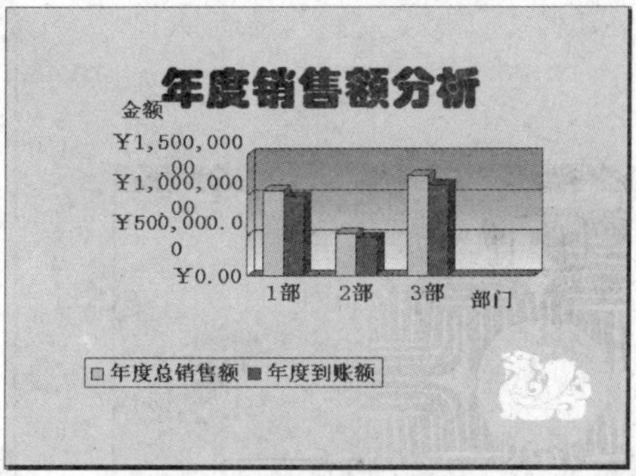

图 8-79　设置的背景墙效果

(12) 在图表编辑状态下选择【图表】|【设置三维视图格式】命令，打开【设置三维视图格式】对话框，在【上下仰角】文本框中输入数值-15(如图 8-80 所示)，单击【确定】按钮，此时图表效果如图 8-81 所示。

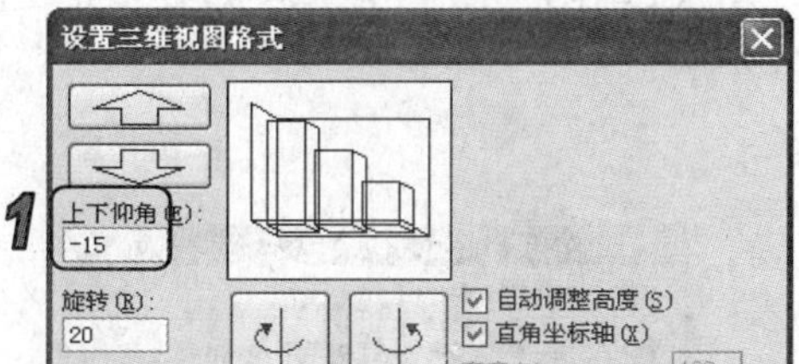

图 8-80　【设置三维视图格式】对话框

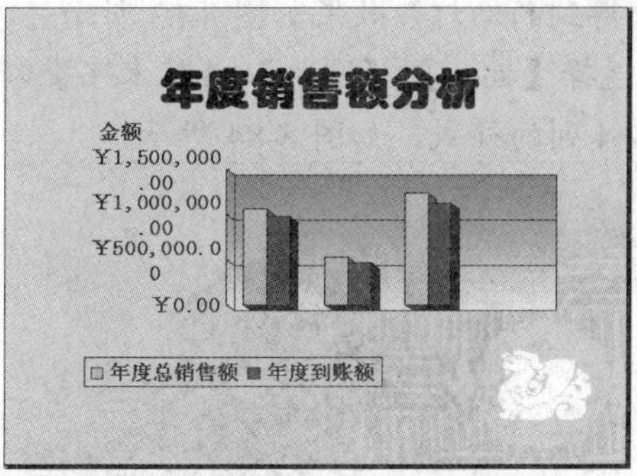

图 8-81　设置三维格式后的图表

(13) 选择【文件】|【另存为】命令，将修改后的演示文稿以文件名“更改图表类型”进行保存。

8.5　上机练习

学习完本章之后，用户应该掌握在幻灯片中插入图示、艺术字、表格和图表的方法，包括编辑图示、艺术字、表格、图表等对象，从而达到修饰幻灯片的目的。本上机练习将综合使用 PowerPoint 提供的这些功能，在幻灯片中插入图示、艺术字、表格及图表对象。

(1) 启动 PowerPoint 2003 应用程序，打开一个空白演示文稿。

(2) 在任务窗格中单击【开始工作】下拉列表框，在打开的快捷菜单中选择【新建演示文稿】命令。

(3) 在打开【新建演示文稿】任务窗格的【模板】选项区域中单击【本机上的模板】链接，打开【新建演示文稿】对话框。

(4) 在对话框中选择自定义添加的【模式 1】选项，单击【确定】按钮，将其应用到当前幻灯片中，如图 8-82 所示。

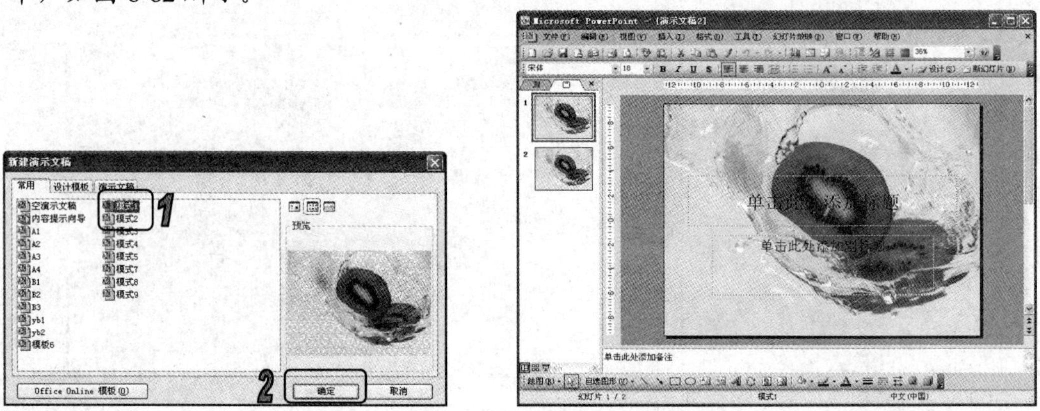

图 8-82　在演示文稿中使用模板及其效果

(5) 在默认打开的幻灯片中输入标题文字“水果节水果销售”，设置文字字体为【华文彩云】，字号为 60，字型为【加粗】，字体效果为【阴影】。删除【单击此处添加副标题】文本占位符，得到的幻灯片效果如图 8-83 所示。

(6) 选择【插入】|【图片】|【艺术字】命令，打开【艺术字库】对话框，在对话框中选择第 3 行第 4 列的样式，如图 8-84 所示。

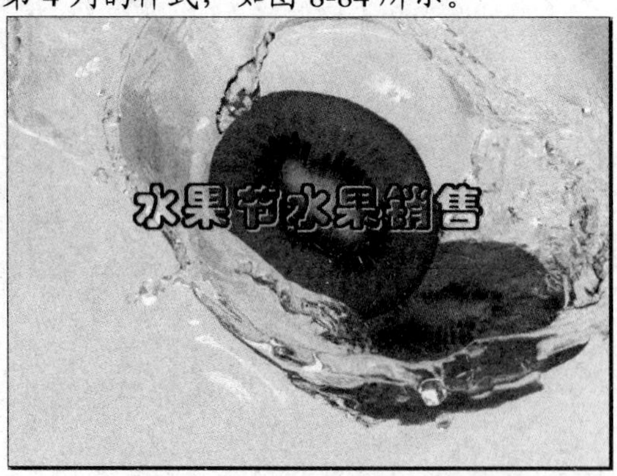

图 8-83　在幻灯片中输入标题文字

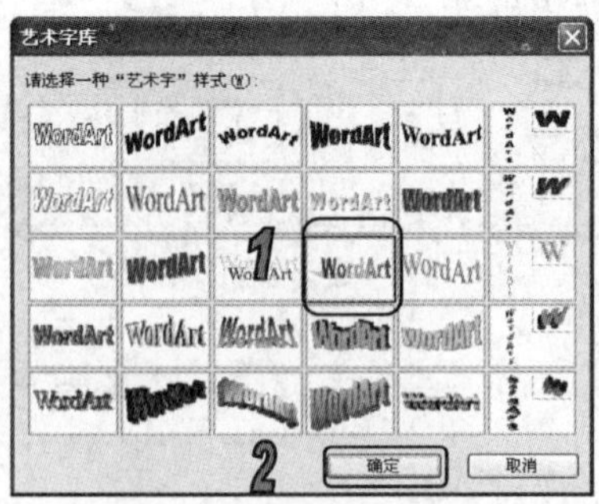

图 8-84　选择艺术字样式

(7) 单击【确定】按钮，打开【编辑“艺术字”文字】对话框，在【文字】文本框中输入文字 FRUITS，在【字体】下拉列表框中选择如图 8-85 所示的样式，在【字号】下拉列表框中选择 54。

(8) 单击【确定】按钮，将艺术字插入到幻灯片中，如图 8-86 所示。

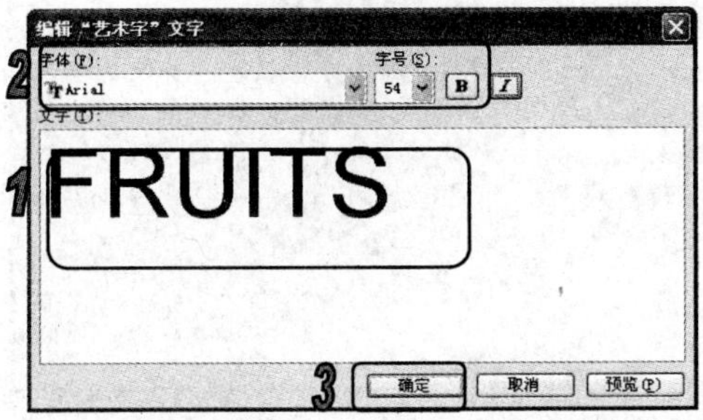

图 8-85　【编辑"艺术字"文字】对话框

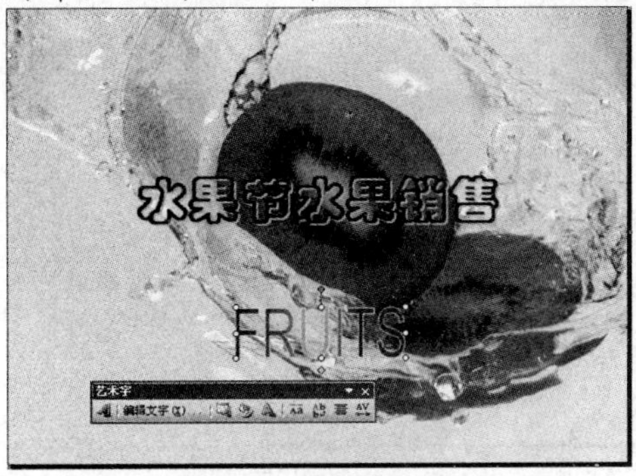

图 8-86　插入艺术字

(9) 在【艺术字】工具栏中单击【设置艺术字格式】按钮，打开【设置艺术字格式】对话框。

(10) 打开【填充】选项区域中的【颜色】下拉列表框，选择【填充效果】命令(如图 8-87 所示)，打开【填充效果】对话框。

(11) 在【颜色】选项区域中设置【预设颜色】的属性；在【底纹样式】选项区域中选中【斜上】单选按钮，如图 8-88 所示。

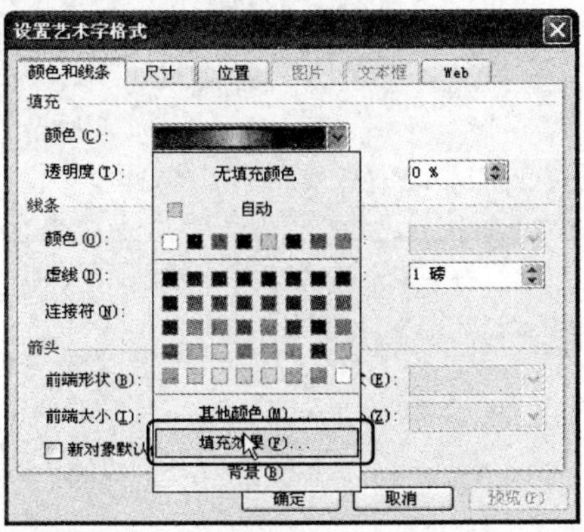

图 8-87　【设置艺术字格式】对话框

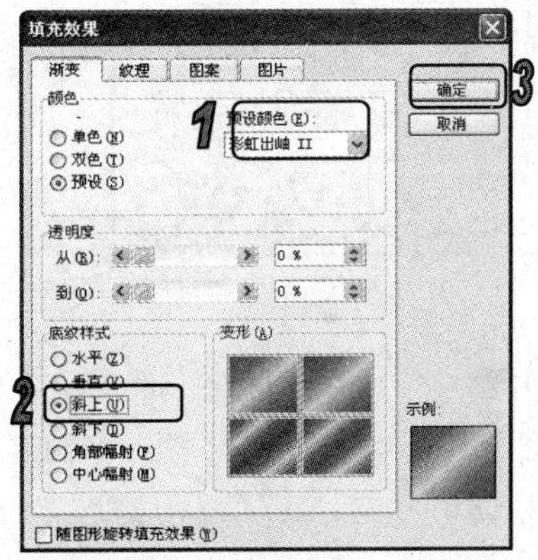

图 8-88　【填充效果】对话框

(12) 单击【确定】按钮，返回到【设置艺术字格式】对话框，单击【确定】按钮将设置的颜色属性应用到艺术字中，调整艺术字位置后的效果如图 8-89 所示。

(13) 在【绘图】工具栏中单击【三维效果样式】按钮，在打开的菜单中选择【三维设置】命令，设置【三维颜色】属性为【墨绿】，并调整艺术字周围的白色尺寸控制点，放大艺术字，此时，幻灯片效果如图 8-90 所示。

(14) 在幻灯片预览窗格中选择第 2 张幻灯片缩略图，将其显示在幻灯片编辑窗口中，删除幻灯片中的两个文本占位符。

(15) 选择【插入】|【图示】命令，打开【图示库】对话框，选择【射线图】样式，如图 8-91 所示。

(16) 单击【确定】按钮，在幻灯片中插入图示，如图 8-92 所示。

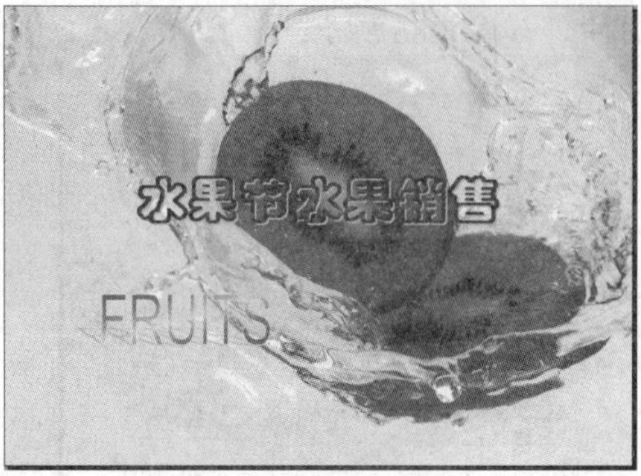

图 8-89　设置艺术字颜色

图 8-90　设置艺术字的三维颜色

图 8-91　【图示库】对话框

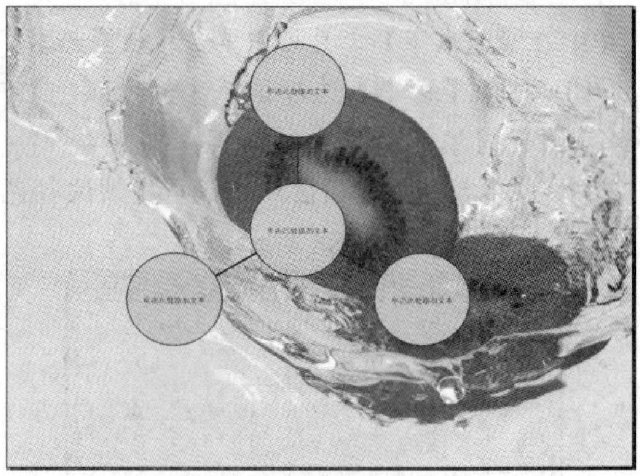

图 8-92　在幻灯片中插入图示

(17) 在图示中输入文字，设置文字字体为【黑体】，字型为【加粗】，字体效果为【阴影】，并调整图示在幻灯片中的位置，如图 8-93 所示，

(18) 选中图示，在【图示】工具栏中单击【插入形状】按钮 插入形状(N)，在幻灯片中插入一个圆型，此时，图示效果如图 8-94 所示。

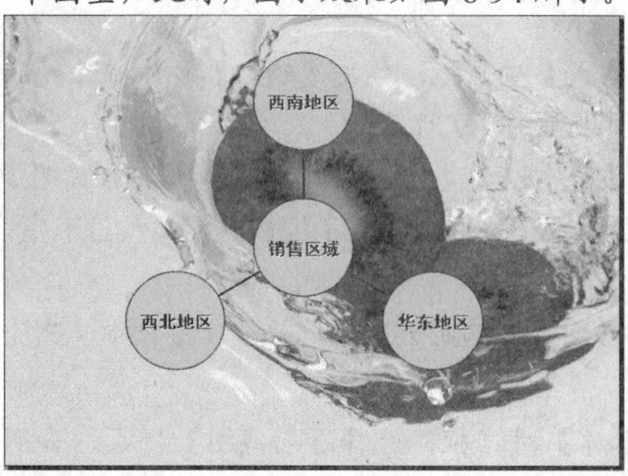

图 8-93　在图示中输入文字

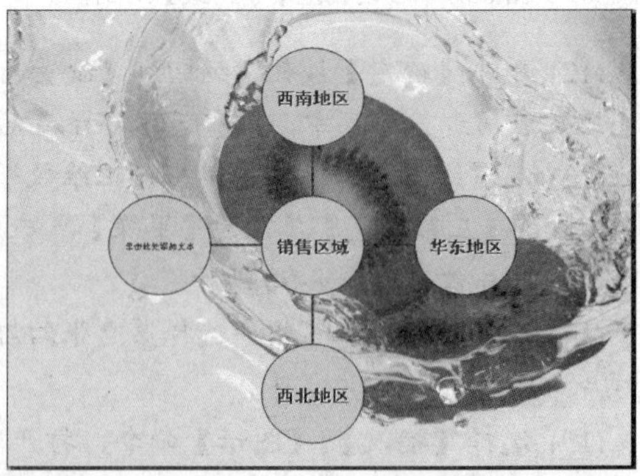

图 8-94　在图示中插入形状

(19) 在添加的图形形状中添加文字，并参照步骤(17)设置文字样式，由此得到的幻灯片效果如图 8-95 所示。

(20) 选中图示，在【图示】工具栏中单击【自动套用格式】按钮，打开如图 8-96 所示的【图示样式库】对话框。

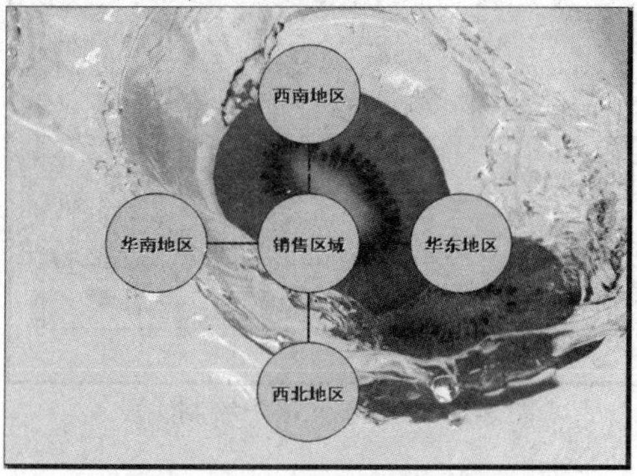

图 8-95　为形状添加文字

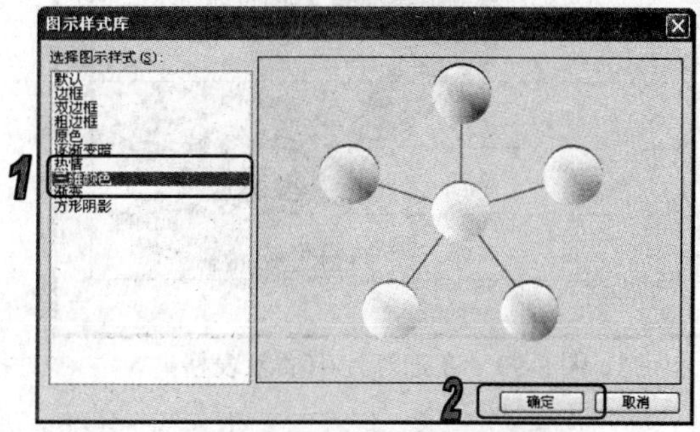

图 8-96　为图示添加三维效果

(21) 在【选择图示样式】列表框中选择【三维颜色】选项，单击【确定】按钮，此时，幻灯片效果如图 8-97 所示。

(22) 选择【插入】|【新幻灯片】命令，插入一张空白幻灯片。

(23) 在幻灯片的标题占位符中输入标题文字，设置文字字体为【华文行楷】，字号为 44，字型为【加粗】，并删除【单击此处添加文本】占位符，如图 8-98 所示。

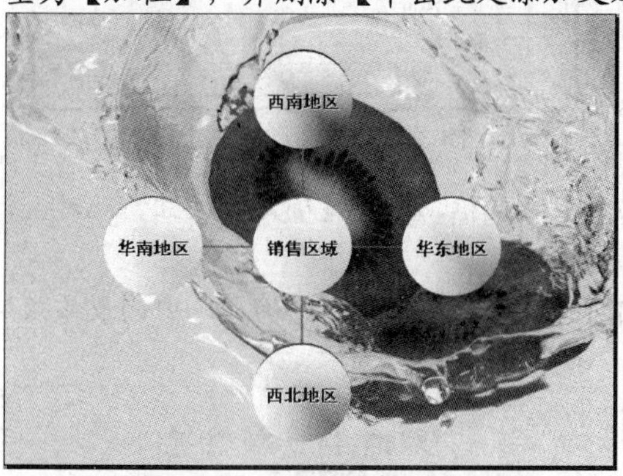

图 8-97　为图示套用格式

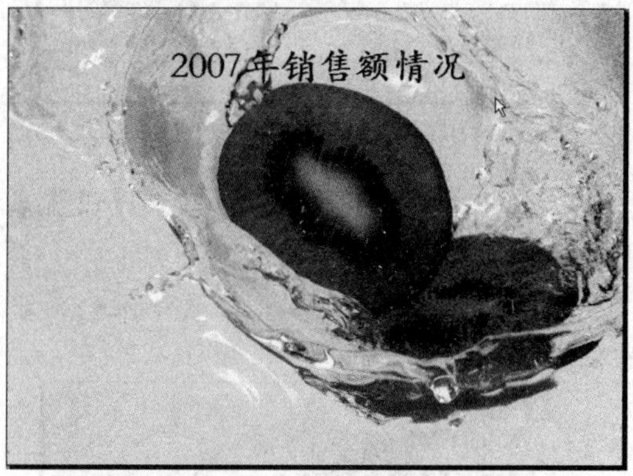

图 8-98　在第 3 张幻灯片中输入标题文字

(24) 选择【插入】|【表格】命令，打开【插入表格】对话框，在对话框的【列数】和【行数】文本框中均输入数字 5，单击【确定】按钮。此时，文本框中插入如图 8-99 所示的表格。

(25) 选中表格，在打开的【表格和边框】工具栏中单击【绘制表格】按钮，在如图 8-100 所示的单元格内绘制线段。

(26) 在表格中输入如图 8-101 所示的文字，并设置文字字体为【楷体】，字型为【加粗】，对齐方式为垂直居中。

(27) 选中表格第一行，单击【表格和边框】工具栏中的【表格】按钮，在下拉菜单中选择【边框和填充】命令，打开【设置表格格式】对话框，

(28) 打开对话框的【填充】选项卡，单击【填充颜色】下拉列表框，选择如图 8-102 所示的颜色。

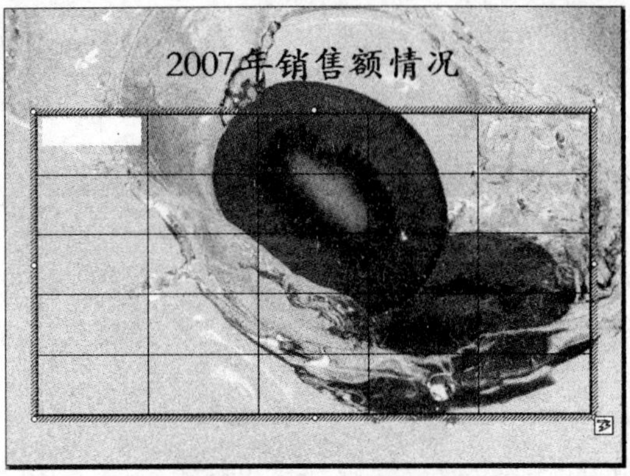

图 8-99　在幻灯片中插入表格

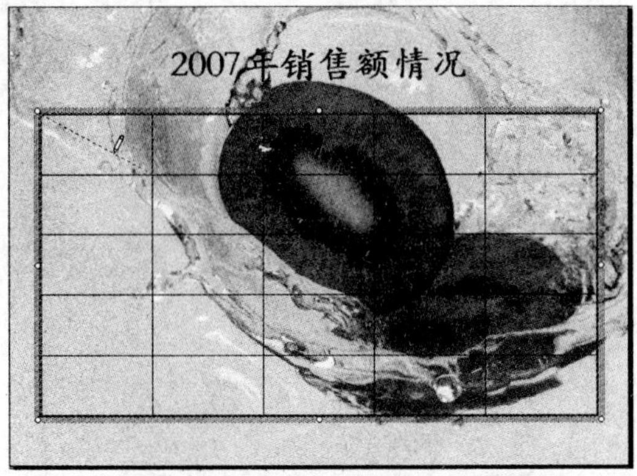

图 8-100　在单元格中绘制线段

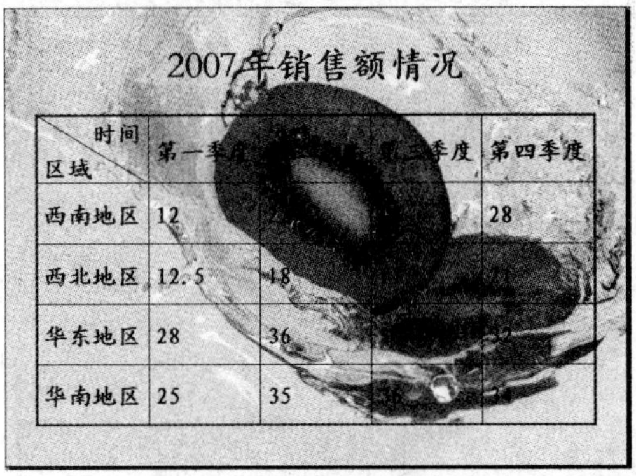

图 8-101　在幻灯片中输入文字

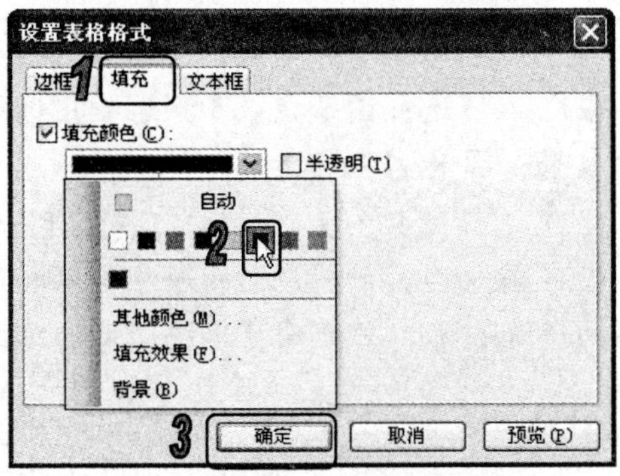

图 8-102　【颜色】对话框

(29) 单击【确定】按钮，返回到【设置表格格式】对话框，单击【确定】按钮，此时，幻灯片效果如图 8-103 所示。

(30) 参照步骤(27)~(29)，为表格第一列添加相同的填充颜色，此时，幻灯片中的表格效果如图 8-104 所示。

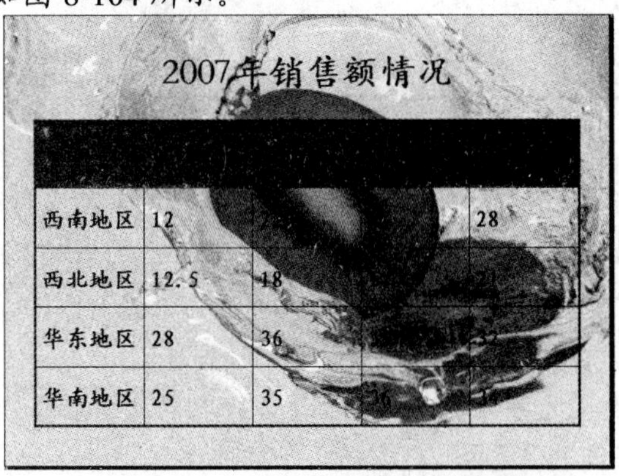

图 8-103　为表格第一行设置填充颜色

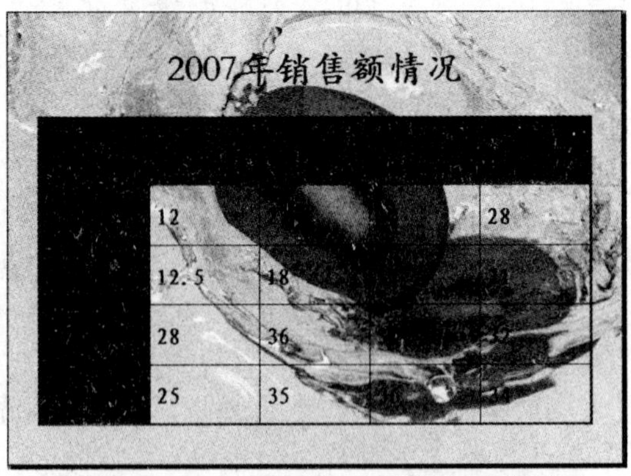

图 8-104　为表格第一列设置填充颜色

(31) 选中整个表格，打开【设置表格格式】对话框，在【边框】选项卡中设置表格外边框的【宽度】为 3.0 磅，设置内边框的【样式】为【长划线】，颜色均设置为【棕色】，如图 8-105 所示。

(32) 单击【确定】按钮，此时，表格效果如图 8-106 所示。

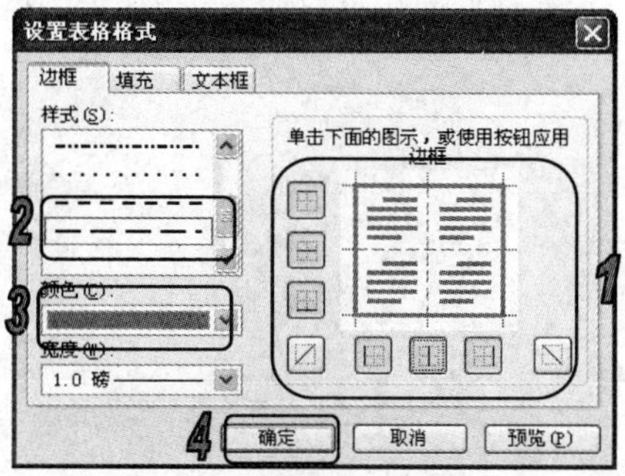

图 8-105　设置边框样式

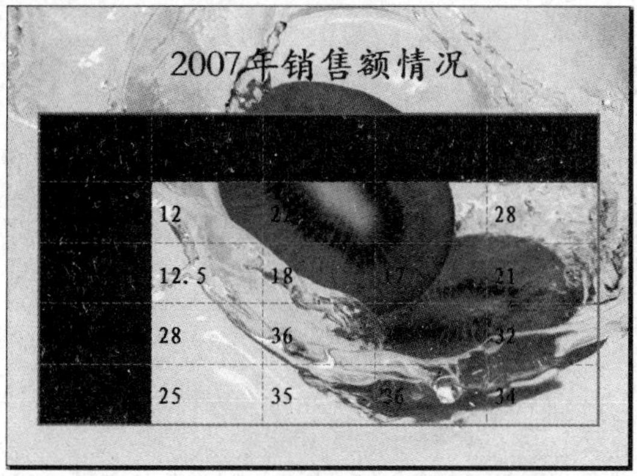

图 8-106　设置边框样式后的表格效果

(33) 选择【插入】|【新幻灯片】命令，在演示文稿中添加一张新幻灯片，在幻灯片中添加标题文字，并删除【单击此处添加文本】文本占位符。

(34) 单击常用工具栏中的【插入图表】按钮，将打开默认的图表编辑区域及数据表。在数据表中更改数据，使其如图 8-107 所示。

(35) 关闭数据表，此时，幻灯片中显示插入的图表，如图 8-108 所示。

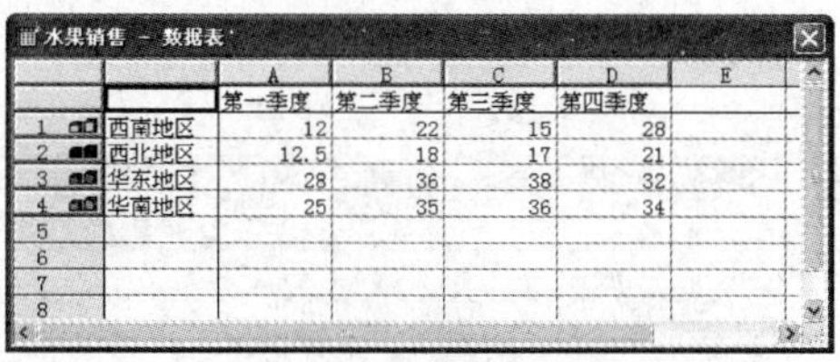
水果销售 - 数据表

		A	B	C	D	E
		第一季度	第二季度	第三季度	第四季度	
1	西南地区	12	22	15	28	
2	西北地区	12.5	18	17	21	
3	华东地区	28	36	38	32	
4	华南地区	25	35	36	34	
5						
6						
7						
8						

图 8-107　更改数据表中的数据

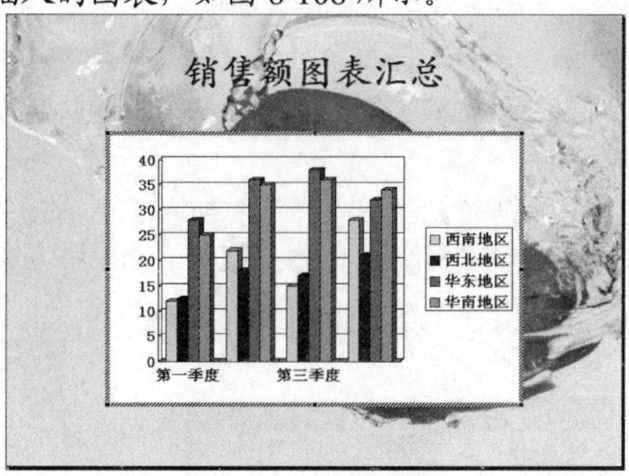

图 8-108　插入的图表

(36) 在幻灯片中调整图表的大小和位置，效果如图 8-109 所示。

(37) 双击图表进入编辑状态，在图表中选中【华东地区】系列，如图 8-110 所示。

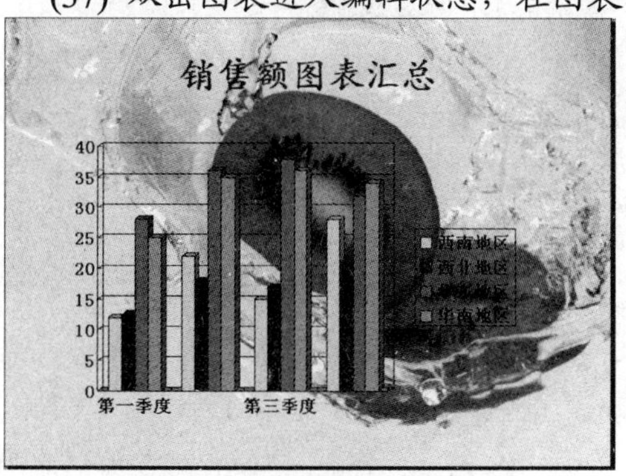

图 8-109　调整图表大小和位置

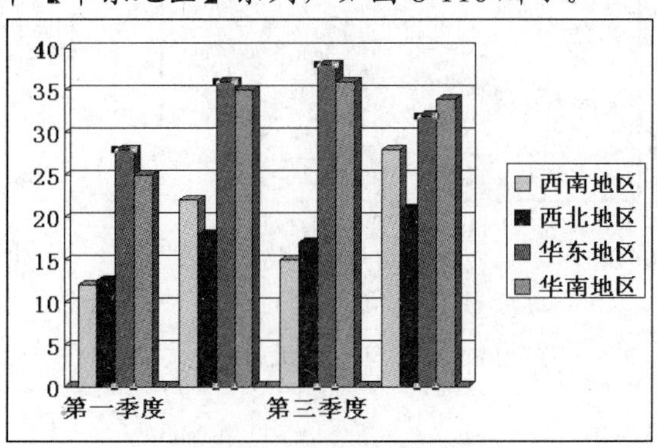

图 8-110　在图表中选中系列

(38) 在选中的系列上右击，从弹出的快捷菜单中选择【设置数据系列格式】命令，打开【数据系列格式】对话框，如图 8-111 所示。

(39) 在【内部】选项区域中选择【紫红】选项，单击【确定】按钮，此时，幻灯片中图表的表述效果如图 8-112 所示。

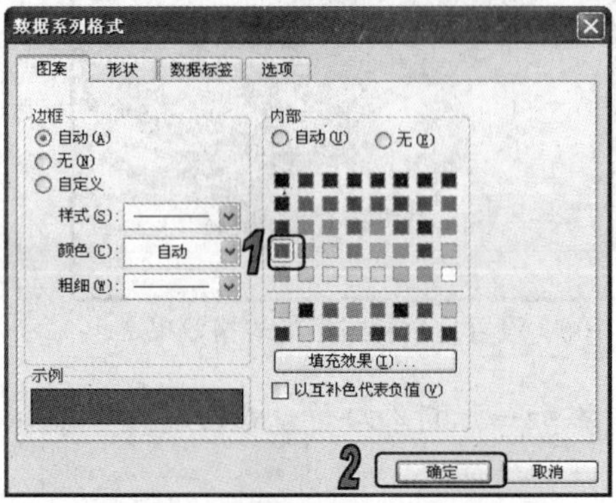

图 8-111 【数据系列格式】对话框

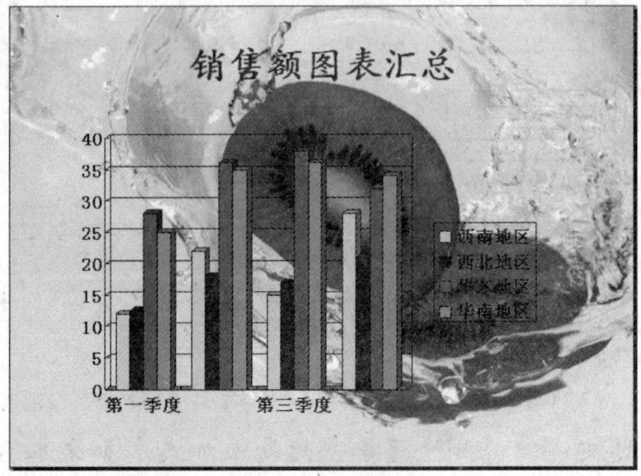

图 8-112 更改数据系列颜色后的图表效果

(40) 选择【插入】|【新幻灯片】命令，在演示文稿中添加一张新幻灯片，在幻灯片中添加标题文字，并删除【单击此处添加文本】文本占位符。

(41) 单击常用工具栏中的【插入图表】按钮，将打开默认的图表编辑区域及数据表。

(42) 右击图表编辑区空白处，从弹出的快捷菜单中选择【图表类型】命令，打开【图表类型】对话框。

(43) 在对话框的【图表类型】列表框中选择【饼图】选项，在【子图表类型】选项区域中选择【分离型三维饼图】选项，如图 8-113 所示。

(44) 单击【确定】按钮，此时，幻灯片中图表的表述效果如图 8-114 所示。

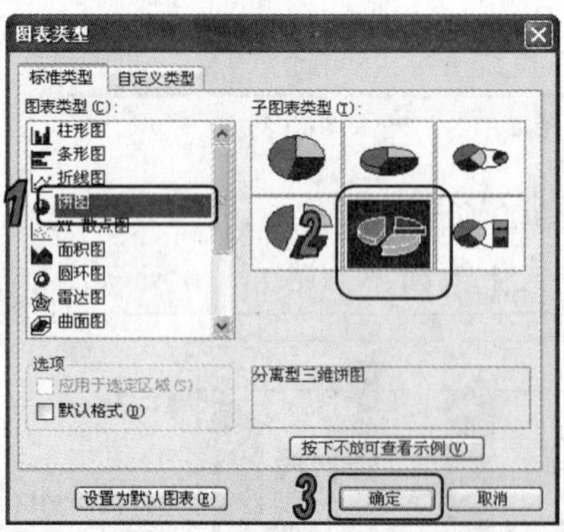

图 8-113 设置图表类型

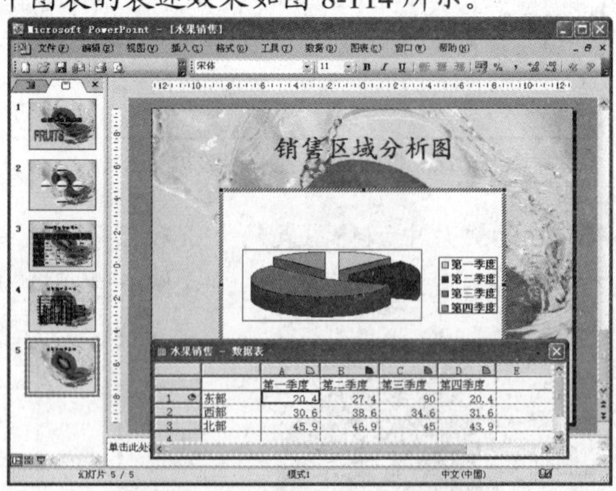

图 8-114 幻灯片中的图表效果

(45) 删除当前数据表中的数据，输入如图 8-115 所示的数据。

(46) 关闭数据窗口，此时，幻灯片中图表的表述效果如图 8-116 所示。

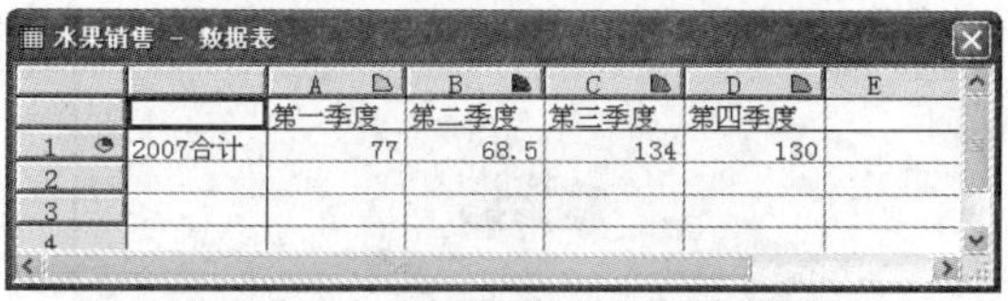

图 8-115　修改数据表中的数据

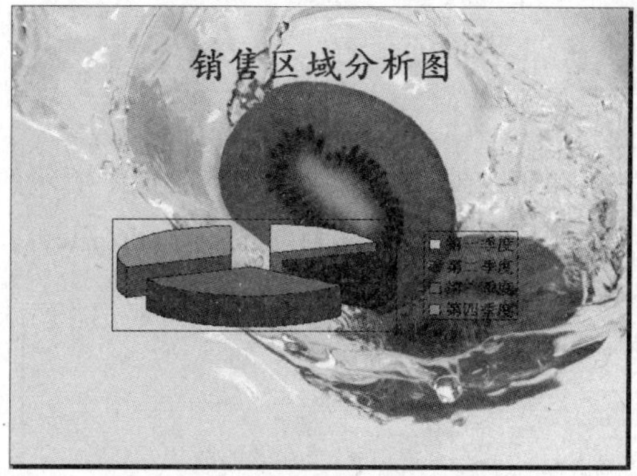

图 8-116　更改数据后的图表效果

(47) 进入图表编辑状态，选择【图表】|【图表选项】命令，打开【图表选项】对话框，在【图例】选项卡的【位置】选项区域选中【底部】单选按钮，如图 8-117 所示

(48) 单击【确定】按钮，此时，幻灯片效果如图 8-118 所示。

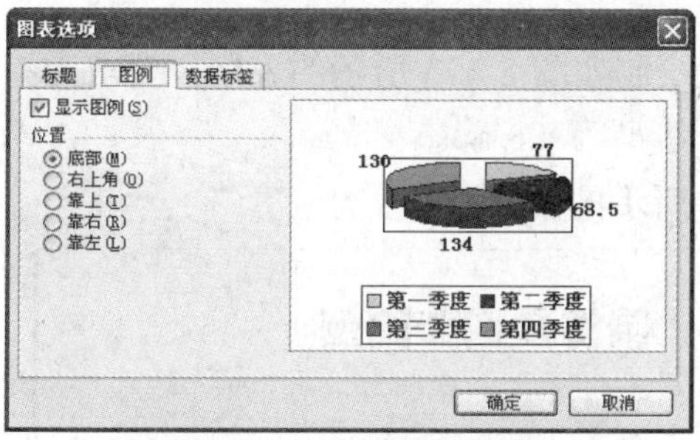

图 8-117　【图例】选项卡

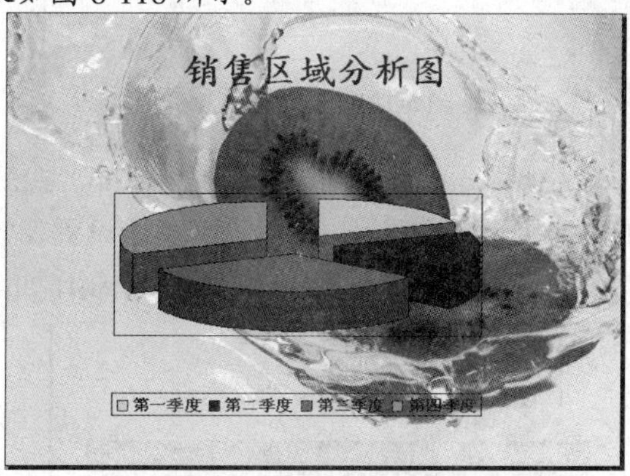

图 8-118　设置图例的位置

(49) 打开【图表选项】对话框的【数据标签】选项卡，在【数据标签包括】选项区域选中【值】复选框，如图 8-119 所示。

(50) 单击【确定】按钮，此时，饼图的效果如图 8-120 所示。

(51) 选择【文件】|【另存为】命令，将演示文稿以文件名“水果销售”进行保存。

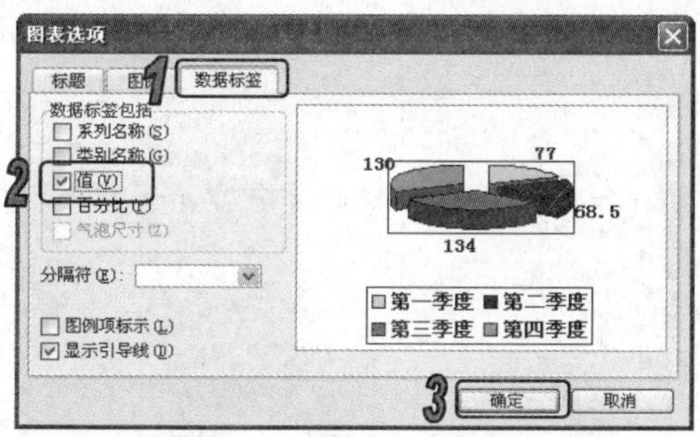

图 8-119　【数据标签】选项卡

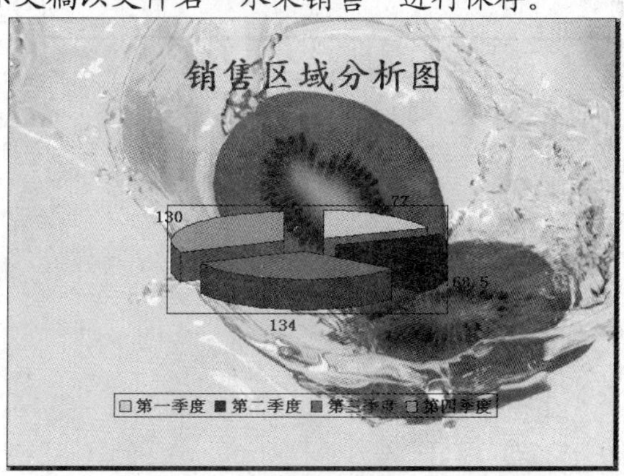

图 8-120　在数据系列中显示数据值

8.6 习题

1. 在空白幻灯片中插入如图 8-121 所示的艺术字。

2. 使用 PowerPoint 自带的模板 Profile，在幻灯片中插入如图 8-122 所示的图示。要求设置【原色】图示样式。

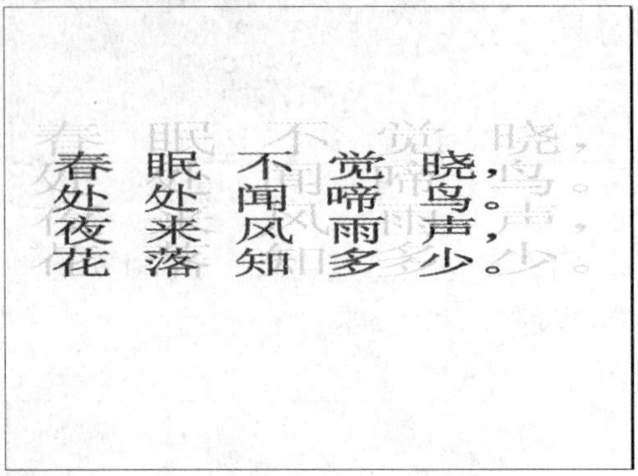

图 8-121　插入艺术字

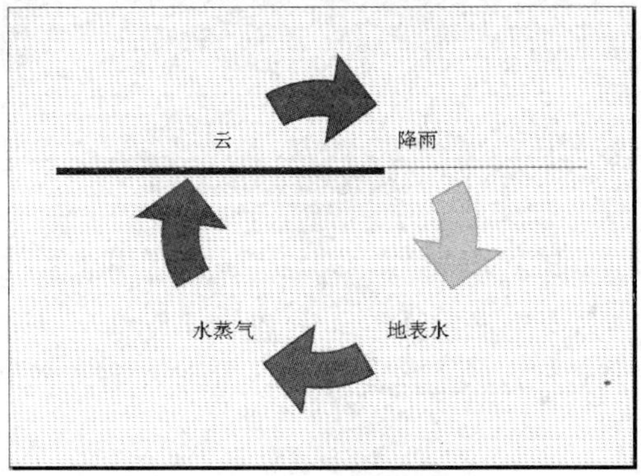

图 8-122　插入图示

3. 使用 PowerPoint 自带的模板 Echo，在幻灯片中绘制如图 8-123 所示的表格。要求为不同的单元格区域设置不同的填充颜色，设置表格外边框线型为 4.5 磅。

4. 以图 8-120 中的数据为数据源，制作如图 8-124 所示的图表。

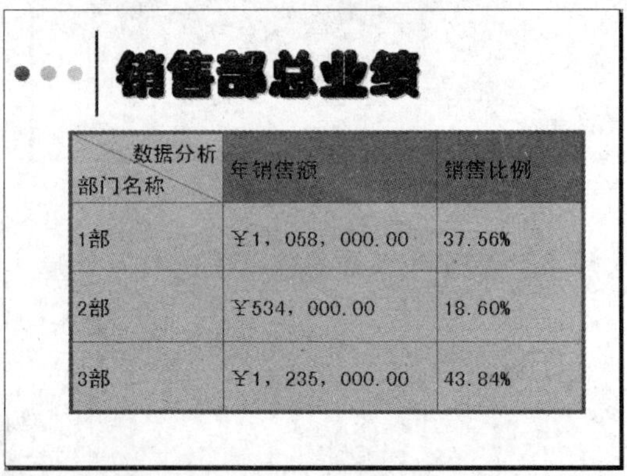

数据分析 / 部门名称	年销售额	销售比例
1部	￥1，058，000.00	37.56%
2部	￥534，000.00	18.60%
3部	￥1，235，000.00	43.84%

图 8-123　在幻灯片中插入的表格

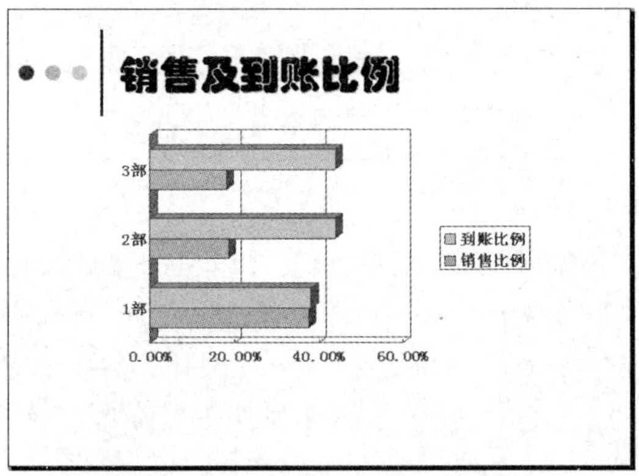

图 8-124　在幻灯片中插入图表

第9章 插入与设置动画

学习目标

在 PowerPoint 中，用户可以为演示文稿中的文本或其他对象添加特殊的视觉效果或声音效果，例如使文字逐字飞入演示文稿，或在显示图片时自动播放声音等。在 PowerPoint 2003 中，用户可以设置幻灯片切换动画和对象的自定义动画。本章将介绍如何为幻灯片中的对象设置动画，以及如何为幻灯片设置切换动画的方法。

本章重点

- ⊙ 设置幻灯片切换效果
- ⊙ 添加自定义动画
- ⊙ 设置动画的播放方式
- ⊙ 设置动画播放序列

9.1 设置幻灯片的切换效果

幻灯片切换效果是指一张幻灯片如何从屏幕上消失，以及另一张幻灯片如何显示在屏幕上的方式。幻灯片切换方式可以是简单地以一个幻灯片代替另一个幻灯片，也可以创建一种特殊的效果，使幻灯片以不同的方式出现在屏幕上。用户既可以为一组幻灯片设置同一种切换方式，也可以为每张幻灯片设置不同的切换方式。

选择【幻灯片放映】|【幻灯片切换】命令，打开【幻灯片切换】任务窗格，如图 9-1 所示。用户可以在该任务窗格中对添加的动画效果设置速度、声音及换片触发方式等参数，如图 9-2 所示。

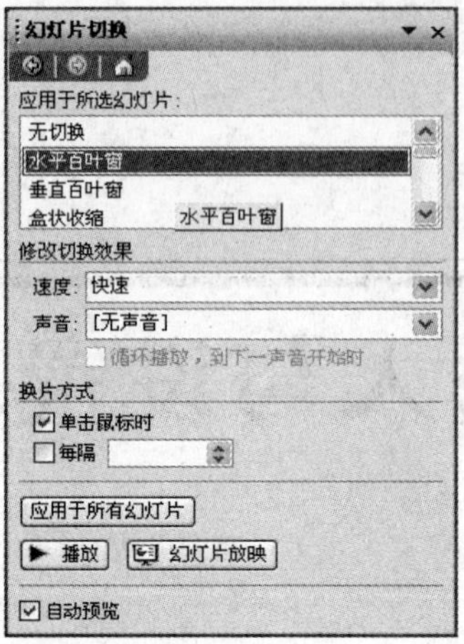

图 9-1　添加幻灯片切换动画

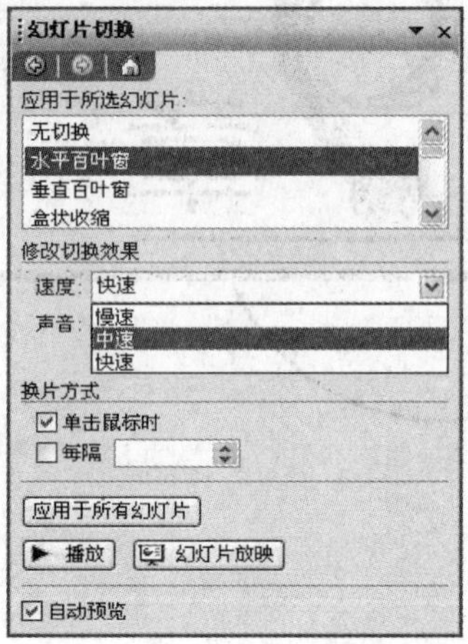

图 9-2　设置幻灯片切换动画

【幻灯片切换】任务窗格中的各选项作用如下。

- 【速度】下拉列表框：该下拉列表框包含 3 个选项：慢速、中速和快速，用户可以根据放映节奏进行选择。对于一些复杂的动画效果类型，一般不选择【快速】选项，因为此时可能会使动画在放映时运行不连续。
- 【声音】下拉列表框：该下拉列表框提供了多种声音效果，选择这些选项可以在两张幻灯片切换之间添加特殊的声音效果。
- 【单击鼠标时】复选框：选中该复选框，则在幻灯片放映过程中单击鼠标，演示画面将切换到下一张幻灯片。
- 【每隔】复选框：选中该复选框，用户可以在其右侧的文本框中输入停留时间。这时当一张幻灯片在放映过程中已经停留了规定的时间后，演示画面将自动切换到下一张幻灯片。
- 【应用于所有幻灯片】按钮：单击该按钮，当前演示文稿中的所有幻灯片的切换方式将变为统一风格。

在普通视图或幻灯片浏览视图中都可以为幻灯片设置切换动画，但在幻灯片浏览视图中设置动画效果时，更容易把握演示文稿的整体风格。

【例 9-1】为第 8 章中创建的演示文稿“公司效益”设置幻灯片切换效果。

(1) 启动 PowerPoint 2003 应用程序，打开“公司效益”演示文稿。

(2) 选择【视图】|【幻灯片浏览】命令，将演示文稿切换到幻灯片浏览视图界面，如图 9-3 所示。

(3) 选择【幻灯片放映】|【幻灯片切换】命令，打开【幻灯片切换】任务窗格，在【应用于所选幻灯片】列表框中选择【横向棋盘式】选项，此时，被选中的幻灯片缩略图将显示切换动画的预览效果，如图 9-4 所示。

(4) 单击【声音】下拉列表框，在打开的列表中选择【风铃】选项；单击【速度】下拉列表框，在打开的列表中选择【慢速】选项。

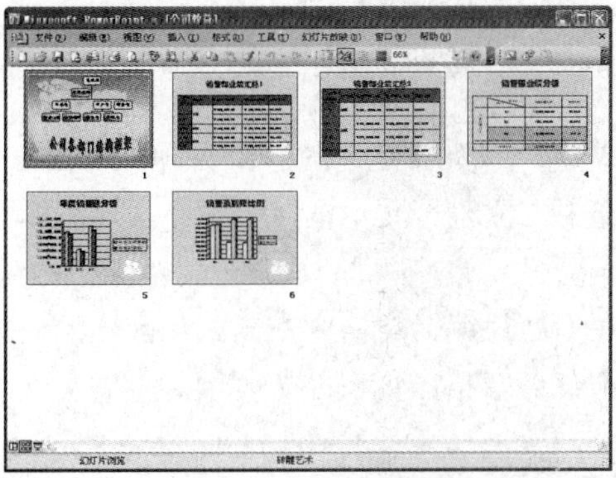

图 9-3　幻灯片浏览视图

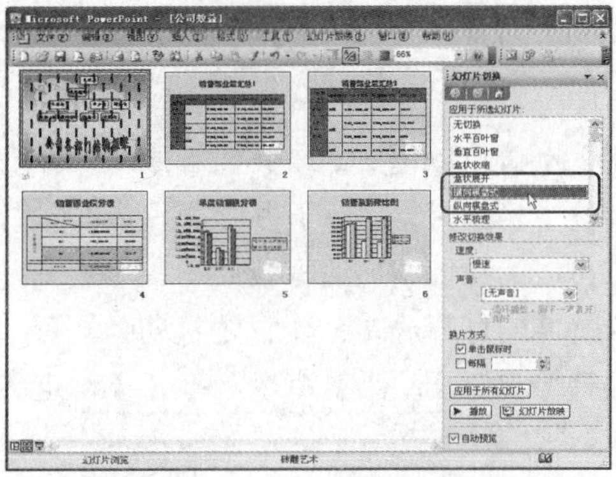

图 9-4　幻灯片切换预览效果

(5) 单击【应用于所有的幻灯片】按钮，设置演示文稿的所有幻灯片都应用该切换方式。此时幻灯片预览窗格显示的幻灯片缩略图的左下角都将出现动画标志 ☆，如图 9-5 所示。

(6) 选中【每隔】复选框，并在其右侧的文本框中输入 00：05。

(7) 在任务窗格中单击【幻灯片放映】按钮，此时，演示文稿将从第一张幻灯片开始放映。单击鼠标，或者等待 5 秒钟后，幻灯片切换效果如图 9-6 所示。

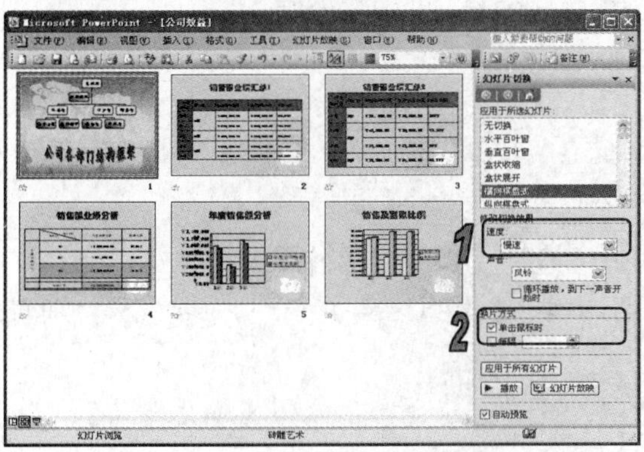

图 9-5　缩略图下方显示动画标记

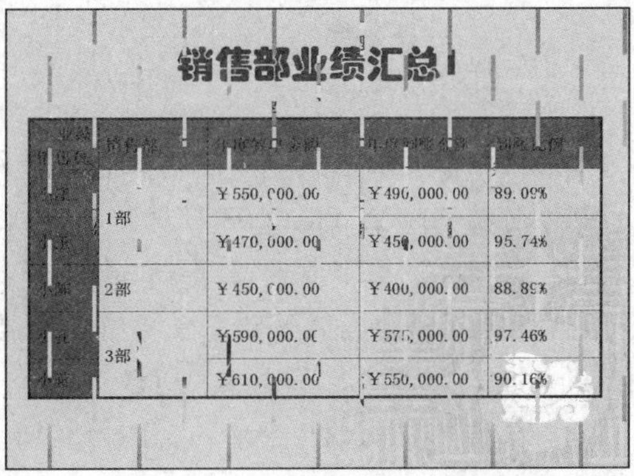

图 9-6　放映演示文稿时的动画效果

(8) 选择【文件】|【另存为】命令，将演示文稿以文件名“公司效益切换效果”进行保存。

9.2　自定义动画

在 PowerPoint 中，除了幻灯片切换动画外，还包括自定义动画。自定义动画是指为幻灯片内部各个对象设置的动画，它又可以分为项目动画和对象动画，其中项目动画是指为文本中的段落设置的动画，而对象动画是指为幻灯片中的其他各种对象，如图形、表格、图示等设置的动画。

在设置自定义动画时，用户可以对幻灯片中的文本、图形、表格等对象设置不同的动画效果，如进入动画、强调动画、退出动画等。

9.2.1 添加进入式动画效果

进入动画可以使文本或其他对象以多种动画效果进入放映屏幕。在添加动画效果之前，首先需要选中目标对象。对于占位符或文本框来说，选中占位符、文本框，以及在文本编辑状态时，都可以为它们添加动画效果。

选择【幻灯片放映】|【自定义动画】命令，或在幻灯片编辑窗格中右击，从弹出的快捷菜单中选择【自定义动画】命令，打开【自定义动画】任务窗格，如图 9-7 所示。

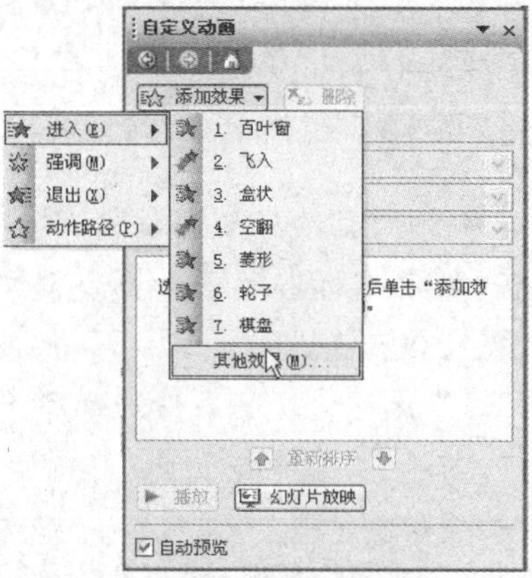

图 9-7 【自定义动画】任务窗格

知识点

选择【添加效果】|【进入】|【其他效果】命令，可以在打开的【添加进入效果】对话框中选择更多的动画效果。该对话框的动画效果按动画的风格分为【基本型】、【细微型】、【温和型】和【华丽型】4 种。

【例 9-2】为演示文稿中的对象设置进入式动画。

(1) 启动 PowerPoint 2003 应用程序，打开一个空白演示文稿。

(2) 在任务窗格中打开【开始工作】下拉列表框，选择【幻灯片设计】命令。

(3) 在打开【幻灯片设计】任务窗格的【应用设计模板】选项区单击 Fireworks 模板，将其应用到当前幻灯片中，如图 9-8 所示。

(4) 在第 1 张幻灯片中输入如图 9-9 所示的文字，设置标题文字字体为【华文琥珀】，字体颜色为【白色】；插入 3 个垂直文本框，并输入文字，设置文字字体为【华文彩云】，字号为 32，字型为【加粗】，字体效果为【阴影】。

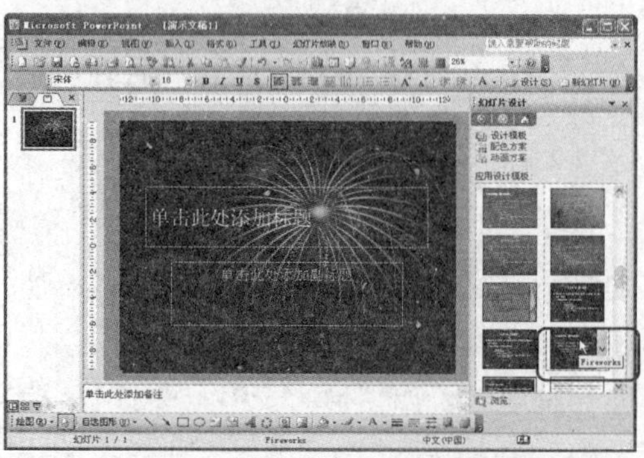

图 9-8 在演示文稿中应用模板

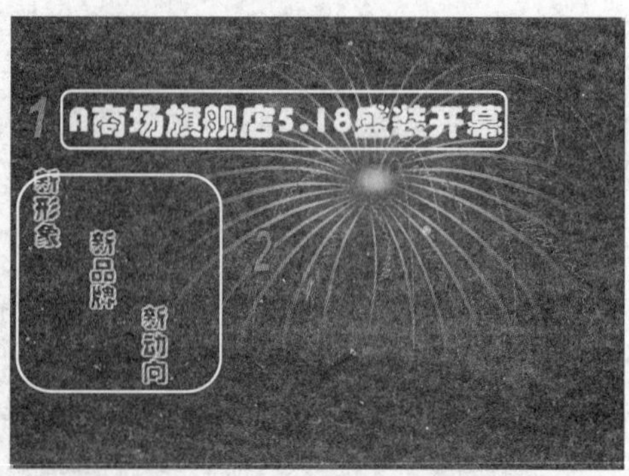

图 9-9 在幻灯片中输入文字

(5) 选中文字“新形象”，选择【幻灯片放映】|【自定义动画】命令，打开【自定义动画】任务窗格。

(6) 在任务窗格中单击【添加效果】按钮，在打开的菜单中选择【进入】|【菱形】命令，将【菱形】效果应用于文字“新形象”。

(7) 选中文字“新品牌”，在任务窗格中单击【添加效果】按钮，选择【进入】|【其他效果】命令，打开如图 9-10 所示的【更改进入效果】对话框。

(8) 在对话框的【基本型】选项区域中选择【轮子】选项，单击【确定】按钮。

(9) 参照步骤(7)，为文字“新动向”添加【华丽型】动画效果【空翻】，此时，幻灯片中对象的效果如图 9-11 所示。

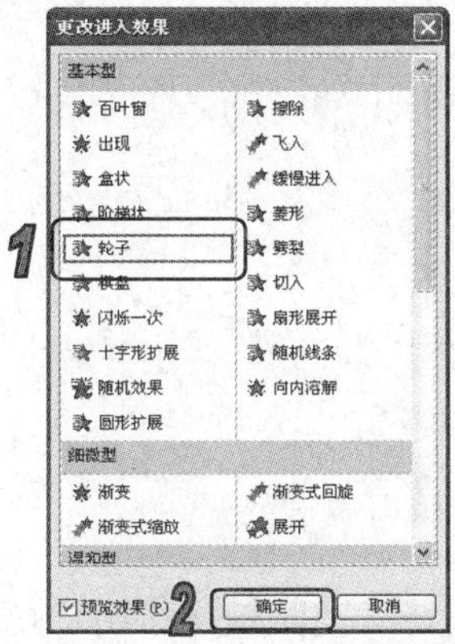

图 9-10　【更改进入效果】对话框

图 9-11　为对象添加自定义动画后的效果

提示

当幻灯片中的对象被添加动画效果后，其左上角都会显示一个带有数字的小矩形，其中小矩形表示该已经对该对象添加了动画效果，中间的数字表示该动画在当前幻灯片中的动画次序。

(10) 在任务窗格中单击【幻灯片放映】按钮，此时，演示文稿将放映该幻灯片，幻灯片动画效果如图 9-12 所示。

(11) 选择【文件】|【另存为】命令，将演示文稿以文件名“商场开幕”进行保存。

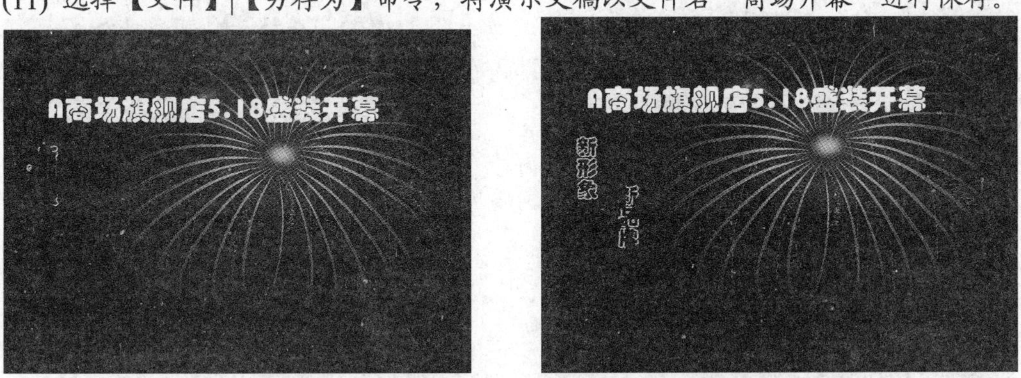

图 9-12　放映演示文稿时对象的动画效果

为幻灯片的对象添加动画效果后，【自定义动画】任务窗格中会按照添加的顺序依次向下显示当前幻灯片添加的所有动画效果。当用户将鼠标移动到该动画上方时，系统将提示该动画效果的主要属性，如动画的开始方式、动画效果名称及被添加对象的名称等信息，如图 9-13 显示。

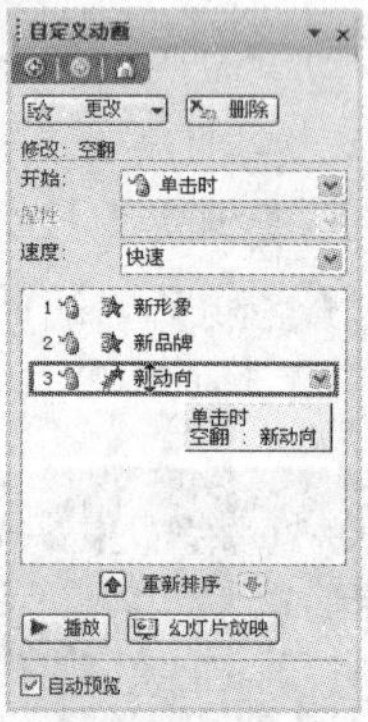

图 9-13　任务窗格显示添加的动画信息

提示

单击【自定义动画】任务窗格下方的【播放】按钮，可以在 PowerPoint 程序窗口中预览当前幻灯片的动画效果。

9.2.2　添加强调式动画效果

强调动画是为了突出幻灯片中的某部分内容，设置放映时的特殊动画效果。用户可以为幻灯片中的对象添加多个动画效果。添加强调动画的过程和添加进入效果大体相同。单击需要添加强调效果的占位符或文本框，单击【添加效果】按钮，选择【强调】菜单中的命令，即可为幻灯片中的文本添加强调动画效果，也可以选择【强调】|【其他效果】命令，打开【添加强调效果】对话框，为文本添加更多强调动画效果。

【例 9-3】为演示文稿中的对象设置强调式动画。

(1) 启动 PowerPoint 2003 应用程序，打开【例 9-2】创建的“商场开幕”演示文稿。

(2) 选择【插入】|【新幻灯片】命令，插入一张空白幻灯片。

(3) 在幻灯片中的两个文本占位符中输入如图 9-14 所示的文字。

(4) 在【自定义动画】任务窗格中单击【添加效果】按钮，在打开的菜单中选择【强调】|【陀螺旋】命令，将文字应用【陀螺旋】效果，此时，幻灯片显示如图 9-15 所示的预览效果。

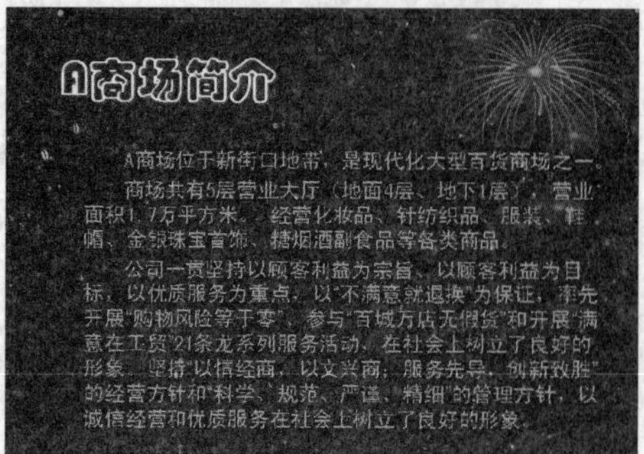

图 9-14　在幻灯片中输入文字

图 9-15　陀螺旋动画预览效果

(5) 在工具栏中单击【保存】按钮，将修改后的“商场开幕”演示文稿进行保存。

9.2.3　添加退出式动画效果

退出动画可以设置幻灯片中的对象退出屏幕的效果。用户除了可以为幻灯片中的对象添加进入、强调动画效果外，还可以对其添加退出动画。添加退出动画的过程和添加进入、强调动画效果过程大体相同。

单击需要添加退出效果对象，单击【添加效果】按钮，选择【退出】菜单中的命令，即可为幻灯片中的文本添加退出动画效果，也可以选择【退出】|【其他效果】命令，打开【添加退出效果】对话框，添加更多退出动画效果。退出动画效果与进入动画名称大部分相同，但动画运动方向不同。

【例 9-4】为演示文稿中的对象设置退出式动画。

(1) 启动 PowerPoint 2003 应用程序，打开【例 9-3】创建的“商场开幕”演示文稿。

(2) 在幻灯片编辑窗口中显示第 2 张幻灯片，选择【插入】|【新幻灯片】命令，插入一张空白幻灯片。

(3) 在幻灯片中输入如图 9-16 所示的文字，并选中水平文本框中输入的网址。

(4) 在【自定义动画】任务窗格中单击【添加效果】按钮，从弹出的菜单中选择【退出】|【百合窗】命令，该动画预览效果如图 9-17 所示。

(5) 在工具栏中单击【保存】按钮，将修改后的“商场开幕”演示文稿进行保存。

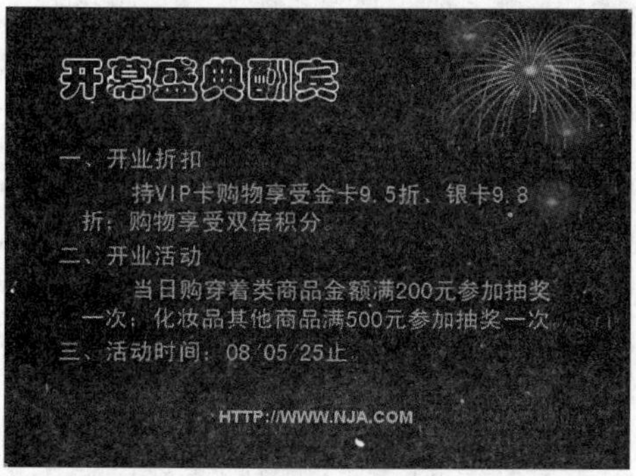

图 9-16　在幻灯片中输入文字

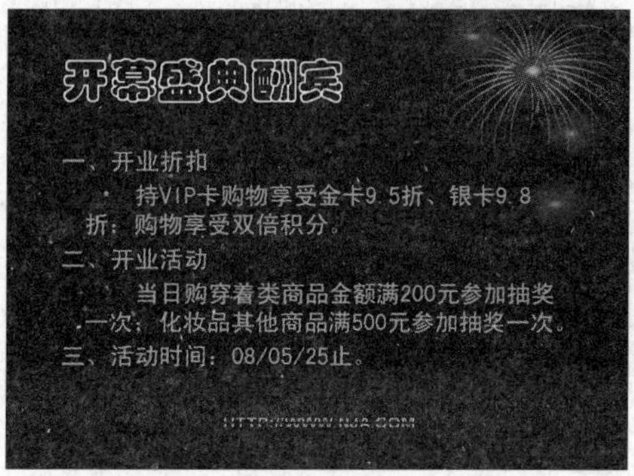

图 9-17　退出动画预览效果

9.2.4　添加动作路径动画效果

动作路径动画又称为路径动画，可以指定对象沿预定的路径运动。PowerPoint 中的动作路径动画不仅提供了大量可供用户简单编辑的预设路径效果，还可以由用户自定义路径，进行更为个性化的编辑。

添加动作路径效果的步骤与添加进入动画的步骤基本相同，单击【添加效果】按钮，选择

【动作路径】菜单中的命令，即可为幻灯片中的文本添加动作路径动画效果，如图 9-18 所示。用户也可以选择【动作路径】|【其他动作路径】命令，打开【添加动作路径】对话框（如图 9-19 所示）选择更多的动作路径。

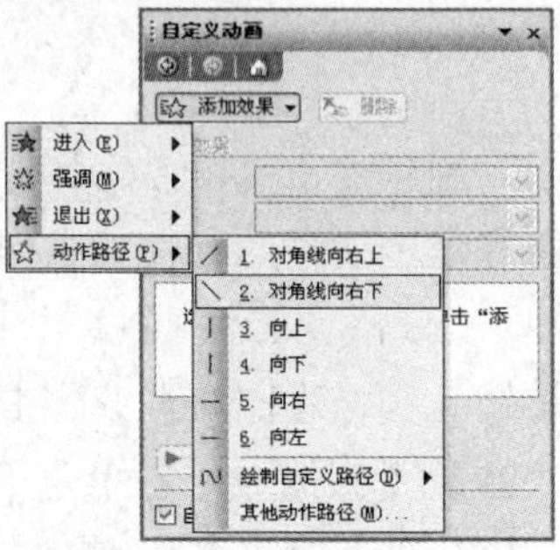

图 9-18　【动作路径】菜单

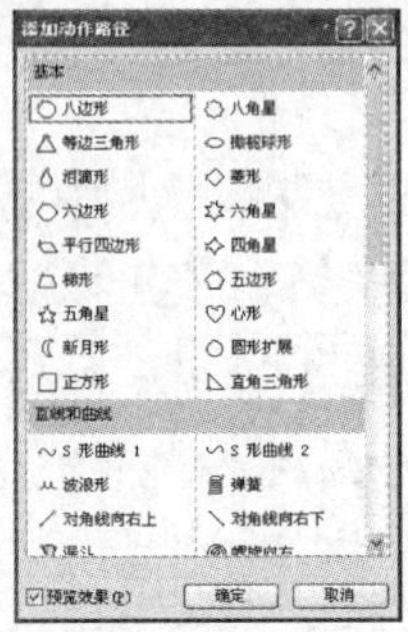

图 9-19　【添加动作路径】对话框

在如图 9-18 所示的【动作路径】菜单中选择【绘制自定义路径】命令，将出现下一级菜单，该级菜单包含【直线】、【曲线】、【任意多边形】和【自由曲线】4 个命令。用户在选择了绘制自定义路径的命令后，在幻灯片中拖动鼠标绘制出需要的图形，双击鼠标，结束绘制，动作路径即出现在幻灯片中。

绘制完的动作路径起始端将显示一个绿色的▶标志，结束端将显示一个红色的▶|标志，两个标志以一条虚线连接，如图 9-20 所示。要改变动作路径的位置时，只需要单击该路径，将其选中，然后拖动即可。拖动路径周围的控制点，可以改变路径的大小。

用户在绘制路径时，当路径的终点与起点重合时双击，此时的动作路径变为闭合状，路径上只有一个绿色的▶标志，如图 9-21 所示。

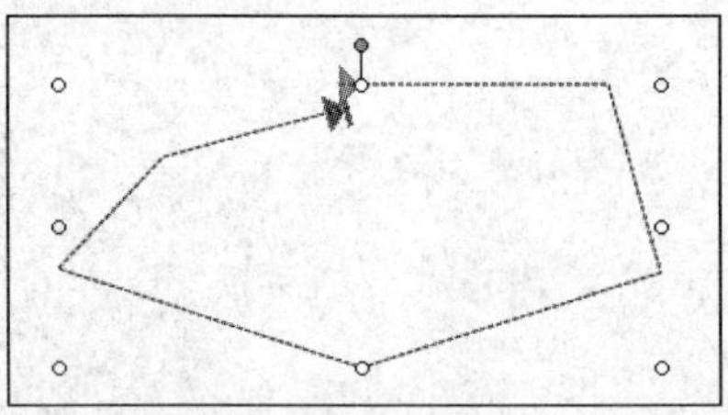

图 9-20　选择【任意多边形】命令绘制的路径

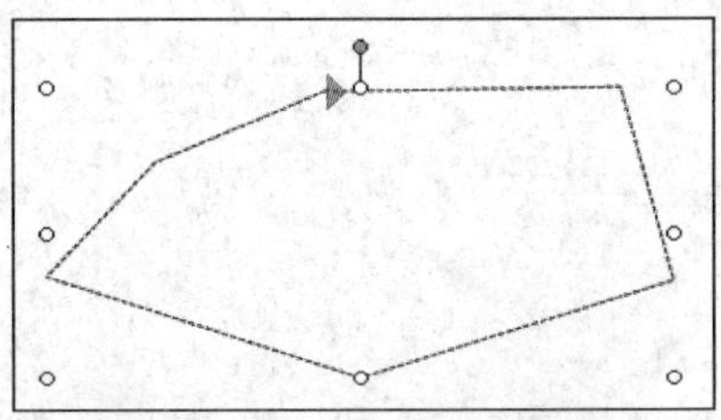

图 9-21　绘制的闭合路径

知识点

当用户需要将一个开放路径转变为闭合路径时，右击该路径，在弹出的快捷菜单中选择【关闭路径】即可。反之，当用户需要将一个闭合路径转变为开放路径时，则可以在右键菜单中选择【开放路径】。

【例 9-5】为演示文稿中的对象设置路径动画。

(1) 启动 PowerPoint 2003 应用程序，打开【例 9-4】创建的“商场开幕”演示文稿。

(2) 在幻灯片编辑窗口中显示第 3 张幻灯片，选择【插入】|【新幻灯片】命令，添加一张空白幻灯片。

(3) 在幻灯片中输入如图 9-22 所示的文字，设置水平文本框中文字的字体为【华文行楷】，字号为 32，字型为【加粗】，字体效果为【阴影】，字体颜色为【红色】。

(4) 选中第 1 个文本框文字，在【自定义动画】任务窗格中单击【添加效果】按钮，在弹出的菜单中选择【动作路径】|【向右】命令，此时，文本框周围显示动作路径及动画标记，如图 9-23 所示。

图 9-22　在幻灯片中输入文字

图 9-23　显示动作路径及动画标记

(5) 选中第 2 个文本框文字，在【自定义动画】任务窗格中单击【添加效果】按钮，在弹出的菜单中选择【动作路径】|【对角线右下】命令。

(6) 选中第 3 个文本框文字，单击【添加效果】按钮，在弹出的菜单中选择【动作路径】|【绘制自定义路径】|【曲线】命令，此时，鼠标指针变为十字形，在幻灯片中绘制路径，如图 9-24 所示。

(7) 选中第 4 个文本框文字，单击【添加效果】按钮，选择【动作路径】|【其他动作命令】，在打开的【添加动作路径】对话框中选择【向上转】选项，单击【确定】按钮，此时，幻灯片中显示的路径效果如图 9-25 所示。

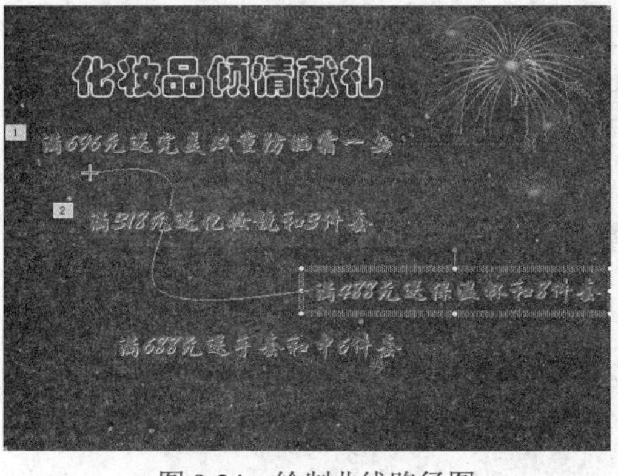

图 9-24　绘制曲线路径图

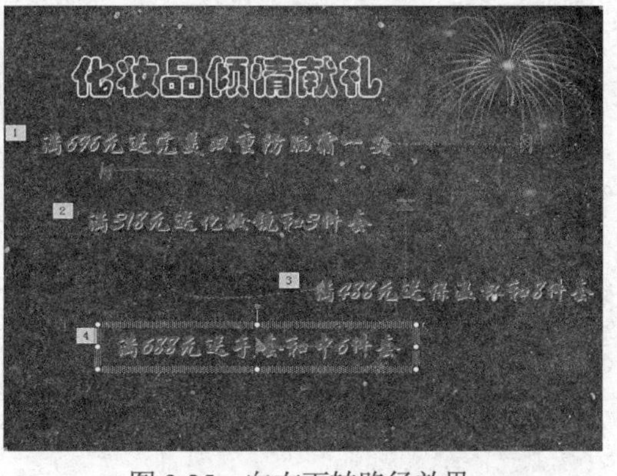

图 9-25　向右下转路径效果

(8) 在幻灯片中选中路径效果，路径周围将出现白色的尺寸控制点，拖动控制点更改路径的大小和位置，使它们的效果如图 9-26 所示。

(9) 在任务窗格中单击【播放】按钮，此时演示文稿将演示当前幻灯片中对象的动画效果，如图 9-27 所示。

图 9-26　更改路径的大小和位置

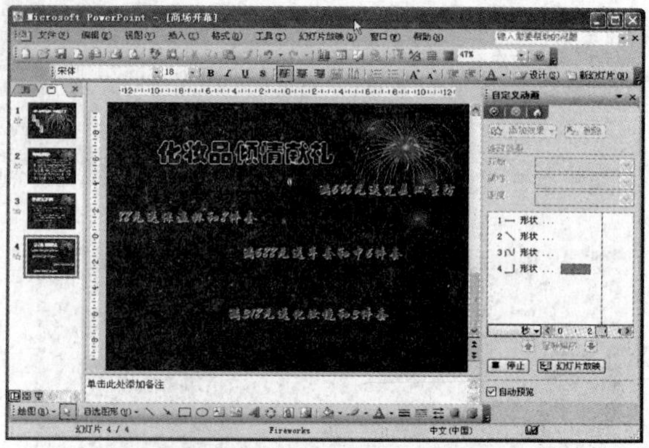

图 9-27　显示路径运动的效果

(10) 在工具栏中单击【保存】按钮，将修改后的“商场开幕”演示文稿进行保存。

9.3　动画的基本设置

当用户为对象添加了动画效果后，该对象就应用了默认的动画格式。主要包括动画开始运行的方式、变化方向、运行速度、延时方案以及重复次数等。可以在【自定义动画】任务窗格中完成为对象重新设置动画操作。

9.3.1　更改动画效果

用户为一个对象添加了动画效果后，如果不满意可以进行修改。在【自定义动画】任务窗格中单击动画效果列表中的动画效果，此时，原来的【添加效果】按钮变为【更改】按钮，如图 9-28 所示。【更改】按钮菜单下的命令和【添加效果】按钮菜单下的命令相同。

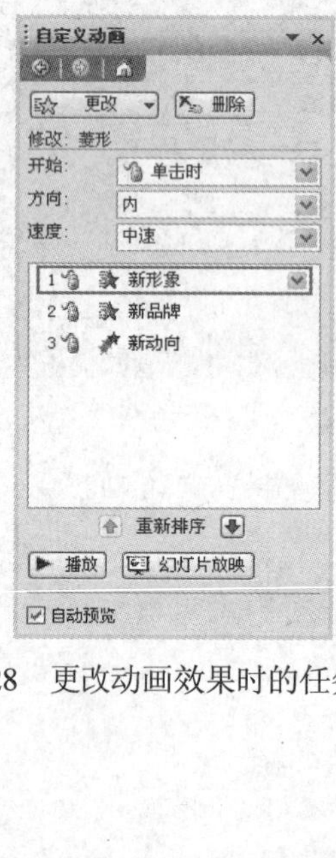

图 9-28　更改动画效果时的任务窗格

> **提示**
>
> 用户可单击【更改】按钮 更改 重新选择动画效果；单击【删除】按钮 删除 删除当前动画效果。

9.3.2　设置动画的播放方式

大多数动画允许用户设置动画开始的方式、变化方向和运行速度等参数。单击动画效果列表中的动画效果后，【自定义动画】任务窗格中的【开始】、【方向】和【速度】3 个下拉列表框将被激活，用户可以在这 3 个下拉列表框中选择需要的动画参数。

- 【开始】下拉列表框：该下拉列表框用于设置动画开始的方式。选择【单击时】选项，表示在放映幻灯片时，只有在用户单击鼠标后，该动画才开始播放；选择【之前】选项，表示在上一个动画播放的同时播放该动画，用户可以利用该选项设置多个动画同时播放；选择【之后】选项，表示在上一个动画播放完毕之后才开始播放该动画，用户可以利用该选项设置多个动画自动依次播放。
- 【方向】下拉列表框：用于设置动画运行的方向。不同种类的动画，其运动的方向不同。
- 【速度】下拉列表框：用于设置动画的播放速度。包括【非常慢】、【慢速】、【中速】、【快速】和【非常快】5 个选项。

在【自定义动画】任务窗格提供的下拉列表框中只能简单地设置动画效果。当用户在动画效果列表中的右击动画效果后，将打开一个快捷菜单（如图 9-29 所示），该快捷菜单可以帮助用户快速设置其他动画选项。

在快捷菜单中选择【效果选项】命令，将打开设置该动画选项的对话框，此处打开【菱形】对话框，如图 9-30 所示。

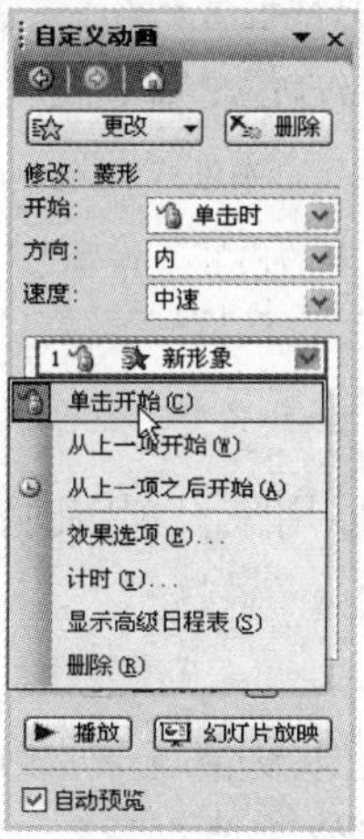

图 9-29　动画效果右键快捷菜单

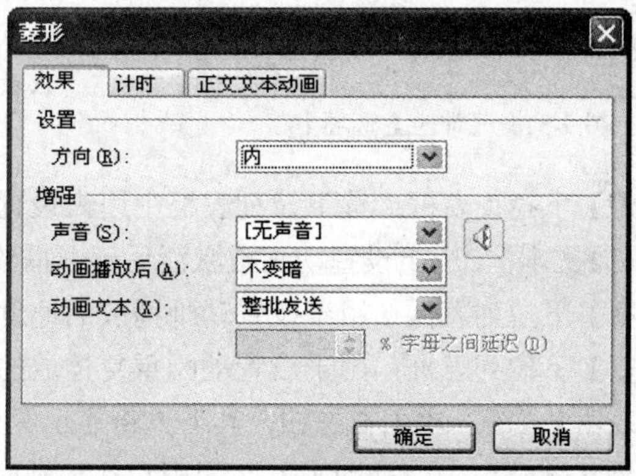

图 9-30　【菱形】对话框

知识点

该对话框中包含了【效果】、【计时】和【正文文本动画】3 个选项卡，需要注意的是，当该动画作用的对象不是文本对象，而是剪贴画、图片等对象时，【正文文本动画】选项卡将消失，同时【效果】效果选项卡中的【动画文本】下拉列表框将变为不可用状态。

1. 【效果】选项卡

【效果】选项卡包括【设置】和【增强】两个选项区域。【设置】选项区域中的选项与当前动画效果的运动形式相关；【增强】选项区域中的选项用于增强动画的播放效果，它包括以下几个选项。

- 【声音】下拉列表框：用户可以从下拉列表中选择一种声音效果，该声音可以作为动画播放时的伴音。单击【声音】下拉列表框右侧的按钮，可以调整音量大小。
- 【动画播放后】下拉列表框：在该下拉列表框中可以设置动画播放完后的文本颜色，也可以设置将播放完动画的文本隐藏。
- 【动画文本】下拉列表框：用户可以在该列表框中设置应用动画效果的文本的出现方式。该下拉列表框包含【整批发送】、【按字/词】及【按字母】3 个选项，当选择后两个选项时，其下方的文本框将变为可输入状态，用户可以设置字或词出现的时间间隔。

2. 【计时】选项卡

对话框中的【计时】选项卡可以用来设置计时效果，如图 9-31 所示。该选项卡中各个选项的含义如下。

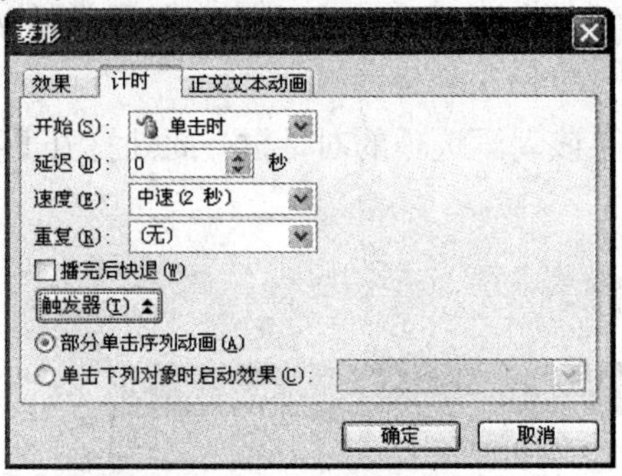

图 9-31　【计时】选项卡

知识点

当选择了【单击下列对象时启动效果】右侧下拉列表框中的对象作为触发器后，在放映幻灯片时，只有当用户单击了该对象后，才能播放其触动的动画，否则就不能正常观看到该动画的播放，而演示文稿也会自动播放下一张幻灯片中的内容。

- 【开始】下拉列表框：该下拉列表框中用来设置动画开始的方式。
- 【延迟】文本框：用于设置动画被激活后延迟播放的时间，可以用来设置定时播放动画。
- 【速度】下拉列表框：用于设置动画播放的速度。
- 【重复】下拉列表框：用于设置动画重复播放的次数。
- 【触发器】按钮：单击该按钮，其下方将显示两个单选按钮。默认情况下，触发动画的方式为【部分单击序列动画】，即用户在放映时通过在任意位置单击鼠标来触发播放下一个动画。如果选中【单击下列对象时启动效果】单选按钮，其右侧的下拉列表框将变为可用状态，用户从中可以选择作为触发动画播放的对象。

3. 【正文文本动画】选项卡

在对话框的【正文文本动画】选项卡中，可以设置正文文本的组合方式、分割符以及动画形状等，如图 9-32 所示。

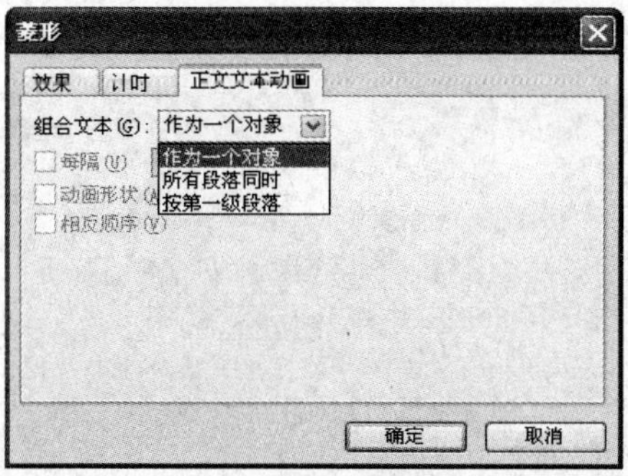

图 9-32　【正文文本动画】选项卡

提示

当选择【按第一级段落】选项时，其下方的【每隔】和【相反顺序】复选框将被激活，分别用来设置段落间动画的间隔时间和运动顺序。

其中【组合文本】下拉列表框用于设置文本中段落出现的方式。选择【作为一个对象】选项时，占位符中的所有文本将被视为同一对象应用该动画；选择【所有段落同时】选项时，占位符中的所有文本以段落为对象同时应用该动画；选择【按第一级段落】选项时，占位符中第一段文本将作为独立的对象应用该动画，低于第一级的段落跟随其同时出现。

【例 9-6】修改演示文稿的播放方式，设置时间、速度和方向等基本属性。

(1) 启动 PowerPoint 2003 应用程序，打开【例 9-5】创建的“商场开幕”演示文稿。

(2) 在幻灯片编辑窗口中显示第 2 张幻灯片，选择【幻灯片放映】|【自定义动画】命令，打开【自定义动画】任务窗格。

(3) 在【数量】下拉列表框中选择【逆时针】选项，在【速度】下拉列表框中选择【快速】选项。

(4) 在动画效果列表中的右击动画效果，在弹出的快捷菜单中选择【效果选项】命令，打开【陀螺旋】对话框。

(5) 切换到【正文文本动画】选项卡，选中【每隔】复选框，在其右侧的文本框中输入数字 10，单击【确定】按钮。

(6) 在幻灯片编辑窗口中显示第 3 张幻灯片，在动画效果列表中选中动画效果，单击【更改】按钮，在打开的菜单中选择【退出】|【飞出】命令。

(7) 在【自定义动画】任务窗格的【方向】下拉列表框中选择【到右上部】选项，在【速度】下拉列表框中选择【快速】选项，如图 9-33 所示。

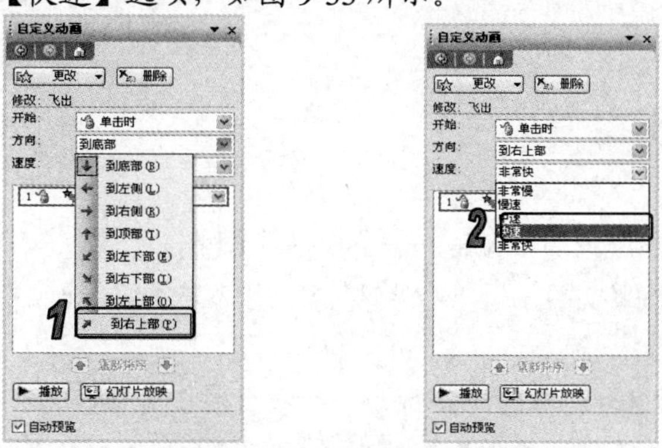

图 9-33　设置方向和速度属性

(8) 单击【幻灯片放映】按钮，此时，更改动画效果后的放映效果如图 9-34 所示。

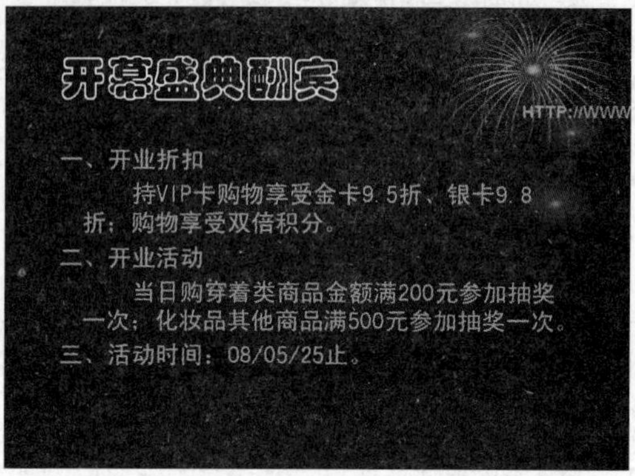

图 9-34　对象的动画效果

(9) 在工具栏中单击【保存】按钮，将修改后的“商场开幕”演示文稿进行保存。

9.3.3　调整动画播放序列

为幻灯片中的多个对象添加动画效果时，添加效果的顺序就是幻灯片放映时的播放次序。当幻灯片中的对象较多时，难免在添加效果时使动画次序产生错误，这时可以在动画效果添加完成后，对其进行重新调整。

在【自定义动画】任务窗格的列表中单击需要调整播放次序的动画效果，然后单击任务窗格底部的上移按钮或下移按钮来调整该动画的播放次序。其中，单击上移按钮表示将该动画的播放次序提前，单击下移按钮表示将该动画的播放次序向后移。

知识点

要改变动画的播放序列，也可以通过在【自定义动画】任务窗格的动画列表中直接拖动动画效果上下移动的方法来改变其播放次序。

9.4　上机练习

学习完本章之后，用户应该对 PowerPoint 的动画功能所有了解，并学会设置幻灯片切换动画和为对象设置自定义动画的方法。本小节将综合应用本章的知识点，设计一个具有多种动画效果的演示的文稿。

(1) 启动 PowerPoint 2003 应用程序，打开一个空白演示文稿。

(2) 在任务窗格中单击【开始工作】下拉列表框，在打开的快捷菜单中选择【新建演示文稿】命令。

(3) 在打开【新建演示文稿】任务窗格的【模板】选项区域中单击【本机上的模板】链接，打开【新建演示文稿】对话框。

(4) 在对话框中选择自定义添加的【模式 9】选项，单击【确定】按钮，将其应用到当前幻灯片中，如图 9-35 所示。

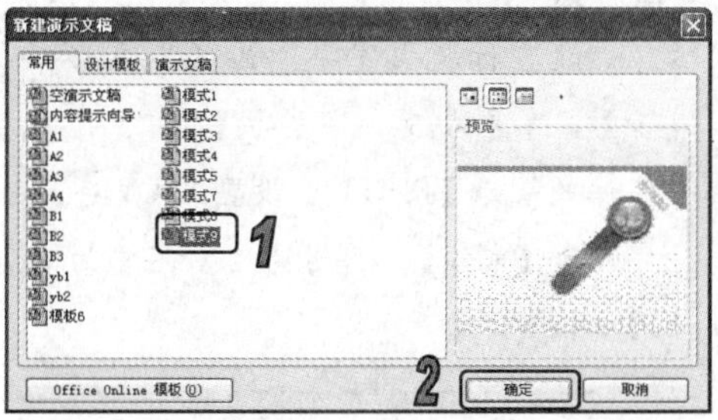

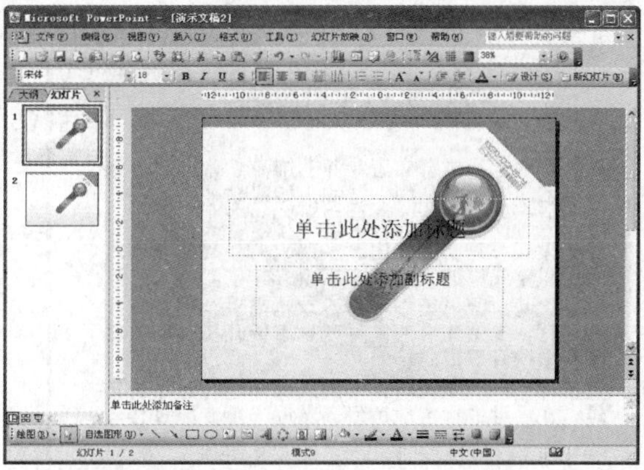

图 9-35　在演示文稿中应用模板

(5) 在【单击此处添加标题】文本占位符中输入标题文字，设置文字字体为【华文彩云】，字号为 54、字体颜色为【粉红】；在【单击此处添加副标题】文本占位符中输入文字“——全国各地火热加盟中”，设置文字字体为【华文琥珀】，字号为 32、字型为【加粗】、字体颜色为【紫色】，此时，该幻灯片效果如图 9-36 所示。

(6) 在幻灯片中选中标题文字，选择【幻灯片放映】|【自定义动画】命令，打开【自定义动画】任务窗格。

(7) 在【自定义动画】任务窗格中单击【添加效果】按钮，在打开的菜单中选择【进入】|【飞入】命令，将标题文字应用进入动画【飞入】。

(8) 选中副标题文字，在【自定义动画】任务窗格中单击【添加效果】按钮，选择【进入】|【其他效果】命令，打开 【添加进入效果】对话框。在该对话框的【华丽型】选项区域中选择【弹跳】选项，单击【确定】按钮，此时，幻灯片及任务窗格效果如图 9-37 所示。

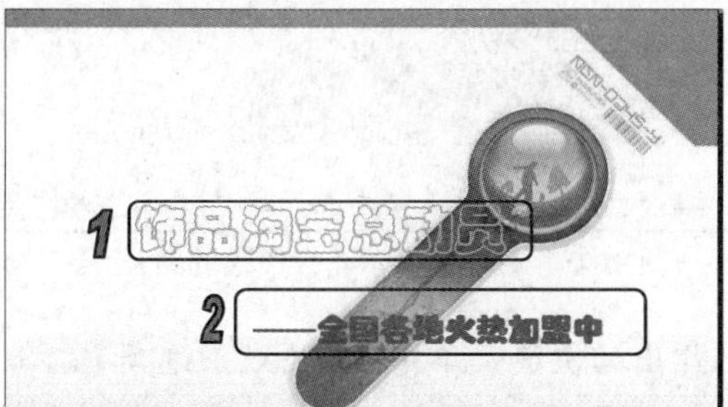

图 9-36　在幻灯片中输入文字

图 9-37　幻灯片及任务窗格效果

(9) 在任务窗格的动画列表框中选中第 1 个动画，在【方向】下拉列表框中选择【自顶部】

选项，在【速度】下拉列表框中选择【快速】选项。

(10) 在任务窗格的动画列表框中选中第 2 个动画，在【速度】下拉列表框中选择【快速】选项。

(11) 在幻灯片预览窗格中选择第 2 张幻灯片缩略图，将其显示在幻灯片编辑窗口中。在第 2 张幻灯片中输入文字，使得幻灯片效果如图 9-38 所示。

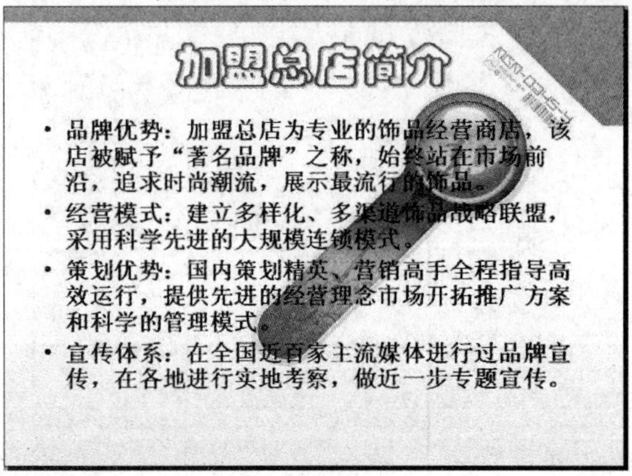

图 9-38　在幻灯片中输入文字

提示

设置标题文字字体为【华文彩云】，字号为 54，字型为【加粗】，字体效果为【阴影】；设置正文文字字体为【宋体】、字号为 28，字型为【加粗】。

(12) 为标题文字"加盟总店简介"添加进入动画效果【菱形】，并保持该动画的默认设置。

(13) 选中正文占位符，单击【添加效果】按钮，在打开的菜单中选择【动作路径】|【绘制自定义路径】|【任意多边形】命令。

(14) 此时，鼠标指针变为十字形，在幻灯片中绘制如图 9-39 所示的图形，释放，幻灯片分别显示 4 个段落的路径，如图 9-40 所示。

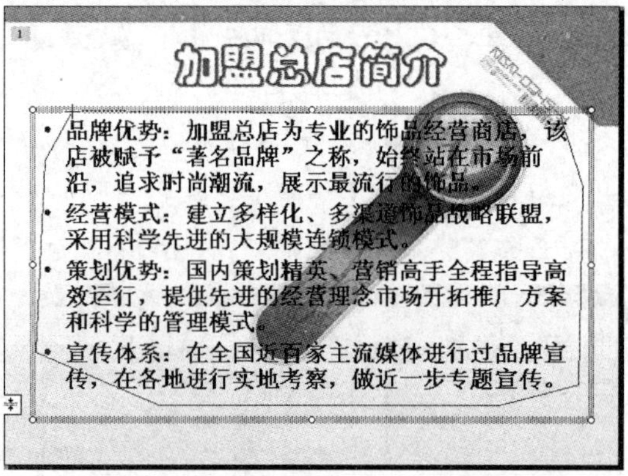

图 9-39　在幻灯片中绘制多边形路径

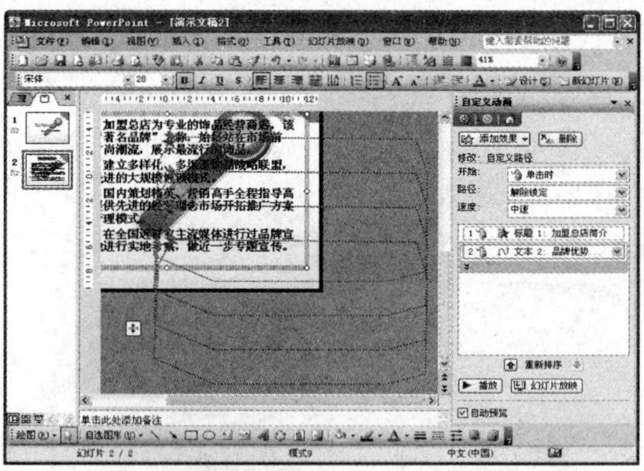

图 9-40　幻灯片显示 4 个段落的路径

(15) 在任务窗格的动画列表框中右击该动画，在弹出的快捷菜单中选择【效果选项】命令，在打开的【自定义路径】对话框中切换到【正文文本动画】选项卡。

(16) 在【组合文本】下拉列表框中选择【作为一个对象】选项，如图 9-41 所示。单击【确定】按钮，此时，分别显示的 4 个段落路径将组合为一个对象运动，路径效果如图 9-42 所示。

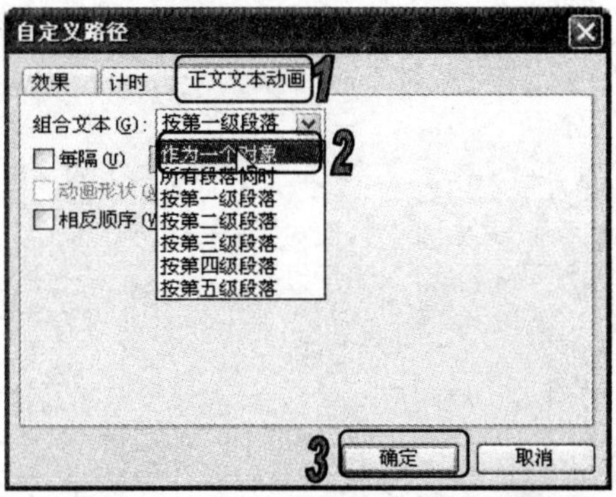

图 9-41　【自定义路径】对话框

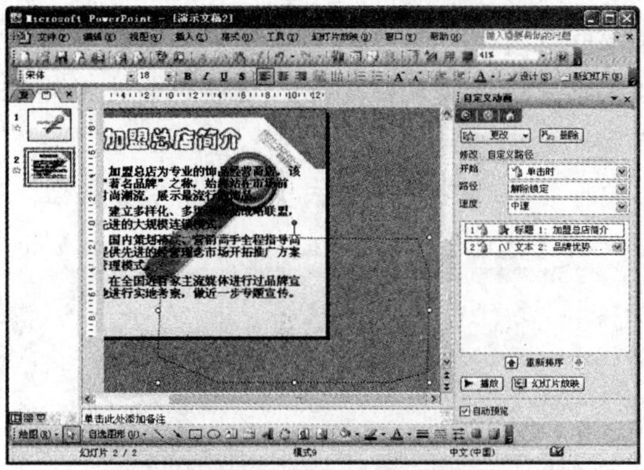

图 9-42　设置组合文本后的路径效果

(17) 选择【插入】|【新幻灯片】命令，在幻灯片中添加一张新幻灯片。

(18) 在幻灯片中输入如图 9-43 所示的表格，设置表格的动画效果为【进入】动画的【扇形展开】选项，如图 9-44 所示。

图 9-43　在幻灯片中插入表格

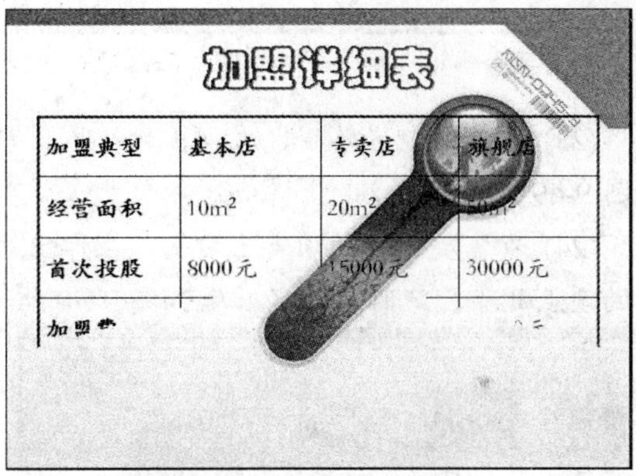

图 9-44　扇形展开动画效果

(19) 选择【插入】|【新幻灯片】命令，在幻灯片中添加一张新幻灯片，设置幻灯片的效果如图 9-45 所示。

(20) 选中文本占位符，设置动画效果为【进入】动画的【随机效果】，如图 9-46 所示。

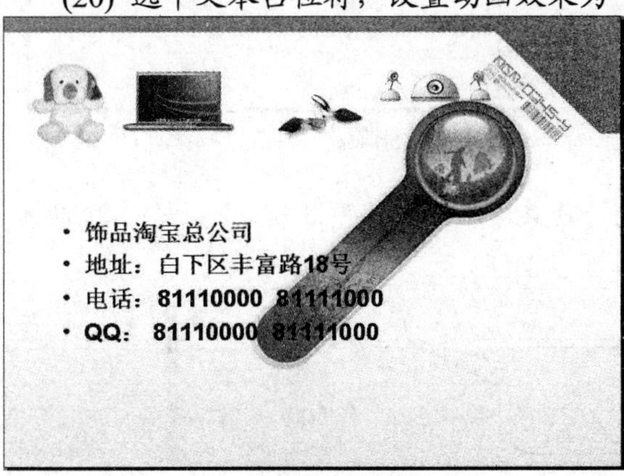

图 9-45　在幻灯片中添加对象

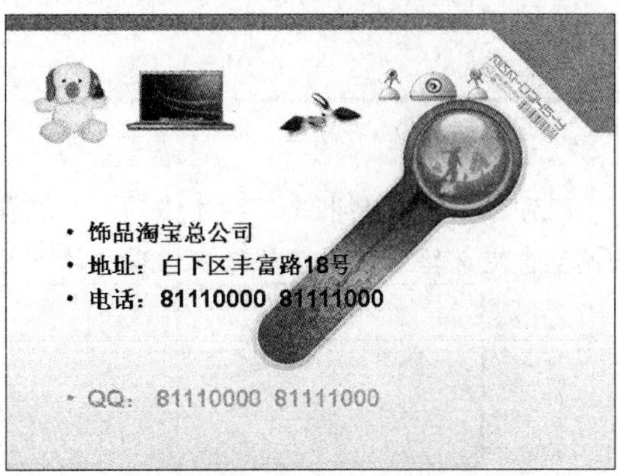

图 9-46　文本占位符动画效果

(21) 选中插入的毛绒狗图形，在【自定义动画】任务窗格中单击【添加效果】按钮，在打开的菜单中选择【动作路径】|【绘制自定义路径】|【自由曲线】命令，在幻灯片中绘制如图 9-47 所示的曲线。

(22) 在任务窗格中单击【路径】下拉按钮，在弹出的下拉列表中选择【反转路径方向】选项；单击【速度】下拉按钮，在弹出的下拉列表中选择【非常慢】选项，如图 9-48 所示。

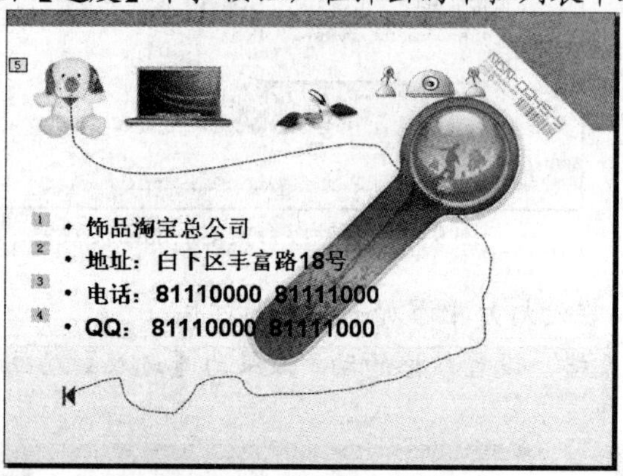

图 9-47　绘制自定义路径

图 9-48　设置自定义动画属性

(23) 右击绘制的路径，在弹出的快捷菜单中选择【编辑顶点】命令，在路径中显示顶点，如图 9-49 所示。

(24) 在需要删除的顶点上右击，在弹出的快捷菜单中选择【删除顶点】命令，将路径中多余的顶点删除，此时，路径效果如图 9-50 所示。

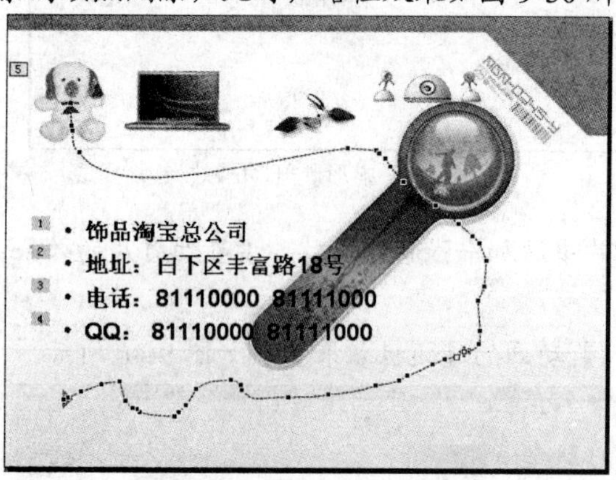

图 9-49　在路径中显示顶点

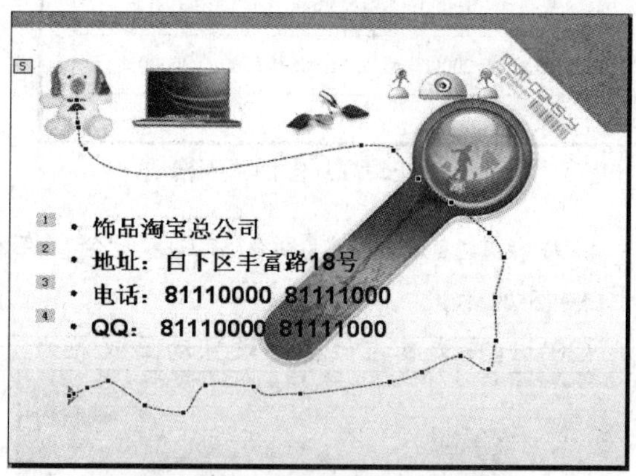

图 9-50　删除路径中的多余顶点

(25) 在顶点编辑状态下，右击顶点，在弹出的快捷菜单中选择【平滑顶点】命令，拖动顶点调整自定义路径，使路径效果呈现平滑状态，如图 9-51 所示。

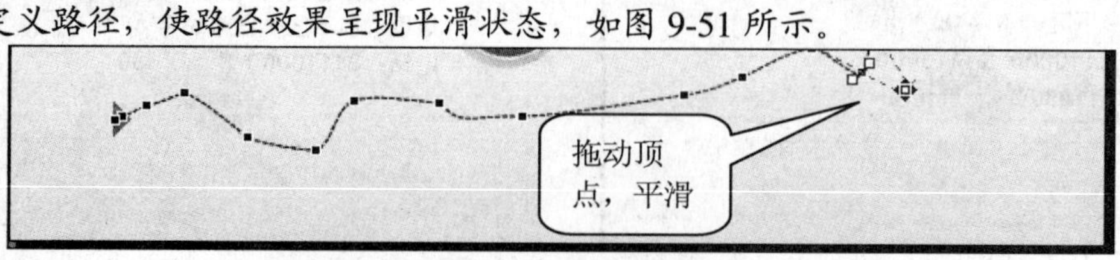

图 9-51　平滑曲线

(26) 调整平滑状态后的路径效果如图 9-52 所示。在任务窗格中单击【播放】按钮，此时毛绒狗将沿着自定义路径运动，如图 9-53 所示。

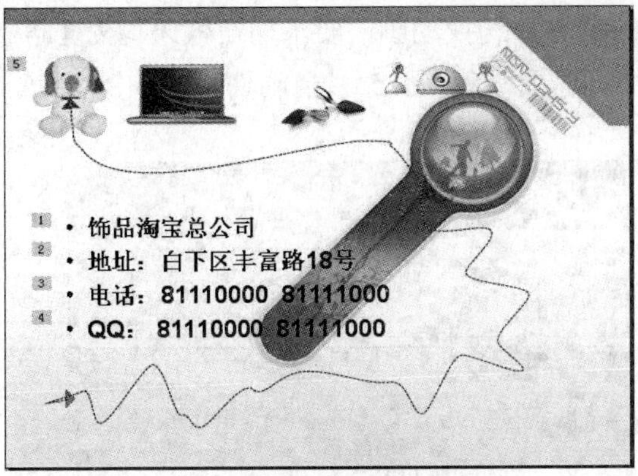

图 9-52 平滑路径后的效果

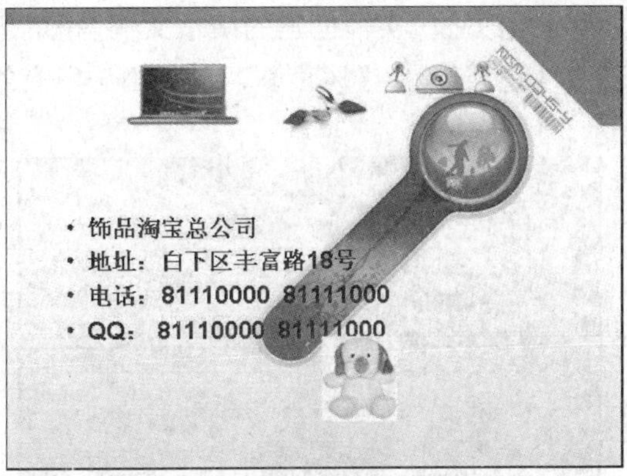

图 9-53 毛绒狗沿着路径运动

(27) 将第 1 张幻灯片显示在幻灯片编辑窗格中，选择【幻灯片放映】|【幻灯片切换】命令，打开【幻灯片切换】任务窗格，在【应用于所选幻灯片】列表框中选择【加号】选项，并设置【速度】属性为【慢速】。

(28) 参照步骤(27)，设置第 2~4 张幻灯片的切换效果分别为【水平百叶窗】、【垂直梳理】和【新闻快报】，并将【速度】属性均设置为【慢速】。

(29) 选择【幻灯片放映】|【观看放映】命令，此时，幻灯片切换效果如图 9-54 所示。

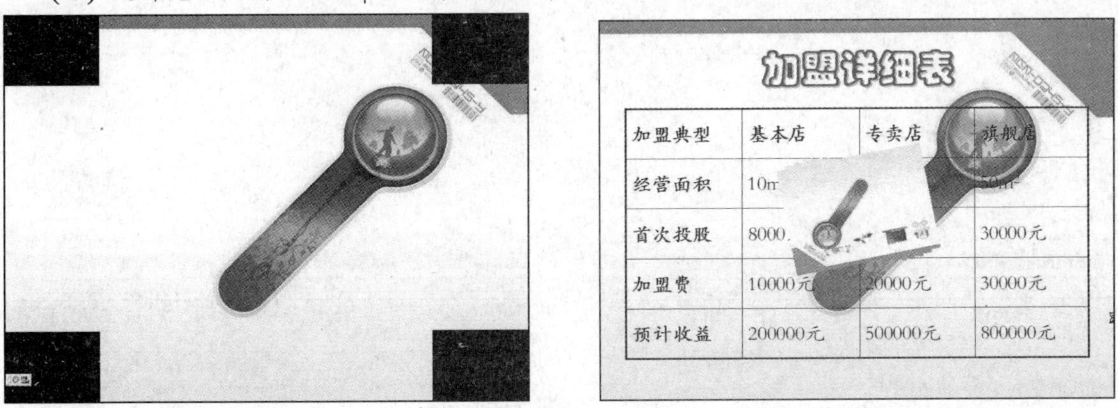

图 9-54 幻灯片切换效果

(30) 选择【文件】|【另存为】命令，将演示文稿以文件名“饰品动员”进行保存。

9.5 习题

1. 简述进入式动画的其他效果中的动画效果类型。
2. 简述调整动画播放序列的方法。
3. 创建如图 9-55 所示的幻灯片。要求将标题文字设置为自顶部的【飞入】动画、速度为

【快速】；将副标题文字设置为【棋盘】动画，速度为【慢速】；将图片设置为【向左】动作路径动画。

4. 修改上机实验创建的演示文稿“饰品动员”的幻灯片切换动画，要求切换效果均为【溶解】，切换声音为【风声】，且作用于所有幻灯片，同时要求每隔 15 秒自动切换，如图 9-56 所示。

图 9-55　设置动画效果

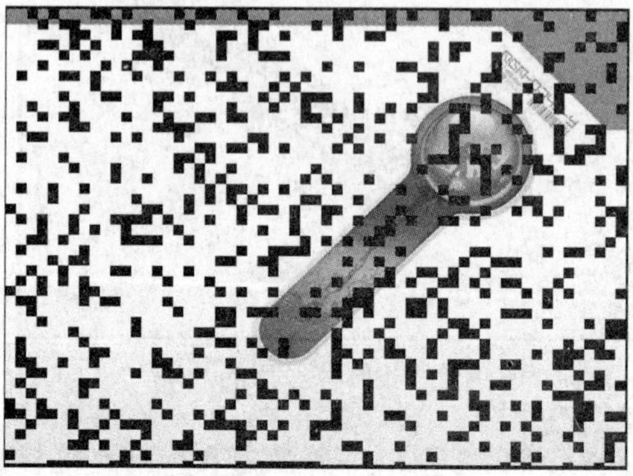

图 9-56　幻灯片切换效果

第10章 幻灯片放映

学习目标

PowerPoint 2003 为用户提供了多种放映和控制幻灯片的方法，如正常放映、计时放映、录音放映、跳转放映等。用户可以选择最为理想的放映速度与放映方式，使幻灯片的放映结构清晰、节奏明快、过程流畅。另外，在放映时用户还可以利用绘图笔在屏幕上随时进行标注或强调，使重点更为突出。本章将介绍交互式演示文稿的创建方法以及幻灯片放映方式的设置。

本章重点

- 在幻灯片中使用超链接
- 添加动作按钮
- 设置幻灯片的放映时间
- 设置幻灯片的放映方式
- 控制幻灯片的放映
- 录制和删除旁白

10.1 创建交互式演示文稿

在 PowerPoint 2003 中，用户可以为幻灯片中的文本、图形、图片等可显示对象添加动作或超链接，当放映幻灯片时或将演示文稿发放给观众自由观看时，可以在添加了动作或超链接的对象上单击，按照原来的设置跳转到指定的幻灯片页面，或是执行指定的程序。这样演示文稿不再是一种从头到尾播放的线型结构，也不再是简单地播放一张张幻灯片的演示，而使演示文稿具有了一定的交互性，能够按照用户的设定，在观众单击不同的对象时，演示文稿可以放映不同的内容，或做出不同的响应。

10.1.1 添加超链接

超链接是指向特定位置或文件的一种连接方式，可以利用它指定程序的跳转位置。超链接只有在幻灯片放映时才有效，当鼠标移至超链接文本时，鼠标将变为手形指针。在 PowerPoint 中，超链接可以跳转到预先设定的任意一张幻灯片、其他演示文稿、Word 文档、电子邮件地址或某个 Web 网页上。

只有幻灯片中的对象才能添加超链接，备注、讲义等内容不能添加超链接。幻灯片中可以显示的对象几乎都可以作为超链接的载体。添加或修改超链接的操作一般在普通视图中的幻灯片编辑窗格中进行，在大纲选项卡中，只能对文字添加或修改超链接。

无论是对文字还是图片等对象添加超链接，还是对其他对象添加超链接，首先应将其选中。然后，选择【插入】|【超链接】命令，或在选中的对象上右击，在弹出的快捷菜单中选择【超链接】命令，打开【插入超链接】对话框，如图 10-1 所示。

1. 链接到本文档中的位置

用户在选中的对象上可以添加链接到当前演示文稿中其他幻灯片的链接。在【插入超链接】对话框的【链接到】列表中单击【本文档中的位置】按钮，此时，对话框变为如图 10-2 所示。

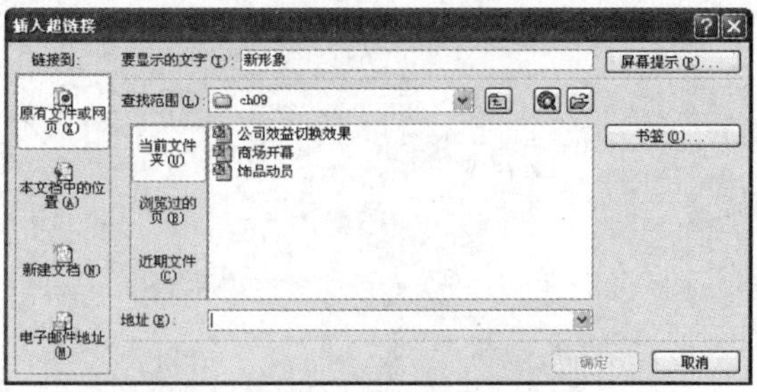

图 10-1 【插入超链接】对话框

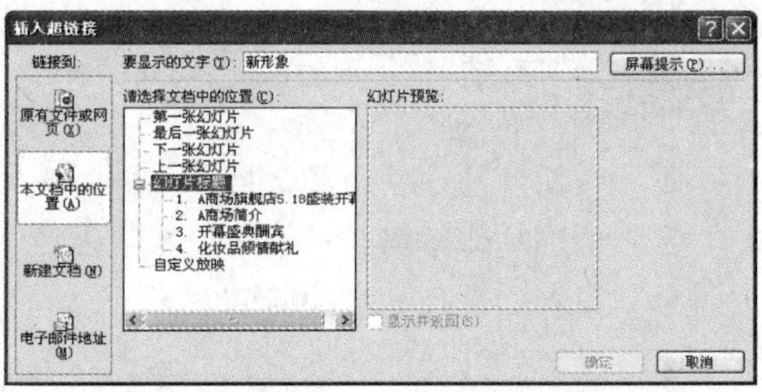

图 10-2 插入本文档内部位置超链接

在【插入超链接】对话框中部的【请选择文档中的位置】列表框中，显示当前演示文稿中的所有幻灯片标题及简单的定位方式，单击需要链接的幻灯片标题，在右侧会自动出现该幻灯片的预览，单击【确定】按钮，将选定的幻灯片加为链接。

2. 链接到文件或其他文档中的位置

用户在选中的对象上可以添加链接到文件或其他演示文稿中的幻灯片，并可以进一步指定链接到其他演示文稿中的哪一张幻灯片上。单击【链接到】列表中的【原有文件或网页】按钮，并在对应的文件列表中选择需要链接的文件或演示文稿，然后单击【确定】按钮关即可完成链接设置。当链接文件为演示文稿时，用户还可单击对话框左侧的【书签】按钮，打开【在文档中选择位置】对话框如图 10-3 所示，将插入的链接直接指向该演示文稿中的指定幻灯片。

3. 链接到网页或电子邮件

用户可以在幻灯片中加入指向 Internet 网页或电子邮件的链接，在放映幻灯片时直接打开网页或发送电子邮件。

要链接到网页或电子邮件，可以在【插入超链接】对话框底部的【地址】文本框中，直接输入要指向的 Internet 网址，如图 10-4 所示。在放映幻灯片的过程中，当用户单击该超链接时，系统会自动调用电脑中的默认浏览器打开指定的网址。

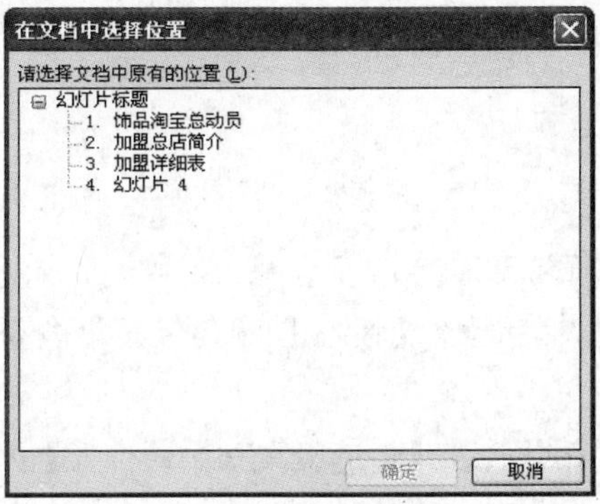

图 10-3　设置链接到其他演示文稿中的位置

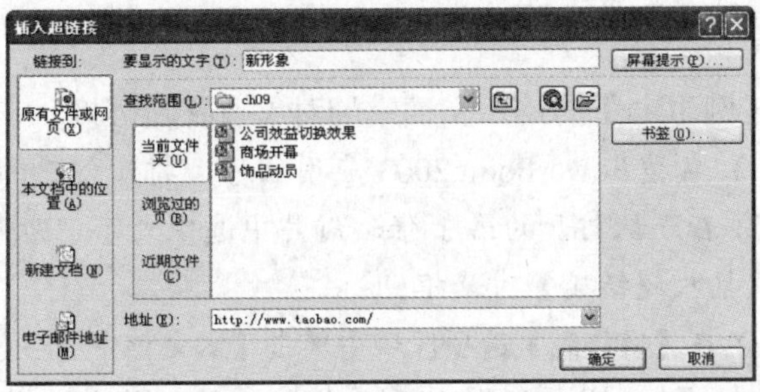

图 10-4　链接到 Internet 网址

单击【链接到】列表中的【电子邮件地址】按钮，对话框变为图 10-5。用户可以在【电子邮件地址】文本框中输入正确的电子邮件地址，系统会自动在用户输入的地址前加入 mailto:标记，在【主题】文本框中用户可以输入电子邮件的主题。当用户在幻灯片放映过程中单击该链接时，计算机会自动调用系统默认的电子邮件程序，并自动填入电子邮件的地址和主题，等待用户写入内容后发送。

4. 设置屏幕提示与编辑、删除超链接

单击【插入超链接】对话框右上角的【屏幕提示】按钮，打开【设置超链接屏幕提示】对话框，如图 10-6 所示，可以在其中输入当前超链接的提示信息，以供用户在点击该链接时参考。

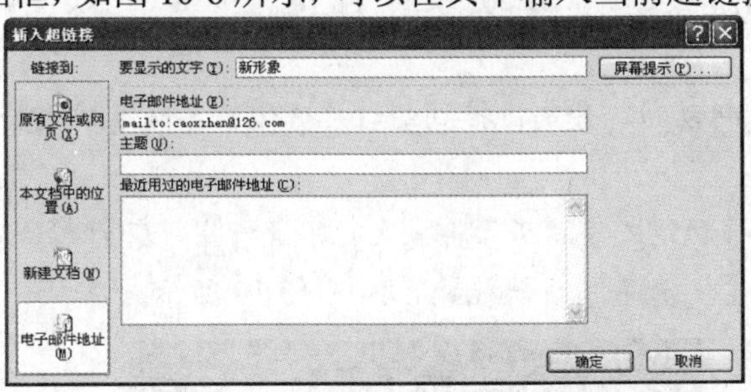

图 10-5　链接到电子邮件地址

图 10-6　设置超链接屏幕提示

当用户在添加了超链接的文字、图片等对象上右击时，在弹出的快捷菜单中选择【编辑超链接】命令，可以打开与【插入超链接】对话框十分相似的【编辑超链接】对话框，如图 10-7 所示。在该对话框中用户可以按照添加超链接的方法进行修改。

当用户不再需要超链接时，在超链接上右击，在弹出的快捷菜单中选择【删除超链接】命令，即可将超链接删除。

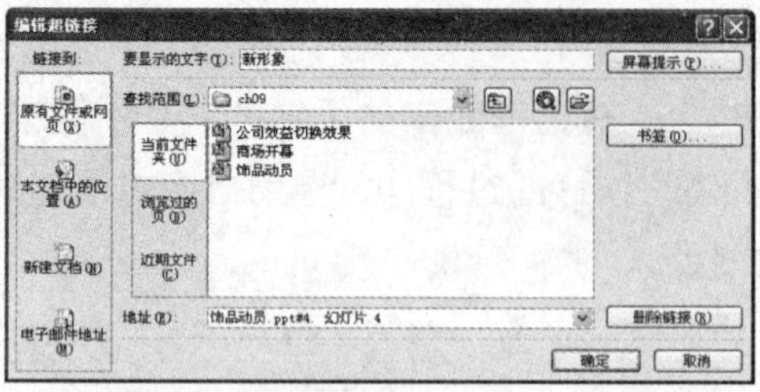

图 10-7　【编辑超链接】对话框

知识点

用户也可以在【编辑超链接】对话框中单击右下角的【删除链接】按钮删除当前超链接。

【例 10-1】为演示文稿中的对象设置超链接。

(1) 启动 PowerPoint 2003 应用程序，打开创建的“商场开幕”演示文稿。

(2) 在默认打开的第 1 张幻灯片中选中文字“新形象”，选择【插入】|【超链接】命令，打开【插入超链接】对话框。

(3) 在【链接到】选项区域中单击【本文档中的位置】按钮，在【请选择文档中的位置】列表框中选择【幻灯片标题】选项下的【2.A 商场简介】选项，如图 10-8 所示。

(4) 单击【确定】按钮，此时，文字“出版社简介”添加了超链接，文字左侧出现划线，文字颜色更改为粉色，如图 10-9 所示。

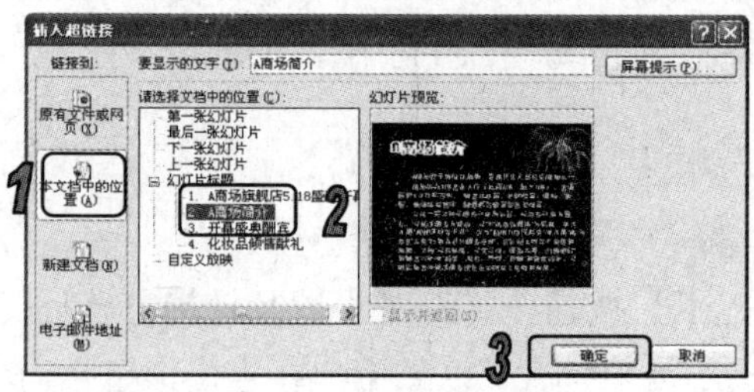

图 10-8　插入超链接

图 10-9　将文字应用超链接

(5) 参照步骤(2)~(4)，将文字“新品牌”和“新动向”分别链接到幻灯片【化妆品倾情献礼】和【开幕盛典酬宾】。

(6) 按下 F5 键放映幻灯片，此时将鼠标指针移动到文字“新品牌”上时，鼠标指针变为👆形状，单击，演示文稿将自动跳转到第 4 张幻灯片【化妆品倾情献礼】，如图 10-10 所示。

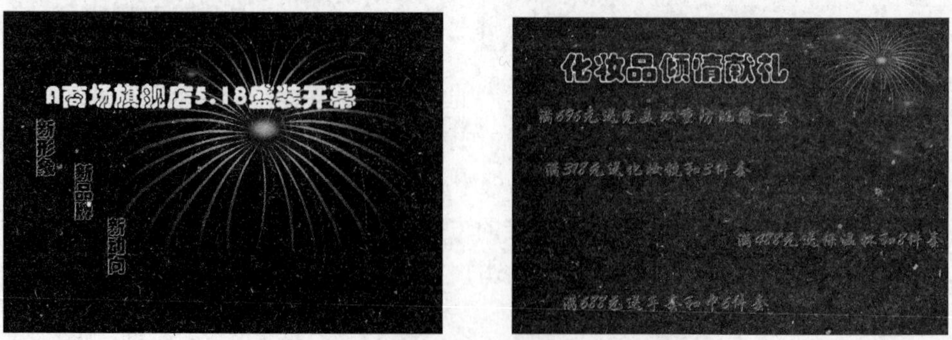

图 10-10　单击超链接文本实现演示文稿间的跳转

(7) 按下 Esc 键退出幻灯片的放映，在幻灯片编辑窗口中显示第 4 张幻灯片，选择【插入】|【新幻灯片】命令，添加一张新幻灯片。

(8) 设置幻灯片的效果如图 10-11 所示，同时选中插入的图片，设置自定义动画效果为【进入】动画下的【随机效果】，并在任务窗格的【开始】下拉列表框中选择【之后】选项，此时幻灯片动画预览效果如图 10-12 所示。

图 10-11　设置幻灯片效果

图 10-12　动画预览效果

(9) 参照步骤(7)~(8)，添加并设置 3 张幻灯片，并为幻灯片中的图形对象设置【随机效果】动画，如图 10-13 所示。

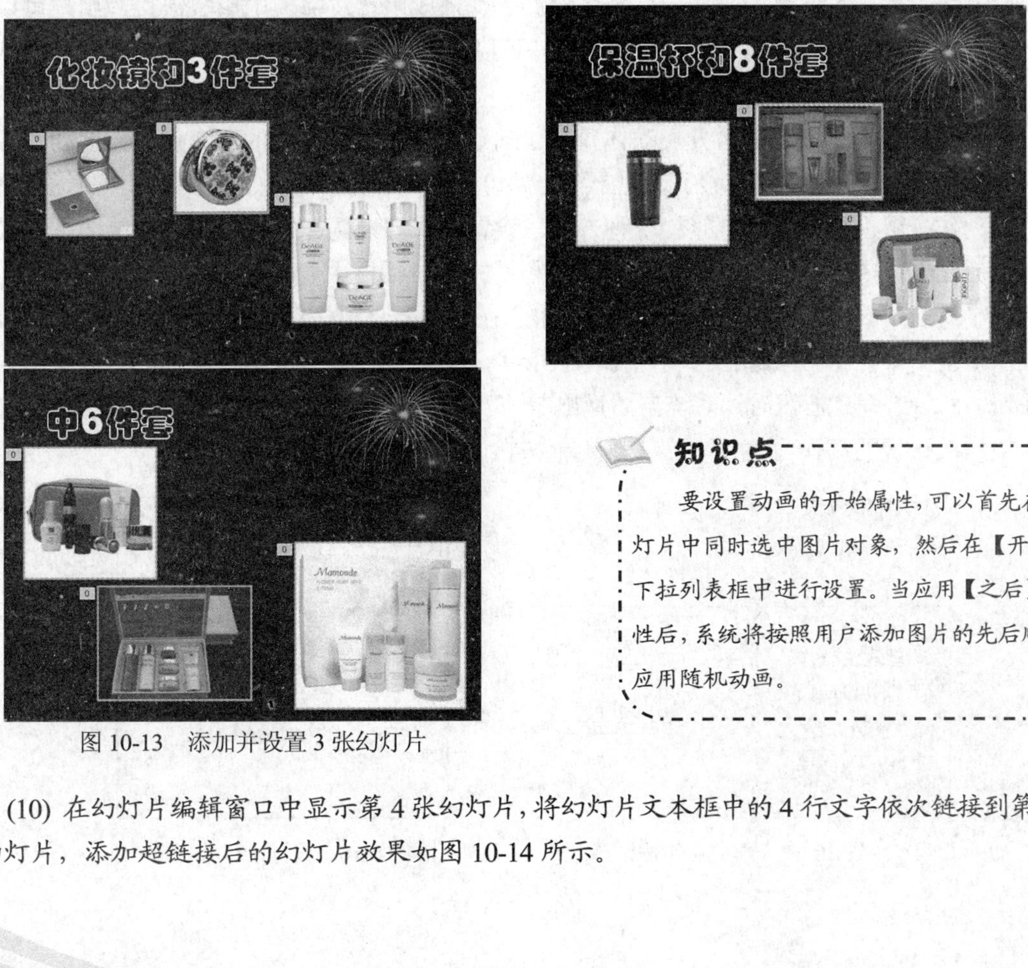

图 10-13　添加并设置 3 张幻灯片

知识点

要设置动画的开始属性，可以首先在幻灯片中同时选中图片对象，然后在【开始】下拉列表框中进行设置。当应用【之后】属性后，系统将按照用户添加图片的先后顺序应用随机动画。

(10) 在幻灯片编辑窗口中显示第 4 张幻灯片，将幻灯片文本框中的 4 行文字依次链接到第 5~8 张幻灯片，添加超链接后的幻灯片效果如图 10-14 所示。

图 10-14　为幻灯片中的文字添加超链接

> **提示**
>
> 添加或修改超链接的操作一般在普通视图中的幻灯片编辑窗格中进行，在大纲选项卡中，只能对文字添加或修改超链接。

(11) 选择【文件】|【另存为】命令，将演示文稿以文件名“链接”进行保存。

10.1.2　添加动作按钮

动作按钮是 PowerPoint 中系统提供的一组带有特定动作的图形按钮，这些按钮被预先设置为指向前一张、后一张、第一张、最后一张幻灯片、播放声音及播放电影等链接，用户可以方便地把这些预置好的按钮应用到幻灯片中，使其可以更好地跳转到其他文件或 Web 页中，从而达到在放映幻灯片时跳转的目的。

动作与超链接有很多相似之处，动作几乎包括了超链接可以指向的所有位置，但动作除了可以设置超链接指向外，还可以设置其他属性，如可以设置当鼠标移过某一对象上方时的动作。其实添加动作按钮也是创建超链接的一种方法。设置动作与设置超链接是相互影响的，在【设置动作】对话框中的一些设置，可以在【编辑超链接】对话框中表现出来。

选择【幻灯片放映】|【动作按钮】命令，将会在右侧会弹出按钮选择面板如图 10-15 所示，在面板中单击一个按钮，鼠标指针变为【十】形状，在幻灯片页面中拖动鼠标，可以画出一个图形按钮。当用户画完按钮时，系统自动弹出图 10-16 所示对话框，供用户设置该按钮的动作，若不希望修改预置的动作，直接单击【确定】按钮即可。

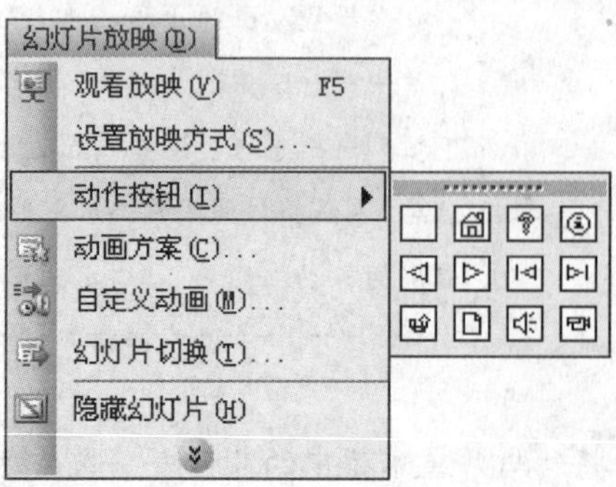

图 10-15　添加动作按钮

图 10-16　设置动作按钮动作

计算机基础与实训教材系列

添加在幻灯片中的动作按钮，本身也是自选图形的一种，用户可以像编辑其他自选图形那样，用鼠标拖动其位置、旋转、调整大小及更改颜色等属性。每个图形按钮本身就带有预置的动作，当用户将鼠标移至按钮选择面板中的每个按钮上时，系统都会自动提示该按钮的作用。

【例 10-2】在演示文稿“链接”中添加动作按钮。

(1) 启动 PowerPoint 2003 应用程序，打开【例 10-1】创建的“链接”演示文稿。

(2) 在幻灯片预览窗格中选择第 2 张幻灯片缩略图，将其显示在幻灯片编辑窗口中。

(3) 选择【幻灯片放映】|【动作按钮】|【第一张】命令，如图 10-17 所示。

(4) 拖动鼠标，在幻灯片右下角绘制【第一张】按钮图形，如图 10-18 所示。

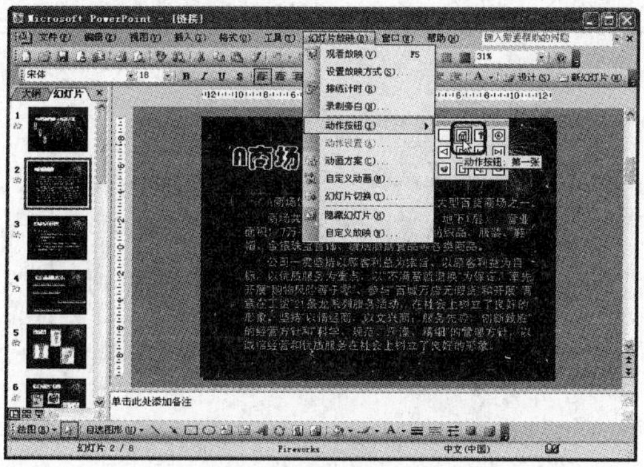

图 10-17　选择命令

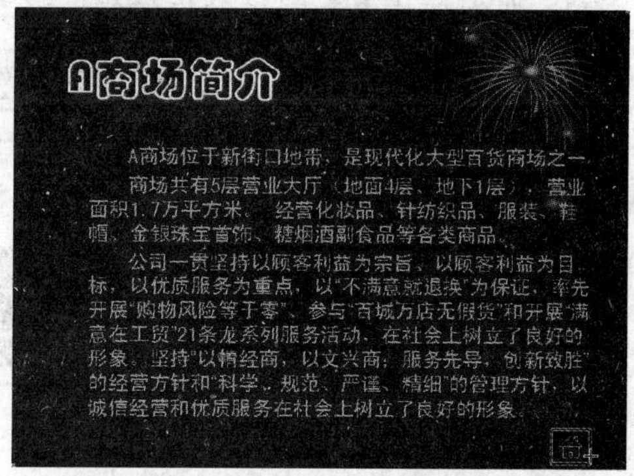

图 10-18　绘制按钮图形

(5) 此时，自动打开【动作设置】对话框，在【超链接到】下拉列表框中选择【第一张幻灯片】选项，选中【播放声音】复选框，并在其下拉列表框中选择【爆炸】选项，如图 10-19 所示。

(6) 单击【确定】按钮，此时，幻灯片效果如图 10-20 所示。

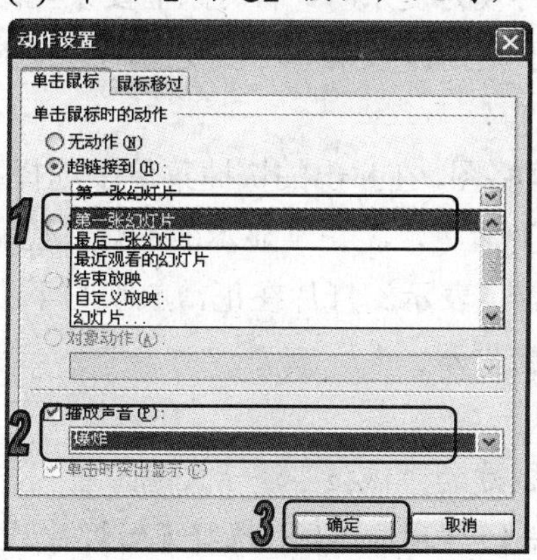

图 10-19 【动作设置】对话框

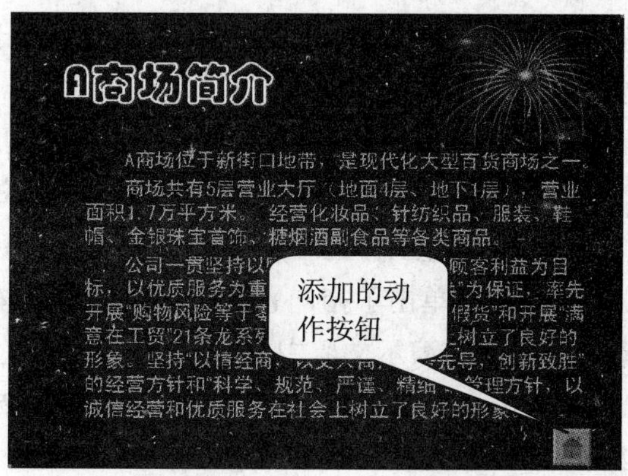

图 10-20　添加动作按钮后的幻灯片

(7) 在幻灯片中复制该动作按钮，将其复制到第 3~4 张幻灯片。

(8) 在幻灯片编辑窗口中显示第 5 张幻灯片，选择【幻灯片放映】|【动作按钮】|【后退或前一项】命令，在幻灯片的右上角绘制该动作按钮，此时，打开如图 10-19 所示的【动作设置】对话框，切换到【鼠标移过】选项卡。

(9) 在【鼠标移过时的动作】选项区域选中【超链接到】单选按钮，并在下拉列表框中选择【幻灯片】选项，打开【超链接到幻灯片】对话框，在【幻灯片标题】列表框中选择第 4 张幻灯片，如图 10-21 所示。

(10) 单击【确定】按钮，返回到【动作设置】对话框，此时，选中【播放声音】复选框，并在下方的下拉列表框中选择【鼓掌】选项，单击【确定】按钮完成动作按钮的设置。

(11) 在幻灯片中复制该动作按钮，将其复制到第 6~8 张幻灯片中。

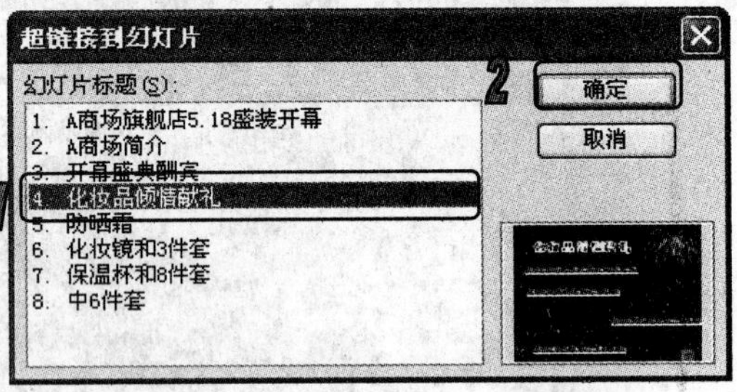

图 10-21　【超链接到幻灯片】对话框

提示

如果在【鼠标移过】选项卡中设置超链接的目标位置，那么放映演示文稿过程中，当鼠标移过该动作按钮(无需单击)时，演示文稿将直接跳转到该幻灯片。

(12) 单击【保存】按钮，将修改后的“链接”演示文稿进行保存。

10.1.3　隐藏幻灯片

当用户通过添加超链接或动作将演示文稿的结构设置得较为复杂时，有时只需要某些幻灯片只有在用户单击指向它们的链接时才会被显示出来。为了达到该效果，可以使用幻灯片的隐藏功能。

在普通视图模式下，右击幻灯片预览窗格中的幻灯片缩略图，在弹出的快捷菜单中选择【隐藏幻灯片】命令，或者选择【幻灯片放映】|【隐藏幻灯片】命令，将正常显示的幻灯片隐藏。被隐藏的幻灯片编号上将显示一个带有斜线的灰色小方框，表示幻灯片在正常放映时不会被显示，只有当用户单击了指向它的超链接或动作按钮后才会显示。

【例 10-3】在演示文稿中隐藏部分幻灯片。

(1) 启动 PowerPoint 2003 应用程序，打开【例 10-2】创建的“链接”演示文稿。

(2) 按住 Shift 键在幻灯片预览窗格中同时选中第 5~8 张幻灯片缩略图，选择【幻灯片放映】|【隐藏幻灯片】命令，如图 10-22 所示。

(3) 此时，幻灯片预览窗格中被选中的幻灯片缩略图左上方出现如图 10-23 所示的隐藏标记。

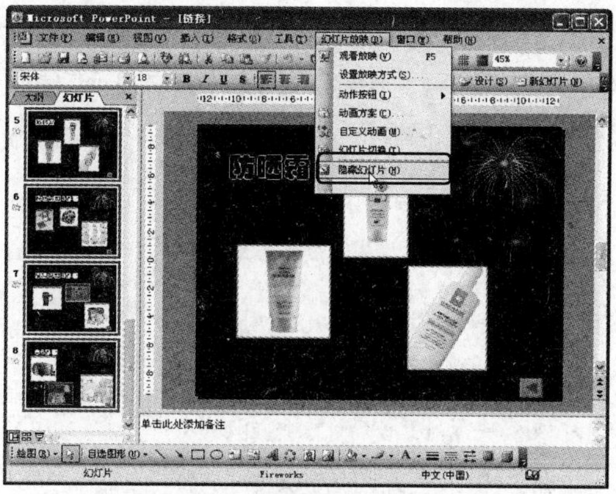

图 10-22　隐藏选中的幻灯片

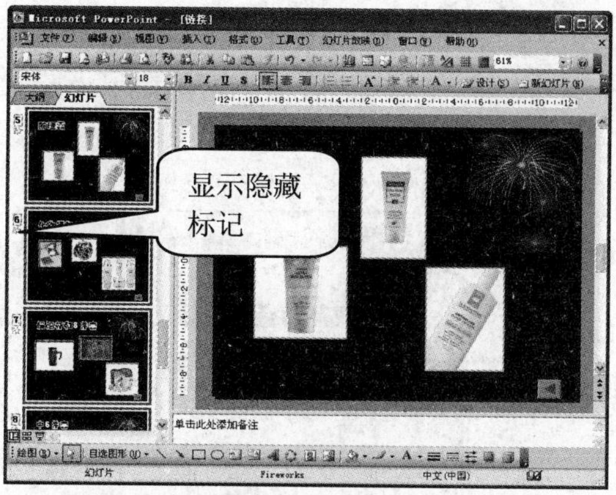

图 10-23　显示隐藏标记

知识点

如果要取消幻灯片的隐藏，只需再次单击该幻灯片，并在快捷菜单中选择【隐藏幻灯片】命令，或在【幻灯片放映】选项卡中单击【隐藏幻灯片】按钮。

(4) 按下 F5 键放映幻灯片，此时，当放映到第 4 张幻灯片时，单击，PowerPoint 将自动退出演示文稿的放映。

(5) 单击【保存】按钮，将修改后的“链接”演示文稿进行保存。

10.2　设置幻灯片放映效果

PowerPoint 2003 除了为用户提供强大的演示文稿编辑功能外，同时也为用户提供了灵活的幻灯片放映方式和适合不同场合使用的幻灯片放映类型。幻灯片放映方式和放映类型结合为幻灯片放映效果。此外，PowerPoint 2003 还自带有许多放映环境参数，供用户在不同场合进行设置，使得用户在演示或演讲时更为得心应手、表达明确。

10.2.1　常见幻灯片放映方式

PowerPoint 2003 提供了多种演示文稿的放映方式，最常用的是幻灯片页面的演示控制，主要有幻灯片的定时放映、连续放映、循环放映及自定义放映。下面将具体介绍这 4 种幻灯片放映方式。

1. 定时放映幻灯片

用户在设置幻灯片切换效果时，可以设置每张幻灯片放映时的停留时间，当等待到设定的时间后，幻灯片将自动向下放映。

在【幻灯片切换】任务窗格中，用户可以选择、设置幻灯片在切换时的效果，还可以设置换片方式，如图 10-24 所示。默认情况下，换片方式是单击鼠标，当选中【换片方式】选项区域中的【每隔】复选框，并在后其后面的文本框中设置停留时间(单位为秒)时，演示文稿将根据设置的时间定时放映幻灯片。

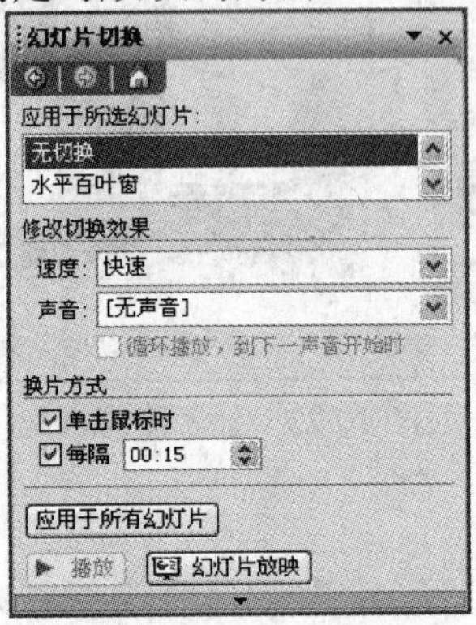

图 10-24　设置幻灯片放映时间

提示

在图 10-24 所示的设置中，当用户单击鼠标后，系统会播放下一张幻灯片，或当该幻灯片被放映了 12 秒后，系统自动切换到下一张幻灯片。单击鼠标和定时两种事件以先发生者为准。

2. 连续放映幻灯片

在如图 10-24 所示的任务窗格中，用户可以为当前选定的幻灯片设置自动切换时间，然后单击【应用于所有的幻灯片】按钮，为演示文稿中的每张幻灯片设定相同的切换时间，这样就实现了幻灯片的连续自动放映，无需用户干预，即可实现幻灯片的自动定时连续播放。当然，用户也可以根据每张幻灯片的内容，在【幻灯片切换】任务窗格中为每张幻灯片设定放映时间。

由于每张幻灯片的内容不同，放映的时间可能不同，所以设置连续放映的最常见方法是通过【排练计时】功能(见 10.3.1 节)完成。

3. 循环放映幻灯片

用户可以将制作好的演示文稿设置为循环放映，该放映模式适用于如展览会场的展台等场合，使演示文稿自动运行并循环播放。

选择【幻灯片放映】|【设置放映方式】命令，打开【设置放映方式】对话框，如图 10-25 所示。在【放映选项】选项区域中选中【循环放映，按 Esc 键终止】复选框，则在播放完最后一张幻灯片后，PowerPoint 会自动跳转到第一张幻灯片，而不是结束放映，直到用户按键盘上的 Esc 键退出放映状态。

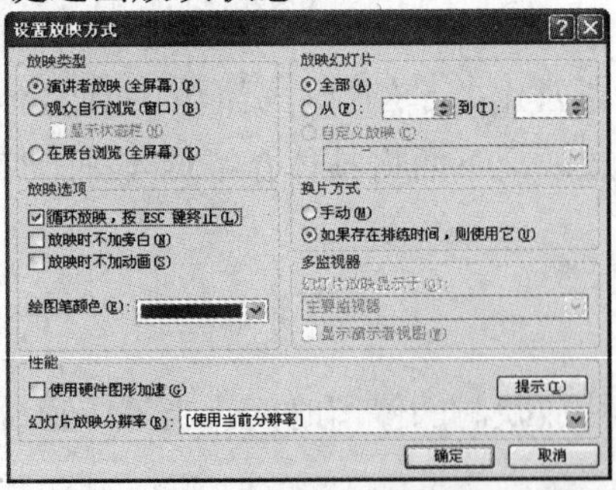

图 10-25　【设置放映方式】对话框

提示

在放映幻灯片的过程中，用户按键盘上的 Esc 键，即可终止幻灯片放映操作，退出放映状态。

4. 自定义放映幻灯片

自定义放映是指用户可以通过创建自定义放映使一个演示文稿适用于多种观众，即可以将一个演示文稿中的多张幻灯片进行分组，以便为特定的观众放映演示文稿中的特定部分。用户可以用超链接分别指向演示文稿中的各个自定义放映，也可以在放映整个演示文稿时只放映其中的某个自定义放映。

【例 10-4】为演示文稿创建自定义放映。

(1) 启动 PowerPoint 2003 应用程序，打开第 1 章上机实验中的【课件】演示文稿。

(2) 选择【视图】|【幻灯片浏览】命令，切换至浏览视图，如图 10-26 所示。

(3) 选择【幻灯片放映】|【自定义放映】命令，打开【自定义放映】对话框，如图 10-27 所示。

图 10-26　【自定义放映】对话框

图 10-27　【自定义放映】对话框

(4) 在【自定义放映】对话框中单击【新建】按钮，打开【定义自定义放映】对话框，如图 10-28 所示。

(5) 在【幻灯片放映名称】文本框中输入文字“导论内容”，在【在演示文稿中的幻灯片】列表中选择第 1 张和第 2 张幻灯片，然后单击【添加】按钮，将两张幻灯片添加到【在自定义放映中的幻灯片】列表中。

(6) 单击【确定】按钮，关闭【定义自定义放映】对话框，则用户刚刚创建的自定义放映名称将显示在【自定义放映】对话框的【自定义放映】列表中，如图 10-29 所示。

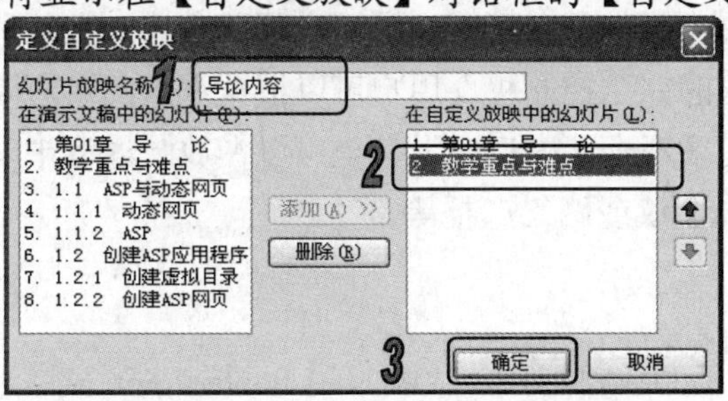

图 10-28　【定义自定义放映】对话框

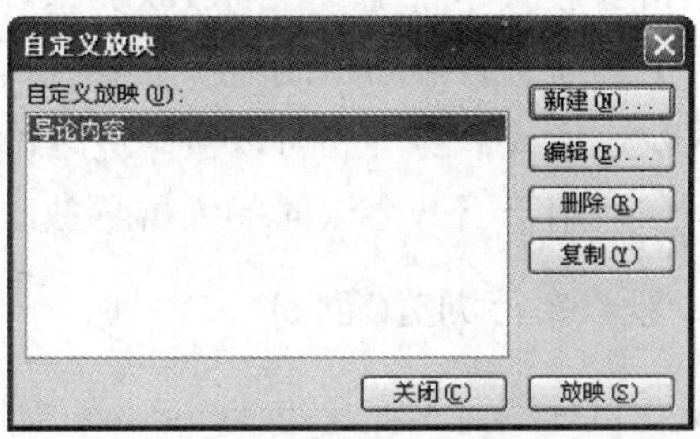

图 10-29　自定义放映名称显示在对话框中

提示

在【自定义放映】对话框中，用户可以新建其他自定义放映，或是对已有的自定义放映进行编辑，还可以删除或复制已有的自定义放映。

(7) 单击【放映】按钮，此时 PowerPoint 将自动放映该自定义放映，供用户预览。

(8) 单击【关闭】按钮，关闭【自定义放映】对话框。

(9) 选择【幻灯片放映】|【设置幻灯片放映】命令，打开 【设置放映方式】对话框，在【放映幻灯片】选项区域中选中【自定义放映】单选按钮，然后在其下方的列表框中选择需要放映的自定义放映方式，如图 10-30 所示。

(10) 单击【确定】按钮，关闭【设置放映方式】对话框。此时，按下 F5 键，PowerPoint 将自动播放自定义放映幻灯片。

(11) 选择【文件】|【另存为】命令，将该演示文稿以文件名【自定义放映】进行保存。

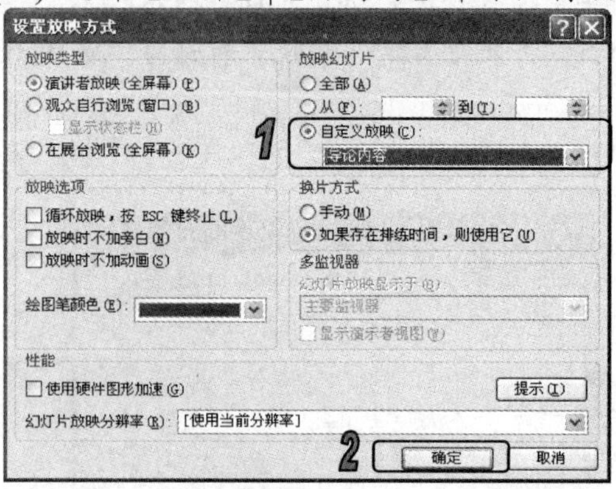

图 10-30　选择需要放映的自定义放映方式

> **提示**
>
> 在幻灯片的其他对象中，用户也可以添加指向自定义放映的超链接，当单击了该超链接后，就会播放自定义放映。

10.2.2　幻灯片放映类型

PowerPoint 2003 为用户提供了演讲者放映、观众自行浏览及在展台浏览 3 种不同的放映类型，供用户在不同的场合选用。

1. 演讲者放映(全屏幕)

演讲者放映是系统默认的放映类型，也是最常见的放映形式，采用全屏幕方式。在这种放映方式下，演讲者现场控制演示节奏，具有放映的完全控制权。用户可以根据观众的反应随时调整放映速度或节奏，还可以暂停进行讨论或记录观众即席反应，甚至可以在放映过程中录制旁白。一般用于召开会议时的大屏幕放映、联机会议或网络广播等。

2. 观众自行浏览(窗口)

观众自行浏览是在标准 Windows 窗口中显示的放映形式，放映时的 PowerPoint 窗口具有菜单栏和 Web 工具栏，类似于浏览网页的效果，便于观众自行浏览，如图 10-31 所示。该放映类型主要用于在局域网或 Internet 中浏览演示文稿。

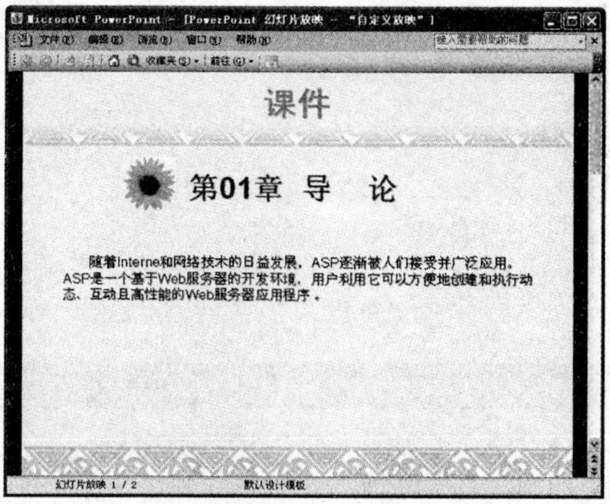

图 10-31　观众自行浏览窗口

> **提示**
>
> 使用该放映类型时，用户可以在放映时复制、编辑及打印幻灯片，同时还可以使用滚动条或 Page Up/Page Down 按钮控制幻灯片的播放。

3. 在展台浏览(全屏幕)

采用该放映类型，最主要的特点是不需要专人控制就可以自动运行，在使用该放映类型时，如超链接等控制方法都失效。当播放完最后一张幻灯片后，PowerPoint 演示文稿会自动从第一张重新开始播放，直至用户按下键盘上的 Esc 键才会停止播放。该放映类型主要用于展览会的展台或会议中的某一部分等场合。需要注意，使用该放映时，用户不能对其放映过程进行干预，必须设置每张幻灯片的放映时间或预先设定排练计时，否则可能会长时间停留在某张幻灯片上。

10.3　幻灯片放映的其他功能

幻灯片放映时，用户除了能够实现幻灯片切换动画、自定义动画等效果，还可以使用排列计时功能、使用录制旁白功能、使用绘图笔在幻灯片中绘制重点或书写文字等。此外，可以通过【设置放映方式】对话框设置幻灯片放映时的屏幕效果。

10.3.1　排练计时功能

当完成演示文稿内容制作之后，可以运用 PowerPoint 的【排练计时】功能来排练整个演示文稿放映的时间。在【排练计时】的过程中，演讲者可以确切了解每一张幻灯片需要讲解的时间，以及整个演示文稿的总放映时间。

排练计时是在用户配合时间演讲的内容进行切换幻灯片的过程中自动记录下来的每张幻灯片的放映时间，用户可以在【幻灯片切换】任何窗格中进行更改。

打开“饰品动员”演示文稿，选择【幻灯片放映】|【排练计时】命令，演示文稿将自动切换到幻灯片放映状态，并在放映屏幕左上角显示【预演】工具栏，如图 10-32 所示。【预演】工具栏中会自动显示放映的总时间和当前幻灯片的放映时间。单击切换到下一张幻灯片，直至

放映完毕。整个演示文稿放映完成后，将打开 Microsoft Office PowerPoint 对话框，该对话框显示幻灯片播放的总时间，并询问用户是否保留该排练时间，如图 10-33 所示。

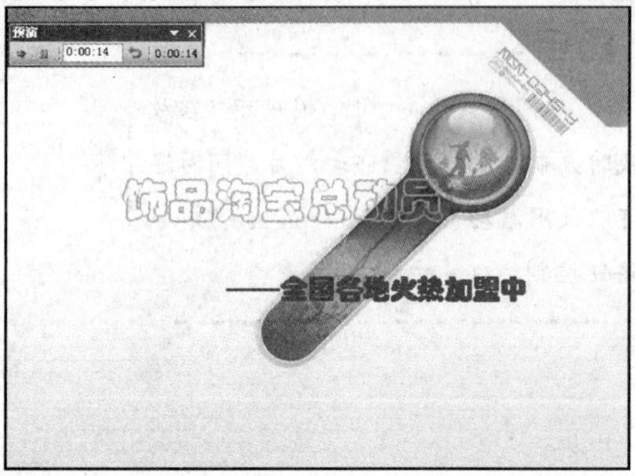

图 10-32　播放演示文稿时显示【预演】工具栏

图 10-33　Microsoft Office PowerPoint 对话框

提示

在排练计时过程中，用户可以不必关心每张幻灯片的具体放映时间，主要应该根据幻灯片的内容确定幻灯片应该放映的时间。

单击【是】按钮，接受排练计时，此时演示文稿将切换到幻灯片浏览视图，并在每张幻灯片下方均显示各自的排练时间，如图 10-34 所示。

用户在放映幻灯片时可以选择是否启用设置好的排练时间。选择【幻灯片放映】|【设置幻灯片放映】命令，打开【设置放映方式】对话框，如图 10-35 所示。如果在对话框的【换片方式】选项区域中选中【手动】单选按钮，则存在的排练计时不起作用，用户在放映幻灯片时只有通过单击或按键盘上的 Enter 键、空格键才能切换幻灯片。

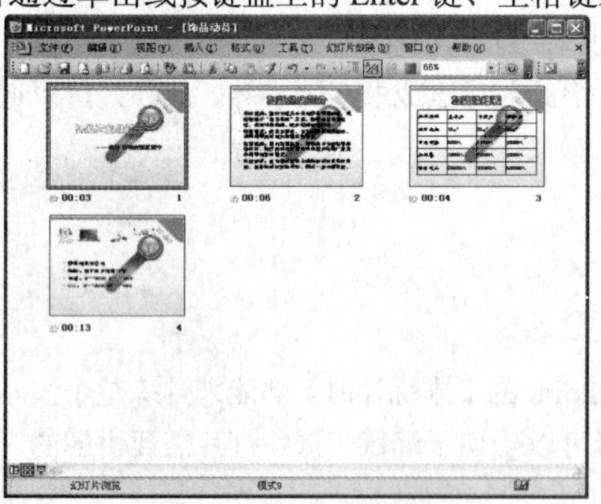

图 10-34　排练计时结果

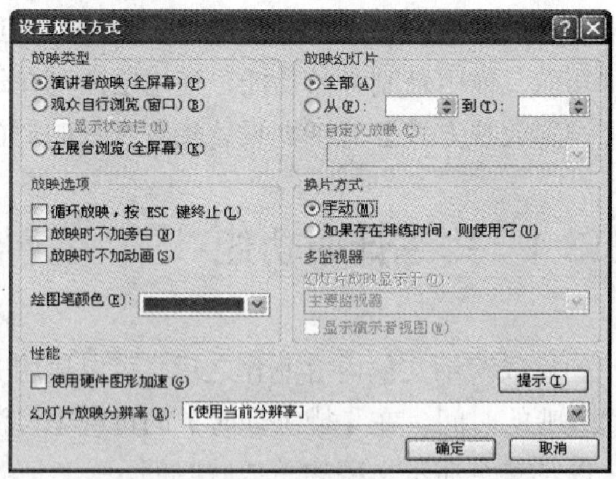

图 10-35　设置换片方式

提示

系统在默认情况下会在【设置放映方式】对话框中选中【如果存在排练时间，则使用它】单选按钮，若用户在演示文稿中添加了排练时间，则排练时间会自动起作用。

10.3.2　录制和删除旁白

在 PowerPoint 中用户可以为指定的幻灯片或全部幻灯片添加录音旁白。使用录制旁白可以为演示文稿增加解说词，使演示文稿在放映状态下自动播放语音说明。选择【幻灯片放映】|【录制旁白】命令，打开【录制旁白】对话框。在该对话框中单击【确定】按钮，即可开始录制旁白。

在录制了旁白的幻灯片在右下角都会显示一个声音图标，PowerPoint 中的旁白声音优于其他声音文件，当幻灯片同时包含旁白和其他声音文件时，在放映幻灯片时只放映旁白。若用户希望删除幻灯片中的旁白，在幻灯片编辑窗格中单击选中声音图标，按键盘上的 Delete 键即可。

【例 10-5】为演示文稿录制旁白。

(1) 启动 PowerPoint 2003 应用程序，打开演示文稿。

(2) 选择【幻灯片放映】|【录制旁白】命令，打开【录制旁白】对话框，如图 10-36 所示。

(3) 单击【确定】按钮，此时，进入幻灯片放映状态，同时开始录制旁白。

(4) 单击或按 Enter 键切换到下一张幻灯片。当旁白录制完成后，按下 Esc 键，PowerPoint 将自动打开提示对话框，提示用户是否需要保存新的排练时间，如图 10-37 所示。

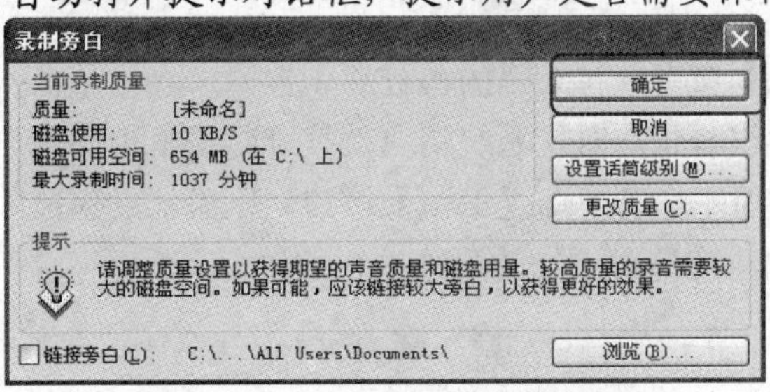

图 10-36　【录制旁白】对话框

图 10-37　Microsoft Office PowerPoint 提示框

知识点

如果是第一次录音，可以单击【设置话筒级别】按钮，打开【话筒检查】对话框，按提示进行调整。用户也可以单击【更改质量】按钮，打开【声音选定】对话框，选择期望的质量。需要注意，声音文件要占用较大的存储容量，如果用户选择高质量的声音，则占用的存储容量会更多。录制的旁白录音，在默认情况下是存储在演示文稿中的，用户可以选中【链接旁白】复选框，将声音作为独立的文件保存，并链接到演示文稿。此时，声音文件以.wav 为扩展名保存在演示文稿所在的目录下。

(5) 单击【保存】按钮，保存新的排练计时。

10.3.3　绘制与操作墨迹

绘图笔的作用类似于板书笔，常用于强调或添加注释。在 PowerPoint 2003 中，用户可以选择绘图笔的形状和颜色，也可以随时擦除绘制的笔迹。

在幻灯片放映时，右击，弹出的快捷菜单中选择【指针选项】命令的下一级菜单，如图 10-38 所示，可以看到，在放映幻灯片时可以通过快捷菜单中的命令来定位幻灯片，或选择结束放映。在【指针选项】命令下的二级菜单中，用户可以选择鼠标指针的形式。在 PowerPoint 2003 中，用户可以选择箭头、圆珠笔、毡尖笔及荧光笔等方式。将鼠标移至【墨迹颜色】命令，将打开【主题颜色】面板，在该面板中可以选择毡尖笔的颜色，此时，鼠标变为一个小圆点，用户可以在需要绘制重点的地方拖动鼠标绘制标注，绘制后的效果如图 10-39 所示。

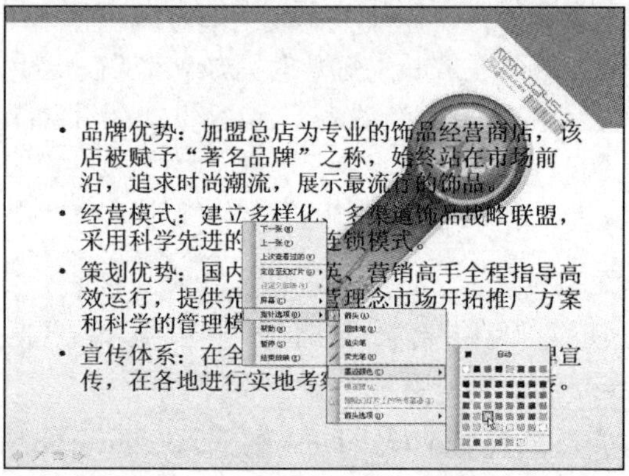

图 10-38　选择墨迹颜色图

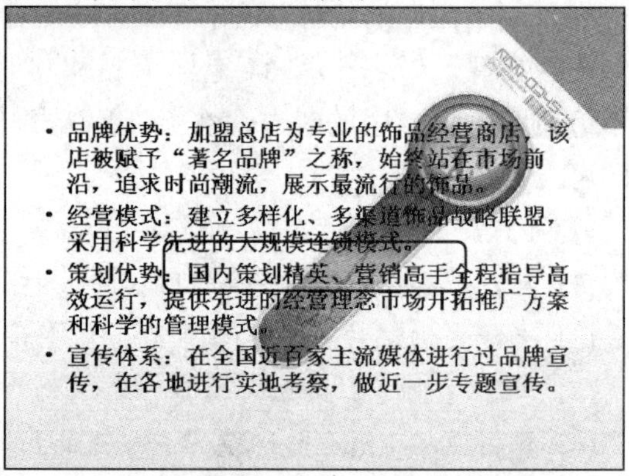

图 10-39　在幻灯片中拖动鼠标绘制重点

当用户绘制重点出错时，可以选择【橡皮擦】命令，将绘错的墨迹逐项檫除。当用户在幻灯片放映时使用了墨迹注释后，在按 Esc 键退出放映状态时，系统将自动打开对话框询问用户是否保留在放映时所做的墨迹注释，如图 10-40 所示。若单击【保留】按钮，则添加的墨迹注释转换为图形保留在幻灯片中，可以在幻灯片编辑窗口对添加的墨迹进行编辑。

图 10-40　Microsoft Office PowerPoint 提示框

提示

在绘制完墨迹后，右击屏幕任意处，从弹出的菜单中选择【指针选项】|【擦除幻灯片上的所有墨迹】命令，可将幻灯片中所有墨迹擦除。

10.3.4　幻灯片放映的屏幕操作

在幻灯片放映的过程中，有时为了避免引起观众的注意，可以将幻灯片黑屏或白屏显示。具体方法：在右键菜单中选择【屏幕】|【黑屏】命令或【屏幕】|【白屏】命令。

知识点

除了选择右键菜单命令外，还可以直接使用快捷键。在放映演示文稿时按下 B 键，将出现黑屏，按下 W 键将出现白屏。

10.4　上机练习

学习完本章之后，用户应该学会使用超链接和动作按钮创建交互式演示文稿，并能够设置多种放映方式。同时应掌握排练计时、录制旁白和绘图笔的使用方法。本节将综合本章所学的知识，创建一个文件名为【旅游行程】的演示文稿，使得该演示文稿在运行过程中可以随时跳转到需要浏览的页面，并在幻灯片放映时使用绘图墨迹。

(1) 启动 PowerPoint 2003 应用程序，打开一个空白演示文稿。

(2) 在任务窗格中打开【开始工作】下拉列表框，选择【新建演示文稿】命令。

(3) 在打开【新建演示文稿】任务窗格的【模板】选项区域中单击【本机上的模板】链接，打开【新建演示文稿】对话框。

(4) 在对话框中选择自定义添加的【模式 4】选项，单击【确定】按钮，将其应用到当前幻灯片中，如图 10-41 所示。

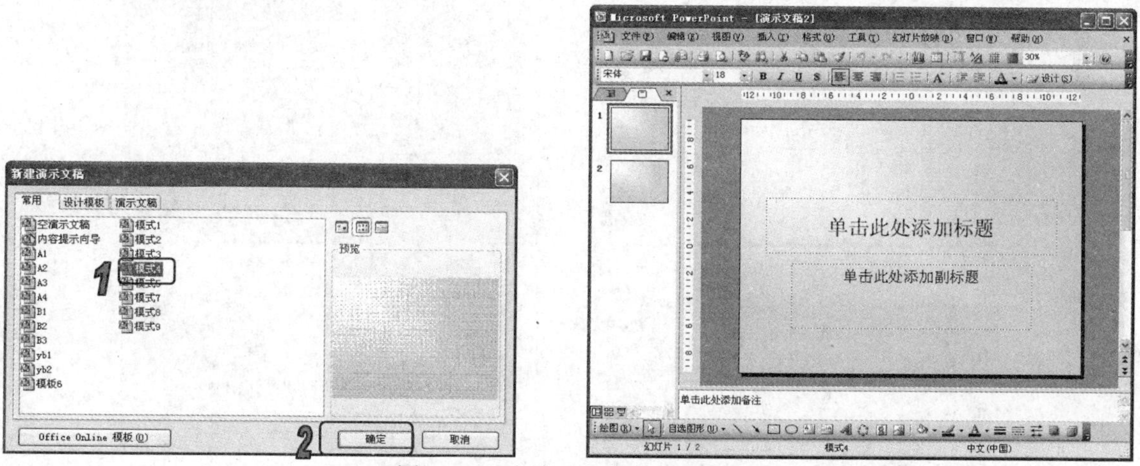

图 10-41　在演示文稿中应用模板

(5) 在【单击此处添加标题】文本占位符中输入标题文字“五一假期旅游全程说明”，设置文字字体为【华文琥珀】，字型为【加粗】；在【单击此处添加副标题】文本占为符中输入副标题文字“——庐山三日游”，设置文字字号为 36，字型为【加粗】。

(6) 使用插入图片功能，在幻灯片中插入一张图片，并调整图片大小和位置，此时，第 1 张幻灯片效果如图 10-42 所示。

(7) 在幻灯片预览窗格中选择第 2 张幻灯片缩略图，将其显示在幻灯片编辑窗口中。

(8) 在幻灯片中输入标题文字“行程(一)”，设置字型为【加粗】和【斜体】，字体效果为【阴影】，字体颜色为【黑色】。

(9) 在【单击此出添加文本】文本占位符中输入文字，并在幻灯片中插入一张图片，设置该图片的阴影效果为【阴影样式 5】，此时第 2 张幻灯片效果如图 10-43 所示。

图 10-42　第一张幻灯片效果

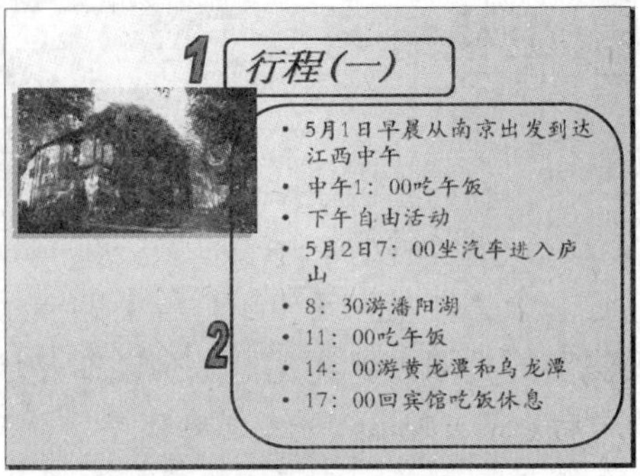

图 10-43　第 2 张幻灯片效果

(10) 依次添加 6 张幻灯片，使得幻灯片效果如图 10-44 所示。

图 10-44　添加的另外 6 张幻灯片效果

(11) 在幻灯片预览窗格中选择第 2 张幻灯片缩略图，将其显示在幻灯片编辑窗口中。

(12) 选中文字“潘阳湖”，选择【插入】|【超链接】命令，打开【插入超链接】对话框。

(13) 在对话框的【链接到】列表中单击【本文档中的位置】按钮，在【请选择文档中的位置】列表框中单击【幻灯片标题】展开列表中的【4.潘阳湖】选项，如图 10-45 所示。

(14) 单击【屏幕提示】按钮，打开【设置超链屏幕提示】对话框，在【屏幕提示文字】文本框中输入提示文字“潘阳湖介绍”，如图 10-46 所示。

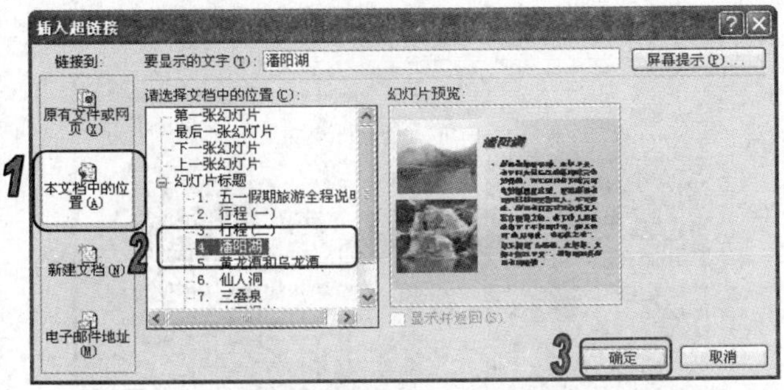

图 10-45　设置超链接的指向

图 10-46　设置屏幕提示文字

(15) 单击【确定】按钮，返回到【插入超链接】对话框，再次单击【确定】按钮，完成该超链接的设置。

(16) 参照步骤(12)~(15)，为幻灯片中的文字“黄龙潭和乌龙潭”添加超链接，使它指向第 5 张幻灯片，并设置屏幕提示文字为“黄龙潭和乌龙潭介绍”。

(17) 在幻灯片预览窗格中选择第 3 张幻灯片缩略图，将其显示在幻灯片编辑窗口中。

(18) 参照步骤(12)~(15)，为幻灯片中的文字“仙人洞”、“三叠泉”和“大口瀑布”添加超链接，使它们分别指向第 6 张幻灯片、第 7 张幻灯片和第 8 张幻灯片，并设置屏幕提示文字分别为“仙人洞介绍”、“三叠泉介绍”和“大口瀑布介绍”。

(19) 在幻灯片预览窗格中选择第 4 张幻灯片缩略图，将其显示在幻灯片编辑窗口中。

(20) 在选择【幻灯片放映】|【动作按钮】|【上一张】命令，在幻灯片的右上角拖动鼠标绘制▣图形。

(21) 释放鼠标，系统将自动打开【动作设置】对话框，在【单击鼠标时的动作】选项区域中选中【超链接到】单选按钮，如图 10-47 所示。

(22) 此时，在【超链接到】下拉列表框中选择【幻灯片】选项，打开【超链接到幻灯片】对话框，在对话框中选择幻灯片【2.行程(一)】选项，如图 10-48 所示。

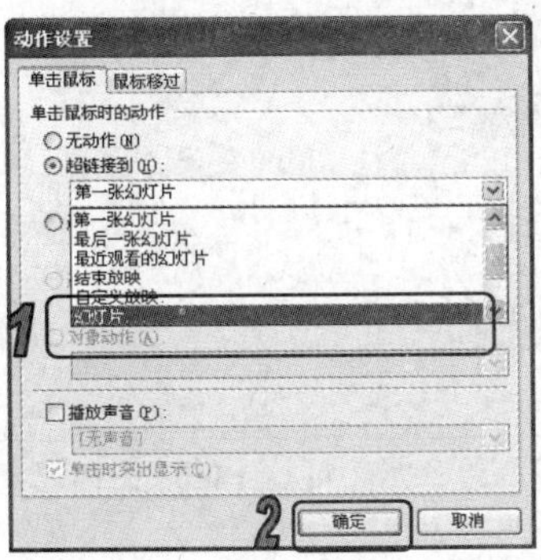

图 10-47　【动作设置】对话框

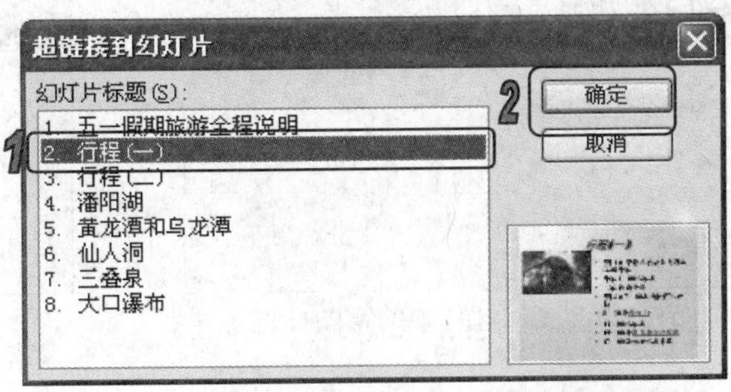

图 10-48　【超链接到幻灯片】对话框

(23) 单击【确定】按钮，返回到【动作设置】对话框，再次单击【确定】按钮，完成该动作的设置。

(24) 在幻灯片中右击图形，在弹出的快捷菜单中选择【设置自选图形格式】对话框，在打开选项卡的【填充】选项区域中打开【填充】下拉列表框，选择金色(如图 10-49 所示)，此时该幻灯片效果如图 10-50 所示。

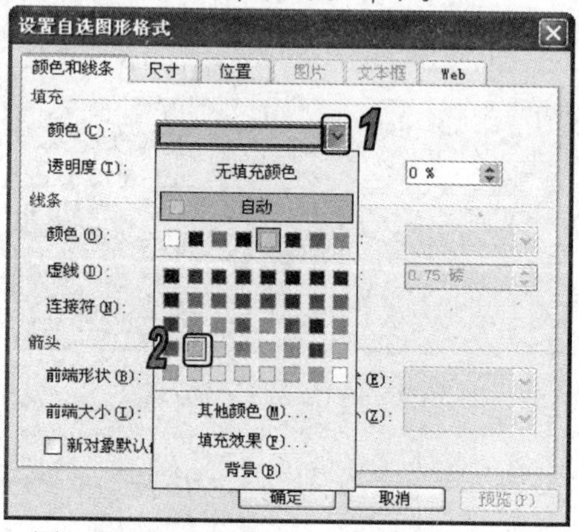

图 10-49　【设置自选图形格式】对话框

图 10-50　幻灯片中的动作按钮

(25) 在幻灯片中复制该动作按钮，将其复制到第 5 张幻灯片中。

(26) 在幻灯片中选择第 6 张幻灯片缩略图，将其显示在幻灯片编辑窗口中。.

(27) 参照步骤(19)~(23)，在第 6~8 张幻灯片右上角绘制动作按钮，并将它们链接到第 3 张幻灯片。

(28) 在键盘上按下 F5 键放映幻灯片，当放映到第 2 张幻灯片时，右击，在弹出的快捷菜单中选择【毡尖笔】命令，将绘图笔设置为【毡尖笔】样式。

(29) 此时，鼠标变为一个小圆点，用户可以在需要绘制重点的地方拖动鼠标绘制标注，如图 10-51 所示。

(30) 当放映到第 3 张幻灯片时，参照步骤(28)~(29)，在文字"16: 00 返回南京"上方绘制标记，如图 10-52 所示。

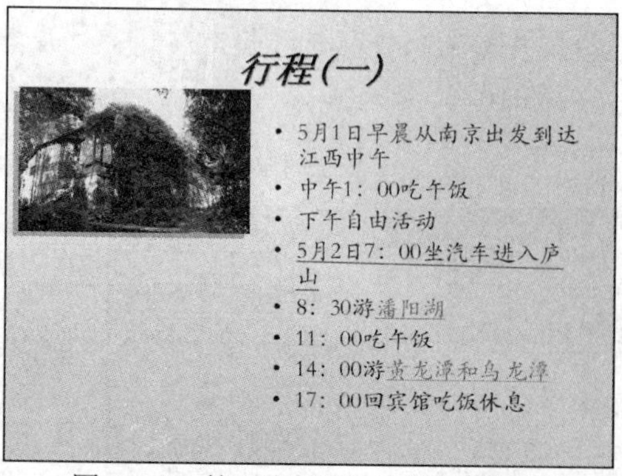

图 10-51　第 2 张幻灯片中的绘图标记

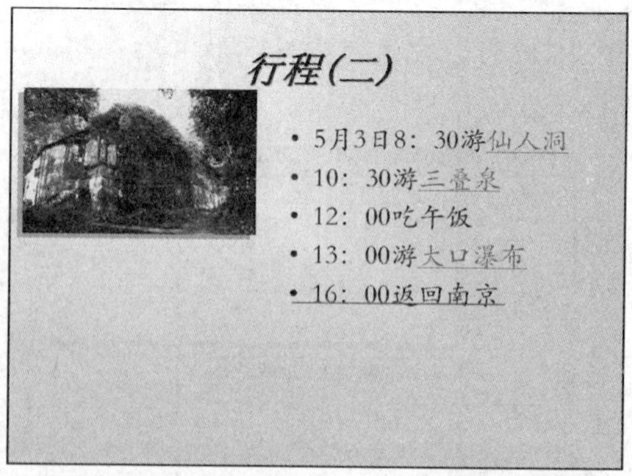

图 10-52　第 3 张幻灯片中的绘图标记

(31) 按下 Esc 键退出放映状态，此时，系统将弹出对话框询问用户是否保留在放映时所做的墨迹注释。

(32) 单击【保留】按钮，将绘制的注释图形保留在幻灯片中。

(33) 选择【文件】|【另存为】命令，将该演示文稿以文件名“五一假期旅游全程”进行保存。

10.5　习题

1. 如何隐藏幻灯片，使得幻灯片在正常放映时不会被显示？

2. 简述几种常见的演示文稿的放映方式。

3. 制作如图 10-53 所示的幻灯片，并将笔记本图片设置为超链接，将其链接到指定网页 http://tech.163.com/digi/07/0711/11/3J48BI910016192R.html，如图 10-54 所示。

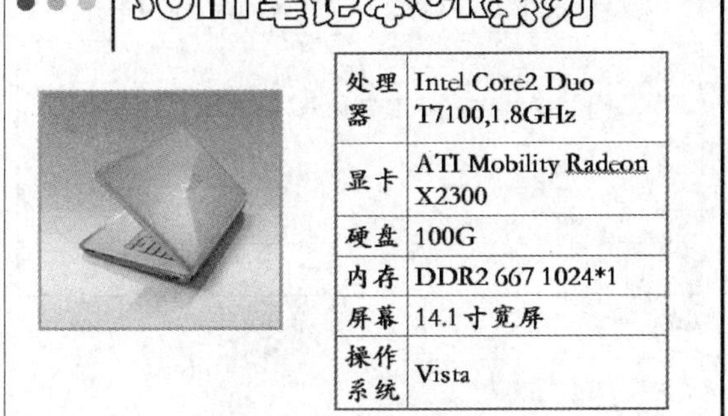

图 10-53　幻灯片显示效果

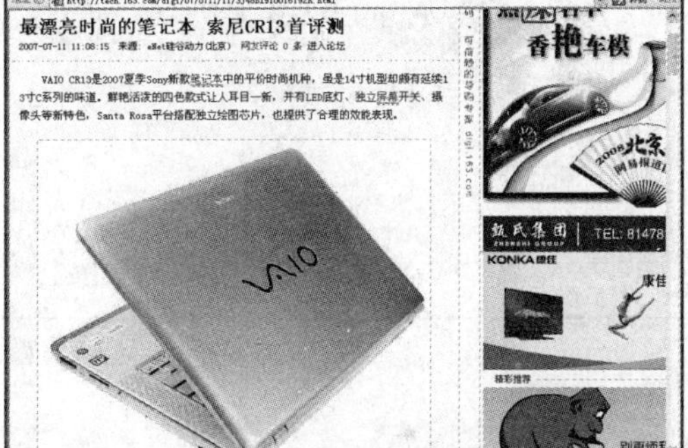

图 10-54　网页信息

4. 制作如图 10-55 所示的幻灯片，其中第 2 张幻灯片上的文字超链接均指向对应的幻灯片。第 3~6 张幻灯片中的动作按钮都指向第 2 张幻灯片，并将第 3~6 张幻灯片设置为隐藏。

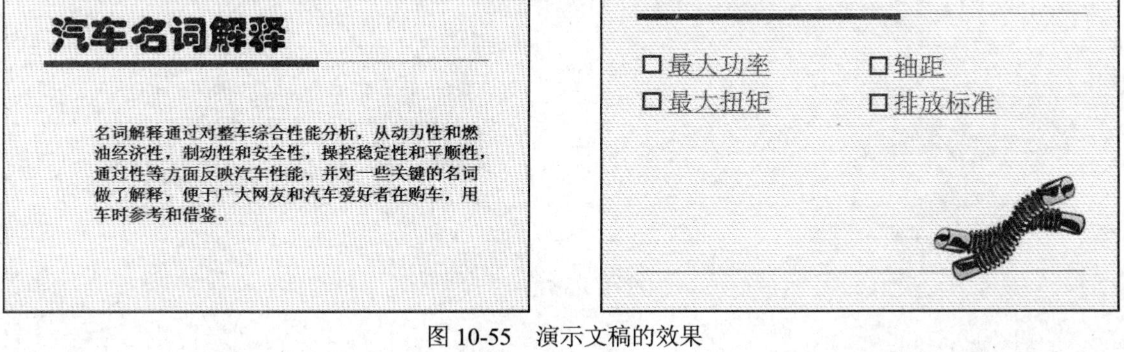

图 10-55　演示文稿的效果

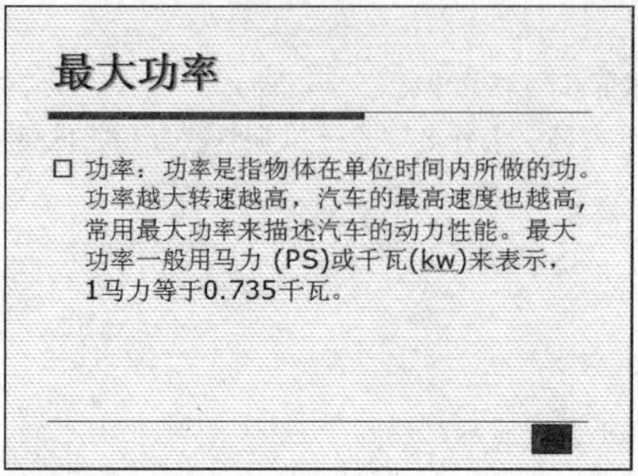
最大功率
□ 功率：功率是指物体在单位时间内所做的功。功率越大转速越高，汽车的最高速度也越高，常用最大功率来描述汽车的动力性能。最大功率一般用马力 (PS)或千瓦(kw)来表示，1马力等于0.735千瓦。

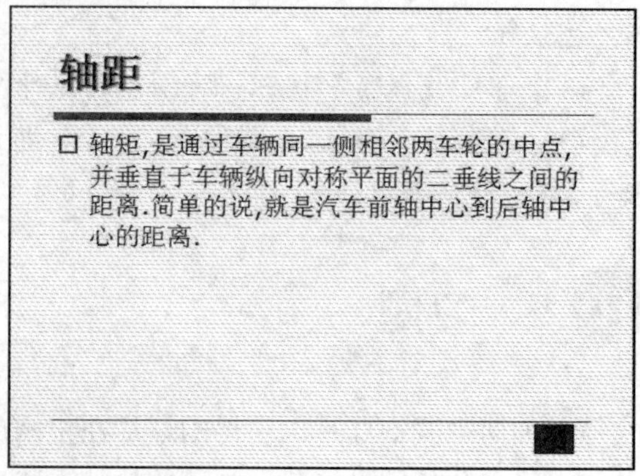
轴距
□ 轴矩,是通过车辆同一侧相邻两车轮的中点,并垂直于车辆纵向对称平面的二垂线之间的距离.简单的说,就是汽车前轴中心到后轴中心的距离.

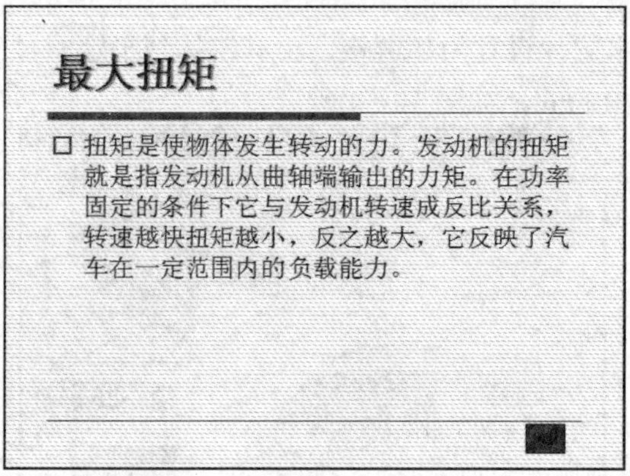
最大扭矩
□ 扭矩是使物体发生转动的力。发动机的扭矩就是指发动机从曲轴端输出的力矩。在功率固定的条件下它与发动机转速成反比关系，转速越快扭矩越小，反之越大，它反映了汽车在一定范围内的负载能力。

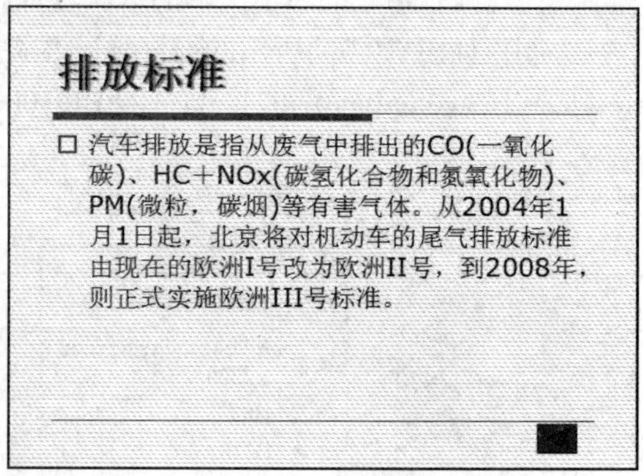
排放标准
□ 汽车排放是指从废气中排出的CO(一氧化碳)、HC＋NOx(碳氢化合物和氮氧化物)、PM(微粒，碳烟)等有害气体。从2004年1月1日起，北京将对机动车的尾气排放标准由现在的欧洲I号改为欧洲II号，到2008年，则正式实施欧洲III号标准。

图 10-55 (续)

第11章 打印及输出演示文稿

学习目标

PowerPoint 为用户提供了多种保存、输出演示文稿的方法，用户可以将 PowerPoint 制作的演示文稿输出为多种形式，以满足用户在不同环境及不同目的情况下的需要。本章将介绍打包演示文稿，按幻灯片、讲义及备注页的形式打印输出演示文稿，以及将演示文稿保存输出为幻灯片放映、WEB 格式及常用图形格式的方法。

本章重点

- 设置幻灯片大小、编号和方向
- 预览和打印演示文稿
- 将演示文稿输出为网页、图形文件
- 将演示文稿输出为幻灯片放映及大纲文件
- 将演示文稿打包为 CD

11.1 演示文稿的页面设置

在打印演示文稿前，用户可以根据需要对打印页面进行设置，使打印的形式和效果更符合实际需要。在打开的【页面设置】对话框中可以对幻灯片的大小、编号和方向进行设置。

在【页面设置】对话框(如图 11-1 所示)中，打开【幻灯片大小】下拉列表框，可以选择设置幻灯片的大小，在其下方的【宽度】和【高度】文本框中输入数值，即可设置打印区域的尺寸。在【幻灯片编号起始值】文本框中可以设置当前打印的幻灯片的起始编号。在对话框的右侧，用户可以分别设置幻灯片与备注、讲义和大纲的打印方向，在此处设置的打印方向对整个演示文稿中的所有幻灯片及备注、讲义和大纲均有效。

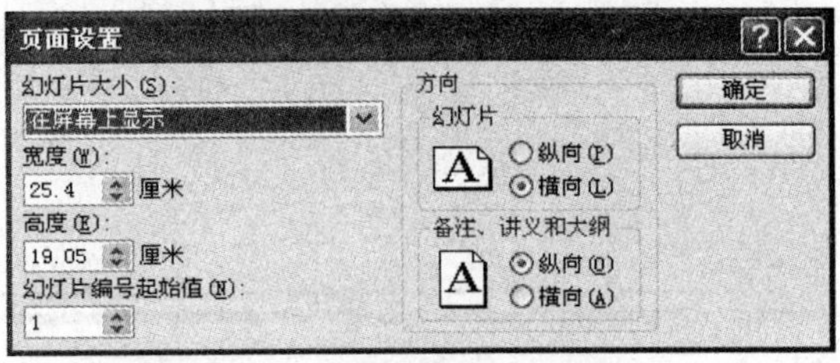

图 11-1 【页面设置】对话框

> **提示**
>
> 在对话框的右侧，用户可以分别设置幻灯片与备注、讲义和大纲的打印方向，在此处设置的打印方向对整个演示文稿中的所有幻灯片及备注、讲义和大纲均

【例 12-1】打印演示文稿之前设置幻灯片页面属性。

(1) 启动 PowerPoint 2003 应用程序，打开第 10 章上机练习创建的“五一假期旅游全程”演示文稿。

(2) 选择【文件】|【页面设置】命令，打开【页面设置】对话框。

(3) 在对话框的【宽度】文本框中输入 30，在【高度】文本框中输入 35，并在【幻灯片】选项区域中选中【纵向】单选按钮。

(4) 单击【确定】按钮，此时设置页面属性后的幻灯片效果如图 11-2 所示，幻灯片放映时效果如图 11-3 所示。

图 11-2 设置页面属性后的幻灯片效果

图 11-3 幻灯片放映效果

(5) 选择【文件】|【另存为】命令，将演示文稿以文件名“页面设置”进行保存。

11.2 打印演示文稿

在 PowerPoint 2003 中用户可以将制作好的演示文稿通过打印机打印出来。在打印时，可以根据不同的需求将演示文稿打印为不同的形式，常用的打印稿形式有幻灯片、讲义、备注和大纲视图。

11.2.1 打印预览

用户设置好有关打印的参数之后，实际打印之前，可以利用【打印预览】功能先预览打印效果。打印预览的效果与实际打印出的来效果非常相近，可以令用户避免打印失误。选择【文

件】|【打印预览】命令，切换至打印预览模式下，用户可以按需要分布预览演示文稿的幻灯片、讲义、备注页及大纲形式。

【例 11-2】使用打印预览功能。

(1) 启动 PowerPoint 2003 应用程序，打开【例 11-1】创建的“页面设置”演示文稿。

(2) 选择【文件】|【打印预览】命令，切换到打印预览模式，如图 11-4 所示。

图 11-4　打印预览幻灯片

知识点

在预览模式下，当鼠标指针形状变为 🔍 时单击，可以放大预览页面，再次单击可以恢复整页预览。单击工具栏上的【关闭】按钮，可以退出打印预览状态。

(3) 在【打印内容】下拉列表框中选择【讲义(每页 3 张幻灯片)】选项(如图 11-5 所示)，此时打印预览窗口效果如图 11-6 所示。

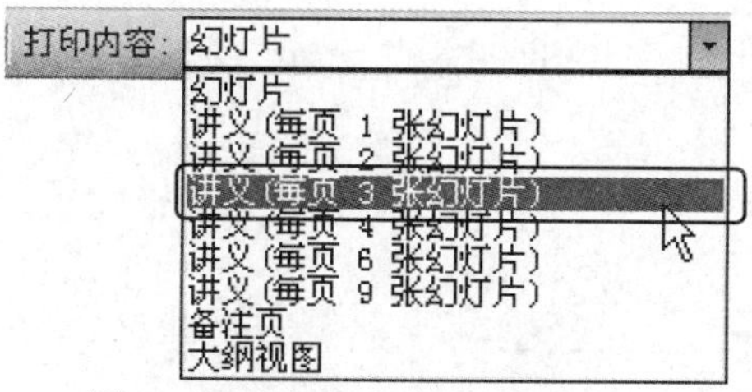

图 11-5　【打印内容】下拉列表

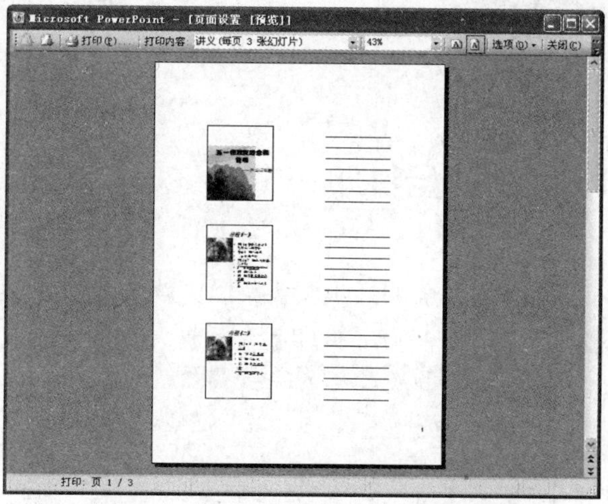

图 11-6　每页 3 张幻灯片讲义预览效果

知识点

图 11-7 至图 11-10 分别显示了讲义(每页 4 张幻灯片)、讲义(每页 6 张幻灯片)、备注页及大纲视图的打印预览效果。

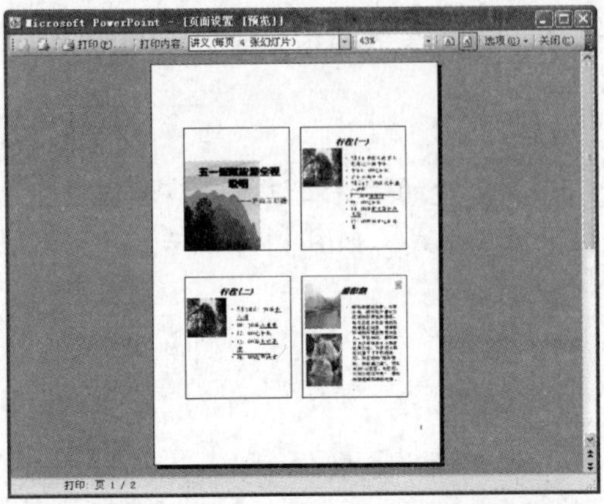

图 11-7　每页 4 张幻灯片讲义预览效果

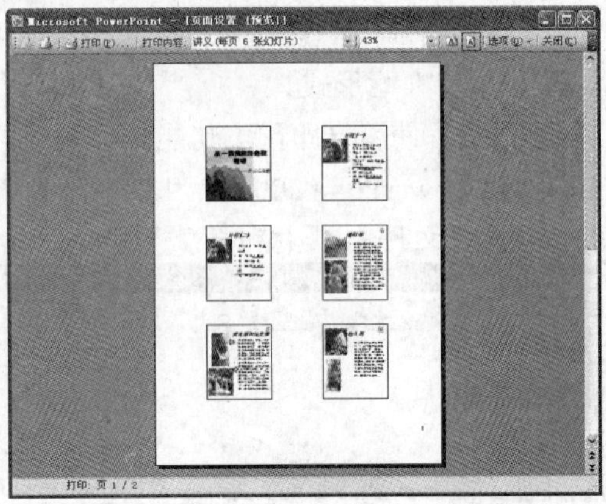

图 11-8　每页 6 张幻灯片讲义预览效果

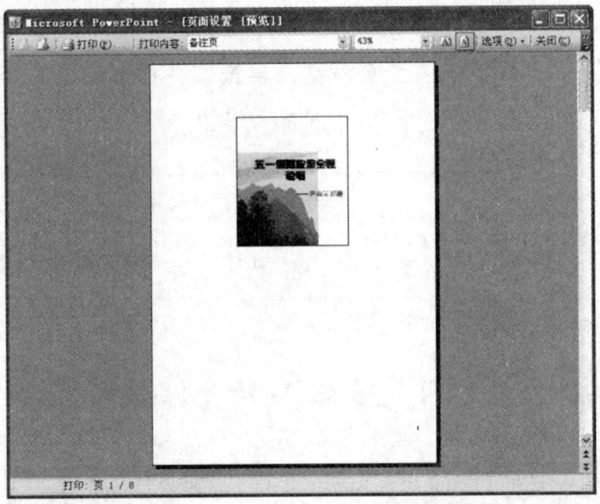

图 11-9　备注页预览效果

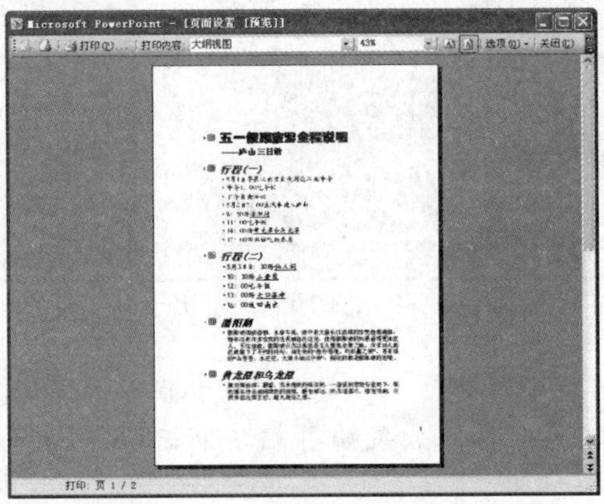

图 11-10　大纲视图预览效果

11.2.2　开始打印

当用户对当前的打印设置及预览效果满意后，可以连接打印机打印演示文稿。选择【文件】|【打印】命令，打开【打印】对话框，如图 11-11 所示。

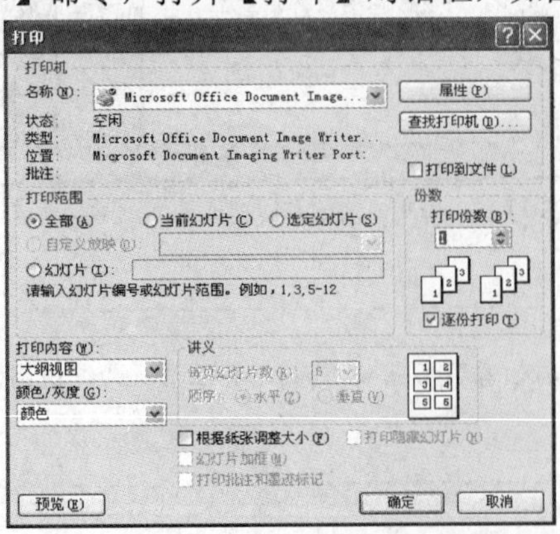

图 11-11　打印演示文稿

提示

在图 11-11 所示对话框的【打印机】选项区域中，用户可以在【名称】下拉列表框中选择打印当前演示文稿所使用的打印机。当用户的计算机上装有多个打印机时，才能对此项进行选择。

用户可以在【打印范围】选项区域设置打印范围，系统默认打印当前演示文稿中的所有内容，用户可以选择打印当前幻灯片或在【幻灯片】文本框中输入需要打印的幻灯片编号；在【份数】选项区域，用户可以设置将当前演示文稿打印的份数；【打印内容】下拉列表框中各选项的说明如下。

- 选择【幻灯片】选项：表示将当前演示文稿中的内容按幻灯片的格式进行打印，该方式主要用于将幻灯片打印到透明胶片或其他介质上。
- 选择【讲义】选项：表示将演示文稿中的内容打印为讲义，此时右侧的【讲义】选项区被激活，用户可以设置每页纸可以打印幻灯片的数量，也可以设置多张幻灯片在同一张纸中的排列方式。
- 选择【备注页】选项：表示将演示文稿中的内容打印为备注页形式。
- 选择【大纲视图】选项：表示将演示文稿中的内容打印为大纲视图形式。

在设置好以上选项后，可以单击【确定】按钮将打印内容送到打印机进行打印。

11.3 输出演示文稿

用户可以方便地将利用PowerPoint制作的演示文稿输出为其他形式，以满足用户多种需要。在 PowerPoint 中，用户可以将演示文稿输出为网页、多种图片格式、幻灯片放映以及 RTF 大纲文件。

11.3.1 输出为网页

用户可以利用 PowerPoint 方便地将演示文稿输出为网页文件，从而可以将网页文件直接可以发布到局域网或 Internet 上供用户浏览。

选择【文件】|【另存为】命令，打开【另存为】对话框。在该对话框中将当前演示文稿命名，单击【保存】按钮，即可将演示文稿输出为网页文件。

【例 11-3】将创建完成的演示文稿输出为网页。

(1) 启动 PowerPoint 2003 应用程序，打开第 10 章上机练习创建的“五一假期旅游全程”演示文稿。

(2) 选择【文件】|【另存为】命令，打开【另存为】对话框。在对话框中设置文件的保存位置及文件名，并在【保存类型】下拉列表框中选择【网页】选项，如图 11-12 所示。

(3) 在【另存为】对话框中单击【发布】按钮，打开【发布为网页】对话框，如图 11-13 所示。

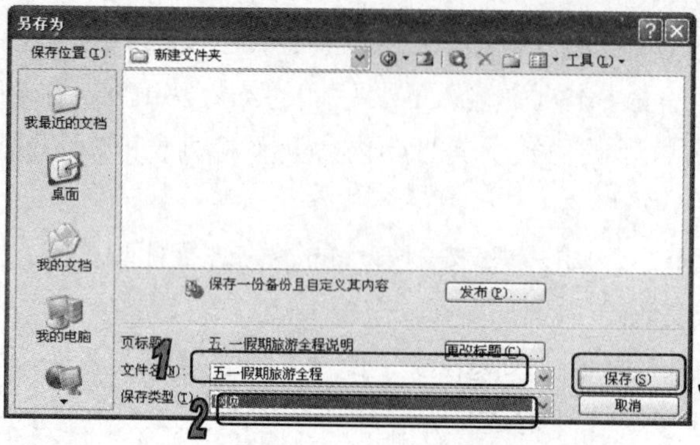

图 11-12 【另存为】对话框

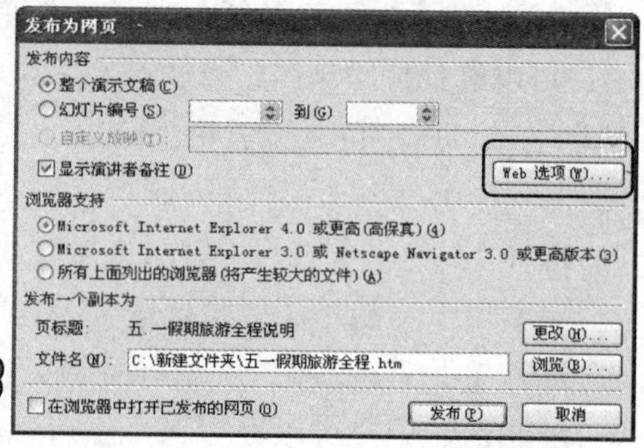

图 11-13 【发布为网页】对话框

提示

在【发布为网页】对话框中，可以通过选中【幻灯片编号】单选框来确定需要发布为网页的幻灯片范围；取消选中【显示演讲者备注】复选框可以设置在生成的网页中不显示备注信息。

(4) 保持该对话框中的默认设置，单击【Web 选项】按钮，打开如图 11-14 所示的【Web 选项】对话框。

(5) 切换到【浏览器】选项卡，在【查看此网页时使用】下拉列表框中选择【Microsoft Internet Explorer 6.0 或更高版本】选项，如图 11-15 所示。

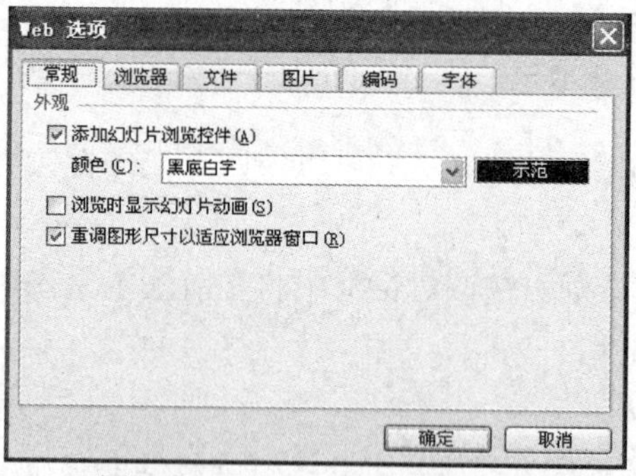

图 11-14 【Web 选项】对话框

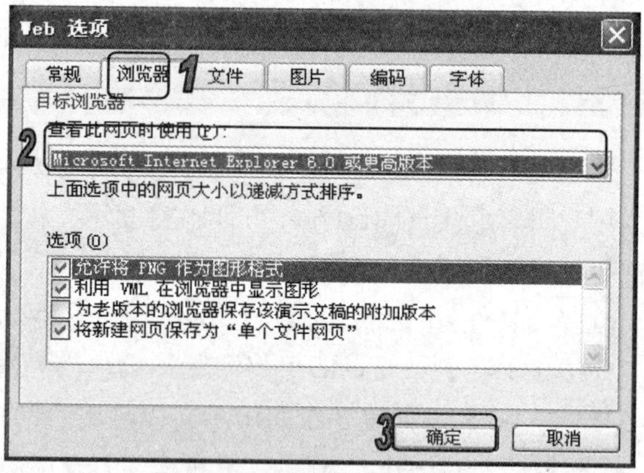

图 11-15 【浏览器】选择卡

知识点

一般情况下，在【查看此网页时使用】下拉列表框中选择的 Microsoft Internet Explorer 的版本越高，越能表现出幻灯片原有的复杂的页面效果。

(6) 单击【确定】按钮，返回到【发布为网页】对话框，单击【更改】按钮，在打开的【设置页标题】对话框中设置输入网页的标题，如图 11-16 所示。此处在【页标题】文本框中输入标题文字“五一假期旅游”。

(7) 单击【确定】按钮，返回到【发布为网页】对话框，单击【发布】按钮，完成该演示文稿的输出。

(8) 在保存的路径中双击打开该网页文件，此时演示文稿在 IE 浏览器中的显示效果如图 11-17 所示。

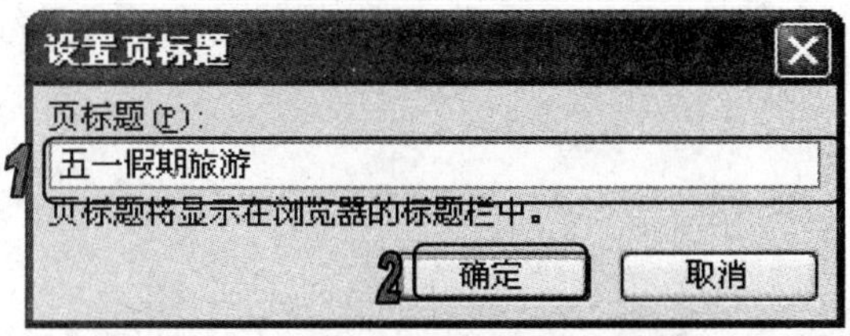

图 11-16　【设置页标题】对话框

图 11-17　输出的网页文件浏览效果

11.3.2　输出为图形文件

PowerPoint 支持将演示文稿中的幻灯片输出为 GIF、JPG、PNG、TIFF、BMP、WMF 及 EMF 等格式的图形文件，从而有利于用户在更大范围内交换或共享演示文稿中的内容。

选择【文件】|【另存为】命令，打开【另存为】对话框，如图 11-18 所示。用户可以从【保存类型】下拉列表框中，选择需要的类型。单击【确定】按钮，将当前演示文稿输出为图片文件。在输出图片格式前，系统会弹出如图 11-19 所示的对话框供用户选择输出为图片的幻灯片范围。单击【每张幻灯片】按钮，将当前演示文稿中的所有幻灯片输出为图片文件。

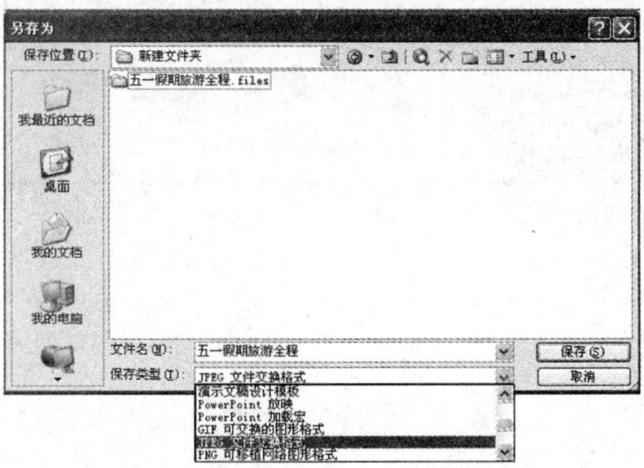

图 11-18　选择输出的文件类型

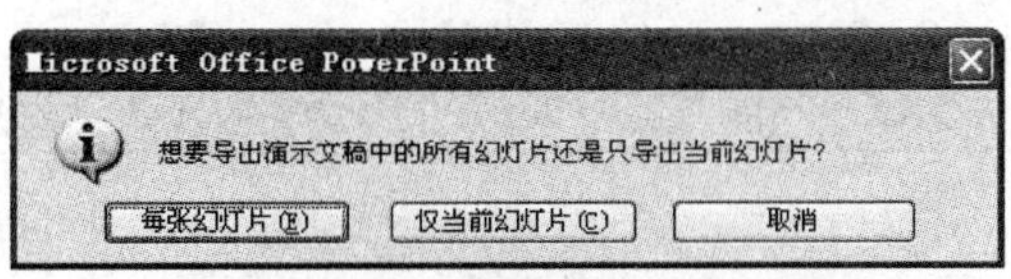

图 11-19　设置输出的图片范围

【例 11-4】将创建完成的演示文稿输出为图形文件。

(1) 打开 PowerPoint 2003 应用程序，打开第 10 章上机练习创建的“五一假期旅游全程”演示文稿。

(2) 选择【文件】|【另存为】命令，打开【另存为】对话框。在对话框中设置文件的保存位置及文件名，并在【保存类型】下拉列表框中选择【JPEG 文件交换格式】选项，如图 11-20 所示。

(3) 单击【保存】按钮，系统弹出如图 11-19 所示对话框供用户选择输出为图片文件的幻灯片范围。

(4) 单击【每张幻灯片】按钮，此时，打开如图 11-21 所示的提示框，单击【确定】按钮将演示文稿输出为图形文件。

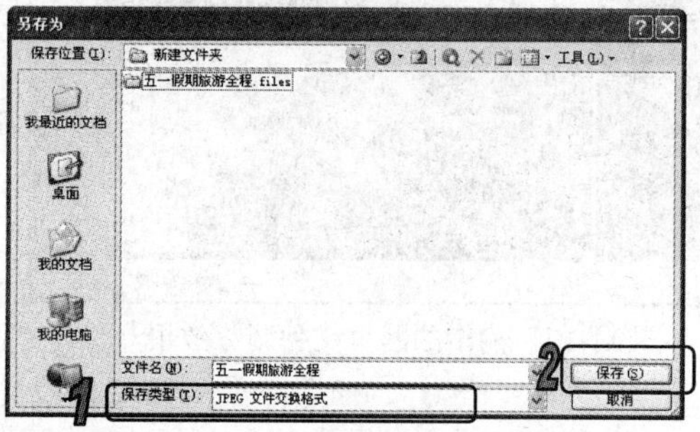

图 11-20　选择输出的文件类型

图 11-21　Microsoft Office PowerPoint 提示框

(5) 在路径中双击打开保存的文件夹，此时 8 张幻灯片以图形格式显示在该文件夹中，如图 11-22 所示。

图 11-22　输出的图形文件浏览效果

11.3.3　输出为幻灯片放映及大纲

在 PowerPoint 中经常用到的输出格式为幻灯片放映和大纲。幻灯片放映是将演示文稿保存为总是以幻灯片放映的形式打开演示文稿，每次打开该类型文件，PowerPoint 会自动切换到幻灯片放映状态，而且会出现 PowerPoint 编辑窗口。PowerPoint 输出的大纲文件是按照演示文稿中的幻灯片标题及段落级别生成的标准 RTF 文件，可以被其他(如 Word 等)文字处理软件打开或编辑。

需要注意的是，生成的 RTF 文件中除了不包括幻灯片中的图形、图片外，也不包括用户添加的文本框中的文本内容。PowerPoint 中可以输出的文件格式较多，如表 11-1 所示。

表 11-1　打印预览窗口中按钮的功能

保存类型	扩展名	用于
演示文稿	.ppt	保存为典型的 Microsoft PowerPoint 演示文稿
Windows 图元文件	.wmf	将幻灯片保存为图片
GIF(图形交换格式)	.gif	将幻灯片保存为 Web 页上使用的图形
JPEG(文件交换格式)	.jpg	将幻灯片保存为 Web 页上使用的图形
PNG(可移植网络图形格式)	.png	将幻灯片保存为 Web 页上使用的图形
大纲/RTF	.rtf	将演示文稿大纲保存为大纲文档
演示文稿设计模板	.pot	将演示文稿保存为模板
PowerPoint 放映	.ppd	保存为总是以幻灯片放映方式打开的演示文稿
Web 页	.htm; html	将 Web 页保存为一个.htm 文件和包含所有支持文件的文件夹
Web 档案	.mht; html	将 Web 页保存为包含所有支持文件的单个文件

【例 11-5】将创建完成的演示文稿输出为 RTF 文件格式。

(1) 打开 PowerPoint 2003 应用程序，打开第 10 章上机练习创建的“五一假期旅游全程”演示文稿。

(2) 选择【文件】|【另存为】命令，打开【另存为】对话框。在对话框中设置文件的保存位置及文件名，并在【保存类型】下拉列表框中选择【大纲/RTF 格式】选项，如图 11-23 所示。

(3) 单击【保存】按钮，生成【五一假期旅游全程.rtf】文件，双击该文件，RTF 文件效果如图 11-24 所示。

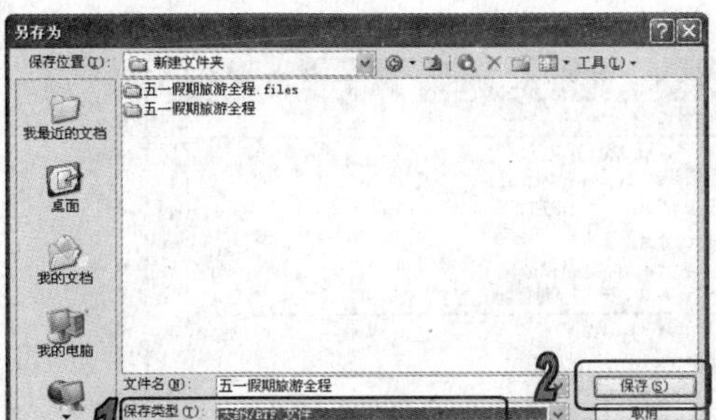

图 11-23　输出的 RTF 文件格式

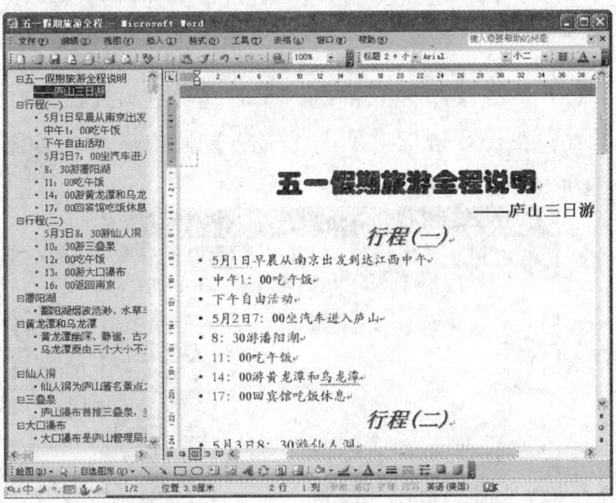

图 11-24　显示 RTF 文件

11.4 打包演示文稿成 CD

PowerPoint 2003 中提供了打包成 CD 功能，用户在有刻录光驱的计算机上可以方便地将自己制作的演示文稿及其链接的各种媒体文件一次性打包到 CD 上。选择【文件】|【打包成 CD】命令，打开【打包成 CD】对话框。在该对话框中进行相关设置即可。

【例 11-6】将创建完成的演示文稿打包为 CD。

(1) 启动 PowerPoint 2003 应用程序，打开第 10 章上机练习创建的“五一假期旅游全程”演示文稿。

(2) 选择【文件】|【打包成 CD】命令，打开【打包成 CD】对话框，如图 11-25 所示。

(3) 在【将 CD 命名为】文本框中输入“相册打包”。

(4) 单击【添加文件】按钮，打开【添加文件】对话框，在文件列表中选择其他需要一起打包的文件，如图 11-26 所示。

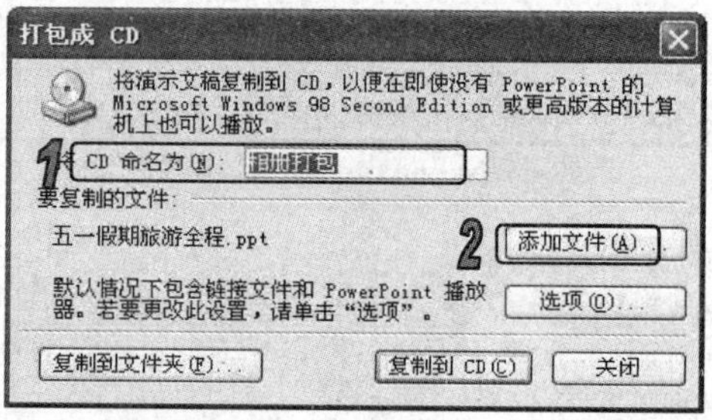

图 11-25 【打包成 CD】对话框

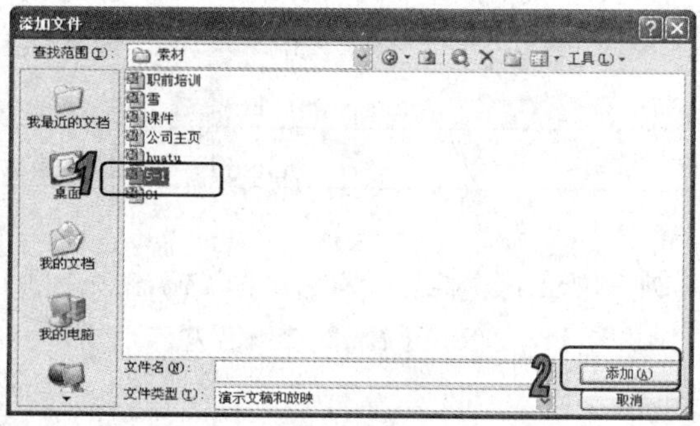

图 11-26 【添加文件】对话框

提示

在默认情况下，PowerPoint 只将当前演示文稿打包到 CD，如果用户需要同时将多个演示文稿打包到同一张 CD 中，可以单击【添加文件】按钮来添加其他需要打包的文件。

(5) 单击【添加】按钮，此时【打包成 CD】对话框变为如图 11-27 所示的效果。

(6) 在该对话框中单击【选项】按钮，打开如图 11-28 所示的【选项】对话框，保持该对话框中的默认设置。

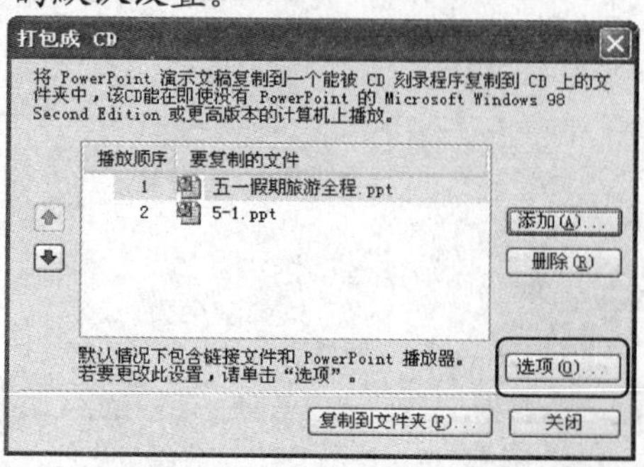

图 11-27 添加其他演示文稿后的对话框效果

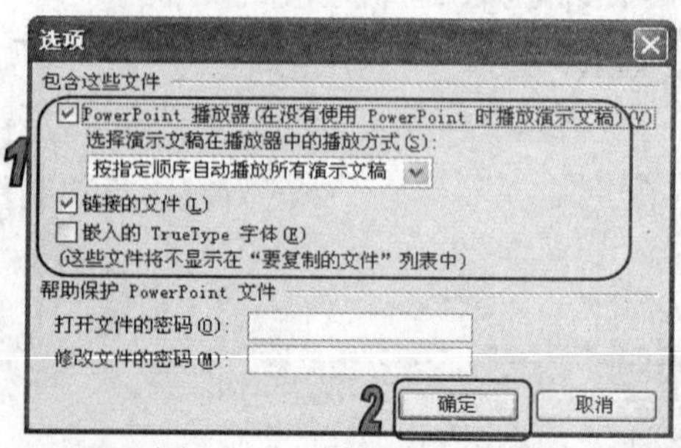

图 11-28 【选项】对话框

知识点

【选项】对话框中部分选项的含义如下：

【PowerPoint 播放器】复选框：选中该复选框，可以将 PowerPoint 播放器打包在 CD 中，方便用户在没有安装 PowerPoint 的计算机上放映 CD 中的演示文稿。

【链接的文件】复选框：选中该复选框，PowerPoint 在打包时会自动将演示文稿中用到的所有链接文件打包到 CD 中。

【嵌入的 TrueType 字体】复选框：选中该复选框，可以将演示文稿中用到的 TrueType 字体一同打包到 CD 中，以便在没有演示文稿中所用到的字体的计算机上放映时仍能保持原来的设计风格。

【打开文件的密码】文本框：可以输入密码保护打包的演示文稿，使未授权的用户不能打开已打包的演示文稿。

【修改文件的密码】文本框：可以输入密码保护打包的演示文稿，使未授权的用户不能修改已打包的演示文稿。

(7) 在【选项】对话框中单击【确定】按钮，返回到如图 11-27 所示的【打包成 CD】对话框，单击【复制到文件夹】按钮，打开【复制到文件夹】对话框，如图 11-29 所示。

(8) 在【文件夹名称】文本框中输入打包后的文件夹的名称“相册打包”，单击【确定】按钮。

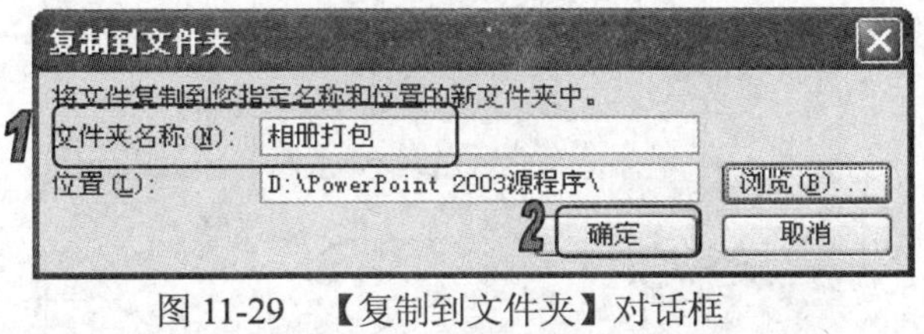

图 11-29　【复制到文件夹】对话框

提示

打包文件夹所在的位置默认为演示文稿所在的文件夹，用户也可以在【位置】文本框中输入打包文件夹所在的位置或单击【浏览】按钮，在打开的对话框中重新设置打包文件夹保存的位置。

(9) 打包完毕后，在【打包成 CD】对话框中单击【关闭】按钮。

(10) 此时，在路径中双击保存的文件夹【相册打包】，将显示打包后的所有文件，如图 11-30 所示。

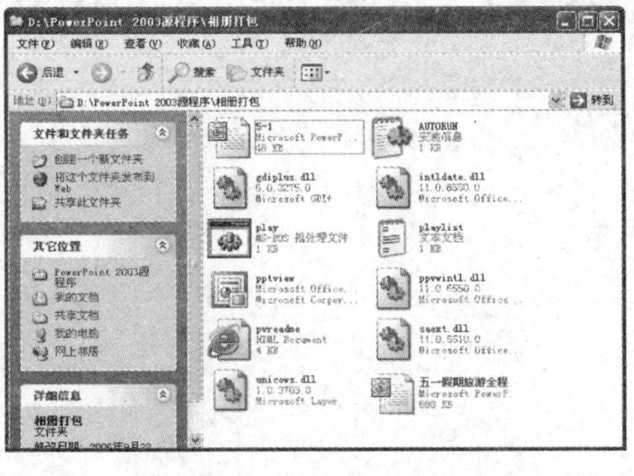

图 11-30　打包后生成的文件

知识点

当用户在其他计算机中单击.ppt 格式的文件时即可播放打包后的演示文稿。如果该计算机没有安装 PowerPoint 应用程序，可以在该文件夹中双击运行 PowerPoint 播放器 pptview.exe，用它来打开演示文稿进行放映。

11.5 习题

1. 试简述将演示文稿打包成 CD 的基本步骤。

2. 简述设置演示文稿页面的方法。

3. 将第 5 章上机练习创建的"学园广告"演示文稿中的幻灯片输出为图形文件，如图 11-31 所示。

图 11-31 输出的图形文件

4. 将第 5 章上机练习创建的"学园广告"演示文稿输出为网页文件，要求能被 Microsoft Internet Explorer 3.0 以上版本的浏览器支持。输出为网页后的效果如图 11-32 所示。

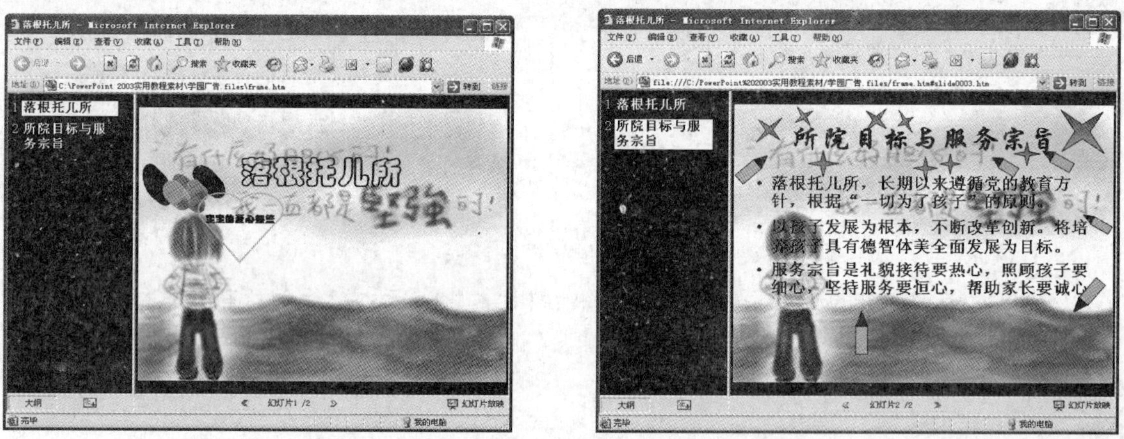

图 11-32 输出的网页文件

第12章 综合应用实例

学习目标

通过前面章节的学习，用户已经了解了 PowerPoint 2003 的文本处理功能、段落处理功能、图形处理功能、多媒体支持功能、图表辅助功能、动画功能以及创建、美化、放映、打印输出演示文稿的方法。本章将综合应用各种功能制作美观实用的商务演示文稿。

本章重点

- 文本与段落处理
- 图形处理功能
- 插入多媒体对象
- 插入表格、图表和图示
- 幻灯片对象动画和切换动画
- 美化、放映、打印与输入演示文稿

12.1 小学古诗教学课件

本节将应用文本框、艺术字及自选图形来修饰幻灯片，并为幻灯片的标题和内容添加动画效果，同时使用超链接功能从而方便用户在幻灯片之间进行跳转。

(1) 启动 PowerPoint 2003 应用程序，打开一个空白演示文稿。

(2) 在任务窗格中单击【开始工作】下拉列表框，在打开的快捷菜单中选择【新建演示文稿】命令。

(3) 在打开【新建演示文稿】任务窗格的【模板】选项区域中单击【根据设计模板】链接，打开【幻灯片设计】窗格。

(4) 在【应用设计模板】列表框中，单击【诗情画意】模板，将其应用到当前幻灯片中，如图 12-1 所示。

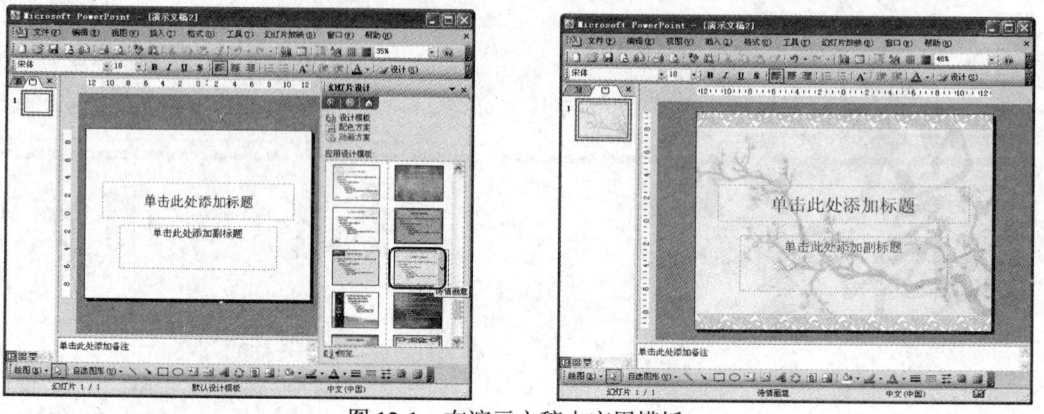

图 12-1　在演示文稿中应用模板

(5) 在【单击此处添加标题】文本占位符中输入文字“古诗鉴赏”，设置文字字体为【华文行楷】，字号为 60；选中【单击此处添加副标题】文本占位符，按下 Delete 键将其删除，如图 12-2 所示。

(6) 选择【插入】|【图片】|【艺术字】命令，打开【艺术字库】对话框，选择第 3 行第 3 列的艺术字样式，如图 12-3 所示。

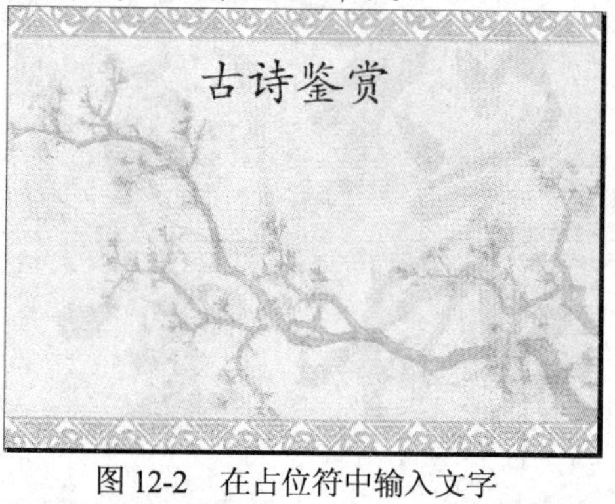

图 12-2　在占位符中输入文字

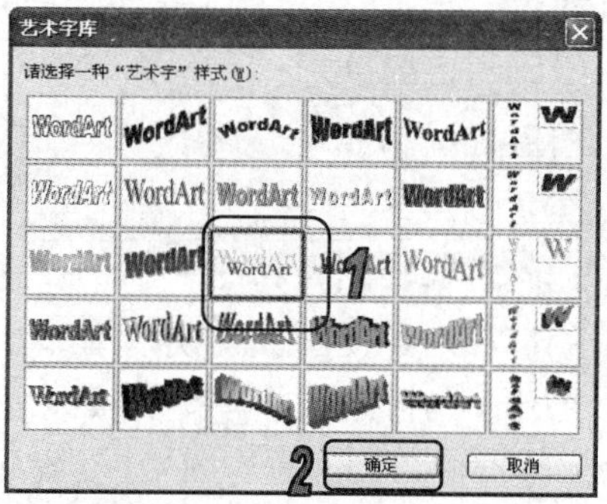

图 12-3　【艺术字库】对话框

(7) 单击【确定】按钮，打开【编辑“艺术字”文字】对话框，在该对话框中输入文字，并设置文字样式，如图 12-4 所示。

(8) 单击【确定】按钮，将艺术字插入到当前的幻灯片中，同时打开【艺术字】工具栏，如图 12-5 所示。

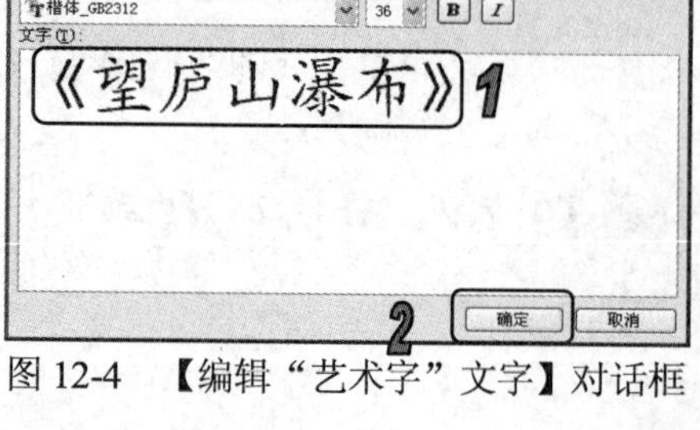

图 12-4　【编辑“艺术字”文字】对话框

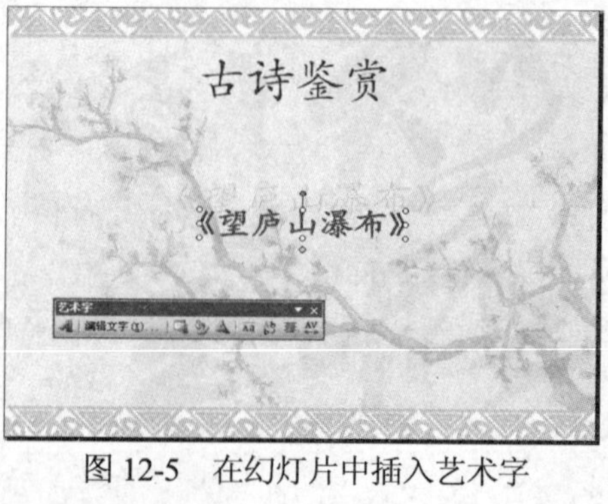

图 12-5　在幻灯片中插入艺术字

(9) 选中插入的艺术字，单击【艺术字】工具栏上的【艺术字竖排文字】按钮，将横排的艺术字变成竖排，并将该艺术字拖动到幻灯片的右侧，调节艺术字的大小，如图 12-6 所示。

(10) 单击【绘图】工具栏中的【自选图形】按钮，在弹出的快捷菜单中选择【箭头汇总】|【燕尾形】命令，当鼠标变成十字形时，在幻灯片中绘制一个燕尾形，如图 12-7 所示。

图 12-6　设置艺术字样式

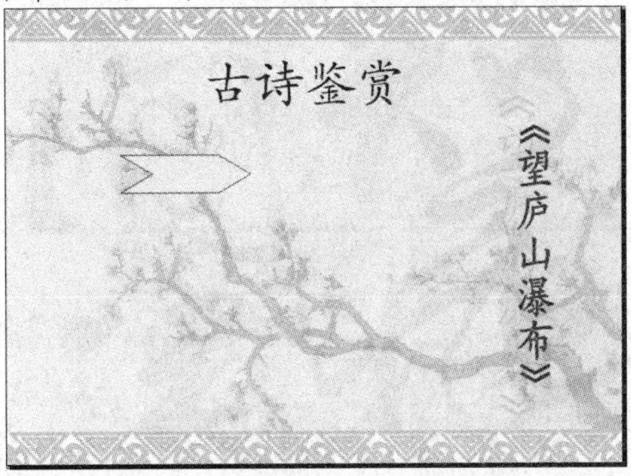

图 12-7　在幻灯片中绘制图形

(11) 右击选中的燕尾形图形，从弹出的快捷菜单中选择【设置自选图形格式】命令，打开【设置自选图形格式】对话框，在【颜色】下拉列表中选择【填充效果】选项，如图 12-8 所示。

(12) 在打开的【填充效果】对话框的【颜色】选项区域中，选中【双色】单选按钮，在【颜色 2】下拉列表中选择【蓝色】选项；在【底纹样式】选项区域中选中【斜下】单选按钮，如图 12-9 所示。

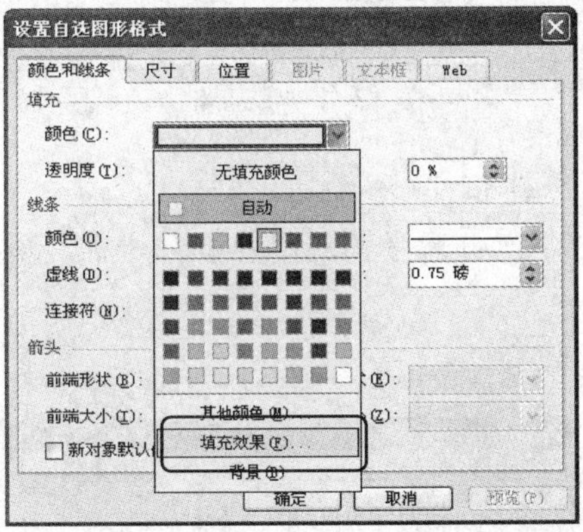

图 12-8　选择【填充效果】选项

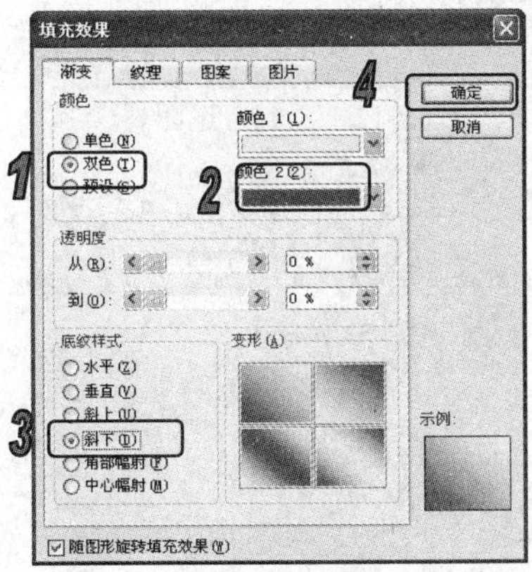

图 12-9　【填充效果】对话框

(13) 单击【确定】按钮，返回到【设置自选图形格式】对话框，然后单击【确定】按钮完成自选图形的设置，此时自选图形的效果如图 12-10 所示。

(14) 右击选中的燕尾形图形，从弹出的快捷菜单中选择【添加文本】命令，此时自选图形中将出现闪烁的光标，输入文字“作者简介”，设置文字字体为【楷体】，字号为 28，字型为【加粗】，对齐方式为【右对齐】，如图 12-11 所示。

(15) 选中燕尾形图形，单击【常用】工具栏上的【复制】按钮，复制该自选图形；连续 3 次单击【常用】工具栏上的【粘贴】按钮，复制 3 个自选图形，并调节它们的位置，如图 12-12 所示。

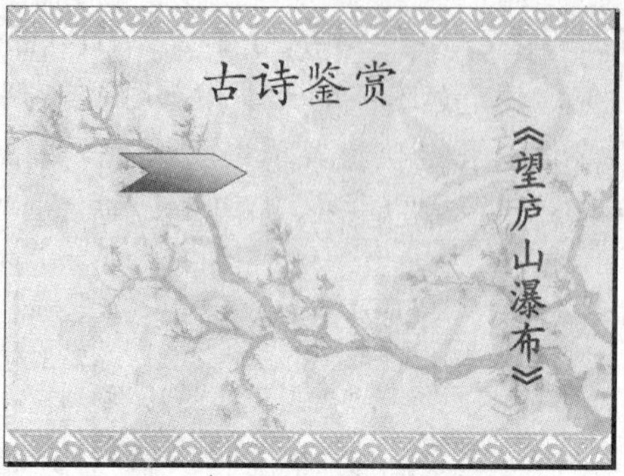

图 12-10　自选图形设置

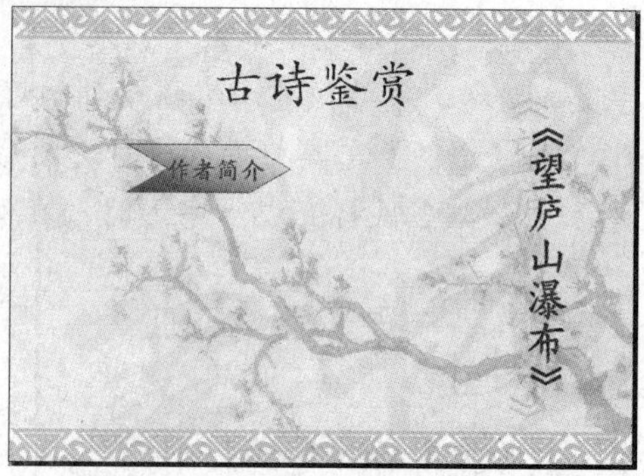

图 12-11　添加文本

(16) 选中 4 个自选图形，在【绘图】工具栏中分别选择【绘图】|【对齐或分布】|【左对齐】和【横向分布】命令，如图 12-13 所示。

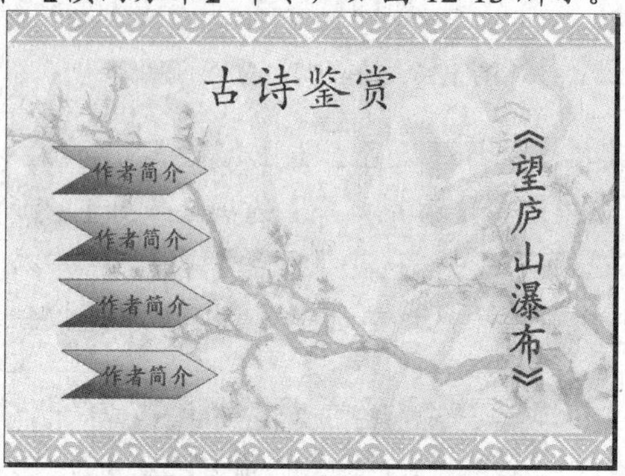

图 12-12　复制自选图形

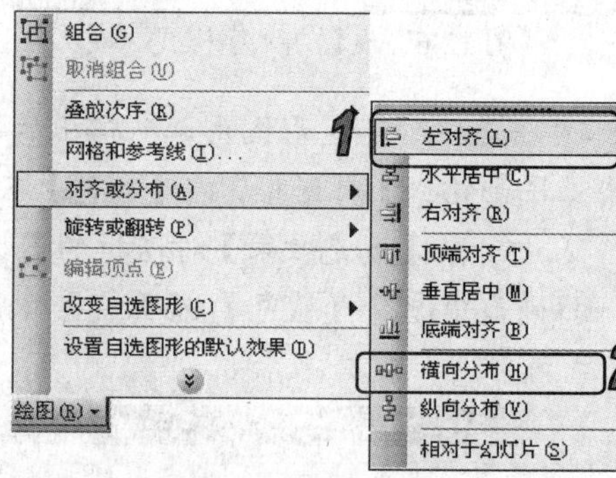

图 12-13　设置对齐方式

(17) 修改复制后的自选图形中的文字，效果如图 12-14 所示。

(18) 选择【插入】|【图片】|【来自文件】命令，打开【插入图片】对话框，选择需要插入的图片，如图 12-15 所示。

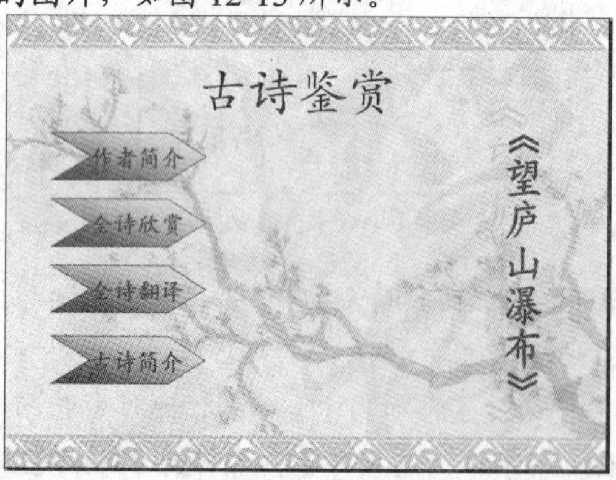

图 12-14　修改文字

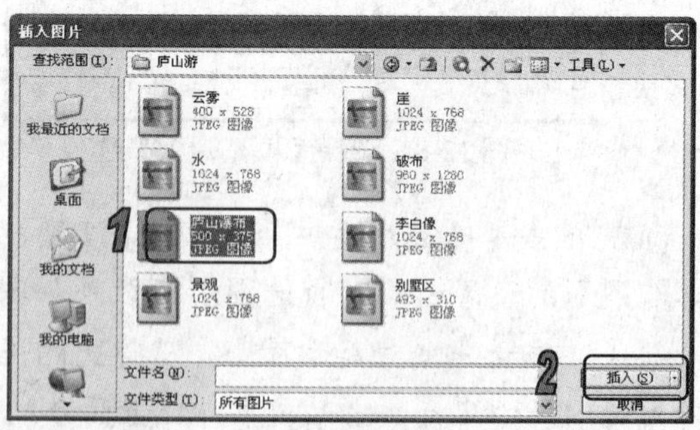

图 12-15　【插入图片】对话框

(19) 单击【插入】按钮，在幻灯片中插入图片，调整图片位置后的效果如图 12-16 所示。

(20) 选中图片，在【图片】工具栏上单击【线型】按钮，从弹出的快捷菜单中选择【其他线条】命令，打开【设置图片格式】对话框。

(21) 切换至【颜色和线条】选项卡，在【线条】选项区域中，单击【颜色】下拉列表中选择【海绿色】选项；设置线条的粗细为 3 磅，如图 12-17 所示。

图 12-16　插入图片

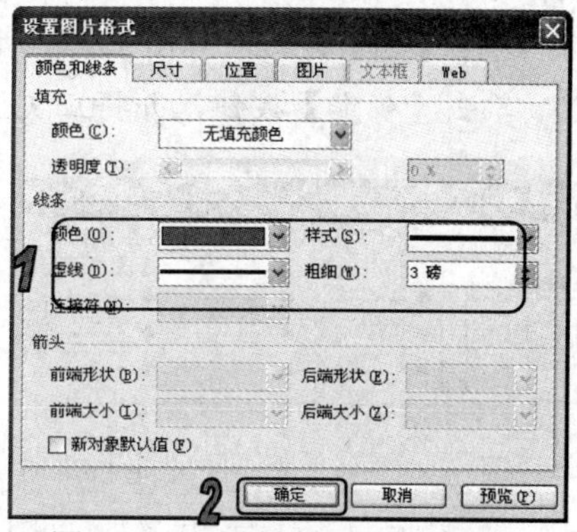

图 12-17　【颜色和线条】选项卡

(22) 单击【确定】按钮，此时幻灯片的效果如图 12-18 所示。

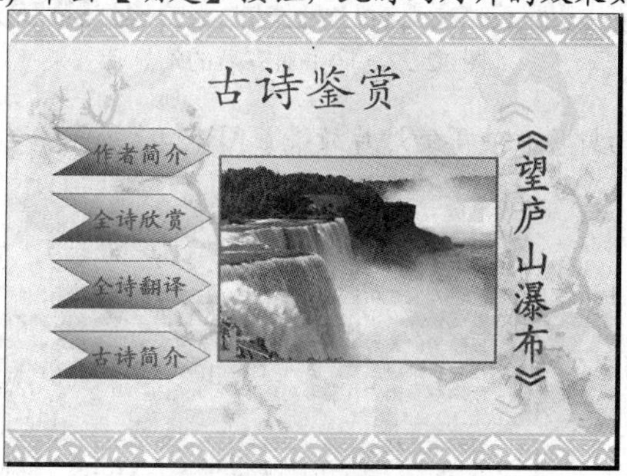

图 12-18　设置图片格式

提示

右击选中的图片，从弹出的快捷菜单中选择【设置图片格式】命令，可以打开【设置图片格式】对话框。

(23) 选择【插入】|【新幻灯片】命令，在幻灯片中插入一个新幻灯片。

(24) 在幻灯片的两个文本占位符中输入如图 12-19 所示的文字，设置标题文字字体为【华文隶书】，字号为 48，字型为【加粗】，字体效果为【阴影】，字体颜色为【绿色】；设置文本文字的字号为 32，字型为【加粗】。

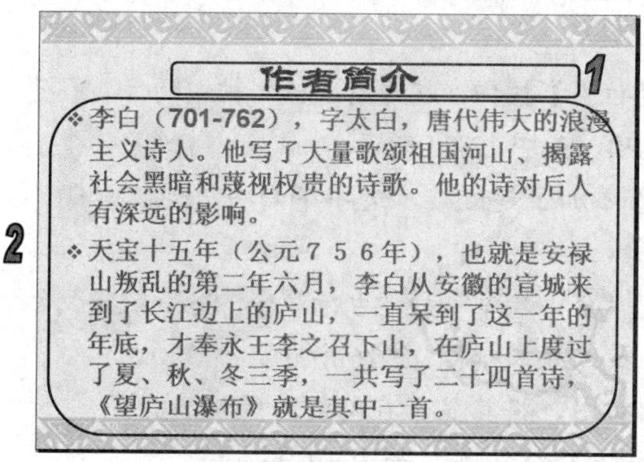

图 12-19　输入第 2 张幻灯片

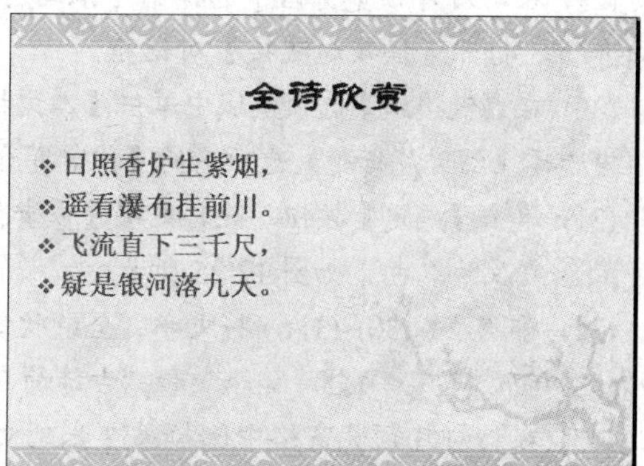

图 12-20　插入第 3 张幻灯片

(25) 参照步骤(23)~(24)，在幻灯片中插入如图 12-20 所示的幻灯片。

(26) 选中正文文本后，选择【格式】|【项目符号和编号】命令，打开【项目符号和编号】对话框，选择【无】样式，如图 12-21 所示。

(27) 单击【确定】按钮，并将正文设置为【居中对齐】，效果如图 12-22 所示。

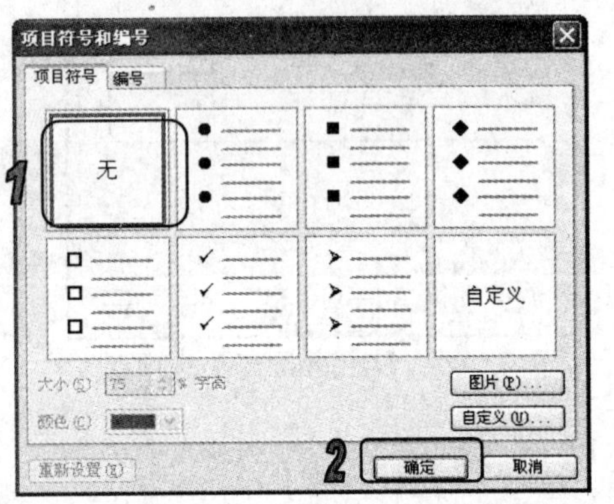

图 12-21 【项目符号和编号】对话框

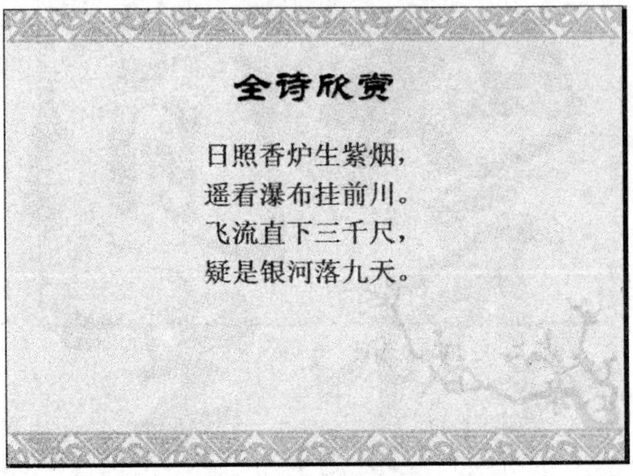

图 12-22 居中对齐后的幻灯片效果

(28) 参照步骤(23)~(24)，依次添加两张幻灯片，使得幻灯片效果如图 12-23 所示。

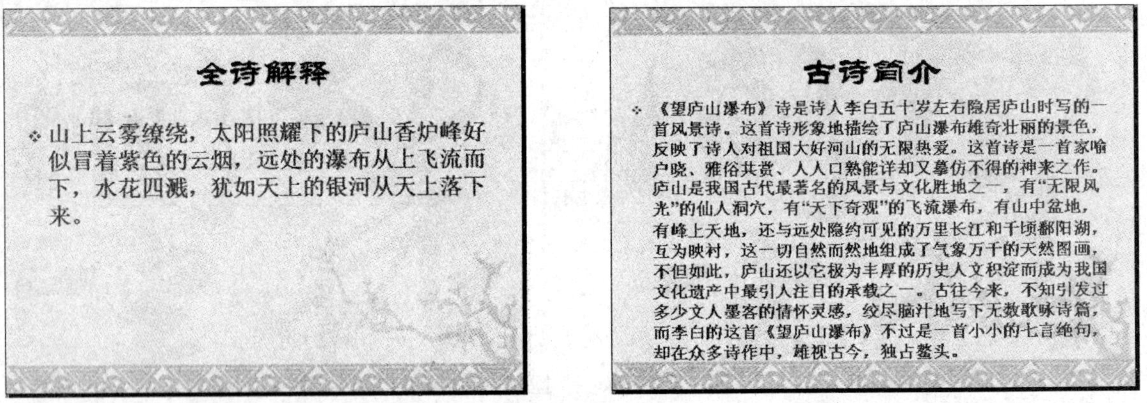

图 12-23 添加其他两张幻灯片

(29) 在幻灯片预览窗格中选择第 1 张幻灯片缩略图，切换至第 1 张幻灯片，选中文字“作者简介”，打开【插入超链接】对话框。

(30) 在【链接到】选项区域中单击【本文档中的位置】按钮，在【请选择文档中的位置】列表框中选择【幻灯片标题】选项下的【作者简介】选项，如图 12-24 所示。

(31) 单击【确定】按钮，此时文字【作者简介】添加了超链接，文字下面将出现下划线，文字颜色更改为红色，如图 12-25 所示。

(32) 参照步骤(30)~(31)，将文字“全诗欣赏”、“全诗翻译”和“古诗简介”分别链接到幻灯片“全诗欣赏”、“全诗翻译”和“古诗简介”，最终效果如图 12-26 所示。

(33) 在幻灯片预览窗格中选择第 2 张幻灯片缩略图，将其显示在幻灯片编辑窗口中。

(34) 选择【幻灯片放映】|【动作按钮】|【第一张】命令▣，如图 12-27 所示。

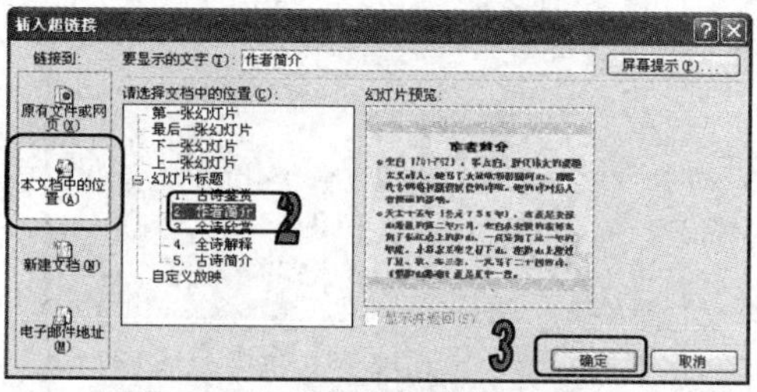

图 12-24　【插入超链接】对话框

图 12-25　将文字应用超链接

图 12-26　插入超链接后的效果

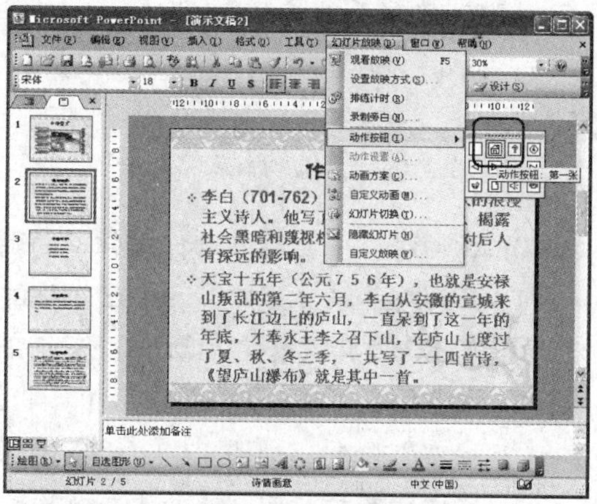

图 12-27　选择命令

(35) 拖动鼠标，在幻灯片右下角绘制【第一张】按钮图形，此时自动打开【动作设置】对话框，在【超链接到】下拉列表框中选择【第一张幻灯片】选项，如图 12-28 所示。

(36) 单击【确定】按钮，此时幻灯片效果如图 12-29 所示。

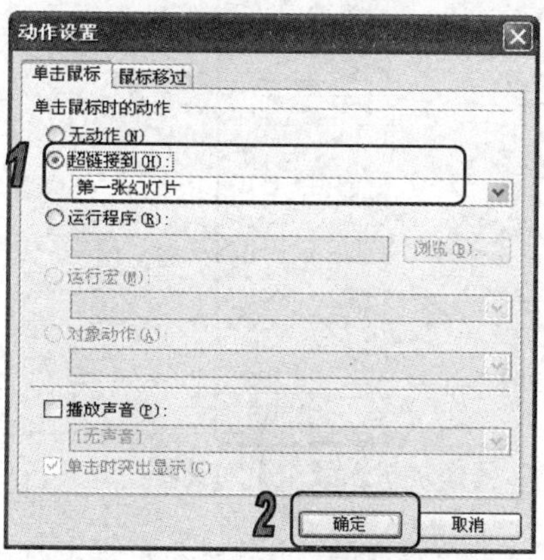

图 12-28　【动作设置】对话框

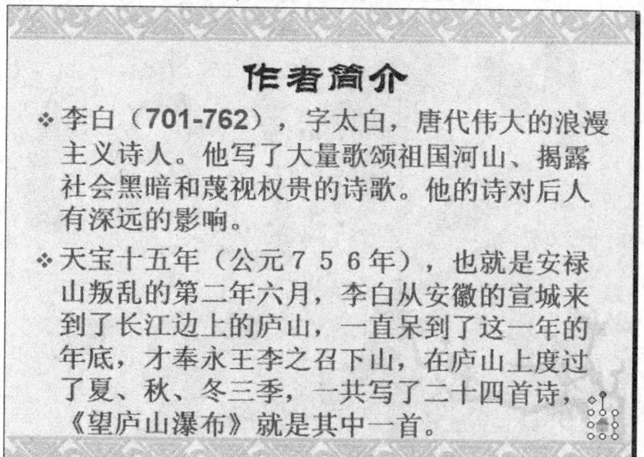

图 12-29　添加动作按钮

(37) 右击选中的动作按钮，在弹出的快捷菜单中选择【设置自选图形格式】命令，打开【设置自选图形格式】对话框。

(38) 在【设置自选图形格式】对话框中的【颜色】选项区域中，单击【颜色】下拉按钮，在弹出的下拉列表中选择【海绿色】选项，如图 12-30 所示。

(39) 单击【确定】按钮，此时幻灯片的效果如图 12-31 所示。

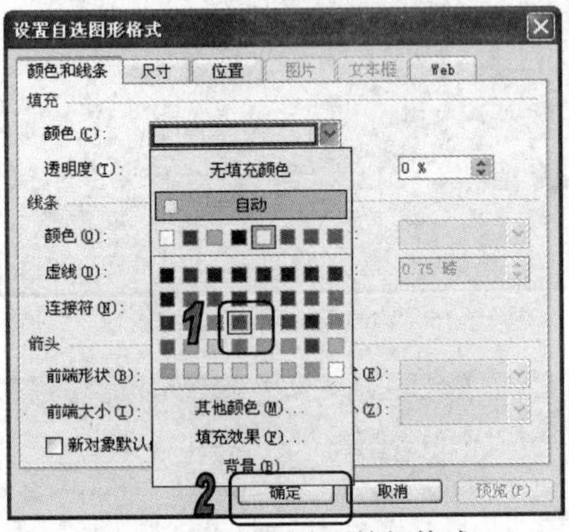

图 12-30　设置动画按钮格式

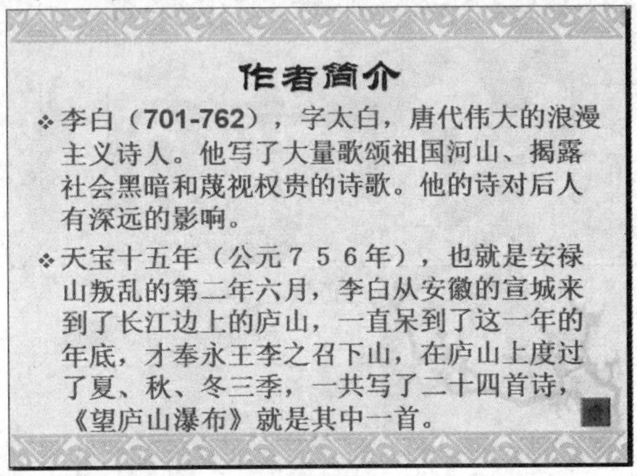

图 12-31　输入标题文字及插入图示

(40) 在幻灯片中复制该动作按钮，将其复制到第 3~5 张幻灯片。

(41) 在幻灯片编辑窗口显示第 2 张幻灯片，选中标题文字后，选择【幻灯片放映】|【自定义动画】命令，打开【自定义动画】任务窗格。

(42) 在【自定义动画】任务窗格中，单击【添加效果】按钮，在弹出的快捷菜单中选择【进入】|【百叶窗】命令，如图 12-32 所示。

(43) 选中所有文本后，单击【添加效果】按钮，在弹出的快捷菜单中选择【进入】|【其他效果】命令，打开【添加进入效果】对话框，选择【温和型】列表中的【颜色打字机】选项，如图 12-33 所示。

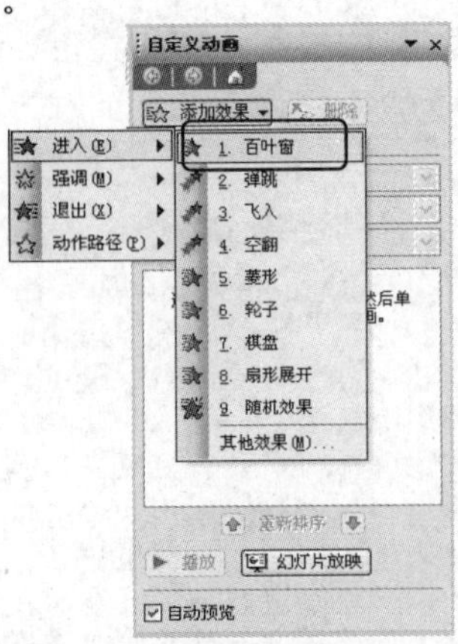

图 12-32　选择添加效果命令

图 12-33　【添加进入效果】对话框

(44) 单击【确定】按钮，在【速度】下拉列表中选择【非常快】选项，如图 12-34 所示。

(45) 在任务窗格中单击【播放】按钮，动画预览效果如图 12-35 所示。

(46) 参照步骤(41)~(45)，为第 3~5 张幻灯片设置切换效果。

(47) 演示文稿制作完毕，选择【文件】|【另存为】命令，将演示文稿以文件名“小学古诗教学课件”进行保存。

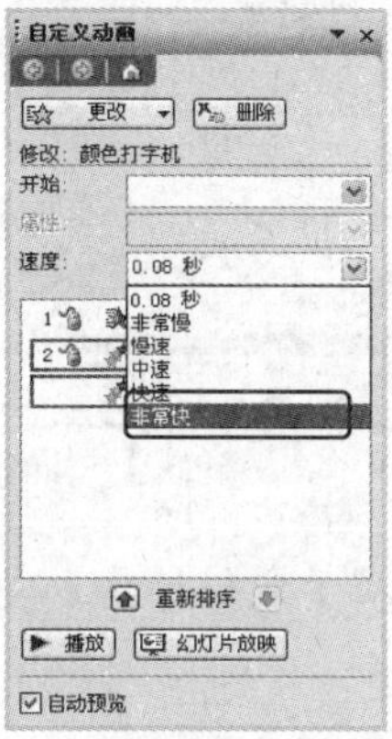

图 12-34 设置动画速度属性

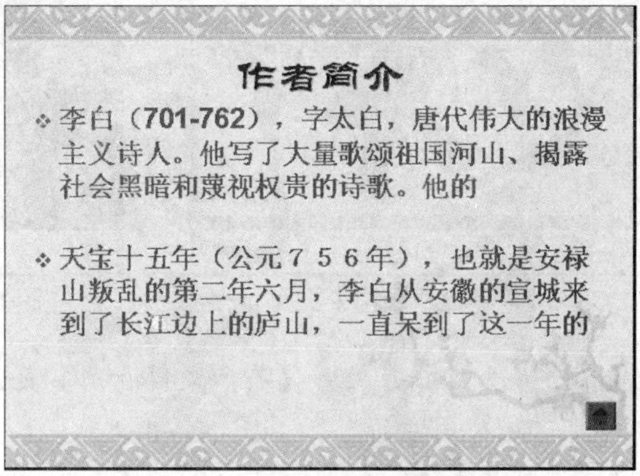

图 12-35 动画预览效果

12.2 公司主页

使用 PowerPoint 内容提示向导创建专门用于因特网的 Web 演示文稿。为了增加主页的动画效果，可以在页面中插入 GIF 动画或视频剪辑。另外，在演示文稿的创建过程中，也可以绘制表格或设置渐变式填充效果等。

(1) 启动 PowerPoint 2003 应用程序，打开 PowerPoint 工作界面。

(2) 打开【新建演示文稿】任务窗格，在【新建】选项区域中选择【根据内容提示向导】命令(如图 12-36 所示)，打开【内容提示向导】对话框，如图 12-37 所示。

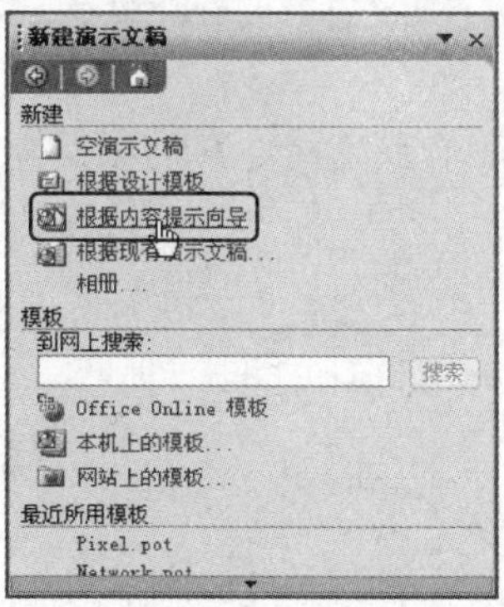

图 12-36 【新建演示文稿】任务窗格

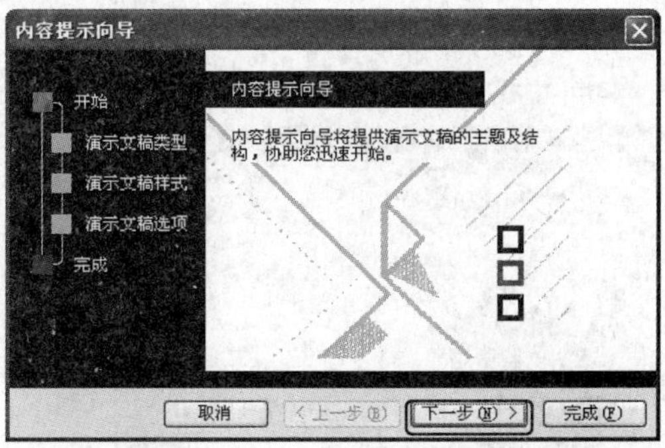

图 12-37 【内容提示向导】对话框

(3) 单击【下一步】按钮，打开【内容提示向导】对话框的【演示文稿类型】页面，单击【全部】按钮，从右侧的列表框中选择【团体主页】选项，如图 12-38 所示。

(4) 单击【下一步】按钮，打开【演示文稿样式】页面，在【您使用的输出类型？】选项区域中选中【Web 演示文稿】单选按钮，如图 12-39 所示。

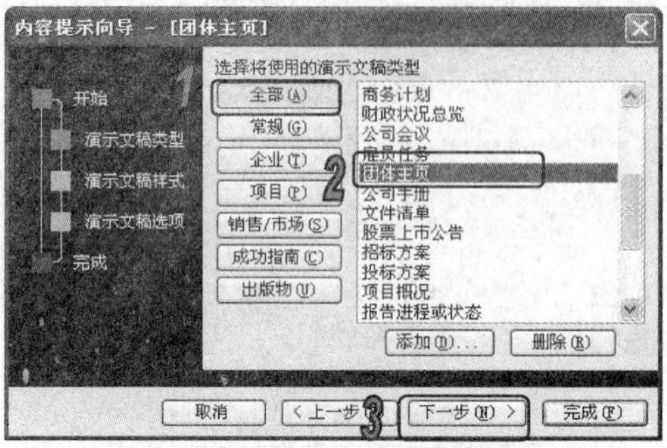

图 12-38　【演示文稿类型】页面

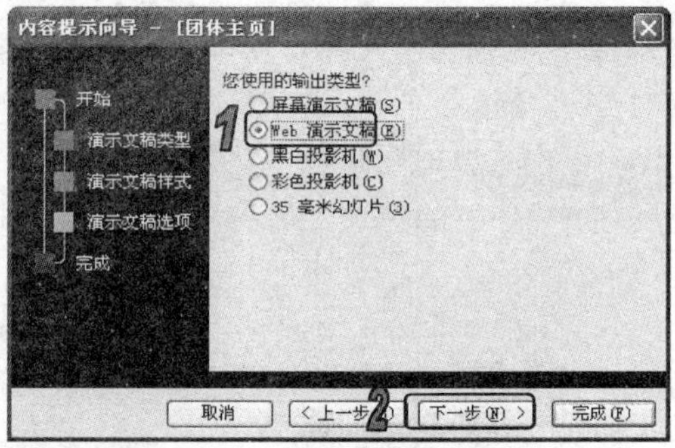

图 12-39　【演示文稿样式】页面

(5) 单击【下一步】按钮，打开【演示文稿选项】页面，在【演示文稿标题】文本框中输入文字“圣诞物品有限公司主页”，如图 12-40 所示。

(6) 单击【下一步】按钮，打开【完成】页面，如图 12-41 所示。

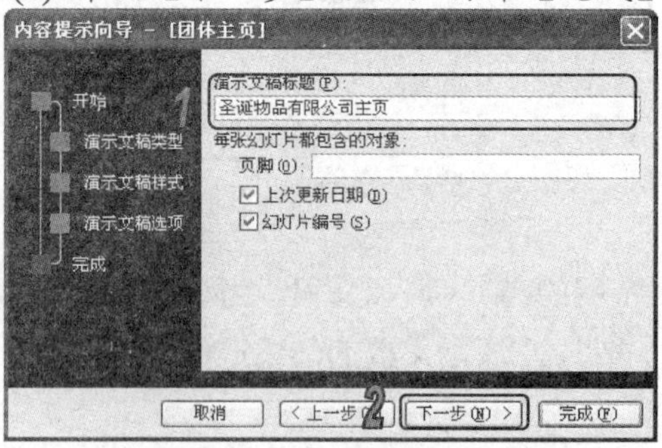

图 12-40　【演示文稿选项】页面

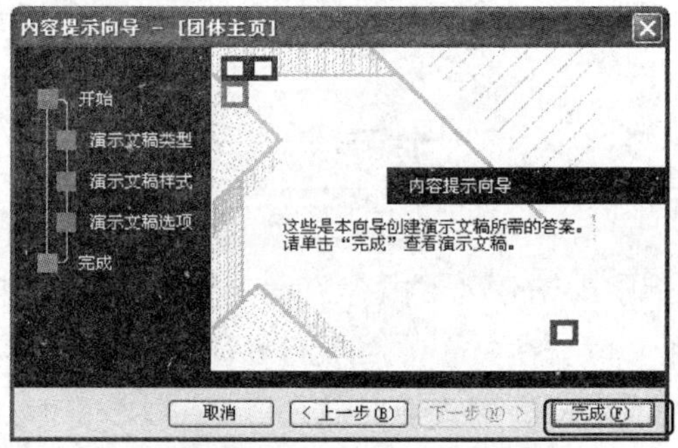

图 12-41　【完成】页面

(7) 单击【完成】按钮，系统将根据前面设置的内容自动生成如图 12-42 所示的演示文稿。

(8) 在窗口左侧的幻灯片预览窗格中单击选中第 2 张幻灯片，然后按住 Shift 键，单击最后一张幻灯片，选中除第 1 张幻灯片外的所有幻灯片。

(9) 单击 Delete 键，系统打开如图 12-43 所示的提示框，单击【确定】按钮。

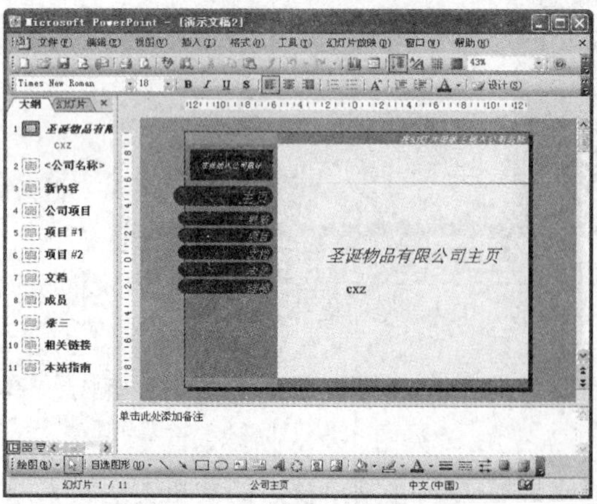

图 12-42　向导生成的演示文稿

图 12-43　Microsoft Office PowerPoint 对话框

(10) 选择【视图】|【母版】|【幻灯片母版】命令，进入如图 12-44 所示的幻灯片母版视图。

(11) 选中幻灯片母版中的所有对象，按下 Delete 键将它们全部删除，此时幻灯片母版效果如图 12-45 所示。

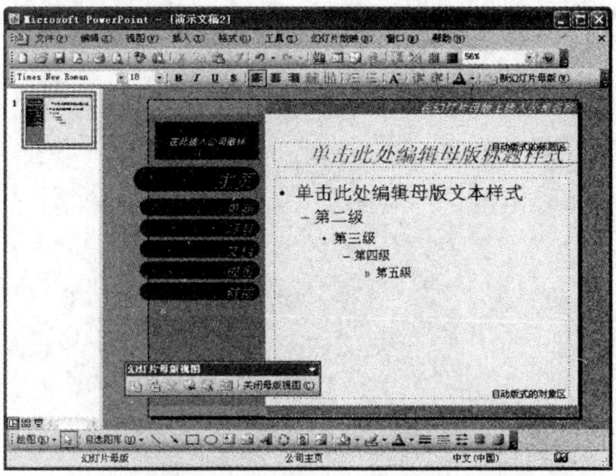

图 12-44　幻灯片母版视图

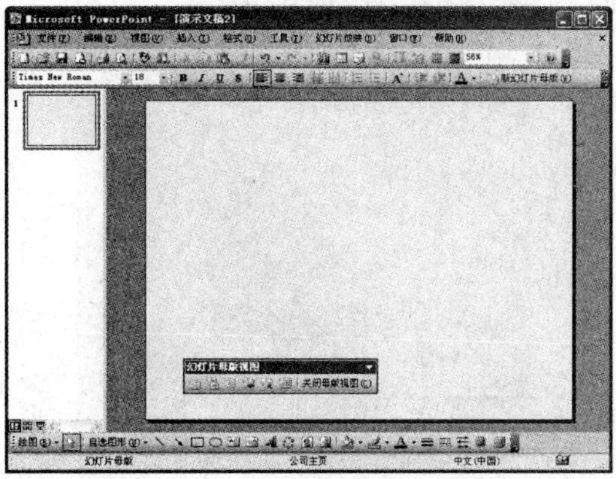

图 12-45　在母版中删除所有对象

(12) 选择【格式】|【背景】命令，打开【背景】对话框。在【背景填充】下拉菜单中选择【填充效果】命令，打开【填充效果】对话框。

(13) 切换到【图片】选项卡，单击【选择图片】按钮，打开【选择图片】对话框。选择图片所在的路径位置，选中需要的图片，如图 12-46 所示。

(14) 单击【插入】按钮，返回到【填充效果】对话框。此时，对话框中显示图片的预览效果，如图 12-47 所示。

图 12-46　【选择图片】对话框

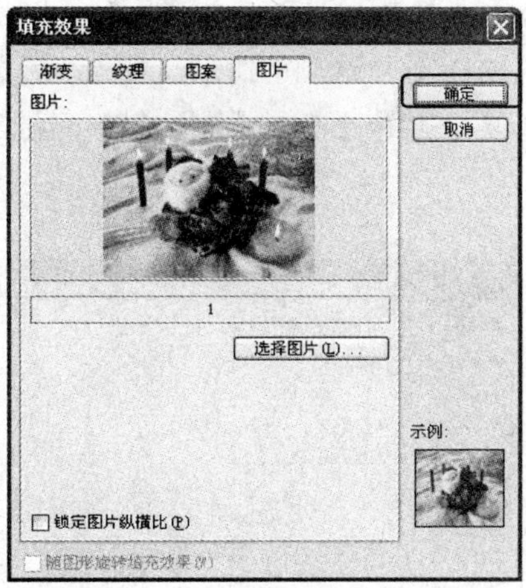

图 12-47　图片的预览效果

(15) 单击【确定】按钮，返回到【背景】对话框，单击【应用】按钮，将当前幻灯片的背景应用于选定的图片，如图 12-48 所示。

(16) 选择【插入】|【文本框】|【水平】命令，在母版的左上角和左下角分别添加两个文本框。

(17) 在文本框中输入文字“幻想拥有所有礼物”和“圣诞物品有限公司”。设置字体为【宋体】，字号为 20，颜色为【红色】，如图 12-49 所示。

图 12-48　更改背景后的幻灯片母版

图 12-49　在母版中插入文本

(18) 设置两个文本的动画效果分别为【扇形展开】和【颜色打字机】。在【自定义动画】任务窗格的动画列表中单击动画选项的下拉箭头，选择【计时】命令，打开如图 12-50 所示的【计时】选项卡。

(19) 在【重复】下拉列表框中选择【直到幻灯片末尾】选项，单击【确定】按钮，完成动画的设置。

(20) 在【绘图】工具栏中选择【自选图形】|【基本形状】|【圆角矩形】命令，在屏幕上拖动鼠标绘制一个圆角矩形图形，如图 12-51 所示。

(21) 选中绘制的图形，在【绘图】工具栏中单击【填充颜色】按钮旁的下拉按钮，在弹出的菜单中选择【填充效果】命令，打开【填充效果】对话框。

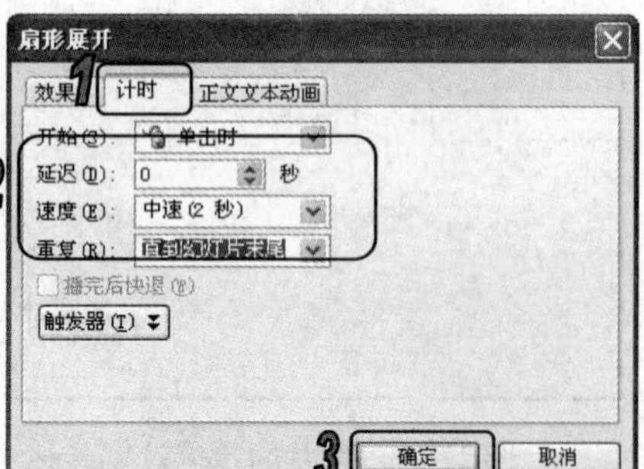

图 12-50　设置动画属性

图 12-51　绘制圆角矩形图形

(22) 在【颜色】选项区域中选中【预设】单选按钮，在【底纹样式】选项区域中选中【中心辐射】单选按钮，如图 12-52 所示。

(23) 单击【确定】按钮，将渐变色应用于圆角矩形图形。右击该图形，在弹出的快捷菜单中选择【添加文本】命令，在图形中添加文字“首页”，设置文字字号为 28，字型为【加粗】，字体效果为【阴影】，字体颜色为【白色】，如图 12-53 所示。

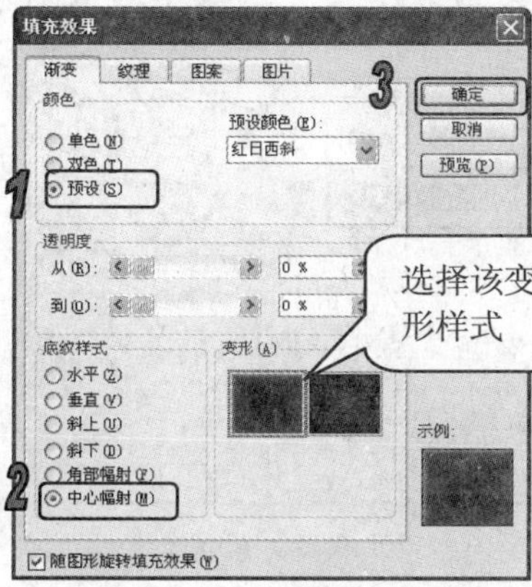

图 12-52　设置渐变填充效果

图 12-53　在图形中添加文字

(24) 选中图形，按下 Ctrl+C 快捷键，再连续按 3 次 Ctrl+V 快捷键，此时幻灯片母版中粘贴 3 个完全相同的圆角矩形，如图 12-54 所示。

(25) 同时选中 4 个圆角矩形图形，在【绘图】工具栏中分别选择【绘图】|【对齐或分布】|【左对齐】命令和【绘图】|【对齐或分布】|【纵向分布】命令，在母版中排列图形。

(26) 将粘贴的 3 个圆角矩形中的文字分别更改为“公司简介”、“产品介绍”和“联系我们”，如图 12-55 所示。

(27) 在【幻灯片母版视图】工具栏中单击【关闭母版视图】命令，返回到幻灯片普通视图，如图 12-56 所示。

图 12-54　复制粘贴图形

图 12-55　在图形中修改文字

(28) 双击演示文稿中的占位符，打开【设置自选图形格式】对话框。

(29) 在【填充】选项区域中设置【透明度】为 100%；在【线条】选项区域中设置【颜色】属性为【无线条颜色】，如图 12-57 所示。

(30) 参照步骤(28)~(29)，设置幻灯片中另一个文本占位符的属性。

(31) 单击【确定】按钮，修改占位符中的文字，此时幻灯片效果如图 12-58 所示。

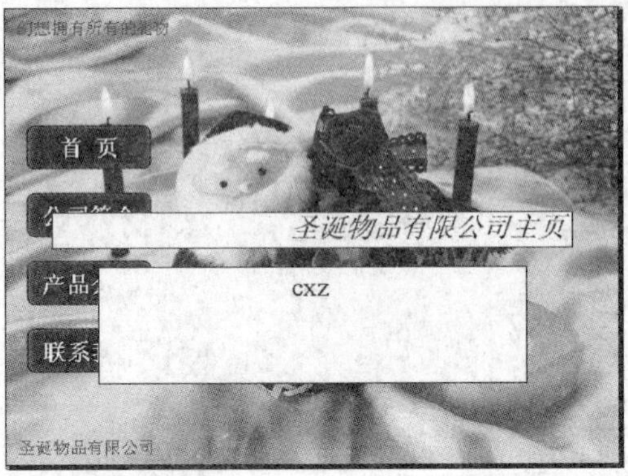

图 12-56　幻灯片普通视图

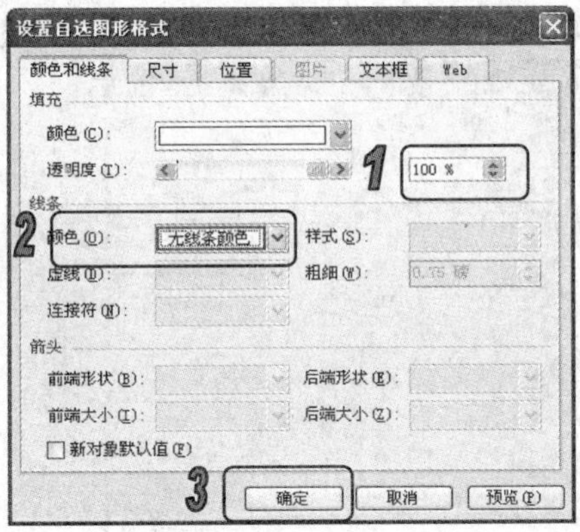

图 12-57　设置文本框属性

图 12-58　设置占位符属性后的幻灯片效果

> **提示**
>
> 设置标题文字字型为【加粗】，字体效果为【阴影】，字体颜色为【白色】；设置副标题文字字型为【加粗】，字体颜色为【白色】，字体对齐方式为【右对齐】。

(32) 在幻灯片中绘制一个圆角矩形图形，使其与幻灯片母版中的圆角矩形图形大小相等，并使其完全覆盖在【首页】圆角矩形图形上，如图 12-59 所示。

(33) 参照步骤(21)~(22)，设置图形的填充颜色如图 12-60 所示。

图 12-59　绘制圆角矩形图形

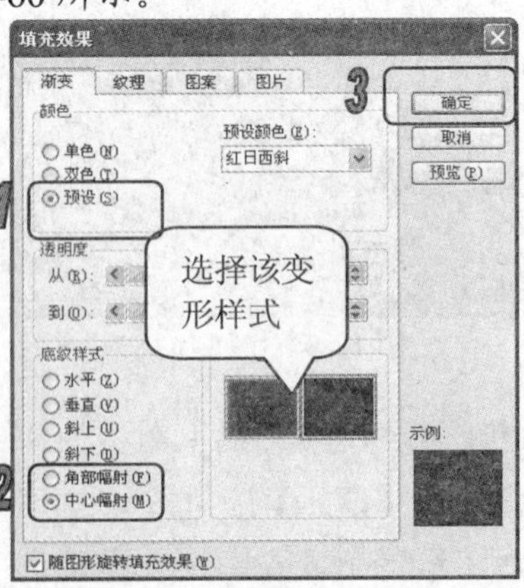

图 12-60　设置图形填充效果

(34) 单击【确定】按钮，将填充效果应用到图形中，并在该图形中添加文字“首页”，如图 12-61 所示。

(35) 在演示文稿中添加一张新幻灯片，此时，自动打开【幻灯片版式】内容窗格，在【内容版式】列表中选择【空白】选项，如图 12-62 所示。

图 12-61 设置圆角矩形图形

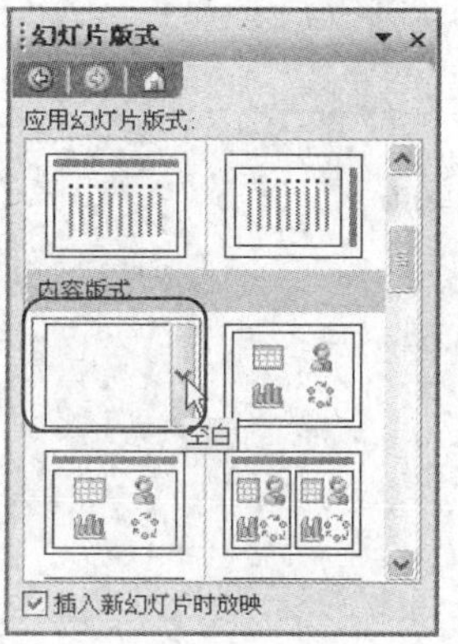

图 12-62 【幻灯片版式】任务窗格

(36) 此时，第 2 张幻灯片效果如图 12-63 所示。参照步骤(32)~(34)，在幻灯片中添加一个圆角矩形图形，如图 12-64 所示。

(37) 选择【插入】|【文本框】|【水平】命令，在幻灯片中插入水平文本框，并输入文字，如图 12-65 所示。

图 12-63 第 2 张幻灯片的空白版式效果

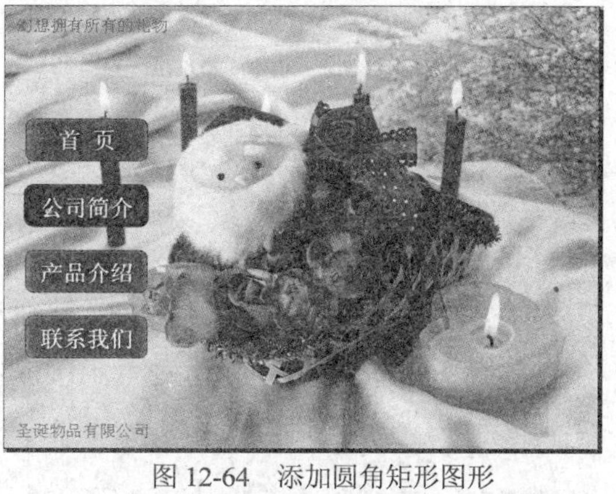

图 12-64 添加圆角矩形图形

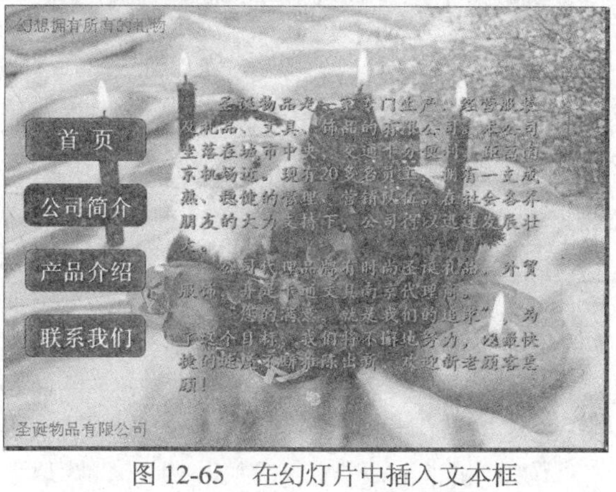

图 12-65 在幻灯片中插入文本框

提示

设置文本框中文字字体为【华文楷体】，字号为 24，字型为【加粗】，字体效果为【阴影】，字体颜色为【金色】。

(38) 参照制作第 2 张幻灯片的方法，制作演示文稿的第 3~4 张幻灯片，如图 12-66 所示。

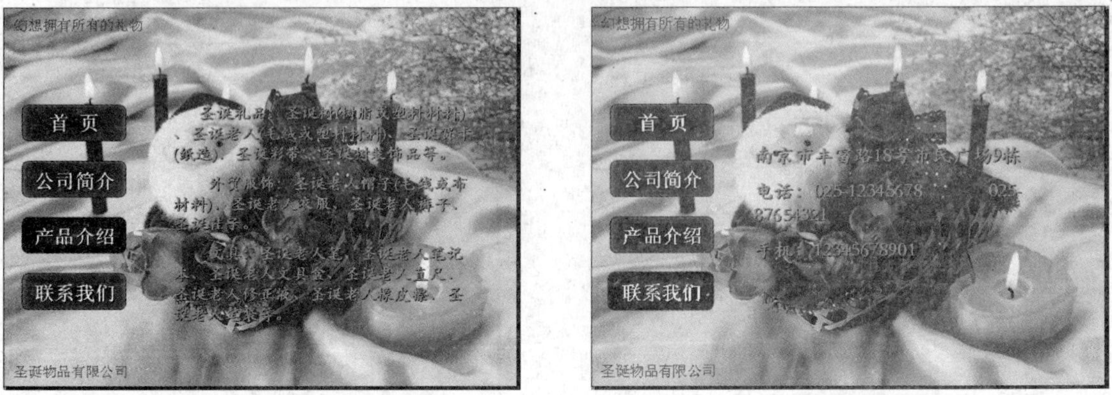

图 12-66　第 3~4 张幻灯片效果

提示

以上的步骤介绍了在演示文稿的 4 张幻灯片中添加对象，接下来将对超链接进行设置，使公司宣传主页能够在 4 张幻灯片中自由切换。

(39) 在幻灯片编辑窗口中显示第一张幻灯片，在幻灯片中添加 4 个圆角矩形图形，使图形与幻灯片母版中的圆角矩形图形大小相同，并完全覆盖在其上方。

(40) 设置圆角矩形图形的填充颜色属性为【无填充颜色】，设置图形线条颜色属性为【无线条颜色】，此时幻灯片中 4 个圆角矩形图形效果如图 12-67 所示。

(41) 选中“首页”圆角矩形上方的透明图形，选择【插入】|【超链接】命令，打开【插入超链接】对话框。

(42) 在对话框的【链接到】选项区域中单击【本文档中的位置】按钮，在【请选择文档中的位置】列表框中选择【圣诞物品有限公司主页】幻灯片，如图 12-68 所示。

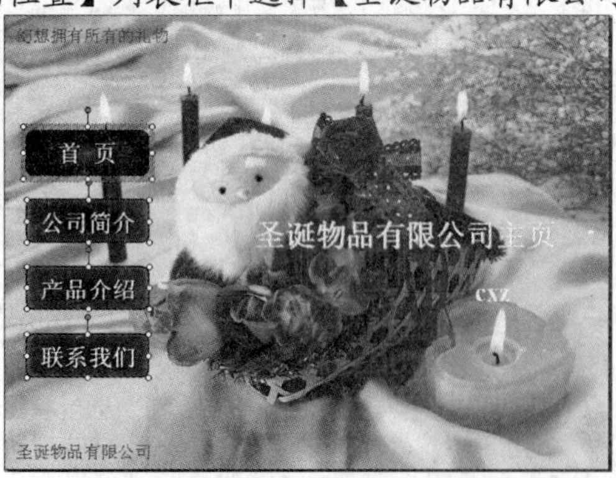

图 12-67　添加的 4 个圆角矩形图形

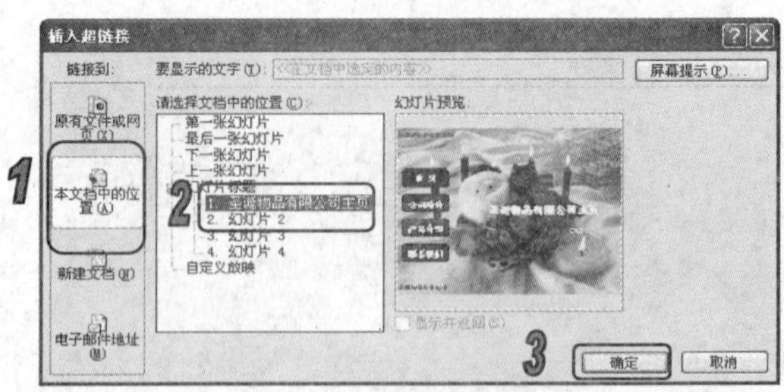

图 12-68　【插入超链接】对话框

(43) 单击【确定】按钮，完成超链接的设置。

(44) 参照步骤(41)~(43)，将“公司简介”圆角图形上方的透明图形链接到第 2 张幻灯片；将“产品介绍”圆角图形上方的透明图形链接到第 3 张幻灯片；将“联系我们”圆角图形上方的透明图形链接到第 4 张幻灯片。

(45) 在幻灯片中同时选中已经创建超链接的 4 个透明图形，按下 Ctrl+C 快捷键，将它们复制到剪贴板上。

(46) 在幻灯片编辑窗口中显示第 2 张幻灯片，按下 Ctrl+V 快捷键，此时，带有超链接的 4 个透明图形粘贴到幻灯片中，如图 12-69 所示。

图 12-69　粘贴带有超链接的透明图形

提示

粘贴过来的图形位置与源位置一样，用户不需要再做任何调整。

(47) 参照步骤(46)，将透明图形依次粘贴到第 3~4 张幻灯片。

提示

演示文稿的超链接设置完毕。为了增强页面效果，下面将在幻灯片中插入 GIF 动画，并为部分文本对象添加自定义动画效果。

(48) 在幻灯片编辑窗口中显示第 1 张幻灯片，选择【插入】|【图片】|【来自文件】命令，打开【插入图片】对话框。

(49) 在【文件类型】下拉列表中选择【所有文件】选项，在图片列表中选择需要的 GIF 图片，如图 12-70 所示。

(50) 单击【插入】按钮，将 GIF 动画插入到幻灯片中。

(51) 将插入的 GIF 动画移至幻灯片的右侧，按下 Ctrl+C 组合键，将它们复制到剪贴板上。然后按下 3 次 Ctrl+V 组合键，在幻灯片中粘贴 3 个相同的 GIF 动画，此时，幻灯片效果如图 12-71 所示。

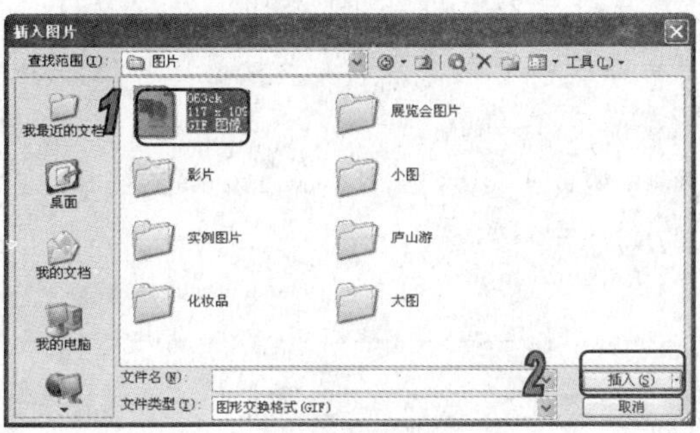

图 12-70　【插入图片】对话框

图 12-71　幻灯片中显示 GIF 动画

(52) 选中标题占位符，选择【幻灯片放映】|【自定义动画】命令，打开【自定义动画】任务窗格。

(53) 单击【添加效果】按钮，在打开的菜单中选择【进入】|【飞入】命令，为标题文字设置【飞入】动画效果。

(54) 在【自定义动画】任务窗格的【开始】下拉列表中选择【之前】选项；在【方向】下拉列表中选择【自左侧】选项；在【速度】下拉列中选择【快速】选项，如图 12-72 所示。

(55) 参照步骤(53)~(54)，设置副标题动画效果为【飞入】，【开始】属性为【之后】，方向为【自底部】，速度为【快速】。

(56) 单击任务窗格中的【播放】按钮，自定义动画预览效果如图 12-73 所示。

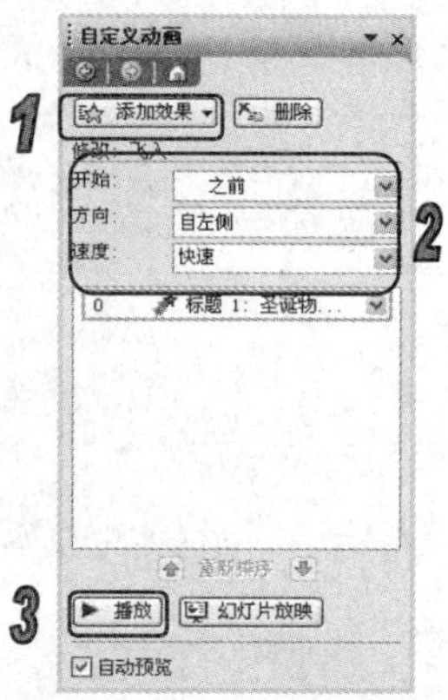

图 12-72　设置自定义动画属性

图 12-73　自定义动画预览效果

(57) 设置第 2~4 张幻灯片中文本框的动画效果均为【进入】动画下的【随机效果】，并设置【开始】属性均为【之前】。

提示

上面的操作步骤为演示文稿的文本对象添加了自定义动画，并在第 1 张幻灯片中插入了 GIF 动画。下面介绍把演示文稿转换成 HTML 文件。

(58) 选择【文件】|【另存为网页】命令，打开【另存为】对话框，如图 12-74 所示。

(59) 在【保存类型】下拉列表框中选择【网页】选项，单击【发布】按钮，打开如图 12-75 所示的【发布为网页】对话框。

(60) 在对话框中选中【在浏览器中打开已发布的网页】复选框，单击【发布】按钮，此时浏览器自动打开发布为网页的演示文稿，如图 12-76 所示。

提示

创建好公司主页以后，当需要查看时可以直接用 IE 浏览器打开，下面将介绍使用 IE 浏览器打开生成的网页。

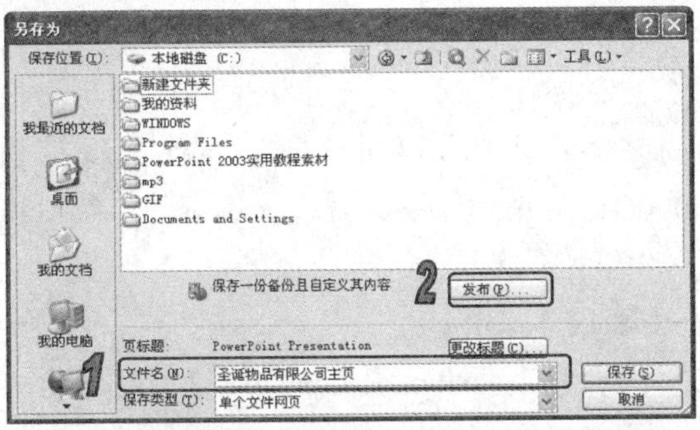

图 12-74　【另存为】对话框

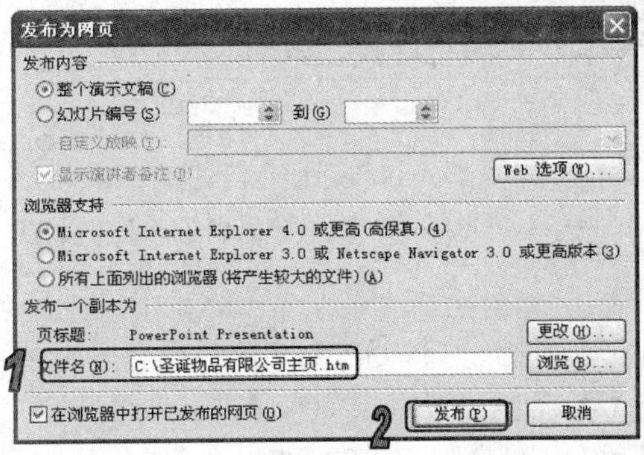

图 12-75　【发布为网页】对话框

图 12-76　浏览网页

提示

在【分布为网页】对话框中可以选择要发布的演示文稿的内容、浏览器支持和该网页的存在位置。

(61) 打开 IE 浏览器，选择【文件】|【打开】命令，打开【打开】对话框，如图 12-77 所示。

(62) 单击【浏览】按钮，打开 Microsoft Internet Explorer 对话框，在【查找范围】下拉列表框中选择刚发布网页的路径，选择需要打开的网页，如图 12-78 所示。

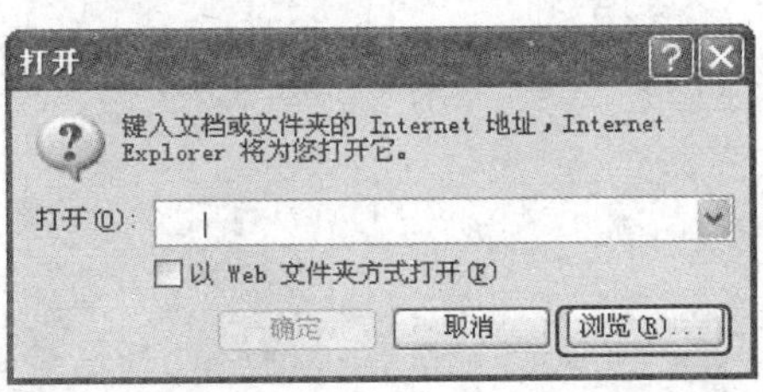

图 12-77　【打开】对话框

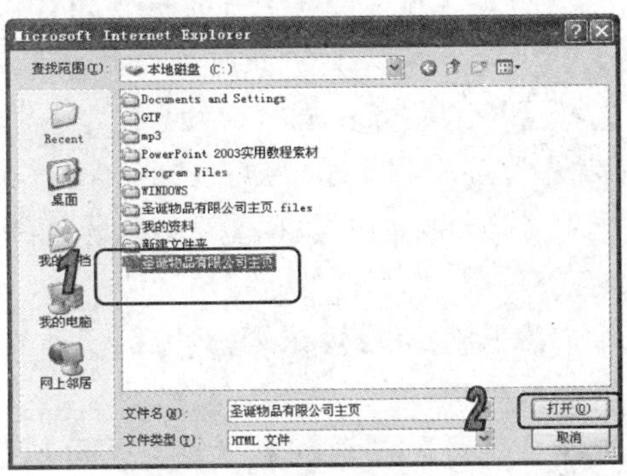

图 12-78　Microsoft Internet Explore 对话框

(63) 单击【打开】按钮，返回到【打开】对话框，然后单击【确定】按钮，打开如图 12-76 所示的窗口。

12.3 职员考核报表

本节利用 PowerPoint 中自带的 Microsoft Graph 图表模块来代替抽象的数字表达和文字说明，制作各类统计图表，例如柱形图、饼图及折线图等。并使用绘图工具，在幻灯片中绘制流程图。

(1) 启动 PowerPoint 2003 应用程序，打开一个空白演示文稿。

(2) 在任务窗格中单击【开始工作】下拉列表框，在打开的快捷菜单中选择【新建演示文稿】命令。

(3) 在打开【新建演示文稿】任务窗格的【模板】选项区域中单击【本机上的模板】链接，打开【新建演示文稿】对话框。

(4) 在对话框中选择自定义添加的【模式 8】选项，单击【确定】按钮，将其应用到当前幻灯片中，如图 12-79 所示。

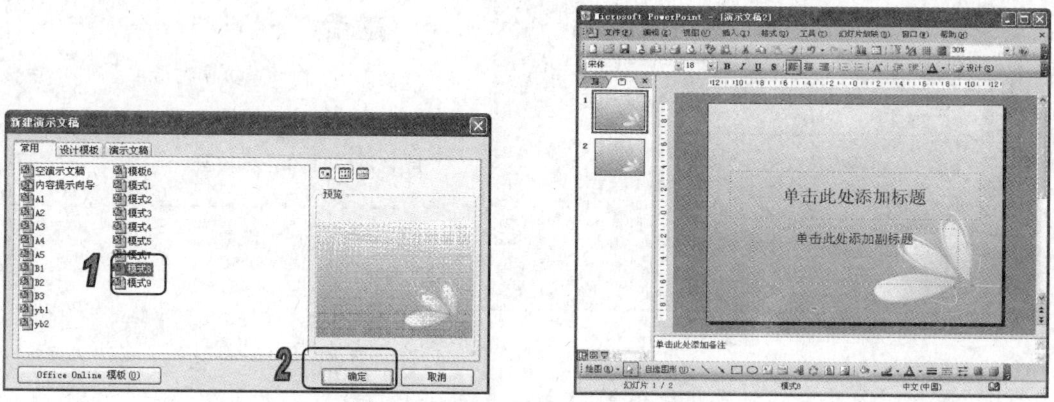

图 12-79　在演示文稿中应用模板

(5) 在【单击此处添加标题】文本占位符中输入文字“2007 年度职员考核”，设置文字字体为【华文彩云】，字号为 44，字型为【加粗】，字体效果为【阴影】；在【单击此处添加副标题】文本占位符中输入文字“圣诞物品有限公司”，设置文字字号为 24，字型为【加粗】，文字对齐方式为【右对齐】，此时幻灯片效果如图 12-80 所示。

(6) 选择【视图】|【页眉和页脚】命令，打开【页眉和页脚】对话框，选中【日期和时间】复选框下方的【固定】单选按钮，并在其文本框中输入文字“2008 年 1 月 1 日”。

(7) 选中【幻灯片编号】和【页脚】复选框，并在【页脚】文本框中输入文字，如图 12-81 所示的文字。

(8) 单击【全部应用】按钮，将设置的页脚信息添加到演示文稿的所有幻灯片中，如图 12-82 所示。

(9) 选择【视图】|【母版】|【幻灯片母版】命令，打开幻灯片母版视图。在母版视图中同时选中日期区、页脚区和数字区文本占位符，设置其中的文字属性字号为 18，字型为【加粗】，如图 12-83 所示。

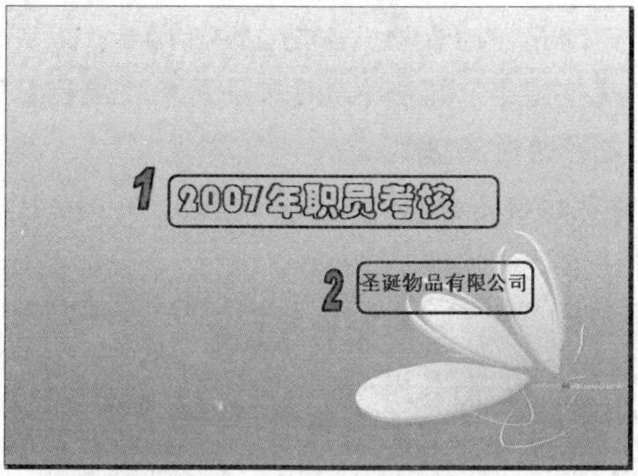

图 12-80　在幻灯片中输入文字

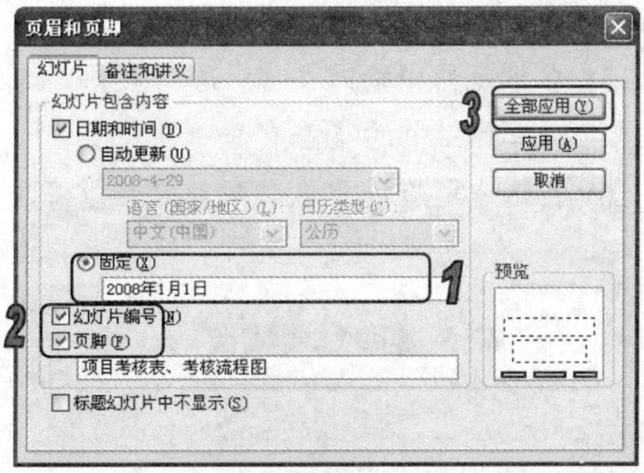

图 12-81　【页眉和页脚】对话框

图 12-82　添加的页脚效果

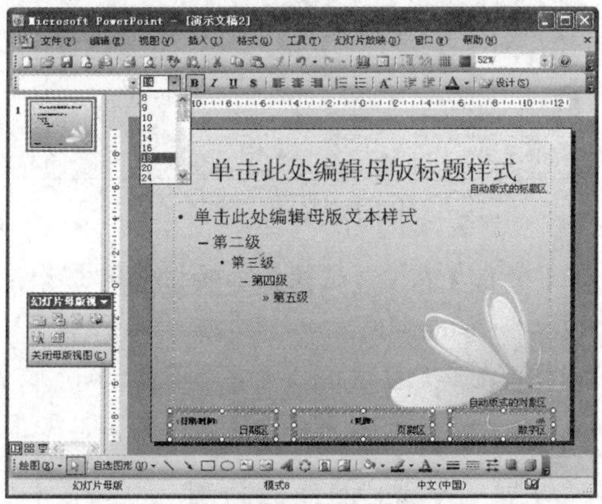

图 12-83　在母版中设置页脚区文字属性

(10) 在【幻灯片母版视图】工具栏中单击【关闭母版视图】按钮，返回到普通视图模式。

(11) 在幻灯片预览窗格中选中第 2 张幻灯片缩略图，将其显示在幻灯片编辑窗格中。

(12) 在【单击此处添加标题】文本占位符中输入文字“07 年度职员考核表”，设置文字字体为【华文琥珀】，并删除【单击此处添加文本】文本占位符，如图 12-84 所示。

(13) 选择【插入】|【表格】命令，打开【插入表格】对话框，在【列数】和【行数】文本框中均输入 6，如图 12-85 所示。

图 12-84　输入标题文字

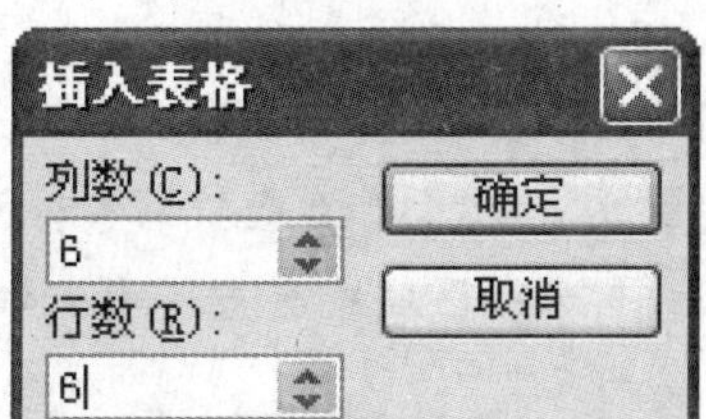

图 12-85　【插入表格】对话框

(14) 单击【确定】按钮，在幻灯片中插入一个 6 行 6 列的表格，如图 12-86 所示。

(15) 在单元格中输入文字，选中表格，依次单击【格式】工具栏中的【居中】按钮和【表格和边框】工具栏中的【垂直居中】按钮，设置文字的对齐方式。

(16) 在选中所有添加数值的单元格，将各单元格中的文字颜色设置为【黑色】，如图 12-87 所示。

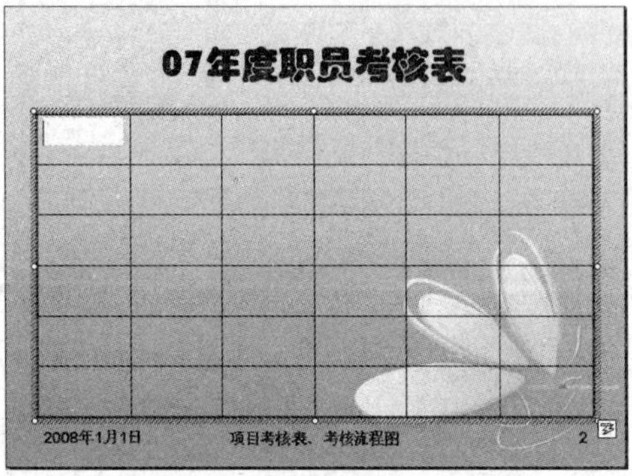

图 12-86　在幻灯片中插入表格

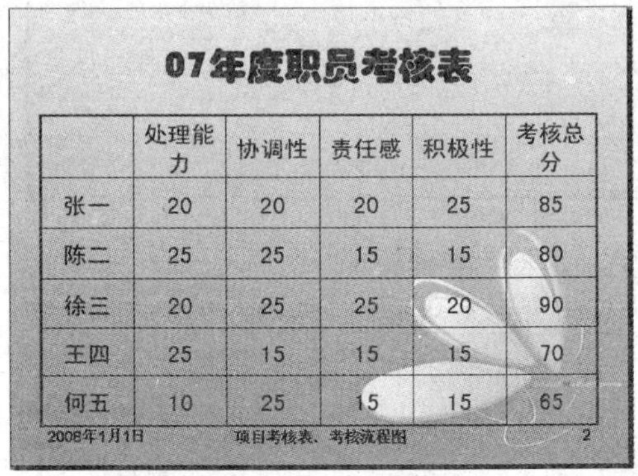

图 12-87　在表格中输入文字

(17) 在【表格和边框】工具栏中单击【绘制表格】按钮，在表格的第一个单元格中绘制如图 12-88 所示的斜线。

(18) 在单元格中输入文字“项目”和“职员”，设置文字“项目”的对齐方式为【右对齐】，文字“职员”的对齐方式为【左对齐】，如图 12-89 所示。

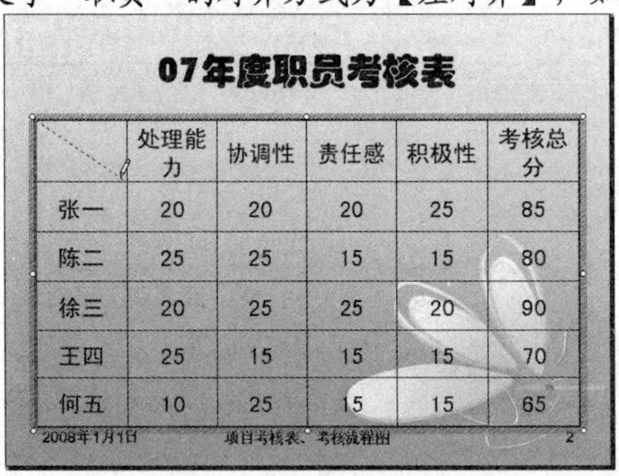

图 12-88　在单元格中绘制斜线

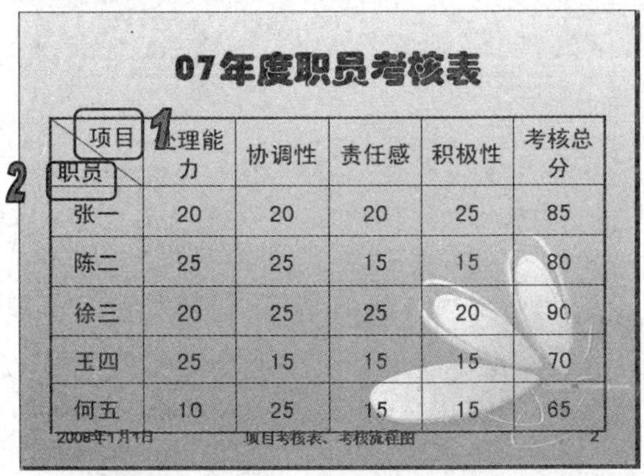

图 12-89　在第一个单元格中输入文字

(19) 在表格中选中第 1 行第 2~6 列的 5 个单元格，选择【格式】|【设置表格格式】命令，打开【设置表格格式】对话框，如图 12-90 所示。

(20) 切换到【填充】选项卡，打开【填充颜色】下拉列表框，选择【填充效果】命令，如图 12-91 所示。

(21) 此时，打开【填充效果】对话框，在【颜色】选项区域中选中【双色】单选按钮；在【底纹样式】选项区域中选中【中心辐射】单选按钮；在【变形】选项区域中选择第一种样式，如图 12-92 所示。

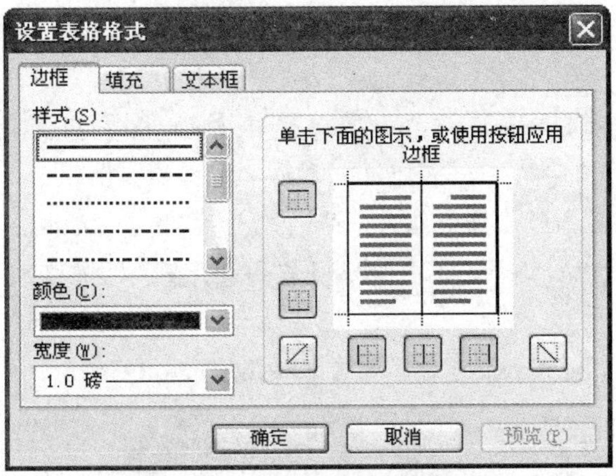

图 12-90　【设置表格格式】对话框

提示

【设置表格格式】对话框默认打开的是【边框】选项卡，在该选项卡中可以设置表格内、外边框的线条样式及线条颜色。

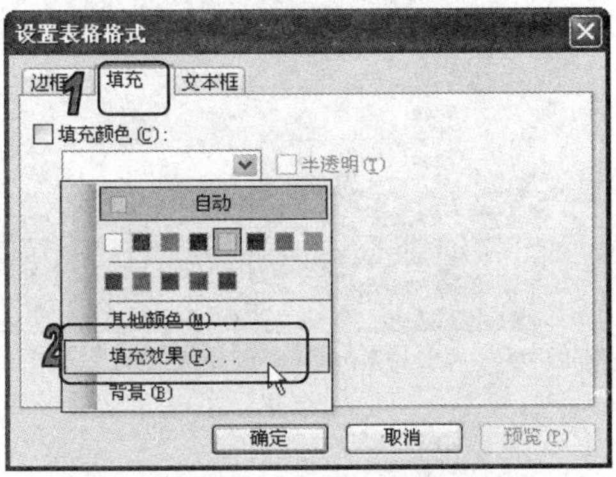

图 12-91　【填充】选项卡

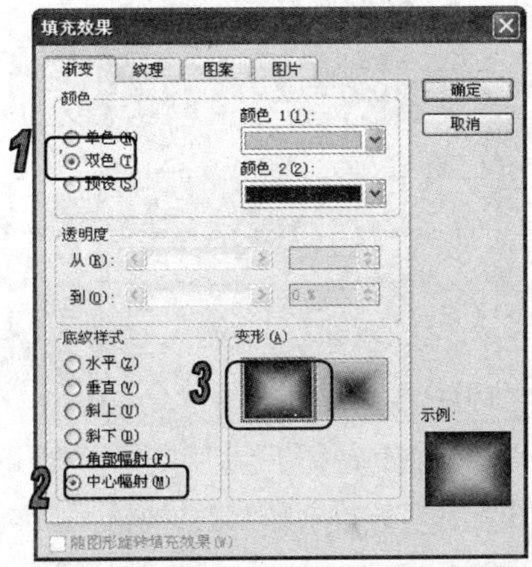

图 12-92　设置渐变颜色

(22) 在【颜色】选项区域的【颜色 1】和【颜色 2】下拉列表框中分别设置如图 12-93 所示的颜色。

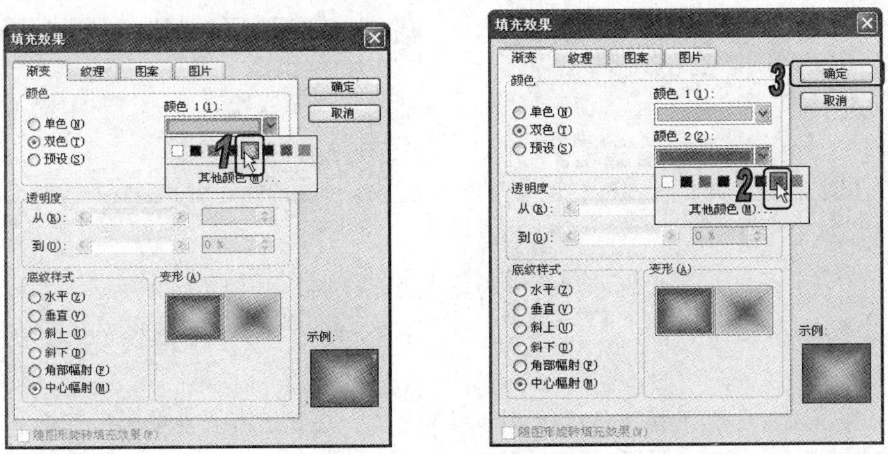

图 12-93　设置的两种填充颜色

(23) 单击【确定】按钮，返回到【设置表格格式】对话框，再次单击【确定】按钮，此时表格效果如图 12-94 所示。

(24) 参照步骤(19)~(23)，为表格第 1 列的第 2~6 行的 5 个单元格设置相同的填充颜色，此时幻灯片效果如图 12-95 所示。

(25) 选择【插入】|【新幻灯片】命令，在演示文稿中插入一张新幻灯片。

(26) 在标题文本框中输入标题文字“职员考核统计”，并删除【单击此处添加文本】文本占位符。

(27) 选择【插入】|【图表】命令，此时 PowerPoint 打开系统自带的 Microsoft Graph 图表，如图 12-96 所示。

(28) 在打开的 Excel 工作表中输入如图 12-97 所示的数据。

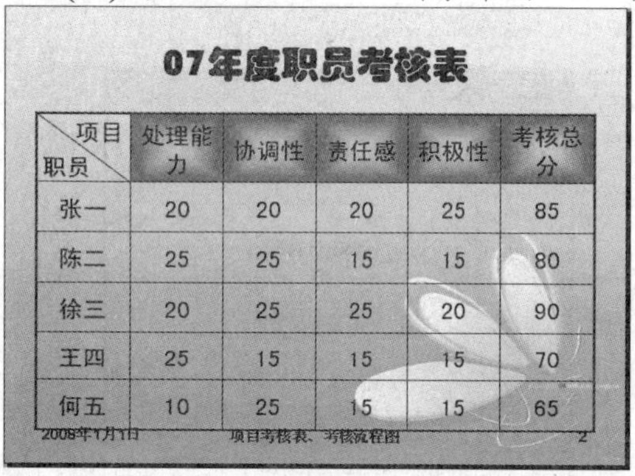

图 12-94　为表格第一行中的单元格设置填充颜色

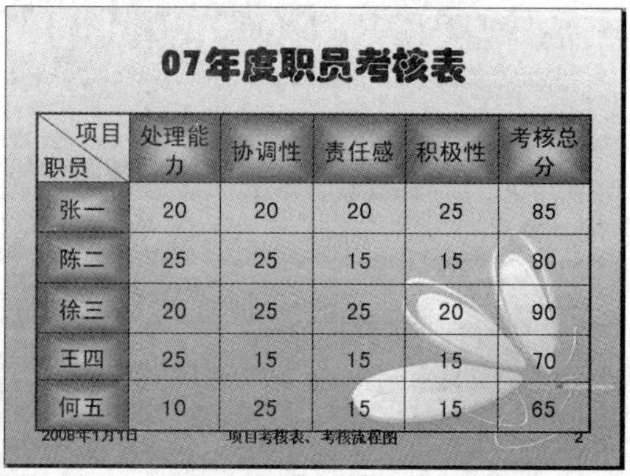

图 12-95　为表格第一列中的单元格设置填充颜色

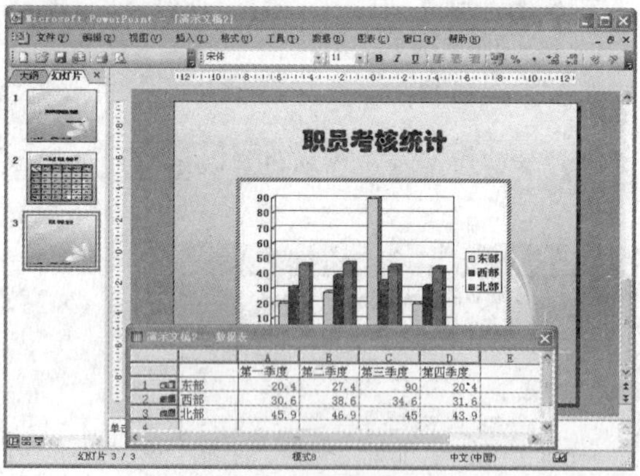

图 12-96　Microsoft Graph 图表

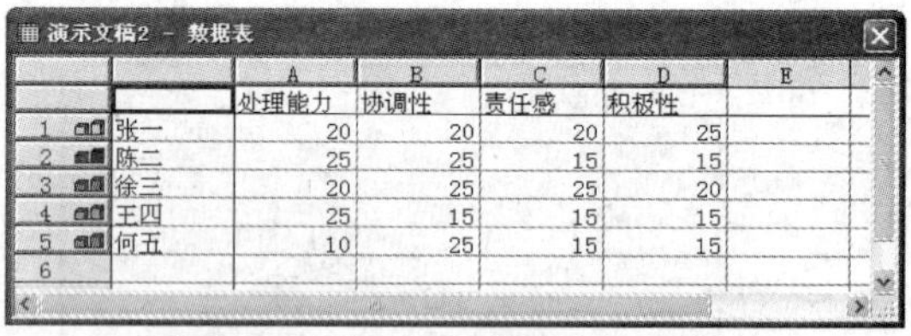

图 12-97　在 Excel 表格中插入数据

(29) 关闭 Excel 数据表，此时幻灯片中的图表自动更新，如图 12-98 所示。

(30) 在图表编辑状态下，右击图表编辑区域，在打开的快捷菜单中选择【图表类型】命令，打开【图表类型】对话框。

(31) 在【图表类型】列表框中选择【条形图】选项，在【子图表类型】列表框中选择【三维簇状条形图】选项，如图 12-99 所示。

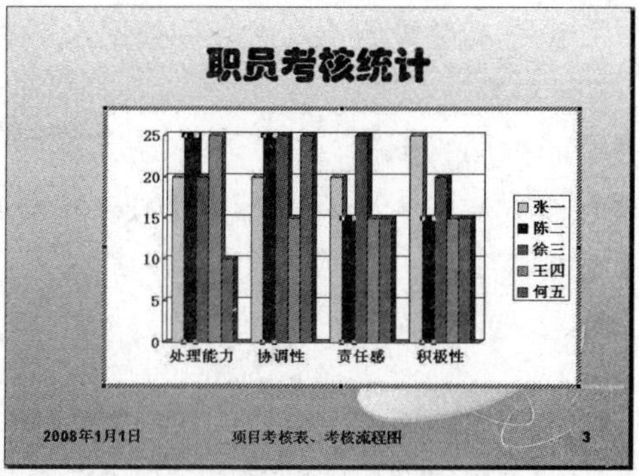

图 12-98　更新插入的图表

图 12-99　选择图表类型

(32) 单击【确定】按钮，此时幻灯片中的图表更改为如图 12-100 所示的类型。

(33) 在图表编辑状态下，右击图表编辑区域，在打开的快捷菜单中选择【图表选项】命令，打开【图表选项】对话框。

(34) 切换到【数据标签】选项卡，在【数据标签包括】选项区域中选中【值】复选框，如图 12-101 所示。

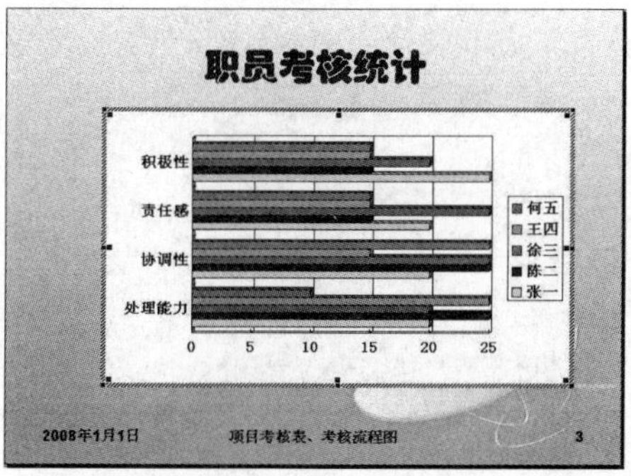

图 12-100　更改图表类型

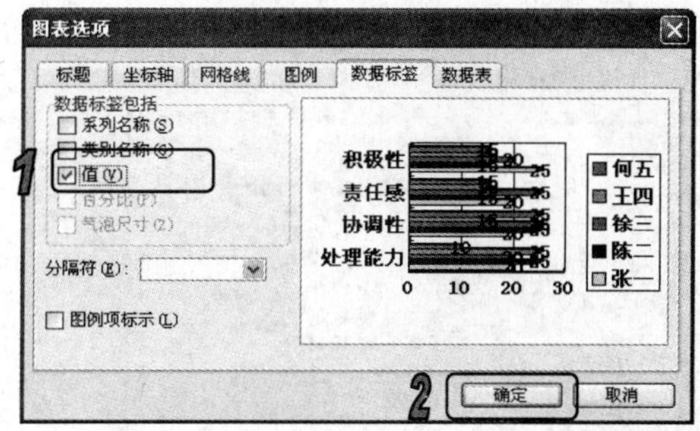

图 12-101　设置数据标签属性

(35) 单击【确定】按钮，此时幻灯片中显示各系列的值，如图 12-102 所示。

(36) 在图表编辑状态下，右击图表编辑区域，在打开的快捷菜单中选择【设置图表区格式】命令，打开【图表区格式】对话框。在【边框】选项区域中选中【自动】单选按钮，在【区域】选项区域中选择如图 12-103 所示的颜色。

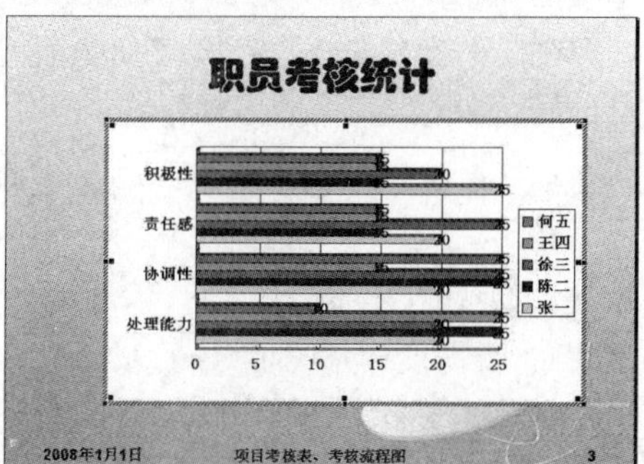

图 12-102　图表中显示系列的值

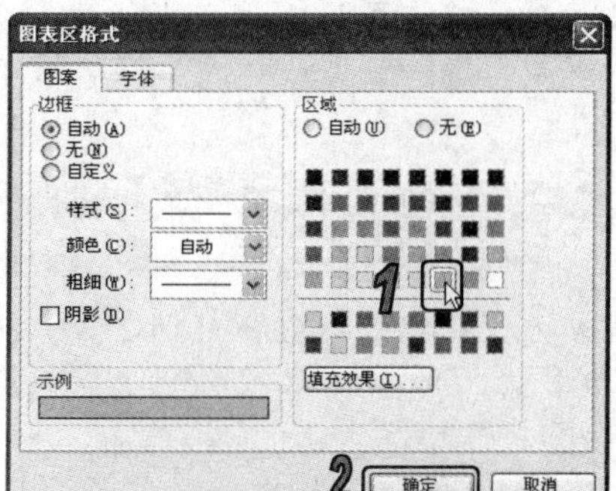

图 12-103　设置图表区格式

(37) 单击【确定】按钮，更改图表区格式，并拖动图表周围的控制点，调整图表的大小和位置，此时幻灯片效果如图 12-104 所示。

(38) 在图表编辑状态下选中系列【徐三】，如图 12-105 所示。

(39) 右击，在弹出的快捷菜单中选择【设置数据系列格式】命令，打开【数据系列格式】对话框，在打开选项卡的【内部】选项区域中选择【红色】选项，如图 12-106 所示。

(40) 单击【确定】按钮，此时幻灯片中图表效果如图 12-107 所示。

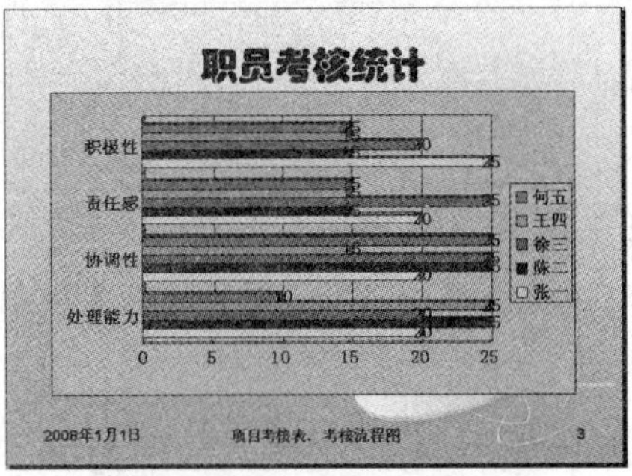

图 12-104 设置图表区格式

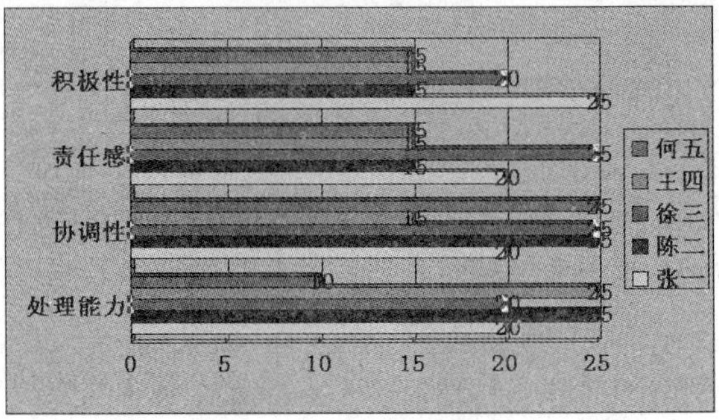

图 12-105 选中系列徐三

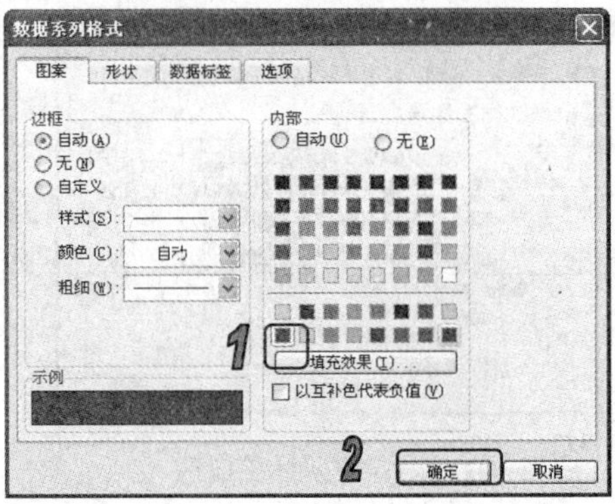

图 12-106 【设置数据系列格式】对话框

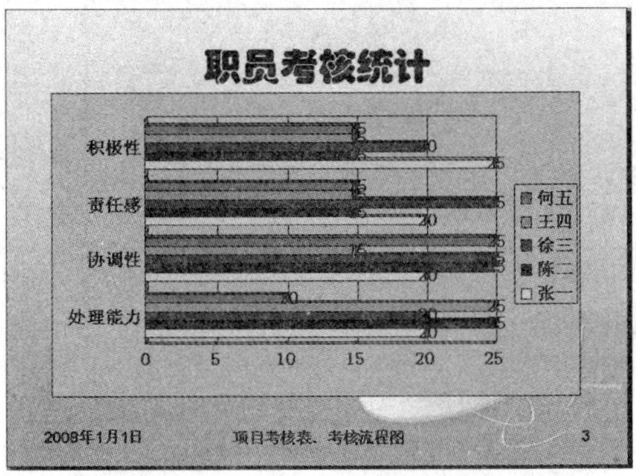

图 12-107 设置系列的填充颜色

(41) 选择【插入】|【新幻灯片】命令，在演示文稿中插入一张新幻灯片。

(42) 在标题文本框中输入“考核折线图”，并删除【单击此处添加文本】文本占位符。

(43) 单击常用工具栏中的【插入图表】按钮，将打开默认的图表编辑区域及数据表。

(44) 右击图表编辑区，在弹出的快捷菜单中选择【图表类型】命令，打开【图表类型】对话框。

(45) 在对话框的【图表类型】列表框中选择【折线图】选项，在【子图表类型】选项区域中选择【数据点折线图】选项，如图 12-108 所示。

(46) 单击【确定】按钮，此时，幻灯片中图表效果如图 12-109 所示。

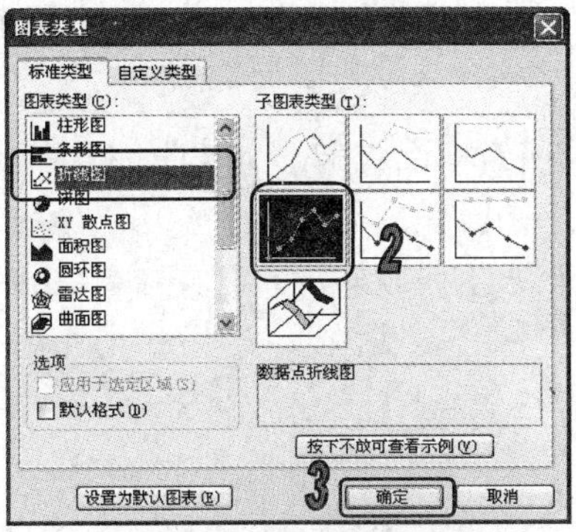

图 12-108　设置图表类型

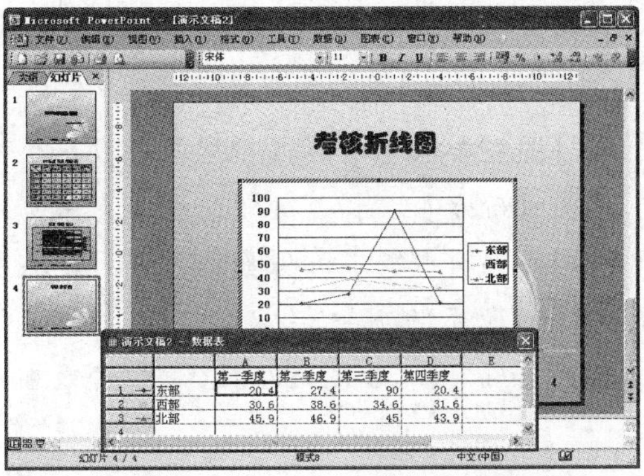

图 12-109　幻灯片中的图表效果

(47) 删除当前数据表中的数据，并数据输入，如图 12-110 所示。

(48) 关闭数据窗口，此时，幻灯片中的图表效果如图 12-111 所示。

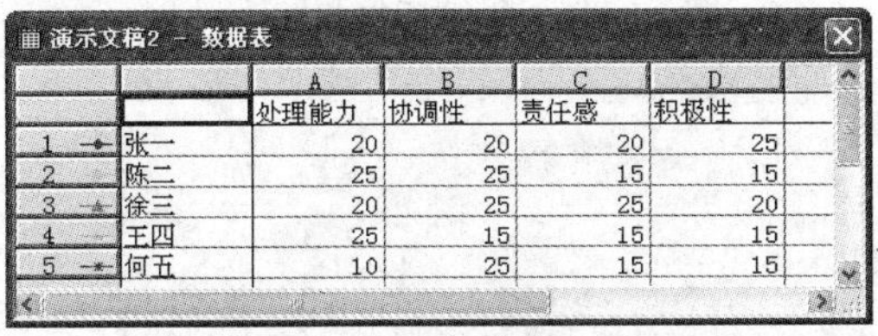

演示文稿2 － 数据表

		A	B	C	D
		处理能力	协调性	责任感	积极性
1	张一	20	20	20	25
2	陈二	25	25	15	15
3	徐三	20	25	25	20
4	王四	25	15	15	15
5	何五	10	25	15	15

图 12-110　修改数据表中的数据

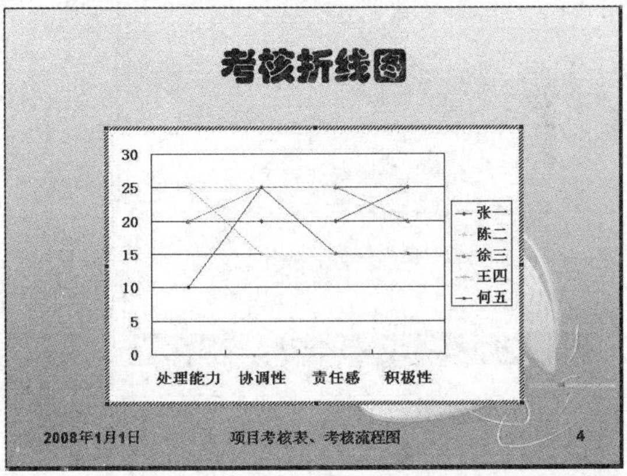

图 12-111　更改数据后的图表效果

(49) 在图表编辑状态下右击系列【徐三】，在弹出的快捷菜单中选择【设置数据系列格式】命令，打开【数据系列格式】对话框。

(50) 在【线条】选项区域中，单击【粗细】下拉按钮，在打开的列表中选择如图 12-112 所示的样式。

(51) 单击【确定】按钮，此时，系列【徐三】的折线效果如图 12-113 所示。

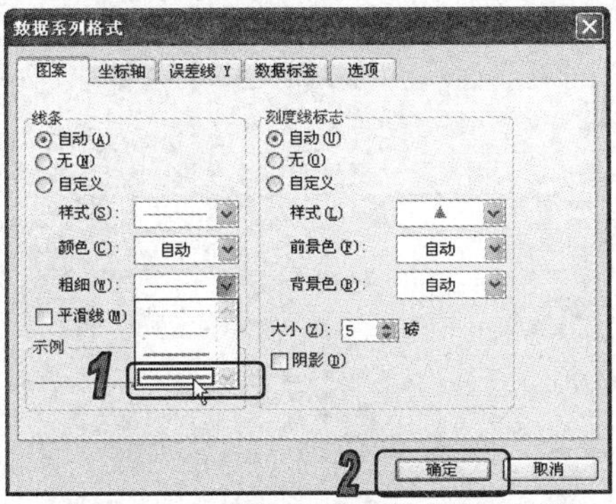

图 12-112　【数据系列格式】对话框

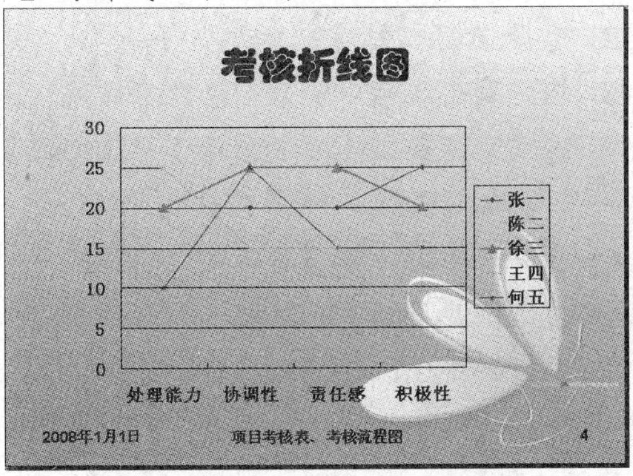

图 12-113　设置属性后的折线效果

(52) 在图表编辑状态右击，在弹出的快捷菜单中选择【图表选项】命令，打开【图表选项】对话框。

(53) 在【图例】选项卡的【位置】选项区域选中【底部】单选按钮，如图 12-114 所示。

(54) 单击【确定】按钮，此时，图表效果如图 12-115 所示。

(55) 在图表编辑状态下双击图例区域，打开【图形区格式】对话框，在【区域】选项区域选择如图 12-116 所示的颜色。

(56) 单击【确定】按钮，此时，幻灯片效果如图 12-117 所示。

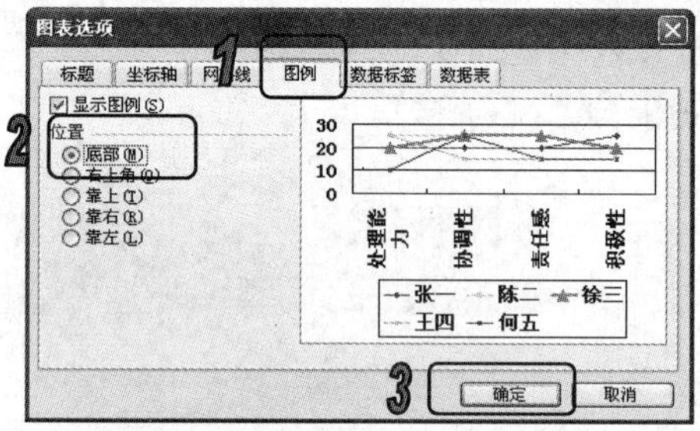

图 12-114 更改各系列的属性

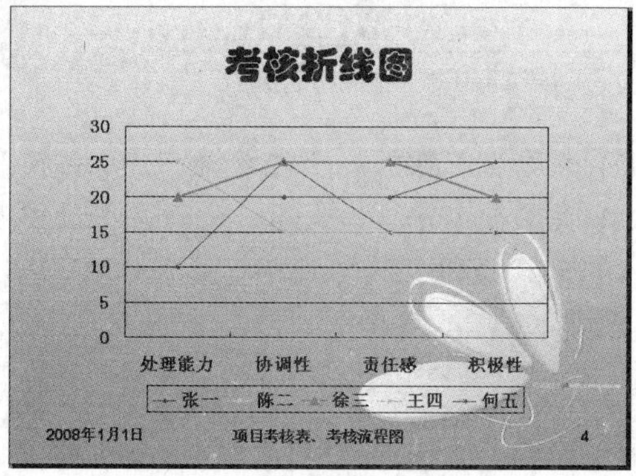

图 12-115 设置图例位置

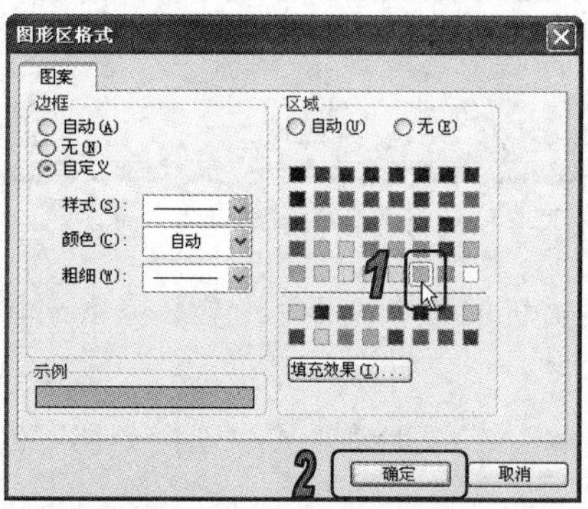

图 12-116 【图形区格式】对话框

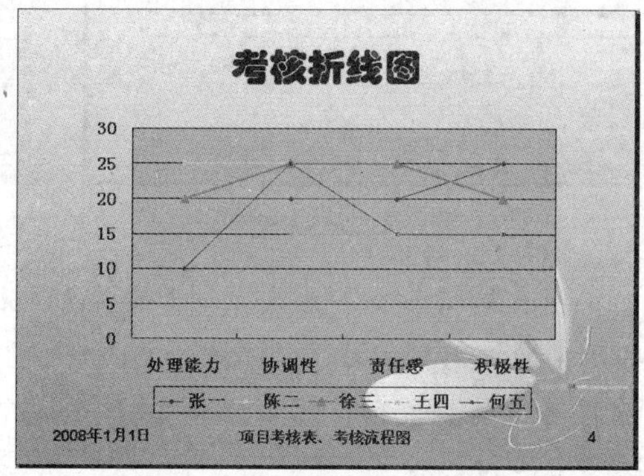

图 12-117 设置图例格式后图表效果

(57) 选择【插入】|【新幻灯片】命令，在演示文稿中插入一张新幻灯片。

(58) 在标题文本框中输入“绩效考核流程图”，并删除【单击此处添加文本】文本占位符。

(59) 在【绘图】工具栏中选择【自选图形】|【流程图】|【流程图：过程】命令，在幻灯片中绘制一个流程图图形，如图 12-118 所示。

(60) 选中该图形，按下 Ctrl+C 快捷键，然后连续 5 次按下 Ctrl+V 快捷键，此时，幻灯片效果如图 12-119 所示。

(61) 同时选中 6 个图形，依次在【绘图】工具栏上选择【绘图】|【对齐或分布】|【水平居中】命令和【绘图】|【对齐或分布】|【纵向分布】命令，幻灯片的图片效果如图 12-120 所示。

(62) 依次右击图形，在弹出的快捷菜单中选择【添加文本】命令，在图形中添加文本，设置文字字体为【楷体】，字型为【加粗】，如图 12-121 所示。

图 12-118　绘制流程图

图 12-119　复制粘贴图形

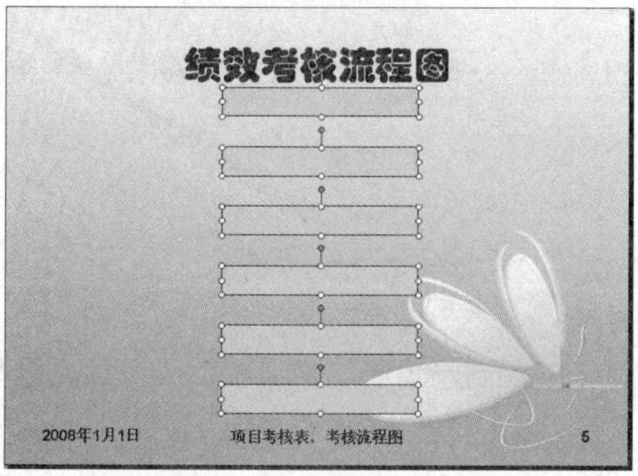

图 12-120　对齐图形

图 12-121　在图形中添加文字

(63) 使用【矩形】按钮，在当前幻灯片中绘制 3 个矩形图形，并在其中输入文字，如图 12-122 所示。

(64) 选中这 3 个矩形图形并右击，从弹出的快捷菜单中选择【设置自选图形格式】命令，打开【设置自选图形格式】对话框，设置矩形格式为无填充颜色、无线条，如图 12-123 所示。

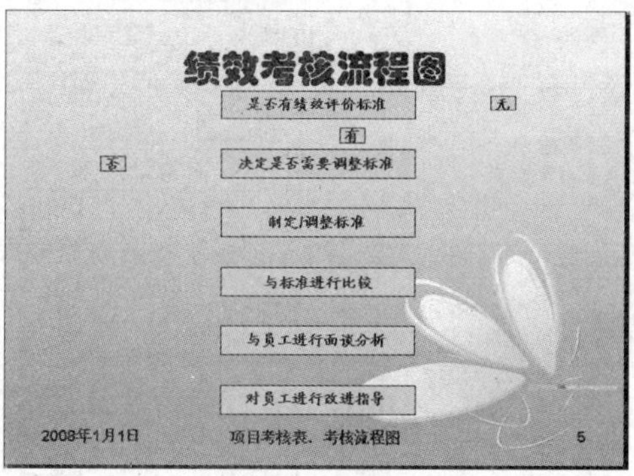

图 12-122　绘制矩形

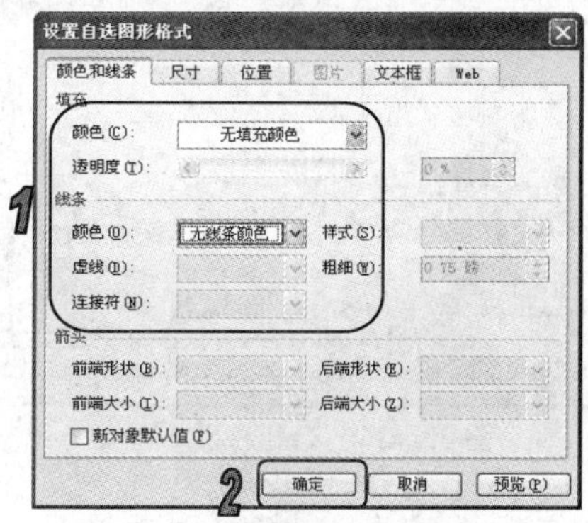

图 12-123　设置矩形格式

(65) 单击【确定】按钮，此时幻灯片效果如图 12-124 所示。

(66) 在【绘图】工具栏上单击【箭头】按钮，在幻灯片中绘制箭头，并调整箭头和矩形图形的位置和大小，如图 12-125 所示。

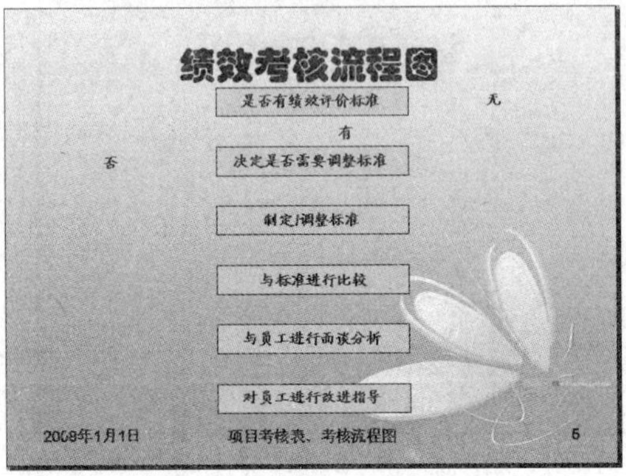

图 12-124　设置格式后的效果

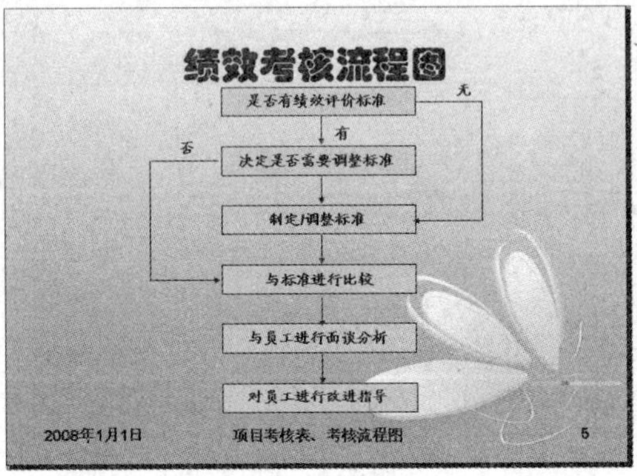

图 12-125　绘制箭头

(67) 演示文稿制作完毕，选择【文件】|【另存为】命令，打开【另存为】对话框，将演示文稿以文件名“职员考核报表”进行保存。

12.4　电脑产品相册

本节使用两张现有图片制作自定义模板，并使用该模板创建相册，来表现数码产品先进和发展快速。

(1) 启动 PowerPoint 2003 应用程序，打开一个空白演示文稿。

(2) 选择【视图】|【母版】|【幻灯片母版】命令，打开幻灯片母版视图，如图 12-126 所示。

(3) 选择【格式】|【背景】命令，打开【背景】对话框。单击【背景填充】下拉箭头，在打开的菜单中选择【填充效果】命令，如图 12-127 所示。

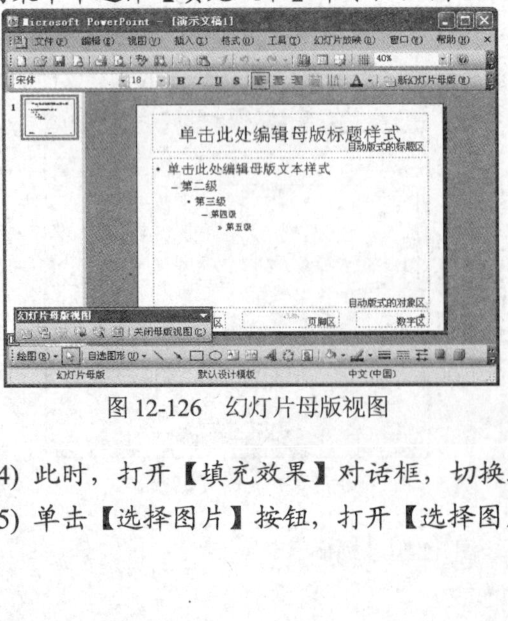

图 12-126　幻灯片母版视图

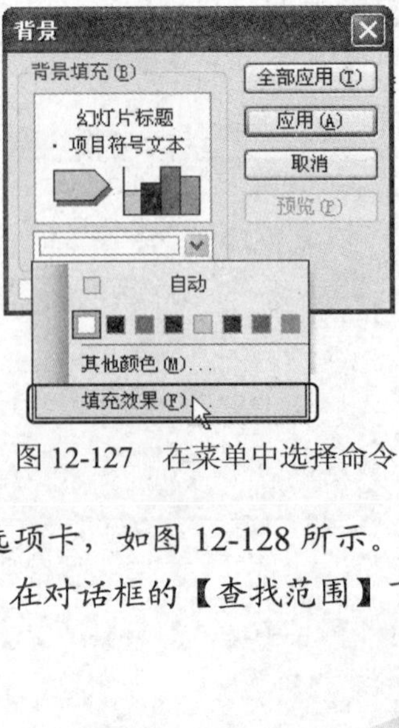

图 12-127　在菜单中选择命令

(4) 此时，打开【填充效果】对话框，切换到【图片】选项卡，如图 12-128 所示。

(5) 单击【选择图片】按钮，打开【选择图片】对话框，在对话框的【查找范围】下拉列表中设置图片的路径，并选择需要的图片，如图 12-129 所示。

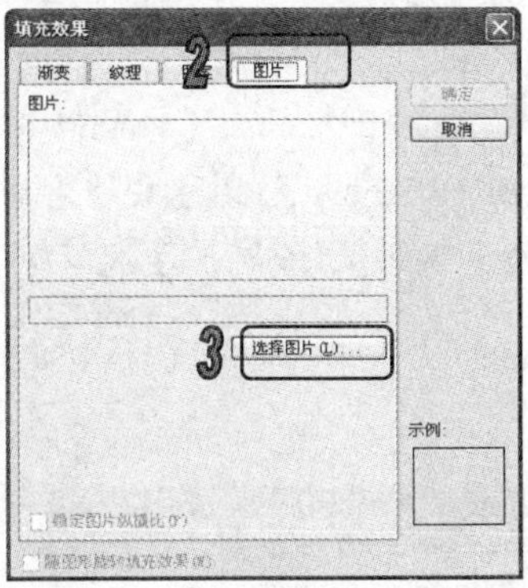

图 12-128　【图片】选项卡

图 12-129　【选择图片】对话框

(6) 单击【插入】按钮，返回到【填充效果】对话框。

(7) 单击【确定】按钮，返回到【背景】对话框，单击【应用】按钮将背景图片应用到当前母版中，如图 12-130 所示。

(8) 在【幻灯片母版视图】工具栏中单击【插入新标题母版】按钮，在母版视图中插入标题母版，如图 12-131 所示。

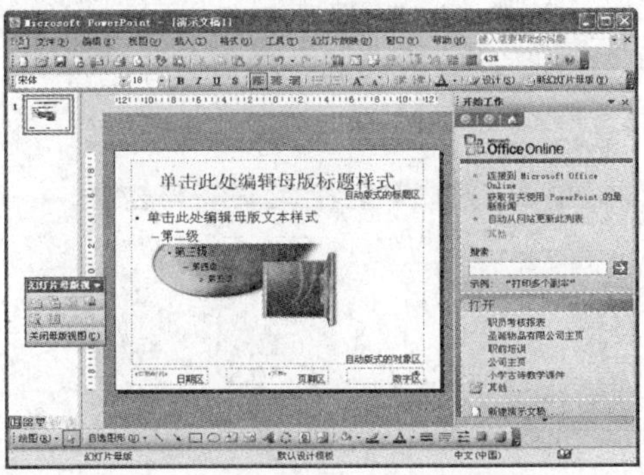

图 12-130　在母版中应用背景图片

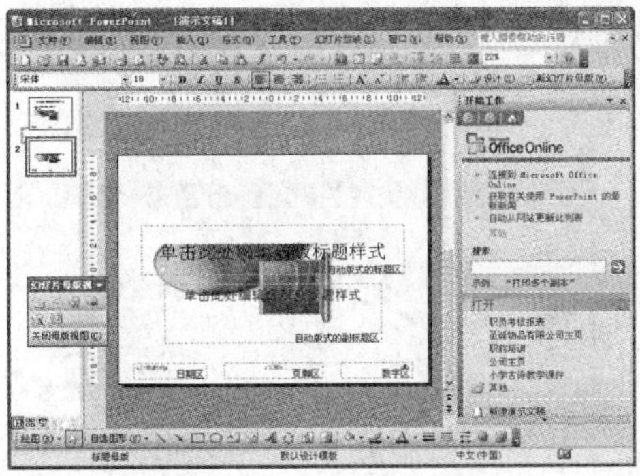

图 12-131　插入标题母版

(9) 选择【格式】|【背景】命令，打开【背景】对话框。参照步骤(3)~(7)，在该标题母版中插入另一张背景图片，如图 12-132 所示。

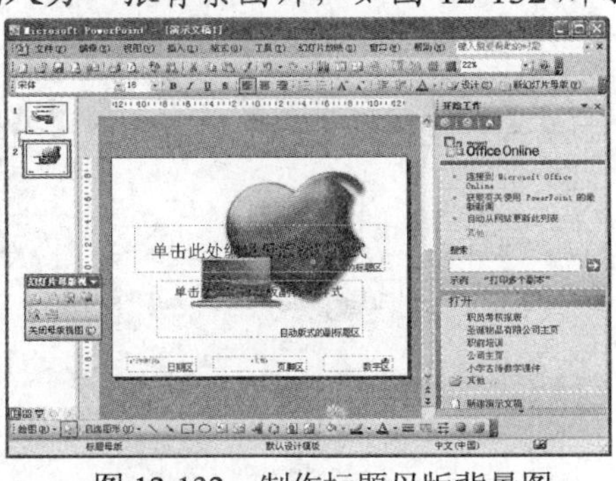

图 12-132　制作标题母版背景图

> **提示**
>
> 如果用户不是在幻灯片母版视图中添加背景，而是在普通视图中进行设置，则背景图片只能应用于当前幻灯片或所有幻灯片。

(10) 在【幻灯片母版视图】工具栏中单击【关闭母版视图】按钮，返回到普通视图。

(11) 选择【文件】|【另存为】命令，将演示文稿以"自定义模板"为名保存为模板类型。

(12) 关闭该设计模板。重新启动 PowerPoint 2003 应用程序，打开空白演示文稿。

(13) 选择【插入】|【图片】|【新建相册】命令，打开如图 12-133 所示的【相册】对话框。

(14) 在对话框中单击【文件/磁盘】按钮，打开【插入新图片】对话框，在图片列表中选中需要插入的图片，如图 12-134 所示。

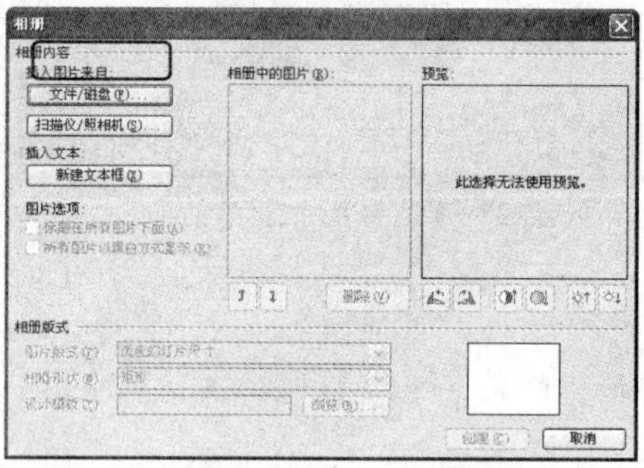

图 12-133 【相册】对话框

图 12-134 【插入新图片】对话框

(15) 单击【插入】按钮，返回到【相册】对话框，如图 12-135 所示。

(16) 在【相册中的图片】列表框中选择【2.jpg】选项，单击 按钮，将该图片移动到列表框的最上方，使用同样的方法排列图片位置，如图 12-136。

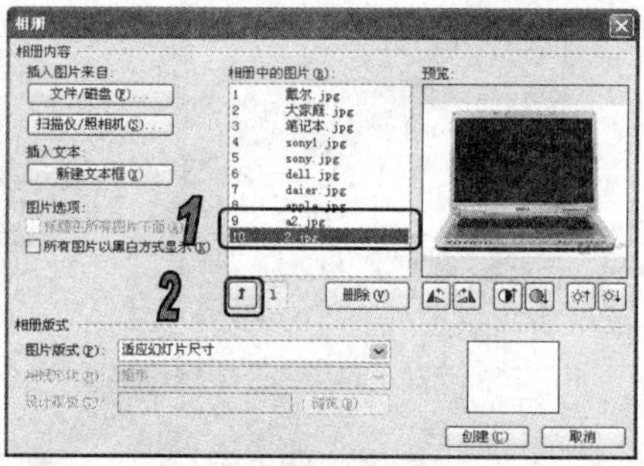

图 12-135 选择图片后的对话框效果

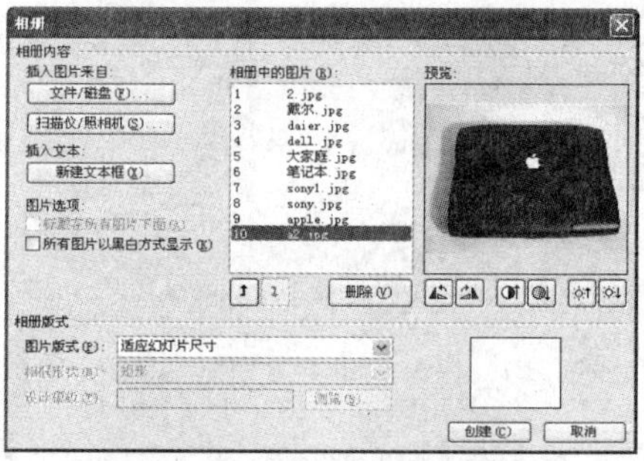

图 12-136 在对话框中移动图片列表

(17) 在【相册版式】选项区域的【图片版式】下拉列表中选择【4 张图片(带标题)】选项，在【相框形状】下拉列表中选择【圆角矩形】选项，并单击【设计模板】文本框右侧的【浏览】按钮，打开【选择设计模板】对话框。

(18) 在对话框中选择【自定义模板】模板(如图 12-137 所示)，单击【选择】按钮，返回到【相册】对话框，单击【创建】按钮，创建包含 10 张图片的电子相册，如图 12-138 所示。

(19) 选中幻灯片中所有的图片后右击，从弹出的快捷菜单中选择【设置自选图形格式】命令，打开【设置自选图形格式】对话框。

图 12-137　选择模板

图 12-138　应用模板后的相册效果

(20) 在【线条】选项区域中，单击【颜色】下拉按钮，在弹出的下拉列表中选择【深绿色】选项；在【粗细】文本框中输入“3 磅”，单击【确定】按钮即可，如图 12-139 所示。

(21) 在幻灯片预览窗格中选择第 1 张幻灯片缩略图，将其显示在幻灯片编辑窗口中。在幻灯片中选中文本占位符，修改占位符中的文字并调整其位置，如图 12-140 所示。

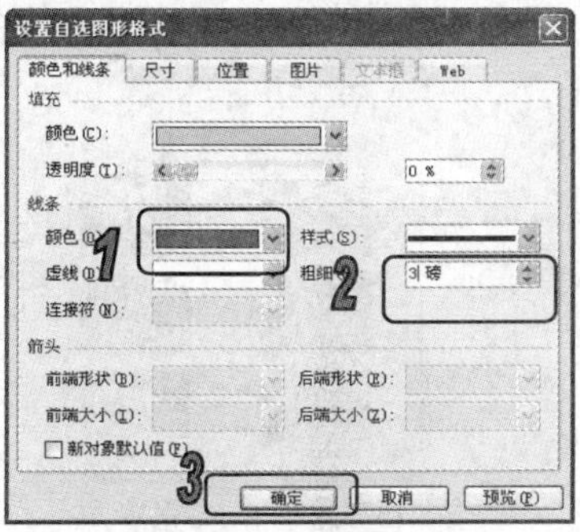

图 12-139　设置相片边框

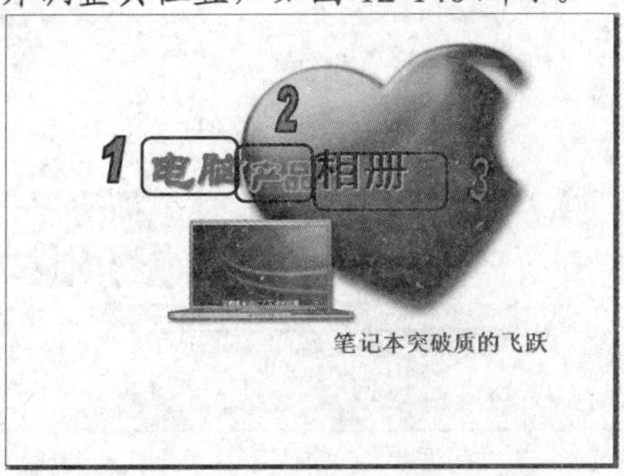

图 12-140　在占位符中修改文字并调整其位置

(22) 依次单击第 2~4 张幻灯片缩略图，在幻灯片编辑窗口中调整相片的大小，使其与模板大小吻合，并在每张幻灯片的【单击此处添加标题】文本占位符中添加图片的主题，如图 12-141 所示。

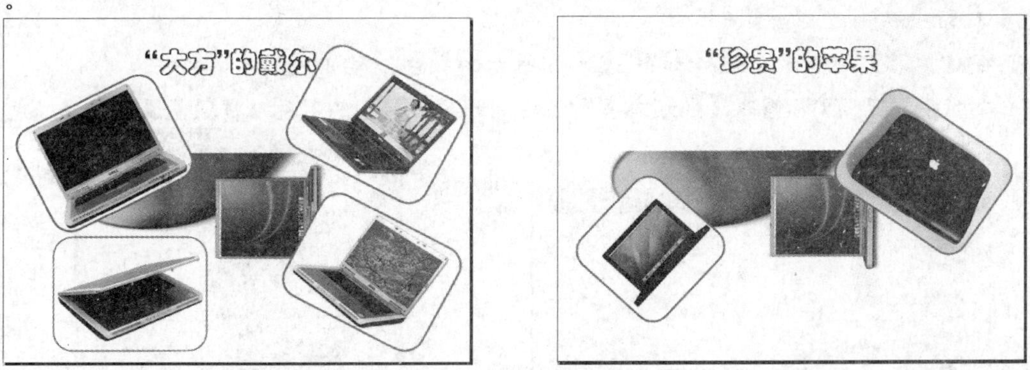

图 12-141　调整幻灯片中的相片大小并输入相片主题

(23) 演示文稿制作完毕，选择【文件】|【另存为】命令，将演示文稿以“电脑产品相册”为文件名进行保存。

12.5 数学分析报告

本节使用 PowerPoint 自带的多个模板创建演示文稿，在幻灯片母版视图中调整母版的配色方案和背景图片，同时在创建演示文稿的过程中使用公式编辑编辑器添加公式。

(1) 启动 PowerPoint 2003 应用程序，打开工作界面。

(2) 选择菜单【格式】|【幻灯片设计】命令，打开【幻灯片设计】任务窗格。

(3) 在【应用设计模板】列表框中拖动右侧的滚动条，并单击 Watermark 模板，将该模板样式应用到当前的演示文稿中，如图 12-142 所示。

(4) 选择【视图】|【母版】|【幻灯片母版】命令，打开幻灯片母版视图。

(5) 在【幻灯片设计】任务窗格中单击【配色方案】链接，打开如图 12-143 所示的任务窗格。

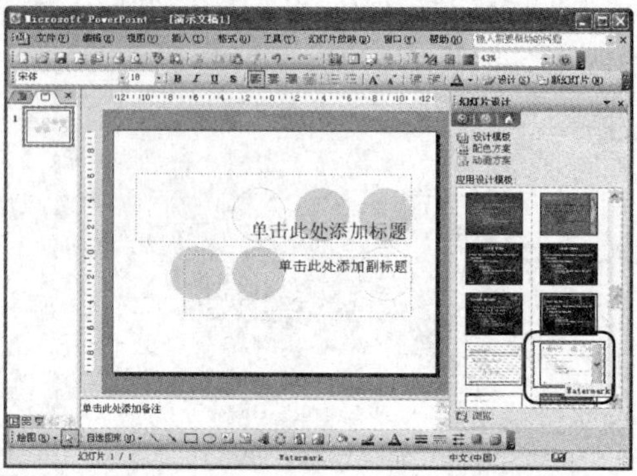

图 12-142 在演示文稿中应用 Network 模板

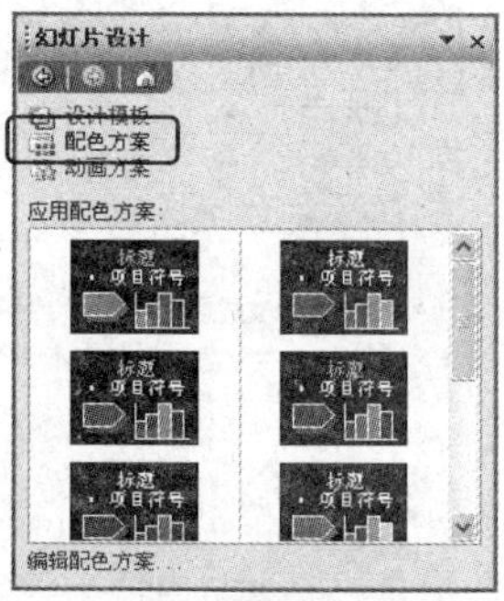

图 12-143 在任务窗格中显示配色方案

(6) 在任务窗格中单击【编辑配色方案】链接，打开【编辑配色方案】对话框，如图 12-144 所示。

(7) 在【配色方案颜色】选项区域中选择【填充】选项，单击【更改颜色】按钮，打开【填充颜色】对话框。

(8) 在【标准】选项卡中选择如图 12-145 所示的颜色，单击【确定】按钮。

(9) 参照步骤(7)~(8)，修改【强调文字和已访问的超链接】的颜色，将颜色设置为【绿色】。

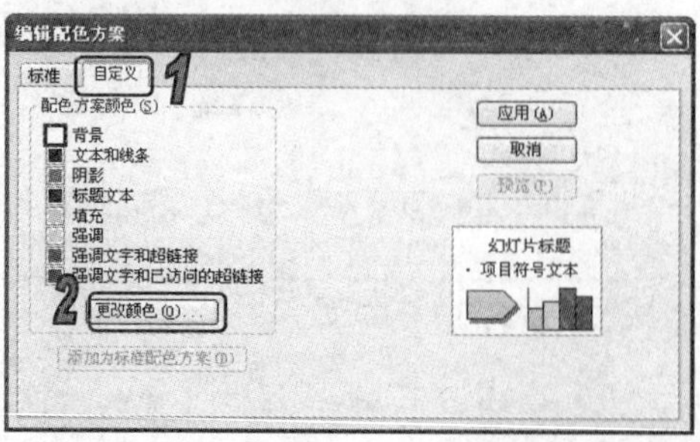

图 12-144 【编辑配色方案】对话框

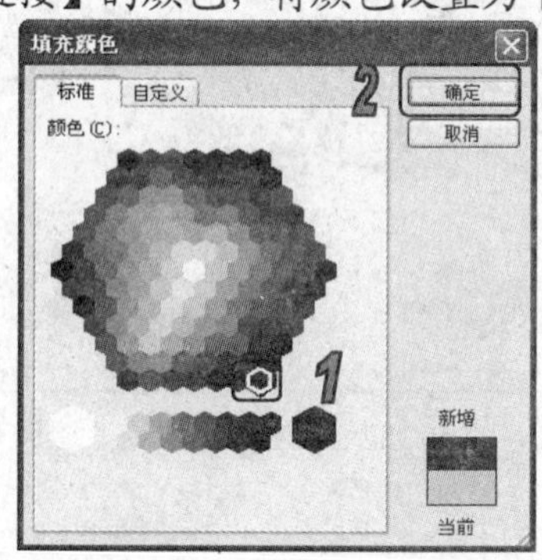

图 12-145 设置填充颜色

(10) 单击【应用】按钮，此时，幻灯片母版效果如图 12-146 所示。

(11) 在【幻灯片母版视图】工具栏中单击【关闭母板视图】按钮，关闭母板视图。

(12) 选择【格式】|【背景】命令，打开【背景】对话框，在【背景填充】下拉菜单中选择【填充效果】命令，打开【填充效果】对话框。

(13) 在【颜色】选项区域中选中【单色】单选按钮，在【颜色 1】下拉列表中选择【按阴影配色方案】选项，并将【预设】滑块调整到最右侧；在【底纹样式】选项区域中选中【角部辐射】单选按钮，如图 12-147 所示。

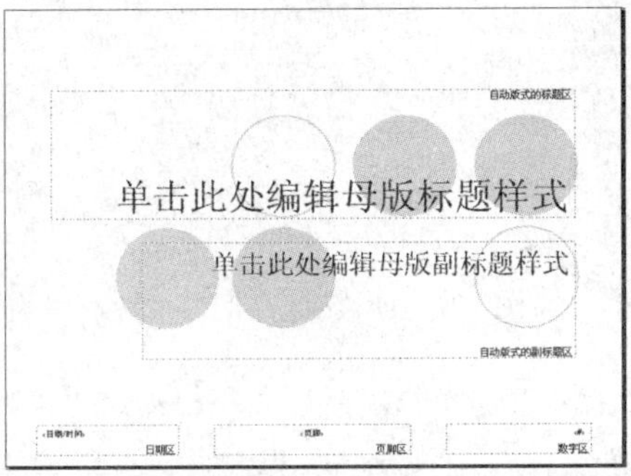

图 12-146　修改配色方案后的母版效果

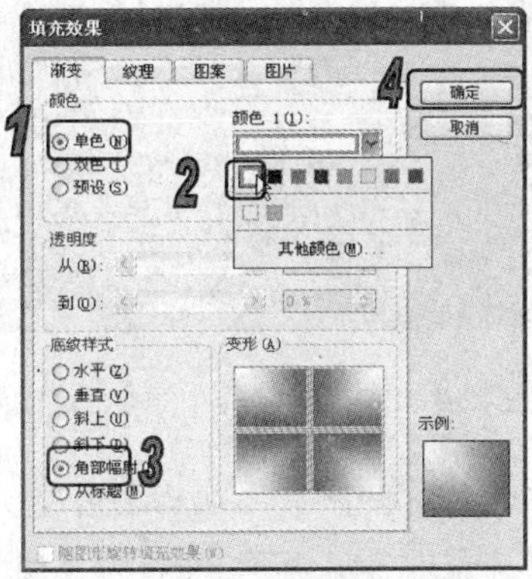

图 12-147　设置填充效果

(14) 单击【确定】按钮，返回到【背景】对话框。单击【应用】按钮，将填充颜色应用到幻灯片中，效果如图 12-148 所示。

(15) 在幻灯片的两个文本占位符中输入文字，设置标题文字字体为【华文琥珀】，字体效果为【阴影】；设置副标题字型为【加粗】。

(16) 打开【剪贴画】任务窗格，在幻灯片中插入剪贴画。在【图片】工具栏中单击【设置图片格式】按钮，打开【设置图片格式】对话框。

(17) 在【图片】选项卡的【图像控制】选项区域设置【对比度】为 40%，如图 12-149 所示。

图 12-148　为幻灯片设置背景色

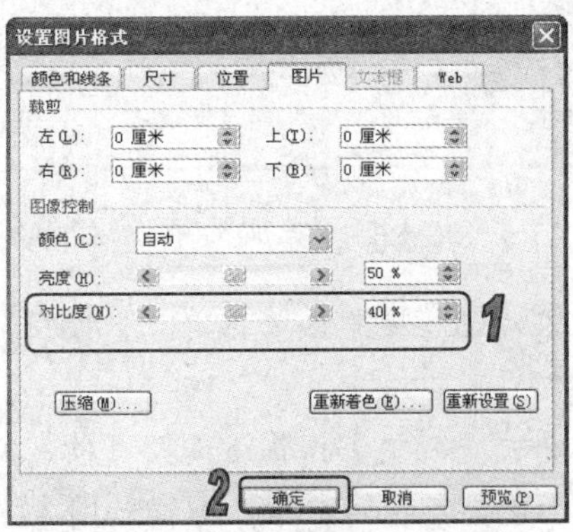

图 12-149　设置图片的对比度

(18) 单击【确定】按钮，此时，幻灯片效果如图 12-150 所示。

(19) 在【格式】工具栏中单击【新幻灯片】按钮，添加一张新幻灯片。

(20) 选择【格式】|【幻灯片设计】命令，打开【幻灯片设计】任务窗格。在【应用设计模板】列表中单击 Proposal 模板右侧的下拉箭头，在打开的菜单中选择【应用于选定幻灯片】命令，如图 12-151 所示。

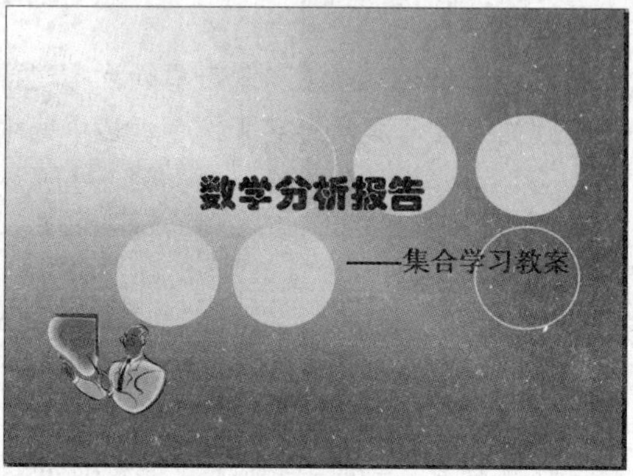

图 12-150　在幻灯片中添加剪贴画并设置属性

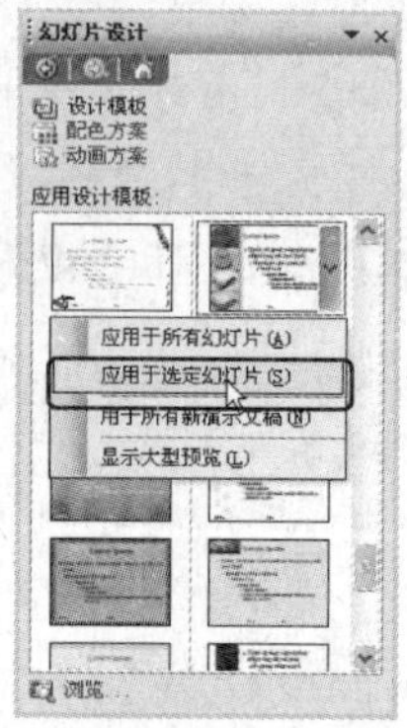

图 12-151　在选定幻灯片中应用模板

(21) 在幻灯片两个文本占位符中输入如图 12-152 所示的文字。设置标题文字字体为【华文隶书】，字号为 54，字体效果为【阴影】；设置文本文字字型为【加粗】。

(22) 选中【单击此处添加文本】文本占位符，选择【格式】|【项目符号和编号】命令，打开【项目符号和编号】对话框，如图 12-153 所示。

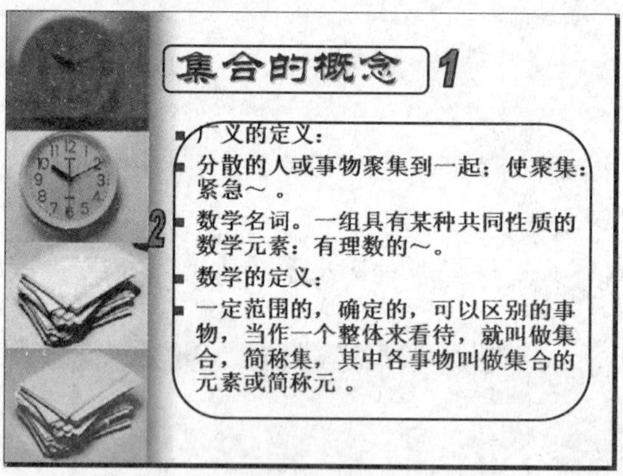

图 12-152　在幻灯片中输入文字

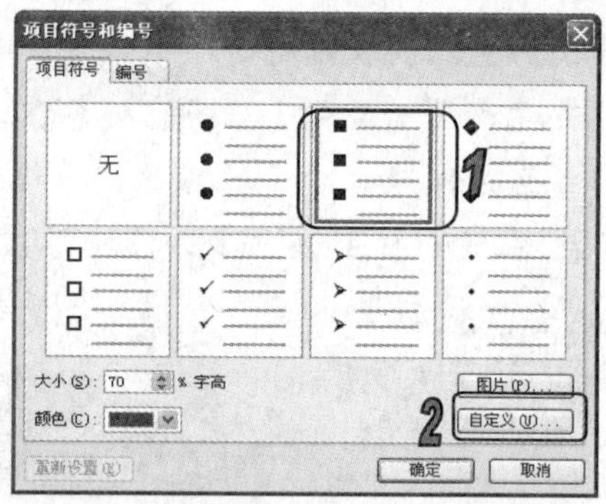

图 12-153　【项目符号和编号】对话框

(23) 在对话框中单击【自定义】按钮，打开【符号】对话框，选择如图 12-154 所示的符号样式。

(24) 单击【确定】按钮返回到【项目符号和编号】对话框，在【大小】文本框中输入 90，并打开【颜色】下拉列表框，选择如图 12-155 所示的颜色。

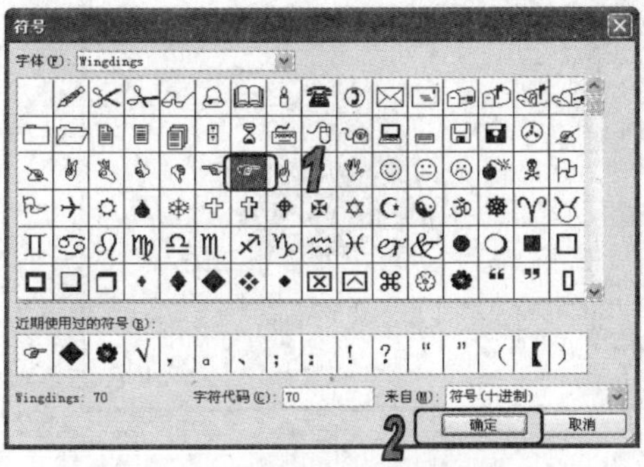

图 12-154　在对话框中选择符号样式

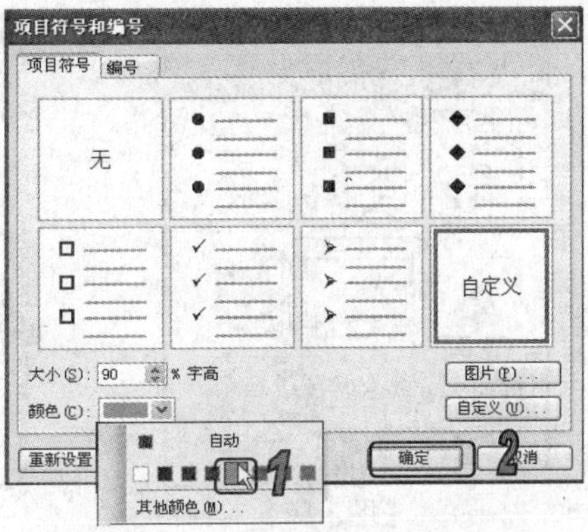

图 12-155　设置符号大小和颜色

(25) 单击【确定】按钮，此时，幻灯片效果如图 12-156 所示。

(26) 将光标定位在文字“分散的人或事物”前，单击【增加缩进量】按钮，为该行文字设置缩进量。

(27) 参照步骤(26)，为第 4 行和第 6 行文字增加缩进量，此时幻灯片效果如图 12-157 所示。

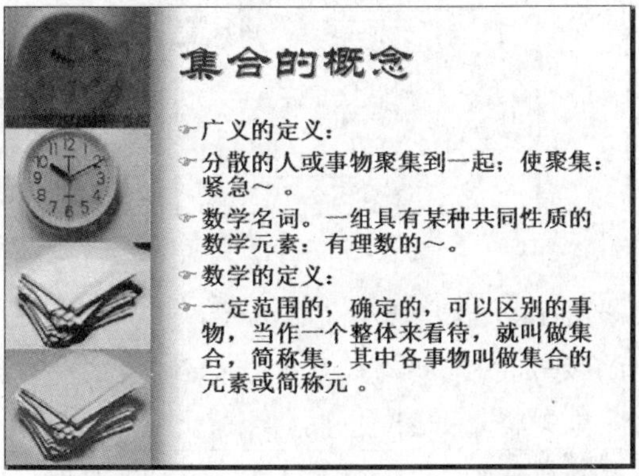

图 12-156　添加项目符号后的幻灯片效果

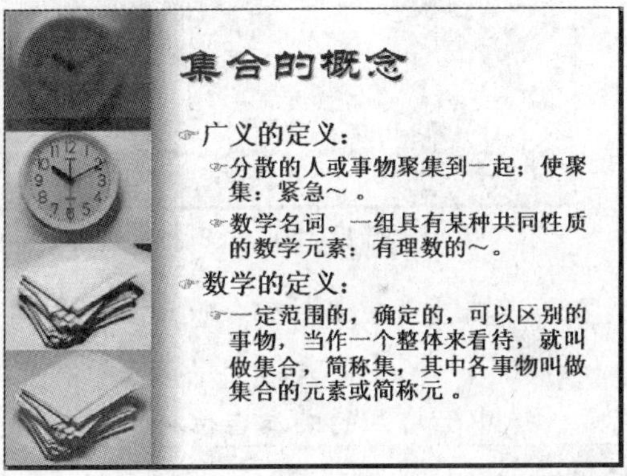

图 12-157　添加缩进量后的效果

(28) 在【格式】工具栏中单击【新幻灯片】按钮，添加一张新幻灯片。

(29) 在幻灯片中输入标题文字“集合的性质”，设置标题文字字体为【华文隶书】，字号为 54，字体效果为【阴影】，删除【单击此处添加文本】文本占位符。

(30) 选择【插入】|【图示】命令，打开【图示库】对话框，选择【维恩图】选项，如图 12-158 所示。

(31) 单击【确定】按钮，在幻灯片中插入如图 12-159 所示的图示，并输入文字。

(32) 在【绘图】工具栏中单击【矩形】按钮，在幻灯片中绘制两个矩形，并添加文本和设置格式分别为【无填充颜色】和【无线条颜色】，此时，幻灯片效果如图 12-160 所示。

(33) 右击选中的【维恩图】图示，从弹出的快捷菜单中，选择【设置图示格式】命令，打开【设置图示格式】对话框。

(34) 在【线条】选项区域中，单击【颜色】下拉按钮，从弹出的下拉列表中选项【黑色】选项，在【粗细】文本框中输入“3 磅”，如图 12-161 所示。

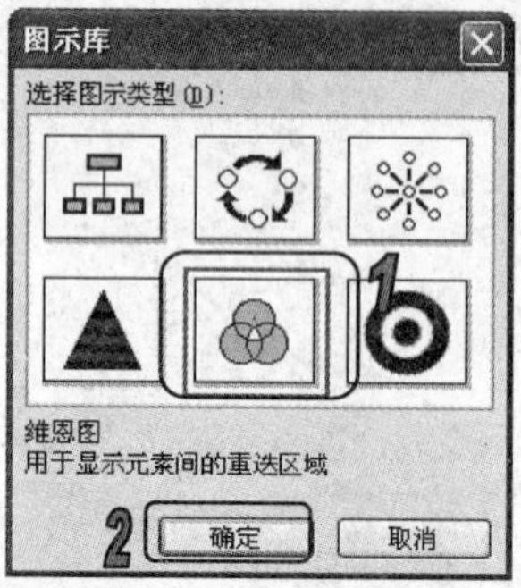

图 12-158 【图示库】对话框

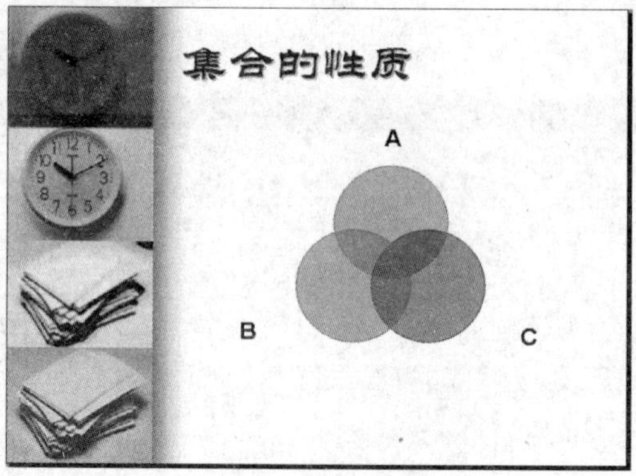

图 12-159 插入图示

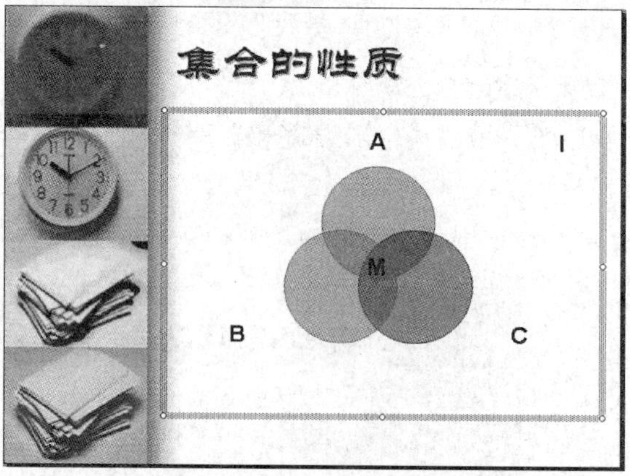

图 12-160 复制粘贴图形

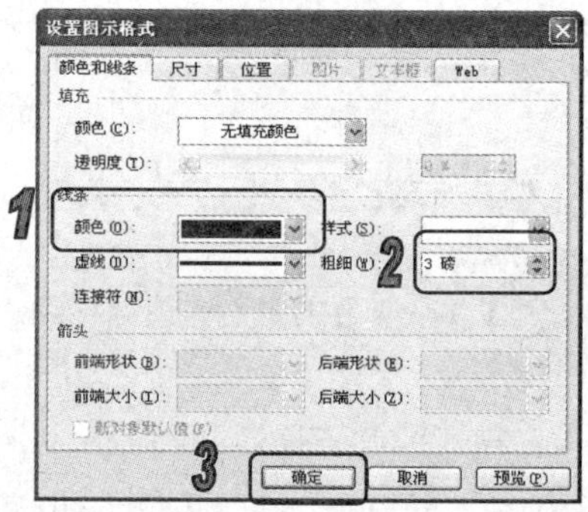

图 12-161 对齐图形

(35) 单击【确定】按钮，此时，幻灯片的效果如图 12-162 所示。

(36) 在【格式】工具栏中单击【新幻灯片】按钮，添加一张新幻灯片，在标题占位符中输入标题；选中幻灯片的文本占位符，按下 Delete 键将其删除，如图 12-163 所示。

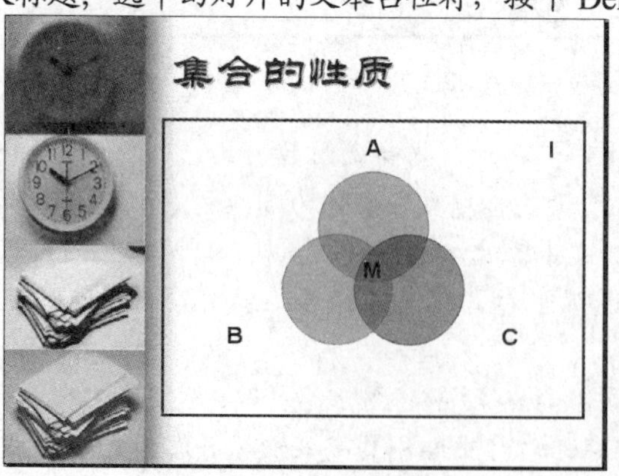

图 12-162 在图形中添加文字

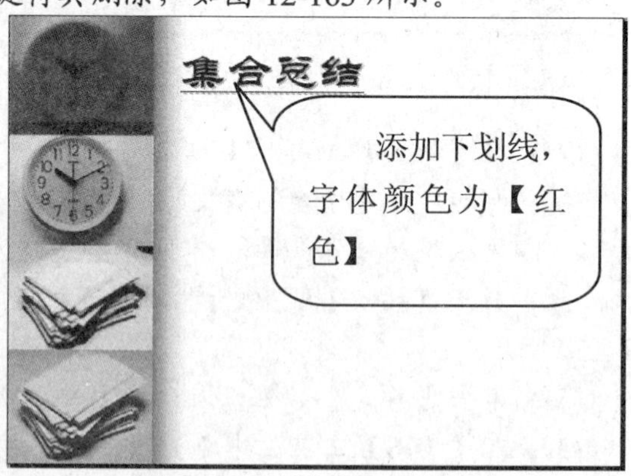

图 12-163 添加第 4 张幻灯片

(37) 选择【插入】|【对象】命令，打开【插入对象】对话框，在【对象类型】列表框中选择【Microsoft 公式 3.0】选项，如图 12-164 所示。

(38) 单击【确定】按钮，打开【公式编辑器】对话框，在光标处输入如图 12-165 所示的文字。

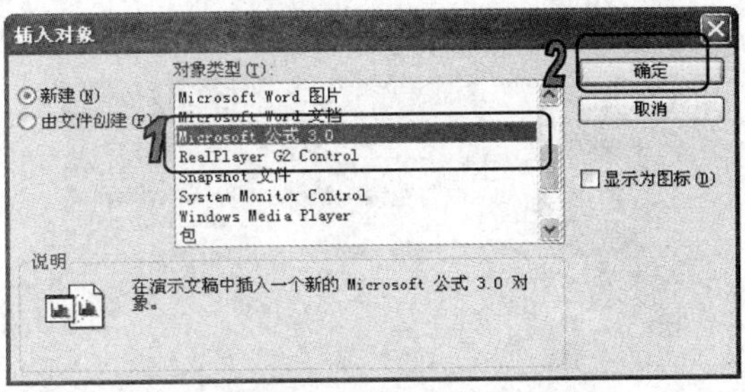

图 12-164　【插入对象】对话框

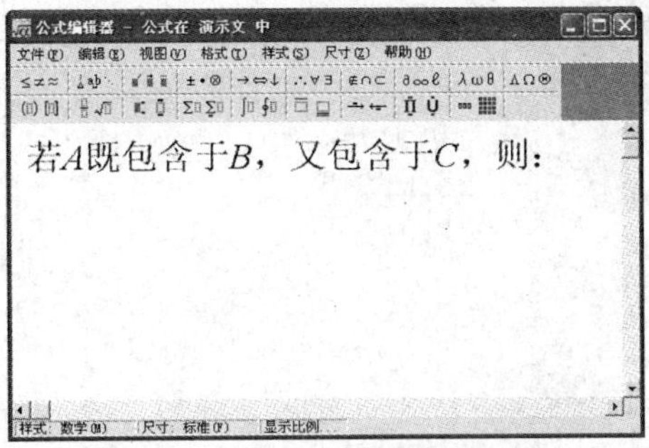

图 12-165　【公式编辑器】对话框

(39) 单击如图 12-166 所示的按钮，在打开的选项列表中选择⋂号，在字母 A 后面插入⋂，输入公式后的效果如图 12-167 所示。

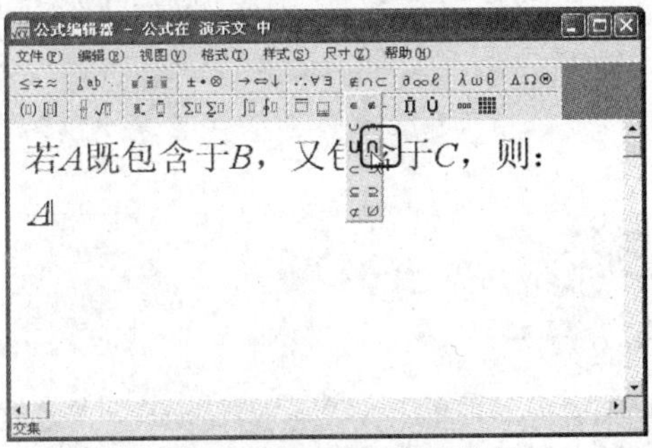

图 12-166　选择运算符号

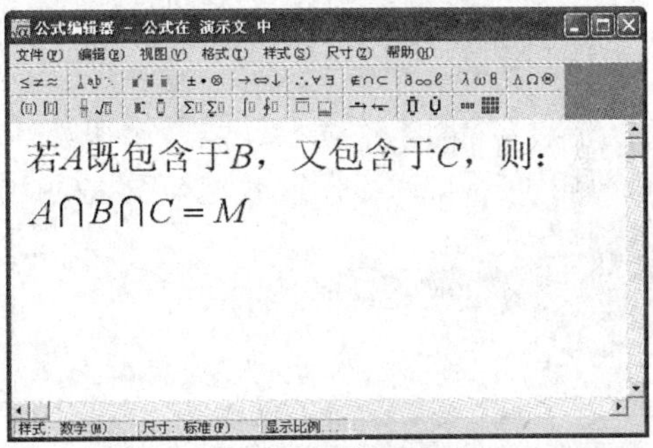

图 12-167　输入公式

(40) 按 Enter 键，继续输入公式，单击如图 12-168 所示的按钮，在打开的选项列表中选择⋃号，在字母 A 后面插入⋃，输入公式后的效果如图 12-169 所示。

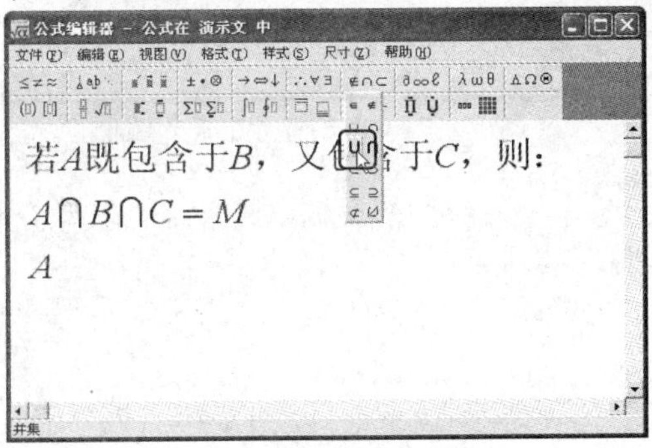

图 12-168　选择符号

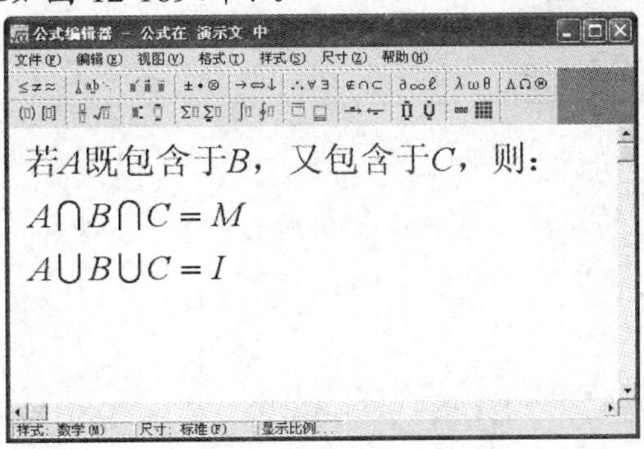

图 12-169　输入另一公式

(41) 关闭【公式编辑器】对话框，将公式插入到幻灯片中，调节公式大小后的效果如图 12-170 所示。

(42) 选中公式，在【绘图】工具栏中单击【填充颜色】按钮，将公式背景填充为【金色】，如图 12-171 所示。

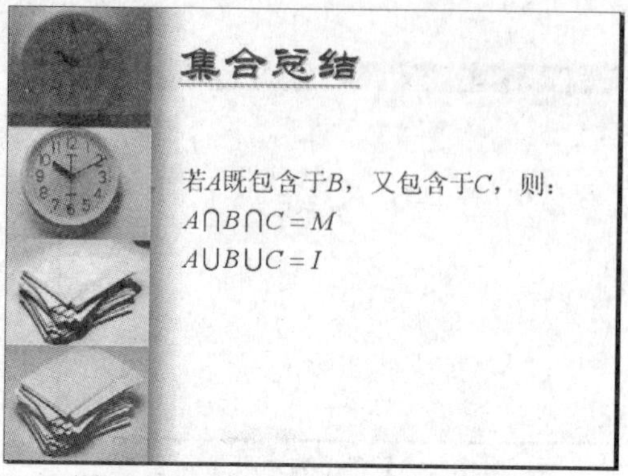

图 12-170　幻灯片中显示插入的公式

图 12-171　填充颜色

(43) 选择【插入】|【文本框】|【水平】命令，在公式区域中插入两个文本框，分别在文本框中输入文字“交集”和“并集”，设置文字字体为【楷体】，字号为 28，字型为【加粗】，如图 12-172 所示。

(44) 在【绘图】工具栏中选择【自选图形】|【箭头总汇】|【左箭头】命令，在幻灯片中绘制两个同样大小的箭头图形，如图 12-173 所示。

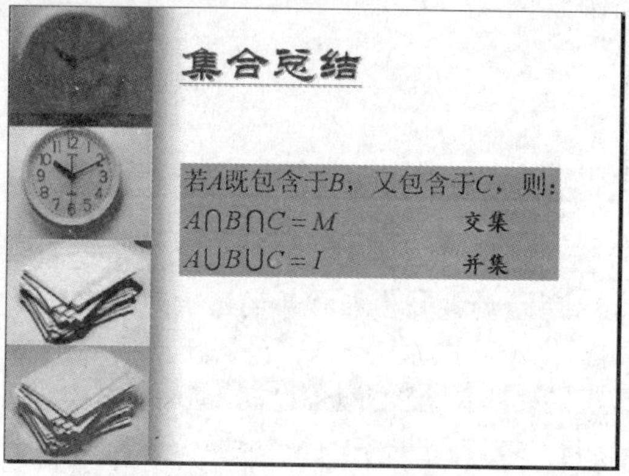

图 12-172　插入文本框

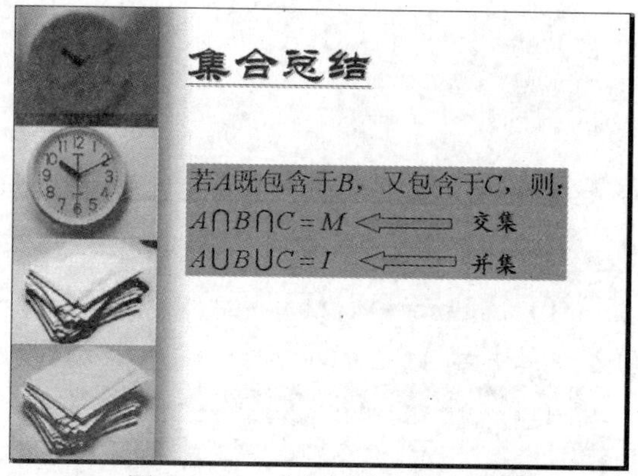

图 12-173　在幻灯片中插入图形

(45) 演示文稿制作完毕，选择【文件】|【另存为】命令，将演示文稿以文件名“数学分析报告”进行保存。

12.6　自我推荐

使用 PowerPoint 的路径动画功能，制作演示文稿封面的动画效果。本节将介绍动画移动路径、编辑路径端点、定位与翻转路径、插入声音文件等操作方法，最后为幻灯片添加切换效果。

(1) 启动 PowerPoint 2003 应用程序，打开一个空白演示文稿。

(2) 在任务窗格中打开【开始工作】下拉列表框，在快捷菜单中选择【新建演示文稿】命令。

(3) 在打开【新建演示文稿】任务窗格的【模板】选项区域中单击【本机上的模板】链接，

打开【新建演示文稿】对话框。

(4) 在对话框中选择自定义添加的【模式 6】选项，单击【确定】按钮，将其应用到当前幻灯片中，如图 12-174 所示。

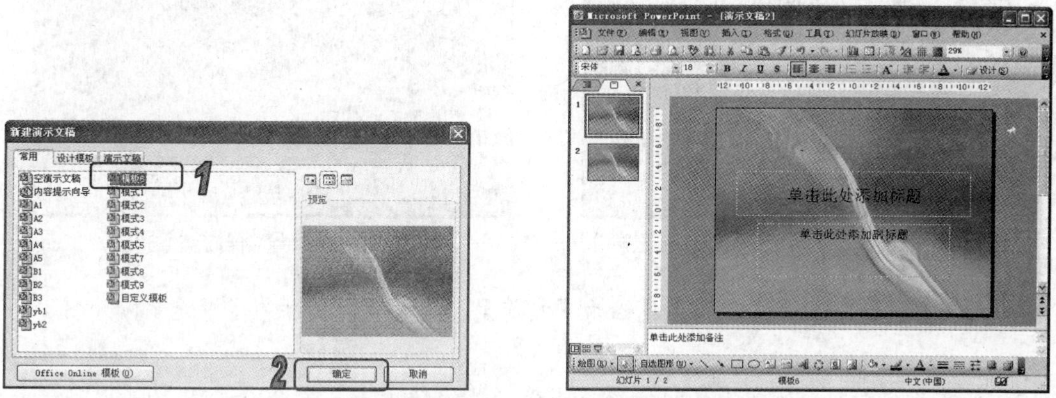

图 12-174　在演示文稿中应用自定义模板

(5) 在幻灯片的两个文本占位符中输入如图 12-175 所示的文字，设置标题文字字体为【华文隶书】，字型为【加粗】，字体效果为【阴影】；设置副标题文字字号为 36，字型为【加粗】，字体效果为【阴影】。

(6) 在【绘图】工具栏中选择【自选图形】|【星与旗帜】|【十字星】命令，在幻灯片中绘制一个星形。双击该图形，打开【设置自选图形格式】对话框，在【填充】选项区域的【颜色】下拉菜单中选择【填充效果】命令，打开【填充效果】对话框。

(7) 在对话框中按照如图 12-176 所示的属性进行设置。其中【颜色 1】为【蓝色】，【颜色 2】为【白色】，底纹样式为【中心辐射】。

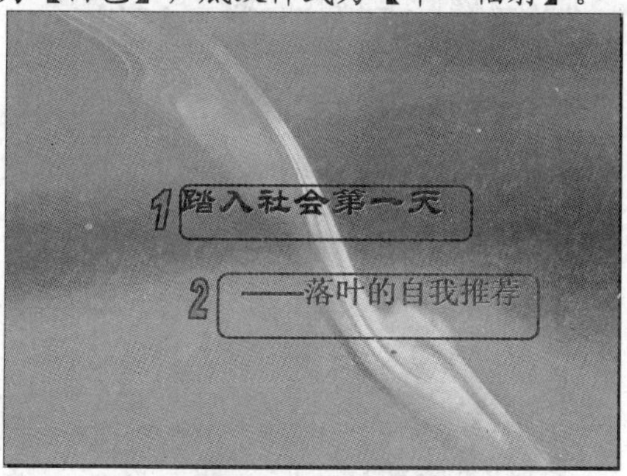

图 12-175　在占位符中输入文字

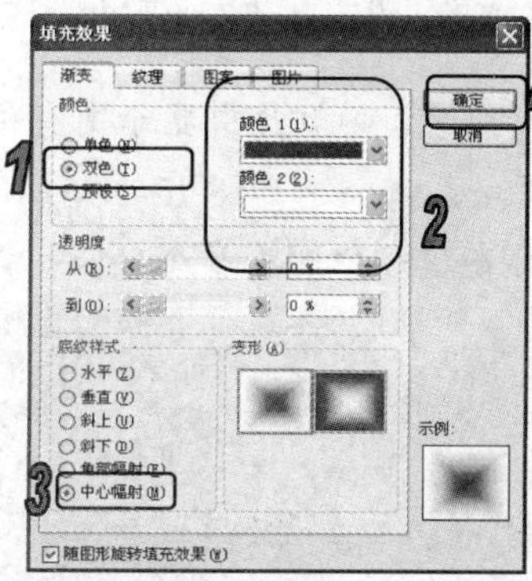

图 12-176　设置填充效果

(8) 单击【确定】按钮，此时，幻灯片效果如图 12-177 所示。

(9) 选中星形图形，选择【幻灯片放映】|【自定义动画】命令，打开【自定义动画】任务窗格。

(10) 单击【添加效果】按钮，在打开的菜单中选择【动作路径】|【绘制自定义路径】|【任意多边形】命令，在幻灯片中绘制如图 12-178 所示的路径。

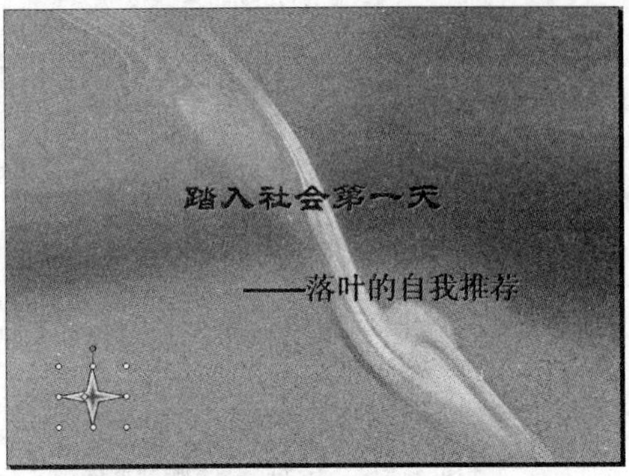

图 12-177　在幻灯片中添加的图形效果

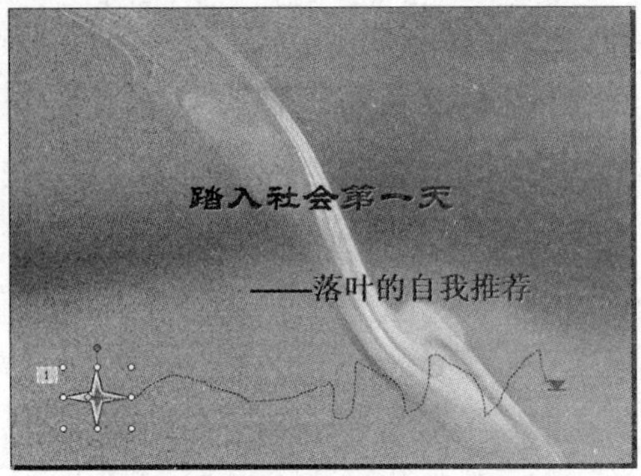

图 12-178　绘制自定义路径

(11) 在任务窗格中设置【开始】属性为【之前】，【速度】属性为【中速】，如图 12-179 所示。

(12) 在路径上右击，从弹出的快捷菜单中选择【编辑顶点】命令，如图 12-180 所示。

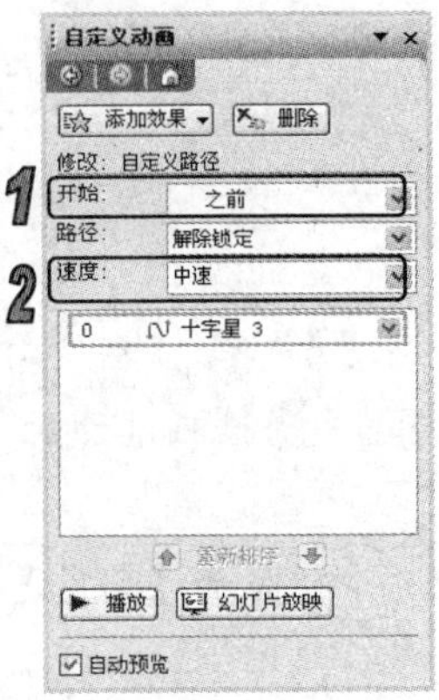

图 12-179　设置自定义动画属性

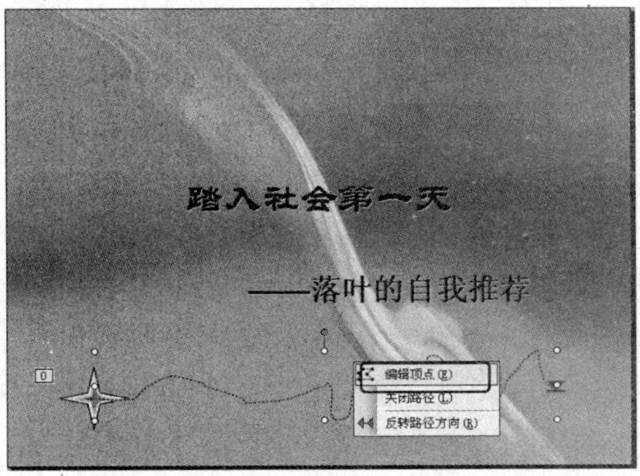

图 12-180　选择【编辑顶点】命令

(13) 此时，幻灯片中显示所有顶点，在顶点之间的线段处右击，从弹出的快捷菜单中选择【删除顶点】命令，如图 12-181 所示。

(14) 在路径中删除多个顶点，此时，自定义路径效果如图 12-182 所示。

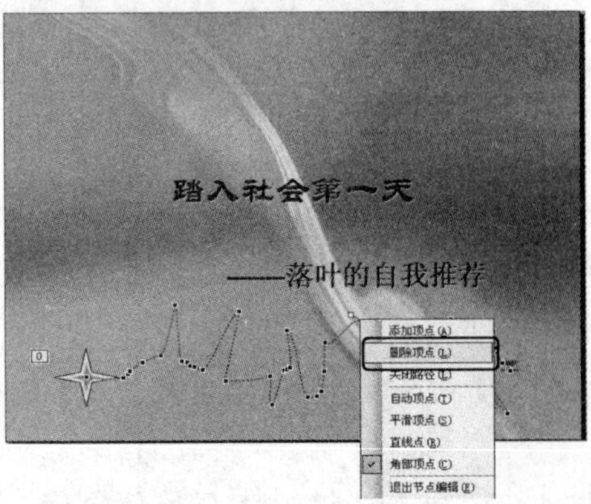

图 12-181　选择【删除顶点】命令

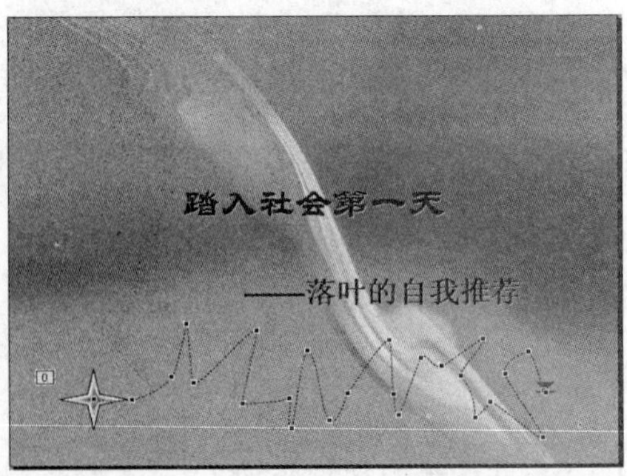

图 12-182　在路径中删除顶点

(15) 在第 2 个顶点上右击，从弹出的快捷菜单中选择【平滑顶点】命令，如图 12-183 所示。同样的方法编辑第 1 个顶点后的顶点效果如图 12-184 所示。

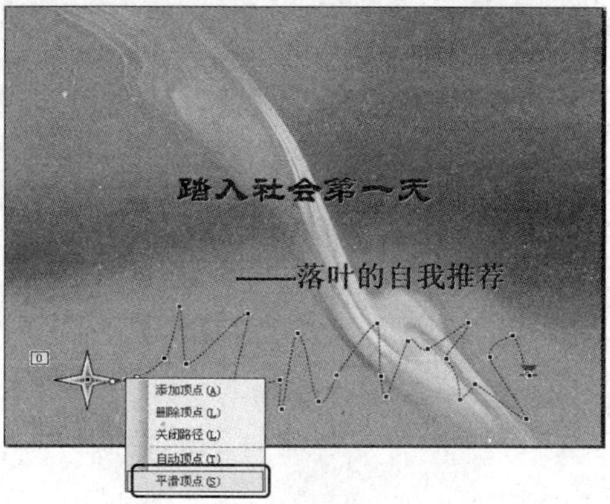

图 12-183　选择【平滑顶点】命令

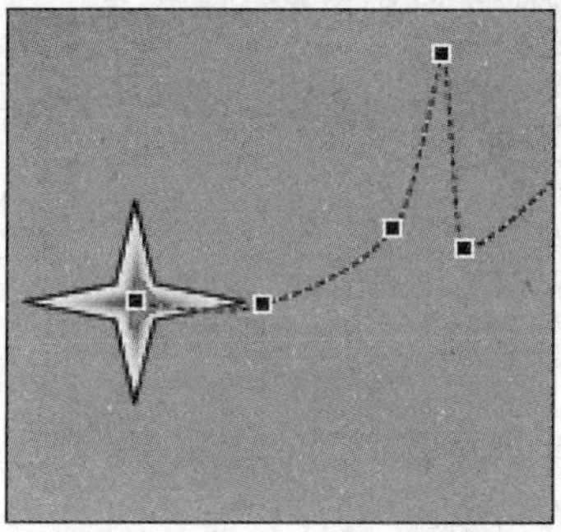
图 12-184　选择命令后的顶点效果

(16) 用鼠标向上拖动顶点，使其形成平滑的曲线，如图 12-185 所示。

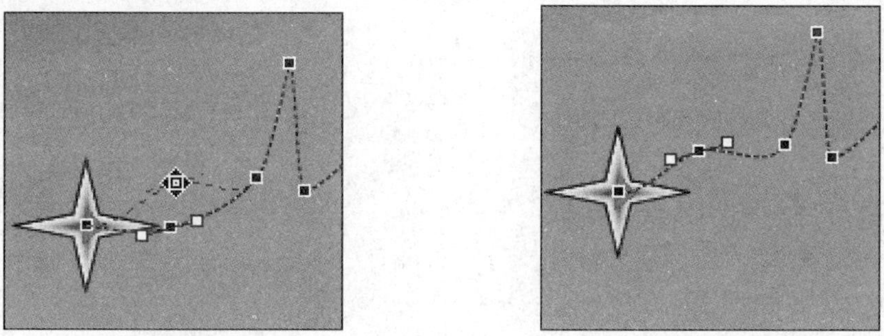
图 12-185　拖动顶点设置平滑曲线

(17) 参照步骤(15)~(16)，拖动路径上的其他顶点，改变原来的折线路径，如图 12-186 所示。

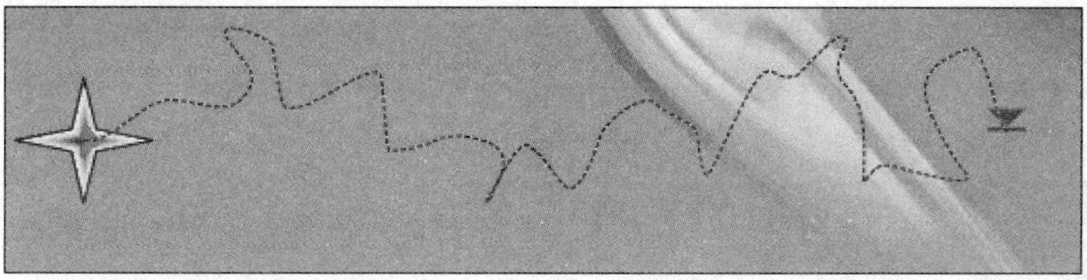
图 12-186　设置的平滑曲线效果

(18) 选中星形图形，在幻灯片中复制粘贴一个相同的图形，此时，幻灯片中显示两个图形和两条路径，如图 12-187 所示。

(19) 选中复制的路径，垂直向下拖动最上方的白色控制点，使路径效果如图 12-188 所示。

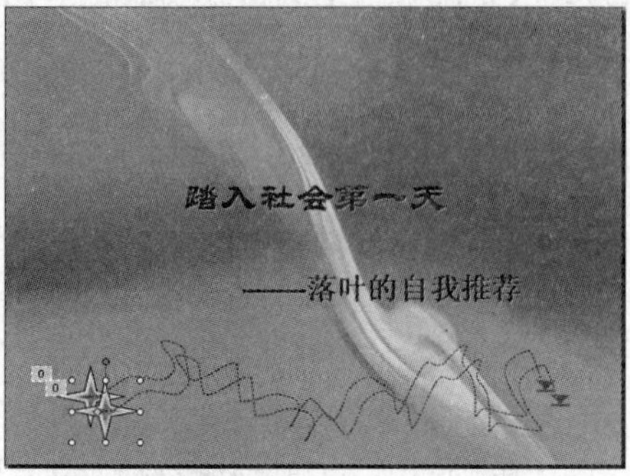

图 12-187　在幻灯片中复制粘贴圆形图形

图 12-188　改变路径形状

(20) 选中复制的星形图形，将图形的线条颜色设置为【无线条颜色】，填充颜色为【蓝色】，透明度为 60%。

(21) 在幻灯片中调整两个星形图形的位置，使得它们呈垂直对称图形，如图 12-189 所示。

(22) 设置第 2 个星形图形的【开始】属性为【之前】，【速度】属性为【中速】。

(23) 在任务窗格中单击【播放】按钮，预览星形图形的动画效果，如图 12-190 所示。

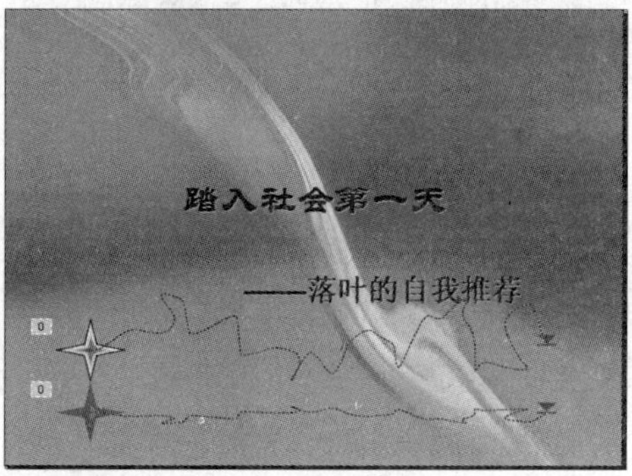

图 12-189　调整图形位置

图 12-190　动画预览效果

(24) 选择【插入】|【影片和声音】|【文件中的声音】命令，打开【插入声音】对话框，选择需要的声音文件后，单击【确定】按钮，如图 12-291 所示。

(25) 此时幻灯片中的打开如图 12-192 所示的 Microsoft Office PowerPoint 提示框。

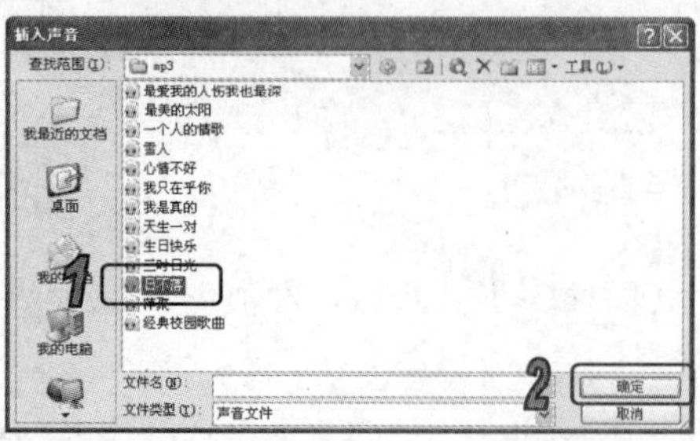

图 12-191　【插入声音】对话框

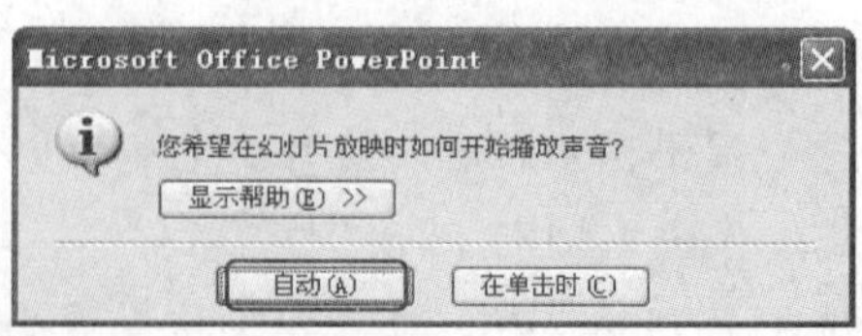

图 12-192　Microsoft Office PowerPoint 提示框

(26) 单击【自动】按钮，此时，幻灯片中显示插入的声音图标，如图 12-193 所示。

(27) 在任务窗格中设置插入声音的【开始】属性为【之前】。

(28) 在任务窗格的动画列表中选择【插入的声音】选项，单击右侧的下拉箭头，在打开的菜单中选择【效果选项】命令，如图 12-194 所示。

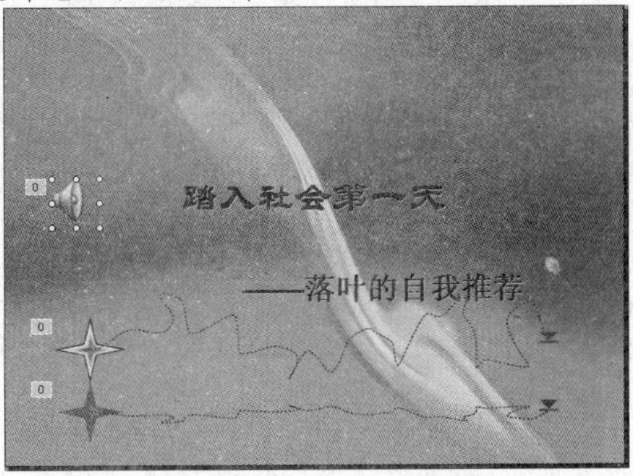

图 12-193　插入的声音图标

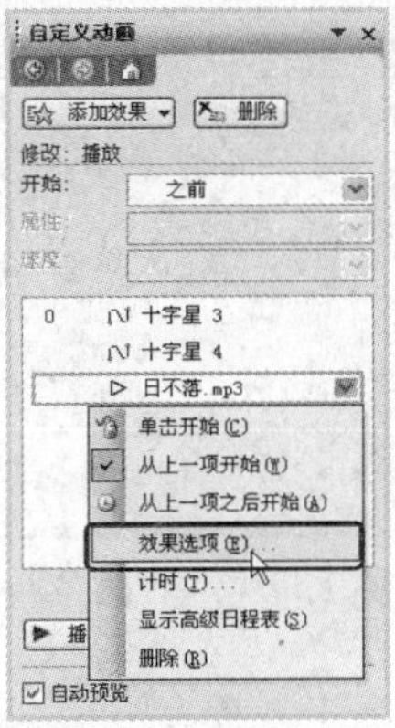

图 12-194　选择【效果选项】命令

(29) 打开【播放声音】对话框，在【效果】选项卡的【开始播放】选项区域选中【开始时间】单选按钮，并在右侧的文本框中输入 00：30；在【停止播放】选项区域选中最后一个单选按钮，并在文本框中输入 4，如图 12-195 所示。

(30) 切换到【声音设置】选项卡，在【显示选项】选项区域选中【幻灯片放映时隐藏声音图标】复选框，如图 12-196 所示。

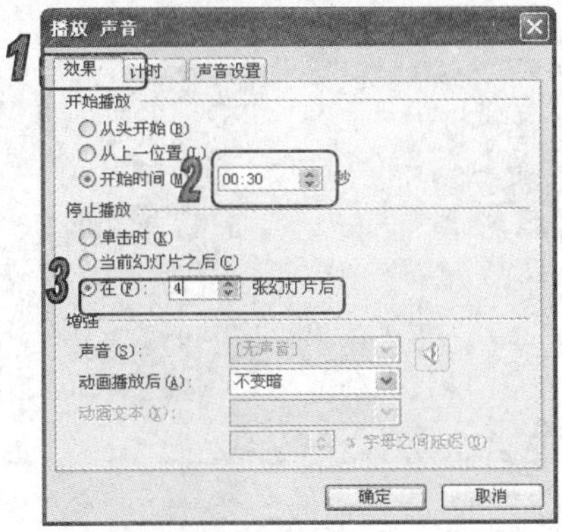

图 12-195　【效果】选项卡

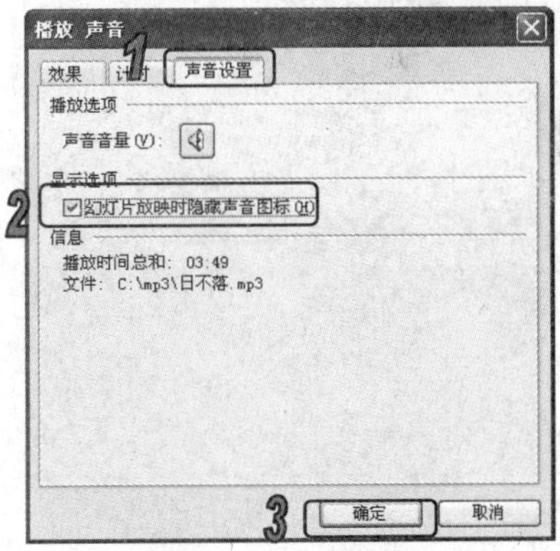

图 12-196　【声音设置】选项卡

(31) 单击【确定】按钮，完成声音效果的设置。

(32) 在幻灯片预览窗格中选择第 2 张幻灯片缩略图，将其显示在幻灯片编辑窗格中。

(33) 在【单击此处添加标题】文本占位符中输入标题文字“我的基本信息”，设置文字字体为【华文琥珀】，字号为 44。

(34) 选中【单击此处添加文本】文本占位符，拖动鼠标缩小该文本框，并使其位于幻灯片的左半侧，并在该文本框中输入文字，如图 12-197 所示。

(35) 选中文本框，选择【格式】|【项目符号和编号】命令，打开【项目符号和编号】对话

框，在对话框中选择如图 12-198 所示的项目符号。

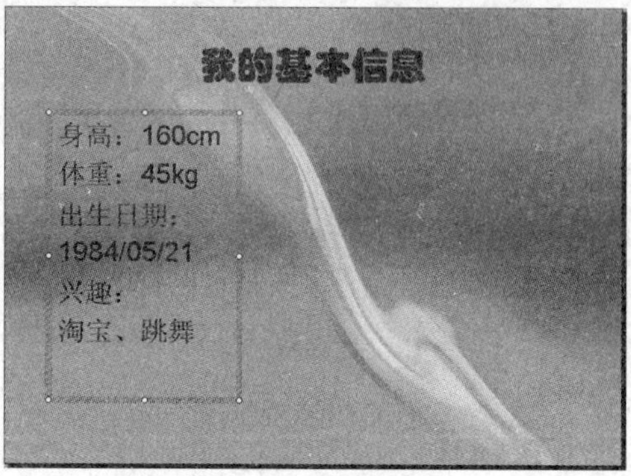

图 12-197　在占位符中输入文字

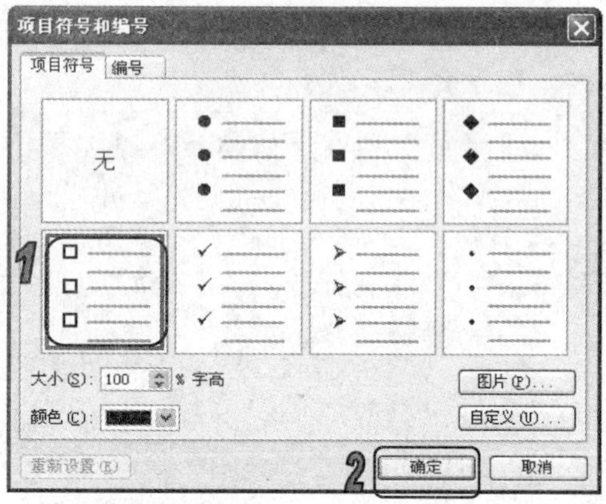

图 12-198　选择项目符号

(36) 选中文字 1984/05/21，在格式工具栏中单击【增加缩进量】按钮，将选中文字增加缩进量。

(37) 参照步骤(36)，将最后一行文字增加缩进量，此时，幻灯片效果如图 12-199 所示。

(38) 选中该文本占位符，使用复制粘贴功能，在幻灯片的右半侧添加一个相同的文本占位符，在其中修改文字，并设置两个占位符中的文字字号均为 28，此时幻灯片效果如图 12-200 所示。

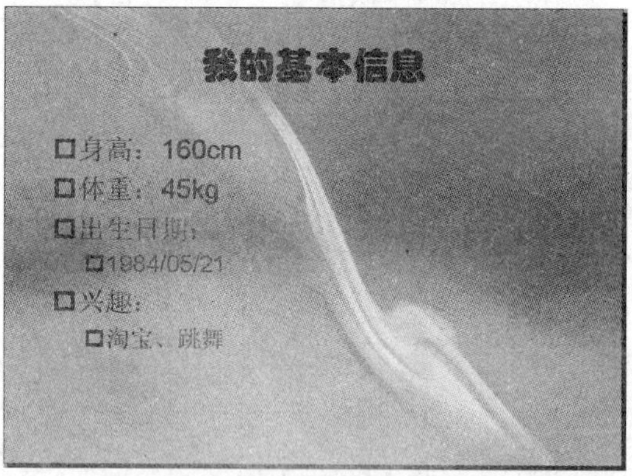

图 12-199　增加段落缩进量

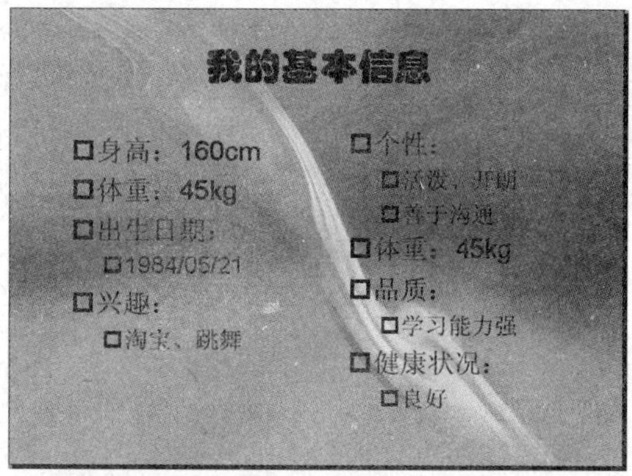

图 12-200　添加文本占位符并输入文字

(39) 选择【插入】|【新幻灯片】命令，在演示文稿中插入一张新幻灯片。

(40) 在【单击此处添加标题】文本占位符中输入标题文字“个人专长”，设置文字字体为【华文琥珀】，字型为【阴影】。

(41) 选中【单击此处添加文本】文本占位符，按下 Delete 键将其删除。

(42) 选择【插入】|【文本框】|【垂直】命令，在幻灯片中插入一个垂直文本框，在其中输入文字，设置文字字体为【宋体】，字号为 24，字型为【加粗】、字体颜色为【金色】。

(43) 选中除文字“计算机处理能力”以外的 4 段文字，为 4 段文字添加项目符号，此时，幻灯片效果如图 12-201 所示。

(44) 参照步骤(43)，为“语言能力”、“特长”两段文字添加项目符号，此时，幻灯片效果如图 12-202 所示。

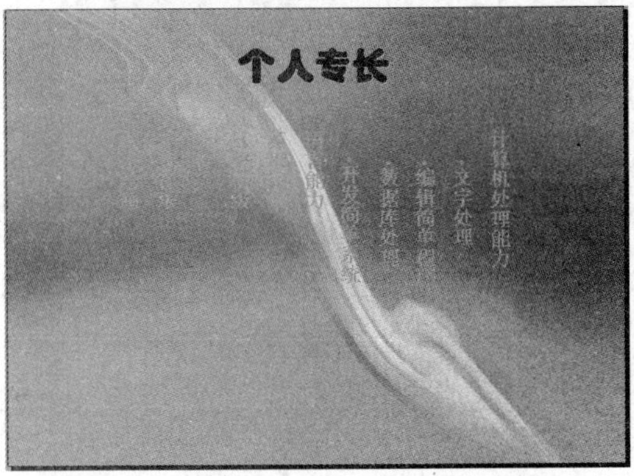

图 12-201 插入垂直文本框并设置文字属性

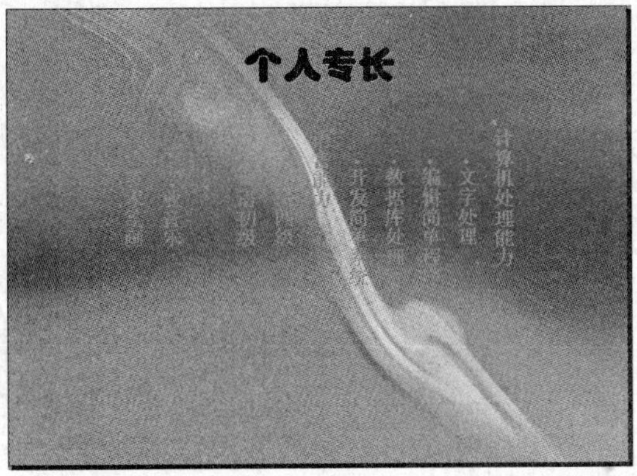

图 12-202 文本框在幻灯片中的效果

(45) 选择【插入】|【新幻灯片】命令，在演示文稿中插入一张新幻灯片。

(46) 在【单击此处添加标题】文本占位符中输入标题文字“自我推荐”，设置文字字体为【华文琥珀】，字型为【阴影】。

(47) 选中【单击此处添加文本】文本占位符，按下 Delete 键将其删除。

(48) 在幻灯片中插入水平文本框，并输入文字，设置文字字体为【宋体】，字号为 20，字型为【加粗】。

(49) 选中水平文本框，选择【格式】|【行距】命令，打开【行距】对话框，在【行距】文本框中进行设置，如图 12-203 所示，此时，第 4 张幻灯片制作完毕，效果如图 12-204 所示。

图 12-203 【行距】对话框

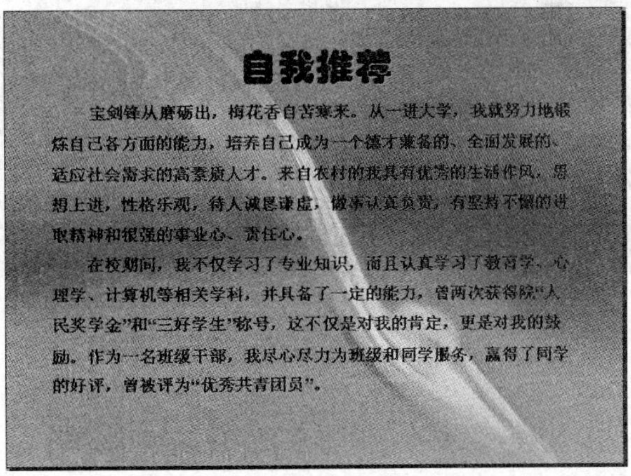

图 12-204 第 4 张幻灯片效果

(50) 在幻灯片编辑窗格选中第 1 张幻灯片缩略图，将其显示在幻灯片编辑窗口中，选择【幻灯片放映】|【幻灯片切换】命令，打开【幻灯片切换】窗格。

(51) 在【应用于所选幻灯片】列表框中选择【阶梯形状向左下展开】选项(如图 12-205 所示)，幻灯片自动预览该切换动画，如图 12-206 所示。

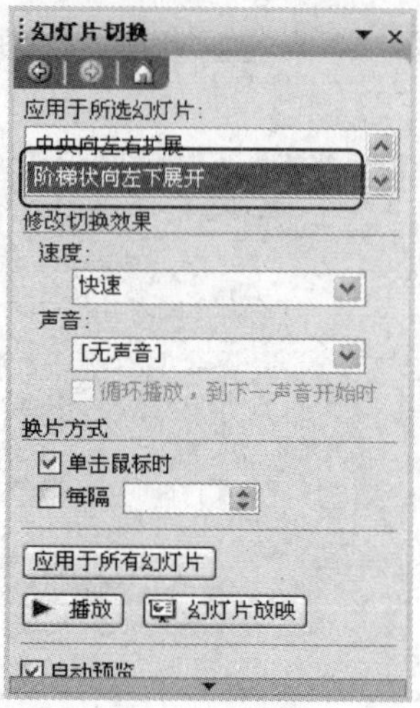

图 12-205　选项切换动画

图 12-206　预览切换动画

(52) 参照步骤(50)~(51)，设置第 2~4 张幻灯片的切换效果分别为【向右推出】、【顺时针回旋，8 根轮辐】和【圆形】。

(53) 演示文稿制作完毕，选择【文件】|【另存为】命令，将演示文稿以文件名“自我推荐”进行保存。

(54) 选择【幻灯片放映】|【观看放映】命令，放映演示文稿，部分效果如图 12-207 所示。

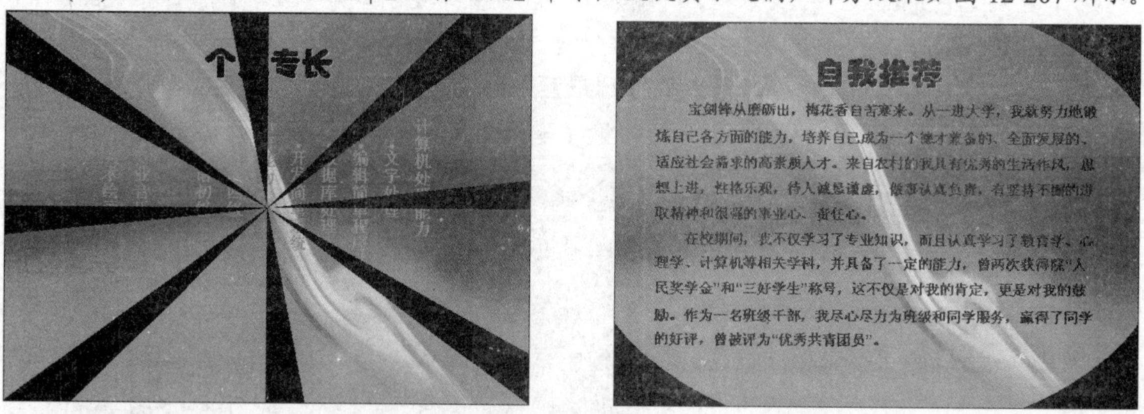

图 12-207　放映演示文稿时的部分显示效果